林語堂作品精選 3

林語堂

—經典新版—

# 生活的藝術

林語堂 著

人能弘道，非道弘人。

——孔子

能閒世人之所忙者，方能忙世人之所閒。

——張潮

# 生活的藝術

## 目錄

# 生活的藝術

## 目錄

# 目錄

# 自序

林語堂

本書是一種私人的供狀，供認我自己的思想和生活所得的經驗。我不想發表客觀意見，也不想創立不朽真理。我實在瞧不起自許的客觀哲學；我只想表現我個人的觀點。我本想題這書的名字爲《抒情哲學》，用抒情一詞說明這裡面所講的是一些私人的觀念。但是這個書名似乎太美，我不敢用，我恐怕目標定得太高，即難於滿足讀者的期望，況且我的主旨是實事求是的散文，所以用現在的書名較易維持水準，且較自然。讓我和草木爲友，和土壤相親，我便已覺得心意滿足。我的靈魂很舒服地在泥土裡蠕動，覺得很快樂。當一個人優閒陶醉於土地上時，他的心靈似乎輕鬆已極，好像在天堂一般。事實上，他那六尺之軀，何嘗離開土壤一寸一分呢？

我頗想用柏拉圖的對話方式寫這本書。把偶然想到的話說出來，把日常生活中有意義的瑣事安插進去，這將是多麼自由容易的方式。可是不知什麼緣故，我並不如此做。或者是因我恐怕這種文體現在不很流行，沒有人喜歡讀，而一個作家總是希望自己的作品有人閱讀。我所說的對話，它的形式並不是像報紙上的談話或問答，或分成許多段落的評論；我的意思是指真正有趣的、冗長的、閒逸的談論，一說就是幾頁，中間富於迂迴曲折，後來在料不到的地方，突然一轉，仍舊回到原來的論點，好像一個人因爲要使夥伴驚奇，特意翻過一道籬笆回家去一般。我多麼喜歡翻籬笆抄小路回家啊！至少會使我的同伴感覺我對於回家的道路和四周的鄉野是熟識的……可是我總不敢如此做。

我並不是在創作。我所表現的觀念早由許多中西思想家再三思慮過，表現過；我從東方所借來的真理在那邊都已陳舊平常了。但它們總是我的觀念；它們已經變成自我的一部分。它們所以能在我的生命裡生根，是因爲它們表現出一些我自己所創造出來的東西，當我第一次見到它們時，我即對它們出於本心的協調了。我喜歡那些思想，並不是因爲表現那些思想的是什麼偉大人物。老實說，我在讀書和寫作時都是抄小路走的。我所引用的作家有許多是不見經傳的，有些也會使中國文學教授錯愕不解。我引用的當中如果有出名人物，那也不過是我在直覺的認可下接受他們的觀念，而並不是震於他們的大名。我有一種習慣，最愛購買隱僻無聞的便宜書和絕版書，看看是否可以從這些書裡發現些什麼。如果文學教授們知道了我的思想來源，他們一定會對這麼一個俗物顯得駭怪。但是在灰燼裡拾到一顆小珍珠，是比在珠寶店櫥窗內看見一粒大珍珠更爲快活。

我的思想並不怎樣深刻，讀過的書也不怎樣廣博。一個人所讀的書太多，便不辨孰是孰非了。我沒有讀過洛克（Locke，**十七世紀英國哲學家**）、休姆（Hume，**十八世紀蘇格蘭哲學家**）或伯克萊（Berkele，**十七世紀愛爾蘭哲學家**）的著作、也沒有讀過大學的哲學課程。在專門技術上講，我所應用的方法，所受的訓練都是錯誤的，我並不讀哲學而只直接拿人生當作課本，這種研究方法是不合慣例的。我的理論根據大都是從下面所說這些人物方面而來：老媽子黃媽，她具有中國女教的一切良好思想；一個隨口罵人的蘇州船娘；一個上海的電車售票員；廚子的妻子；動物園中一隻小獅子；紐約中央公園裡的一隻松鼠；一個發過一句妙論的輪船上管事；一個在某報天文欄內寫文章的記者（已亡故十多年了）；箱子裡所收藏的新聞紙；以及任何一個不毀滅我們人生好奇意識的作家，或任何一個不毀滅他自己人生好奇意識的作家……諸如此類，不勝枚舉。

我沒有受過學院式的哲學訓練，所以倒反而不怕寫一本哲學書。觀察一切也似乎比較清楚，比較便當，這在正統哲學家看來，不知是不是可算一種補償。我知道一定有人會說我所用的字句太過於淺俗，說我寫得太容易了解，說我太不謹慎，說我在哲學的尊座前說話不低聲下氣，走路不步伐整齊，態度不惶恐戰兢。現代哲學家所最缺乏的似乎是勇氣。但我始終徘徊於哲學境界的外面。這倒給我勇氣，使我可以根據自己的直覺下判斷，思索出自己的觀念，創立自己獨特的見解，以一種孩子氣的厚臉皮，在大庭廣眾之間把它們直供出來；並且確知在世界另一角落裡必有和我同感的人，會表示默契。用這種方法樹立觀念的人，會常常在驚奇中發現另外一個作家也曾說過相同的話，或有過相同的感覺，其差別只不過是它的表現方法有難易或雅俗之分而已。如此，他便有了一個古代作家替他做證人；他們在精神上成為永久的朋友。

所以我對於這些作家，尤其是對於我精神上的中國朋友，應該表示感謝。當我寫這本書時，有一群和藹可親的天才和我合作；我希望我們互相親熱。在真實的意義上說來，這些靈魂是與我同在的，我們之間有精神上的相通，即我所認為是唯一真實的相通方式——兩個時代不同的人有著同樣的思想，具有同樣的感覺，彼此之間完全了解。

我寫這書的時候，他們藉著貢獻和忠告，給我以特殊的幫助，第八世紀的白居易，第十一世紀的蘇東坡，以及十六十七兩世紀那許多獨出心裁的人物——浪漫瀟灑，富於口才的屠赤水；嬉笑詼諧，獨具心得的袁中郎；多口好奇，獨特偉大的李卓吾；感覺敏銳，通曉世故的張潮；耽於逸樂的李笠翁；樂觀風趣的老快樂主義者袁子才；談笑風生，熱情充溢的金聖嘆——這些都是脫略形骸不拘小節的人，這些因為胸蘊太多的獨特見解，對事物具有太深的情感，因此不能得到正統派批評家的稱許，這些人太好了，所以不能循規蹈矩，因為太有道德了，所以在儒家看來便是不「好」的。這些精選出來的同志人數不多，因此使我享受到更寶貴、更誠摯的快樂。這些人物也許有幾個在本書內不曾述及，可是他們的精神確是同在這部著作裡邊的。我想他們在中國總有一天會占到重要的地位，那不過是時間問題而已……

還有一些人物，雖然比較晦暗無聞，但是他們恰當的言論也是我所歡迎的，因為他們將我的意見表示得那麼好。我稱他們為中國的愛彌爾（Amiel，瑞士作家）——他們說的話並不多，但說得總是那麼近情，我佩服他們的曉事。此外更有中外古今的不朽哲人，他們好像是偉大人物的無名祖宗一般，在心靈感動的當兒，在不知不覺之間說出一些至理名言；最後還有一些更偉大的人物；我不當他們做我精神上的同志，而當他們是我的老師，他們那清朗的理解是那麼入情入理，又那麼超凡入聖，他們的智慧已成自然，因此表現出來很容易，絲毫不用費力。莊子和陶淵明就是這麼一類人物，他們的精神簡樸純正，非渺小的人所能望其項背。

在本書裡，我有時加以相當聲明，讓他們直接對讀者講話；有時則竟代他們說話，雖然表面上好像是我自己的話一般。我和他們的友誼維持得越久，我的思想也就越受他們的影響，我在他們的薰陶下，我的思想就傾向於通俗不拘禮節，無從捉摸，無影無形的類型；正如做父親的對子女施予良好的家教所產生的影響一樣。

我也想以一個現代人的立場說話，而不僅以中國人的立場說話爲滿足，我不想僅僅替古人做一個虔誠的迻譯者，而要把我自己所吸收到我現代腦筋裡的東西表現出來。這種方法當然有缺點，但是從大體上說來，確能使這工作比較誠實一些。因此，一切取捨都是根據於我個人的見解。在這本書裡，我不想把一個詩人或哲學家的思想全盤托出來；假如想要根據本書裡所舉的少許例證去批判他們的全體，那是不可能的。所以當我結束這篇自序時，必須照例地說，本書如有優點的話，大部分應該歸功於我的合作者，至於一切錯誤、缺點，和不正確的見解，當由我自己完全負責。

我要向華爾希先生和夫人（Mr. and Mrs. Richard J. Walsh）致謝，第一、謝謝他們鼓勵我寫作本書的念頭，第二、謝謝他們坦白有益的批評。我也得感謝韋特先生（Mr. Hugh Wade）幫助我做本書的付印和校對工作，感謝佩弗女士（Miss Lillian Peffer）代我完成書後的索引。

# 第一章　醒悟

## 一、人生之研究

在下面的文章裡我不過是表現中國人的觀點。我只想表現一種中國最優越、最聰慧的哲人們所見到，而在他們的文字中發揮過的人生觀和事物觀。

我知道這是一種閒適哲學，是在異於現代的閒適生活中所產生。我總覺得這種人生觀是絕對真實的。人類心性既然相同，則在這個國家裡能感動人的東西，自然也會感動外國人。我將要表現中國詩人和學者們的人生觀，這種人生觀是經過他們的常識和他們的詩意情緒而估定的。我想顯示一些異教徒世界的美，顯示一個明知此生有涯，但是短短的生命未始沒有它的尊嚴的民族，所看到的人生悲哀美麗恐懼和喜樂。

中國的哲學家是睜著一隻眼做夢的人，是一個用愛和譏評心理來觀察人生的人，是一個自私主義和仁愛的寬容心混合起來的人，是一個有時從夢中醒來，有時又睡了過去，在夢中比在醒時更覺得富有生氣，因而在他清醒時的生活中也含著夢意的人。他把一隻眼睜著，一隻眼閉著，看透了他四周所發生的事物和他自己的徒勞，而不過僅僅保留著充分的現實感去走完人生應走的道路。因此，他並沒有虛幻的憧憬，所以無所謂醒悟；他從來沒有懷著過度的奢望，所以無所謂失望。他的精神就是如此得了解放。

觀測了中國的文學和哲學之後，我得到一個結論：中國文化的最高理想人物，是一個對人生有一種建於明慧悟性上的觀達者。這種達觀產生寬宏的懷抱，能使人帶著溫和的譏評心理度過一生，丟開功名利祿，樂天知命地過生活。這種達觀也產生了自由意識，放蕩不羈的愛好，傲骨和漠然的態度。一個人有了這種自由的意識及淡漠的態度，才能深切熱烈地享受快樂的人生。

我不用說我的哲學思想是否適用於西方人。我們要了解西方人的生活，就得用西方的眼光，用他們自己的性情，他們自己的物質觀念，和他們自己的頭腦去觀察。無疑的，美國人能忍受中國人所不能忍受的事物，同樣地，中國人也能忍受美國人所不能忍受的事物。我們生下來就不同樣，這已有顯著的區別。然而這也不過是比較的看法。我相信在美國的繁忙生活中，他們也一定有一種企望，想躺在一片綠草地上，在美麗的樹蔭下什麼事也不做，只想悠閒自在地去享受一個下午。「醒轉來生活吧」（Wake up and live）這種普遍的呼聲，在我看來很足以證明美國人有一部分寧願過夢中的光陰，但是美國終還不至於那麼頹喪。問題只是他對這種閒適生活，要想享受的多少之間和他要怎樣使這種生活實現而已。

也許美國人只是在這個忙碌的世界上，對於「閒蕩」一詞有些感到慚愧；可是我確切知道，一如知道他們也是動物一樣，他們有時也喜歡鬆鬆肌肉，在沙灘上伸伸懶腰，或是靜靜地躺著，把一條腿舒服地蹺起來，把手臂擱在頭下當枕頭。如果這樣，便跟顏回差不多；顏回也有這種美德，孔子在眾弟子中，也最器重他。我希望看到的，就是他能對這件事抱誠實的態度；譬如他喜歡這件事，便應向全世界實說他喜歡這件事；應在他閒逸自適地躺在沙灘上，而不是在辦公室裡時，他的靈魂喊著：「人生真美妙啊！」

所以現在我們將要看到中國整個民族思想所理解的那種哲學和生活藝術。我認爲不論是在好的或壞的方面，世界上沒有一樣東西是如它想像的。因爲我們在這裡看見一種完全不同的思想典型，由這種思想典型產生了一種簇新的人生觀念，任何一個民族的文化都是他的思想產物，這話絕無疑義。中國民族思想在種族性上和西方文化是那麼不同，在歷史上又和西方文化那麼隔離著；因此我們自然能從這種地方，找到一些人生問題的新答案，或者，好一些，找到一些探討人生問題的新方法。或者，更好些，找到一些人生問題的新論據。我們要知道這種思想的美點和缺點，至少可以由它過去的歷史看出。它有光輝燦爛的藝術，也有卑不足道的科學，有博大的常識，也有幼稚的邏輯，有精雅溫柔的關於人生的閒談，卻沒有學者風味的哲學。

很多人本來都知道中國人的思想非常實際而精明，愛好中國藝術的人也都知道中國人的思想是極靈敏的；一部分的人則承認中國人的思想也是一種富有詩意和有哲理的。至少大家都知道中國人善於利用哲理的眼光去觀察事物，這比之中國有偉大的哲學或有幾個大哲學家的那種說法，更有意義。一個民族產生過幾個大哲學家沒什麼希罕，但一個民族都能以哲理的眼光去觀察事物，那是難能可貴的。

無論怎樣，中國這個民族顯然是比較富於哲理性，而少實效性，假如不是這樣的話，一個民族經過了四千年專講效率生活的高血壓，那是早已不能繼續生存了。四千年專重效能的生活能毀滅任何一個民族。一個重要的結果就是：在西方，狂人太多了，只好把他們關在瘋人院裡，而在中國，狂人太罕有了，所以崇拜他們；凡具有中國文學知識的人，都會證實這一句話。我所要說明的就在乎此。是的，中國有一種輕逸的、近乎愉快的哲學，他們的哲學氣質，可以在他們那種智慧而快樂的生活哲學裡找到最好的論據。

## 二 一個準科學公式

現在就讓我們先來研究產生這個生活哲學的中國人的理智構造——偉大的現實主義，不充分的理想主義，很多的幽默感，以及對人生和自然的高度詩意感覺性。

人類似分成二種人：一種是理想主義者，另一種是現實主義者，是造成人類進步的兩種動力。人性好似泥土，由理想主義澆灌後即變成了柔軟可塑的東西，但是使泥土凝結的還是泥土本身，不然我們早就蒸發而化氣了。理想主義和現實主義這兩種力，在一切人類活動裡，個人的、社會的，或民族的，都互相牽制著，而真正的進步便是由這兩種成分的適當混合而促成；所謂適當混合，就是將泥土保持著適宜的柔軟可塑的狀態，半濕半燥，恰到好處。例如英國這個最健全的民族，就是現實主義和理想主義適當地混和起來而成的。有些國家常要發生革命，這是因爲它們的泥土吸收了一些不能適當同化的外國思想做液汁的緣故，以致泥土不能保持著它們的形式。

模糊而缺乏批判精神的理想主義，是極爲可笑的，這種理想主義的成分如果太多，於人類頗爲危險，它使人徒然地追求虛幻的理想。在任何一個社會或民族裡，如果這種幻想的理想主義成分太多，就會時常發生革命。人類好似一對理想主義的夫妻，對於他們的住所永遠感到不滿意，每三個月總要搬一次家，他們以爲沒有一塊地方是理想的，而沒有到過的地方似乎總是好的。幸而人類也賦有一種幽默感，其功用，是在糾正人類的夢想，而引導人們去和現實世界相接觸。人類不可沒有夢想，可是他也不能不好笑他自己的夢想，兩者也許同樣的重要。這是多麼偉大的天賦，而中國人就富於這種特質。

幽默感（我在下面一章裡將做更詳細的討論）似乎和現實主義或稱現實感有密切的聯繫。說笑話者雖常常殘酷地使理想主義者感到幻滅，但是在另一方面，卻完成了一種極重要的任務，就足以使理想主義者不至於把頭碰在現實的牆壁上，而受到一個比幻滅更猛烈的撞擊。同時也能緩和暴躁急烈分子的緊張心情，使他可以壽命長一些。如能預先讓他知道幻滅的無可避免，或許可以使他在最後的撞擊裡減少一些痛苦，因爲一個幽默家始終是像一個負責者將壞的消息溫和地告訴垂死的病人。有時一個幽默家的溫和警告會挽救垂死者的生命。假如理想主義和幻滅必須在這世界上同時並存，那麼，我們與其說那個說笑話者是殘忍的，還不如說人生是殘酷的了。

我時常想到一些機械公式，想把人類進步和歷史變遷明確地表示出來。這些公式彷彿如下：

「現實」減「夢想」等於「禽獸」
「現實」加「夢想」等於「心痛」（通常稱作「理想主義」）
「現實」加「幽默」等於「現實主義」（亦稱「保守主義」）
「夢想」減「幽默」等於「熱狂」
「夢想」加「幽默」等於「幻想」
「現實」加「夢想」加「幽默」等於「智慧」

這樣看來，智慧或最高型的思想，它的形成就是在現實的支持下，用適當的幽默感把我們的夢想或理想主義調和配合起來。

爲嘗試製造一些準科學的公式起見，不妨進一步照下列的方法來分析各國的民族性。我用「準科學」這個名詞，因爲我不相信那種呆板的機械公式真能夠把人類活動或人類性格表現出來。把人類的活動歸納到一個呆板的公式裡，這已經缺少幽默感，因此也就缺乏智慧。我並不是說現在沒有擬這一類的公式；在今日之下，這種準科學正多著。到一個心理學家竟能衡量人類的「智能」（I.Q.）或「性格」（P.Q.）①時，這世界可真夠可憐，因爲有人性的學問都被專家跑來篡奪了。

但如果我們認這些公式不過是拿來表現某些意見的簡便圖解方法，而不拿科學神聖名義來做我們的護符，則尚沒有什麼關係。下面所寫是我替某些民族的特性所擬的公式；這些公式完全是照我個人意思而定，絕對無法證實。任何人都可反對它們，修改它們，或另改爲他自己的公式。現在以「現」字代表「現實感」（**或現實主義**），「夢」字代表「夢想」（**或理想主義**），「幽」字代表「幽默感」，——再加上一個重要的成分——「敏」字代表「敏感性」（Sensibility）②，再以「4」代表「最高」，「3」代表「高」，「2」代表「中」，「1」代表「低」，這樣我們就可以把準化學公式代表下列的民族性。

正如硫酸鹽和硫化物，或一氧化碳和二氧化碳的作用各个相同，人類和社會也依它們不同的構造，而有不同的作用。在我看來，人類社會或民族在同樣情形之下，卻有不同的行爲，確是一樁很有趣的事。我們既然不能摹仿化學的形式發明「幽默化物」（Humoride）和「幽默鹽」（Humorate）一類的名字，自只可用三份「現實主義」，二份「夢想」，二份「幽默」和一份「敏感性」的方式造成一個英國人③。

現3 夢2 幽2 敏1 ＝英國人
現2 夢3 幽3 敏3 ＝法國人
現3 夢3 幽2 敏2 ＝美國人
現3 夢4 幽1 敏2 ＝德國人
現2 夢4 幽1 敏1 ＝俄國人
現2 夢3 幽1 敏1 ＝日本人
現4 夢1 幽3 敏3 ＝中國人

我不十分知道義大利人、西班牙人、印度人和其他的民族，所以不敢擬議他們的公式，同時上列公式本身就不很靠得住，每一公式都足以引起嚴切的批評。這些公式與其說是權威的，不如說是含有挑撥性的。假使我能得到一些新見識或新印象時，我預備把這些公式逐漸修正，以供我自己應用。它們的價值眼前只限於此，這無非是我智識的進步和我愚昧的缺陷的一個記錄而已。

這裡也許有值得討論的地方，我認爲中國人和法國人最爲相近，這從法國人著書和飲食的方式可以清楚地看出來，同時法國人更豐富的理想主義是由比較輕鬆的性情所產生，而以愛好抽象觀念的形式表現出來（請回想他們在文學、藝術和政治運動上的宣言吧）。以「現4」來代表中國人，是說中國人是世界上最現實化的民族，「夢1」的低分數則表示他們在生活類型或生活理想上似乎缺乏變遷性。中國人的幽默、敏感性和現實主義，我給了較高的分數，這大概是我同國人接觸密切，印象生動的緣故吧。

中國人的敏感性，無需我細爲解釋，從中國的散文，詩歌和繪畫即可以得到很好的說明了。……日本人和德國人在缺乏幽默感的方面，極爲相像（一般的印象），然而無論哪一個民族的特性，總不能以「0」爲代表，甚至中國人的理想主義我也不能以「0」來代表它。其間完全不過是程度高低的問題：「完全缺乏這種或那種質素」這一類的言論，對各民族有親切認識者是不會說的。因之我給日本人和德國人不是「幽0」，而是「幽1」，我直覺得這是對的。

我相信日本人和德國人所以在現在和過去都遭受到政治上的痛苦，原因就是由於他們缺乏良好的「幽默感」。

一個普魯士的市政顧問官就喜歡人家稱他「顧問官」，並且他多麼喜歡他制服上的紐扣和徽章啊！一種對「邏輯上必要性」（常常是神聖的）的信念，一種直趨目標，而不做迂迴行動的傾向，常常使人遇事過分。其要點不在你信仰什麼東西，而是在你怎樣去信仰那種東西，並怎樣把信仰變成行動。

我給日本人「夢3」是特別指出他們對於皇帝和國家的狂熱忠誠，這種狂熱的忠誠是由於他們性格上的幽默成分過低的緣故。因為理想主義在不同的國家裡代表著不同的東西。正如所謂幽默感包括著許多不同的東西一般。……理想主義和現實主義在今日之下的美國正在做有趣的拔河競賽，兩種成分都有相當高的分數，因此便產生了美國人特有的那種潛力。美國人的理想主義是什麼，這問題還是讓美國人自己去研究吧；不過有一點我可以說的，他們對什麼東西都很熱心。

從美國人很容易被高尚的思想或高貴的語詞所感動這一點來說，他們的理想主義想必大部分是高尚的；但是有一部分也不免是自欺欺人而已。美國人的幽默感比之歐洲大陸民族的幽默感也有些不同，可是我的確覺得這種幽默感（愛好玩意兒和原有廣博的常識），是美國民族最大的資產。

在未來的重要變遷的時代中，勃賚斯（James Bryce，十九世紀末葉的英國歷史學家）所說的那種廣博常識，於他們將有很大的用處，我希望這種常識能使他們度過危急的時期。我以很低的分數給予美國人的敏感性，因為在我的印象中，他們能夠忍受非常的事物……一般說來，英國人好像是最健全的民族，他們的「現3 夢2」和法國人的「現2 夢3」正成了個對比。我絕對贊成「現3 夢2」，這是民族穩定性的表現。

我以為理想的公式似乎是「現3 夢2 幽3 敏2」，因為理想主義或敏感性的成分過多，也不是好事。我以「敏1」代表英國人的敏感性；如果以爲這個分數太低，那是要怪英國人自己的！英國人隨時隨地都流露那種憂鬱的樣子，我怎能知道他們究竟有什麼感覺呢——歡笑，快樂，憤怒，滿足——呢？

我們對於著作家和詩人也可以用同樣的公式，現在試舉幾個著名的人物來做個例：

莎士比亞④——現4 夢4 幽3 敏4

德國詩人海涅（Heine）——現3 夢3 幽4 敏3

英國詩人雪萊（Shelley）——現1 夢4 幽1 敏4

美國詩人愛倫·坡（Poe）——現3 夢4 幽1 敏4

李白——現1 夢3 幽2 敏4

杜甫——現3 夢3 幽2 敏4

蘇東坡——現3 夢2 幽4 敏3

這不過是我隨手所寫的幾個例子。一切詩人顯然都有很高的敏感性，否則便不成其爲詩人了。我覺得愛倫·坡雖有其不可思議的富於想像力的天賦，卻是一個極健全的天才。因爲他不是很喜歡做推論的嗎？

我給中國民族性所定的公式是：

現4 夢1 幽3 敏3

我用「敏3」去代表豐富的敏感性，這種豐富的敏感性產生一種對人生的適當藝術觀念，使中國人很肯定地感到塵世是美滿的，因此對人生感到熱誠的愛好。不過敏感性還有更大的意義：它事實上代表一種近乎哲學的藝術觀念。因這理由，中國哲學家的人生觀就是詩人的人生觀，而且中國的哲學是跟詩歌發生聯繫，而不比西方的哲學是跟科學發生聯繫的。

這種對歡樂、痛苦，和人生百態的豐富的敏感性，使輕快哲學有造成的可能；這一點可以在下文中看得很明白。人類對於人生悲劇的意識，是由於青春消逝的悲劇感而來，而對人生的那種微妙的深情，是由於一種對昨開今謝的花朵的深情而產生的。起初受到的是愁苦和失敗的感覺，隨後即變為那狡猾的哲學家的醒覺和哂笑。

在另一面，我們用「現4」來代表濃厚的現實主義，這種濃厚的現實主義就是指一種安於人生現狀的態度，是一種認為「二鳥在林，不如一鳥在手」的態度。所以這種現實主義使藝術家的信念變為更堅固，覺得這似乎朝露的人生，更為美麗。同時，也使藝術家和詩人不至於徹底逃避人生。夢中人說：「人生不過是一場夢」。現實主義者回說：「一點也不錯，讓我們在夢境裡盡量過著美滿的生活吧。」但是這裡的醒覺者的現實主義是詩人的現實主義，而不是商人的現實主義；那種趾高氣揚，欣欣然走上成功之路的年輕進取者的大笑，也將失掉，而變為一個手撚長鬚，低聲緩語的老人的大笑。這種夢中人酷愛和平，沒有一個人肯為一個夢而拚命鬥爭。他會一心一意地和他做夢的同志一起過著合理美滿的生活。因此人生的高度緊張生活即鬆弛下去了。

此外這種現實感覺的主要功用，是要把人生哲學中一切不必要的東西摒除出去，它好似扼住了人生的頸項以免幻想的翅膀會把它帶到一個似乎是美而實則虛幻的世界裡去。況且人生的智慧其實就在摒除那種不必要的東西，而把哲學上的問題化滅到很簡單的地步——家庭的享受（夫妻、子、女）、生活的享受、大自然和文化的享受——同時停止其他不相干的科學訓練和智識的追求。這麼一來，中國哲學家的人生問題即變得稀少簡單，同時人生智慧也即是指一種不耐煩的態度——一種對形而上的哲學，以及與人生沒有實際關係的智識的不耐煩態度。也指各種人類活動，不論是去獲取智識或是東西，都須立刻受人生本身的測驗，以及對生活目標的服從。其結果即是生活的目的，不是什麼形而上的實物，而僅是生活本身。

中國人的哲學因爲具有這種現實主義和極端不相信邏輯及智能，就變成了一種對人生本身有直接親熱感覺的東西，而不肯讓它歸納到任何一種體系裡去。因爲中國人的哲學裡有健全的現實意識，純然的動物意識，和一種明理的精神，因此反而壓倒了理性本身，而使呆板的哲學體系無從產生。中國有儒道釋三教，每一種教都是宏大的哲學體系，但它們都曾被健全的常識所沖淡，因而都變成追求人生幸福的共同問題。中國人對任何一個哲學觀念、信仰、派別，每不願專心地相信，或過分起勁地去研究。孔子的一個朋友對他說，他常常三思而後行，孔子詼諧地回答：「再，斯可矣。」一個哲學派別的信徒最多不過是一個哲學的學生，可是一個人則是生活的學生，或者竟是生活的大師哩。

有了這種文化和哲學，最後結果，就是中國人和西洋人成了一個對照，中國人比較過著一種接近大自然和兒童時代的生活，在這種生活裡，本能和情感得以自由行動；是一種不太重視智能的生活，敬重肉體也尊崇精神，具有深沉的智慧、輕鬆的快活和熟悉世故但很孩子氣的天真，這些成了一種奇怪的混合物。所以歸納起來說，這種哲學的特徵是：第一、一種以藝術眼光對人生的天賦才能；第二、一種於哲理上有意識的回到簡單；第三、一種合理近情的生活理想。最後的產品就是一種對於詩人、農夫和放浪者的崇拜，這是可怪的。

## 三　以放浪者為理想人

在我這個有著東方精神也有著西方精神的人看來，人類的尊嚴是由以下幾個事實所造成；也就是人類和動物的區別。第一、他們對於追求智識，有著一種近乎戲弄的好奇心和天賦的才能；第二、他們有一種夢想和崇高的理想主義（常常是模糊的、混雜的，或自滿的，但亦有價值）；第三、也是最重要的一點，他們能夠利用幽默感去糾正他們的夢想，以一種比較健全的現實主義去抑制他們的理想主義；第四、他們不像動物般對於環境始終如一的機械地反應著，而是有決定自己反應的能力，和隨意改變環境的自由。

這一點就是說人類的性格生來是世界上最不容易服從機械律的；人類的心思永遠是捉摸不定，無法測度，而常常想著，怎樣去逃避那些發狂的心理學家和未有夫婦同居經驗的經濟學家所要強置在他身上的機械律，或是什麼唯物辯證法。所以人類是一種好奇的、夢想的、幽默的、任性的動物。

總之，我對人類尊嚴的信仰，實是在於我相信人類是世上最偉大的放浪者。人類的尊嚴應和放浪者的理想發生聯繫，而絕對不應和一個服從紀律、受統馭的兵士的理想發生聯繫。這樣講起來，放浪者也許是人類中最顯赫最偉大的典型，正如兵士也許是人類中最卑劣的典型一樣。

讀者對於我以前的一部著作《吾土與吾民》的一般印象是，我好似在讚頌「老滑」。現在我希望讀者對這部著作的一般印象是：我正在竭力稱頌放浪漢或是流浪漢，我希望在這一點上我能成功，因爲世間的事物，有時看來不能像它們外表那麼簡單。在這個民主主義和個人自由受著威脅的今日，也許只有放浪者和放浪的精神會解放我們，使我們不至於都變成有紀律的、服從的、受統馭的、一式一樣的大隊中的一個標明號數的兵士，因而無聲無息的湮沒。放浪者將成爲獨裁制度的最後的最厲害的敵人。他將成爲人類尊嚴和個人自由的衛士，也將是最後一個被征服者。現代一切文化都靠他去維持。

造物主也許會曉得當他在地球上創造人類時，他是創造了一個放浪者，雖是一個聰明的，然而總還是放浪者。人類放浪的質素，終究是他的最有希望的質素。這個已造成的放浪者，無疑地是聰慧的。但他仍是一個很難於約束，很難於處置的青年，他自己以爲比事實上的他更偉大，更有聰慧，依然喜歡胡鬧，喜歡頑皮，喜歡一切自由。雖然如此，但亦有許多美點，所以造物主也許還願意把他的希望寄託在他身上，正如一個父親把他的希望寄託在一個聰慧而又有點頑皮的二十歲兒子的身上一般。我常想他可也有一天情願退隱，而把這個宇宙交給他的兒子去管理嗎？……

以中國人的立場來說，我認爲文化須先由巧辯矯飾進步到天真純樸，有意識地進步到簡樸的思想和生活裡去，才可稱爲完全的文化；我以爲人類必須從智識的智慧，進步到無智的智慧，須變成一個歡樂的哲學家；也必須先感到人生的悲哀，然後感到人生的快樂，這樣才可以稱爲有智慧的人類。因爲我們必須先有哭，才有歡笑，有悲哀而後有醒覺，有醒覺而後有哲學的歡笑，另外再加上和善與寬容。

我以爲這個世界太嚴肅了，因爲太嚴肅，所以必須有一種智慧和歡樂的哲學以爲調劑。如果世間有東西可以用尼采所謂愉快哲學（Cay Science）這個名稱的話，那麼中國人生活藝術的哲學確實可以稱爲名副其實了。只有快樂的哲學，才是真正深湛的哲學；西方那些嚴肅的哲學理論，我想還不曾開始了解人生的真意義哩。在我看來，哲學的唯一效用是叫我們對人生抱一種比一般商人較輕鬆較快樂的態度。

一個五十歲的商人，本來可以退隱，在我看來不是哲學家。這不是一個偶然發生的念頭，而是我一個根深柢固的觀念。只有當人類渲染了這種輕快的精神時，世界上才會變成更和平、更合理，而可以使人類居住生活。現代的人們對人生過於嚴肅了，因爲過於嚴肅，所以充滿著煩擾和糾紛。我們應該費一些工夫，把那種態度，根本地研究一下，方能使人生有享受快樂的可能，並使人的氣質有變爲比較合理、比較和平、比較不暴燥的可能。

我也許可以把這種哲學稱爲中國民族的哲學，而不把它叫做任何一個派別的哲學。這個哲學比孔子和老子的更偉大，因爲它是超越這兩個哲學家以及其他的哲學家的；它由這些思想的泉源裡吸收資料，把它們融洽調和成一個整體；它從他們智慧的抽象輪廓，造出一種實際的生活藝術，使普通一般人都可看得見，觸得到，並且能夠了解。綜覽中國的文學、藝術和哲學後，我深深地覺得，清明醒悟和盡情享受人生的哲學，其實就是他們的老生常談——中國人思想上最持久不變、最具特色且最堅持的「忍」。

**注釋：**

①智能測驗自有其相當有限的用處，這我並不反對；我所反對的是他們認為這些測驗，於人類性格可以獲得數學式的準確答案，或可以做為始終可靠的衡量。

②用Sensibility這個字的意義。

③也許有人要根據一些良好的理由，提議另加一個「邏」字，以代表邏輯或合理性，認為這是造成人類進步的重要元素。但這個「邏」字，每會和敏感性站在反對的地位，因為敏感性是某一種對事物的直接理解。別人盡可以試定這麼一個公式。不過據我個人的意見，合理性在人類活動上占著頗低的地位。

④我很猶豫，不知道應該給莎士比亞「敏4」或「敏3」，最後他的〈十四行詩〉使我決定了。學校教師在批學生分數時，真沒有像我批莎士比亞的分數時，那麼惶恐、不安、戰戰兢兢。

# 第二章　觀察人類

## 一　基督徒、希臘人、中國人

關於人類的觀念，世上有好幾種：即傳統的基督教的宗教觀念，希臘的異教徒觀念和中國人的道教和孔教的觀念。（因為佛教的觀念太悲觀了，所以我不把它包括進去）。這些觀念，由它們深湛的諷諭意義上說來，並沒有什麼分別，尤其是在具有高深的生物學和人類學智識的現代人，給予它們一種廣義的解釋後，更不能分其軒輊，可是在它們原來的形式上，分別仍是存在的。

依傳統的正統基督教觀念，人類是完善的、天真的、愚笨的、快樂的赤裸著身體在伊甸園裡生活。後來人類有了智識和智慧，於是墮落了，這就是痛苦的起因。所謂痛苦，主要的是由於（一）男人方面的流汗工作；（二）女人方面的生男育女的疼痛。為要顯示人類的缺點起見，基督教又引進一種人類的新成分，和原來的天真完美相對照。這種新成分就是魔鬼，它大概是由肉體方面去活動；而人類較高尚的天性則由靈魂方面去活動，我不知道「靈魂」在基督教神學裡是什麼時候發明的，但是這「靈魂」變成了一種實物，而不是一種機能，變成一種實質，而不是一種狀態；它把靈魂不值拯救的禽獸和人類明確地劃分了。

在這裡，邏輯便發生了問題，因爲「魔鬼」的來源必須解釋，然而當中世紀的神學家，用他們平常的學者邏輯去研討這個問題時，他們便陷入了進退維谷的境界。他們既不能承認「非上帝」的「魔鬼」和上帝並存永生。所以在無可奈何中，他們只得說「魔鬼」一定是一個墮落的天使，但是這又引起了罪惡的來源問題（因為另外總得有一個「魔鬼」來引誘這個天使去墮落啊！）因此，這種理論便不能使人滿意，他們也只好隨它去了。雖然如此，這理論卻產生了神靈和肉體相對的奇怪觀念；這個玄妙的觀念至今存在，對於我們的人生觀和幸福還有著很大的影響①。

接踵而至的，便是「贖罪」的理論，這理論依然是由犧牲的觀念假借而來；從這個理論推想起來，上帝好像是一個喜歡人間煙火嗅味的神，不願意無代價赦免人類的罪惡。基督教有了這種理論，人類一下子就可以尋到一個可以赦免一切罪惡的方法，因此人類又找到了獲得完美的方法。

基督教思想中最奇突的一點就是完美觀念。因爲基督教是從上古世界的崩潰中所產生，所以有一種著重來世的傾向，拯救問題替代了人生幸福問題，或者替代了簡樸生活本身問題。這觀念的涵義就是人類要怎樣才能脫離這個腐敗、混亂和滅亡中的世界，而到另一個世界裡去。因此，就有了永生的觀念。

這和《創世紀》裡上帝不要人類永生的原始說法是矛盾的。根據《創世紀》的記載，亞當和夏娃所以被逐出伊甸園，並不是像一般人所相信的那樣，爲了偷嚐善惡樹的果子，而是爲了上帝怕他們再度違背命令，去偷吃生命樹的果子，因而得到永生：

耶和華上帝說：那人已經和我們相似，能知道善惡，現在恐怕他又伸手去摘生命樹的果子吃，就永遠活著。

耶和華上帝便打發他出伊甸園，去耕種他身所自出之土。於是把他趕了出去，又在伊甸園的東邊安設基路伯和四面轉動能發火燄的劍，去把守生命樹的道路。

善惡樹似乎是在樂園的正中央，生命樹卻是在靠近東門的地方，據我們知道在那邊基路伯還駐守著，以防人類侵犯。

總之，現在還存有一種以爲人類是完全墮落的信念，今生的享樂就是罪惡，以爲刻苦就是美德，以爲人類除了被一種外來的偉大力量所拯救外，不能自救。罪惡仍是今日通行的基督教教義的根本理論。教士在講道的時候，第一步是使人體會到罪惡的存在，以及人類本性的不良（**是傳教士應用藏在袖子裡的現成藥方時的必要條件**）。總之，如果你不先使一個人相信他是罪人，你便不能勸誘他做基督教徒。有人曾說過一句頗爲刻薄的話：「我國的宗教已經成爲一種罪惡的反省，體面的人士不敢再走進教堂了。」

希臘的異教世界是一個絕對不同的世界，所以他們對於人類的觀念亦異。最值得注意的就是：希臘人要他們的神成爲凡人一般，而基督教徒則反之，要使凡人跟神一樣。在奧林匹克那些確是些快樂的、好色的、談戀愛、會說謊、好吵架，也會背誓的急性易怒的傢伙；正像希臘人那樣地喜歡打獵，駕馬車，擲標槍——他們也很喜歡結婚，而且生了許多的私生子。

講到神和人的區別，有一些神不過在天上起雷霆，在地上培養植物而已，他們永生，喝花蜜釀成的仙露，而不喝酒——其實所用以釀成的果實也差不多。我們覺得可以和他們親近，我們可以揹了個行囊，和阿波羅（Apollo，司日輪、音樂、詩、醫病、預言等的神）或雅典娜（Athene，司智慧、學術、技藝、戰爭的女神）一同去打獵，或在路上拉住了墨丘利（Mercury，商人、旅客、盜賊及狡猾者的保護神）和他閒談，正如和美國西方聯合電報局（Western Union）的信差閒談一樣，如果談得出神有趣的話，我們可以想像墨丘利說：「不錯，是的，對不起，我正要把這封電報送到七十二號街去。」

希臘人並不神聖，但是希臘神卻具人性。這些神和基督教十全十美的上帝相較起來是多麼不同！所以希臘的神可說是另一個種族的人，是一族能夠永生的偉人。由於這個觀念做背景，就產生一些關於得墨忒耳（Demeter，司農業的女神）、波洛塞賓娜（Proserpina，地獄的女王）和奧爾甫斯（Orpheus，音樂的鼻祖）等神奇美妙故事。

希臘人對神的信仰是視爲理所當然的，甚至蘇格拉底將飲毒酒的時候，也舉酒向神禱告，求神能夠使他快一點到另一個世界裡去。這點很像孔子的態度。我想在那個時期，人們的態度一定是這樣的；至於希臘的思想假如放在現代，則對於人類和上帝將取怎麼樣的態度，我們沒有知道的機會，這是很覺惋惜的，希臘的異教世界不是現代的基督教世界，而現代的基督教世界也不是希臘的世界。這是很不幸的。

大體上說來，希臘人承認凡是人類都免不了要死亡，並且有時還須受殘酷的命運所支配。但人類一旦接受了這種命運，仍感到十分快活，因爲希臘人酷愛人生和宇宙，他們除了專心一致地用科學方法去剖解物質在世界之外，也注意到理解人生的真美善。希臘人的思想裡沒有這類伊甸樂園式的「黃金時代」，也沒有人類墮落的譬喻；希臘人自己不過是丟卡利翁（Deucalion）和他的妻子派拉（Pyrrha）在洪水後，走下平原時，從地上拾起來向後拋去的石子所變成的人類罷了。他們對疾病和憂愁是用滑稽詼諧的方法去解釋的；他們以爲疾病和憂愁好似一個年輕的女子，有一種難於壓制的欲望，想打開一隻珍寶箱——「潘朵拉箱子」因而產生的。

希臘人的想像是美麗的。他們大都把人性就當人性看。但是基督徒或許會說他們只知「聽天由命」，完全被「不免一死」的命運所支配。但是「不免一死」的命運何嘗不美麗，人類在這裡可以理解人生，可以讓自由的精神和推究的精神各自去發展。有些詭辯家以爲人性本善，有些則以爲人性本惡，但無論怎樣，他們的理論總沒像霍布斯（Hobbes，**十五世紀英國哲學家**）和盧梭（**十六世紀法國哲學家**）的理論那麼背道而馳。最後柏拉圖以爲人類是欲望、情感和思想的混合物，因而理想的人生即指在智慧或真正理解的指導下，在欲望、情感、思想三方面能夠和諧的生活。柏拉圖認爲「思想」是不朽的，不過個人靈魂的或賤或貴，是依他們是否愛好正義、學問、節制和美而異。

在蘇格拉底的心目中，靈魂也有一種獨立和不朽的存在性；他在〈斐多〉（Phaedo）裡告訴我們說：「當自我的靈魂由肉體解放出來而肉體也脫離了靈魂，那時除死亡外，還有什麼呢？」對於相信人類靈魂的不朽，顯然是基督教徒、希臘人、道教和孔教的觀念上相同的地方。但是相信靈魂不朽的現代人，卻不能抓住這一點當做話柄。蘇格拉底對靈魂不朽的信仰，在現代人看來，也許將認爲是無稽之談，因爲他的許多理論根據，如化身轉世之類，是現代人所不承認的。

關於中國人對於人類的觀念，人類是造物之主，「萬物之靈」。在儒家看來，人和天地並列成爲「三靈」。如果以靈魂說爲背景講起來；世間萬物都有生命，或都有神靈依附，風和雷是神靈的本身，每一大山和河流都有神靈統治，而且可說即是屬於這個神靈的；每一種花都有花神，在天上管理季節，看顧它們盛開凋謝。還有一個百花仙子，她的生辰是在二月十二日。每棵柳樹、松樹、柏樹，每一隻狐狸或烏龜活了很長的歲月，達到了很高的年齡，就變成精。

在這種用靈魂說爲背景之下，人類自然也被視爲神靈的具體表現。這神靈和宇宙間的一切生物一樣，是由雄性的、主動的、正的，或陽的成分，和雌性的、被動的、負的，或陰的成分，結合而產生出來的——在事實上不過是對陰陽電原理的一種玄妙的猜測罷了。附在人身上的這種靈性叫做「魄」；離開人身隨處飄蕩時叫做「魂」（**一個人有堅強的個性或是精神充沛時，便稱之為有「魄力」**）。人死後，「魂」依舊四處飄蕩。魂是不常擾人的，但如果沒有人埋葬或祭祀死者，那麼神靈便會變成「無祀孤魂」來纏擾人家，因此，中國人便定七月十五日爲「祭亡日」，以祭祀那些溺死的和客死異鄉的鬼。更甚的，假使死者是被殺的或冤枉死的，那鬼魂便到處飄蕩騷擾，直到雪冤之後，方才停止。

人既是神靈的具體表現，所以在世的時候，當然須有一些熱情欲望和精神（Vital energy or Nervous energy），這些東西無所謂好壞，只不過是一些和人類生活不能分離的天賦的性質而已。一切男女都有熱烈的感情，自然的欲望，高尚的意志，以及良知；他們也有性欲、饑餓、憤怒，並且受著疾病、疼痛、苦惱和死亡的支配。文化的用處，便在怎樣使這些熱情和欲望能夠和諧地表現。這就是儒家的觀念，依這種觀念，我們假使能夠和這種天賦的本性過著和諧的生活，那麼，便可以和天地並列；關於這一點，我將在第六章末再講。然而佛教對於人類的肉體情欲的觀念，和中世紀的基督教很相同——以為這些情欲是必須割棄的討厭東西。太聰慧或思想過度的男女有時會同意這個觀念，因而去做和尚或尼姑；但在大體上說來，儒家的健全意識並不贊成這種行為。同樣，佛教的觀念也有點近於道教的意味，認為紅顏薄命是「被謫下凡的神女」，因為她們動了凡心，或是在天上失了職，所以被貶入塵世來受這命運注定的人間痛苦。

人類的智能被認為是一種潛力之類。這種智能即我們所謂「精神」，這「精」字的意義和狐狸精的「精」字相同。我在前面已經說過，英語中和「精神」意義最相近的是Vitality或Nervous energy，這種東西在人生中每天有許多不同的時候，正像潮水那樣地漲落不定。一個人生下來就有熱情、欲望和這種精神。這些在幼年、壯年、老年和死亡各時期中循著不同的路線而流行。孔子說：「少之時；血氣未定，戒之在色；及其壯也，血氣方剛，戒之在鬥；及其老也，血氣既衰，戒之在得。」反過來講，就是說少年好鬥，壯年愛色，老年嗜財。

當著這個身體的、智能的，和道德的資產混合物，中國人對於人類本身所抱的一般態度，可以歸納到「讓我們做合理近情的人」這句話裡。就是一種中庸之道，不希望太多，也不太少。好像人類是介乎天地之間，介乎理想主義和現實主義之間，介乎崇高的思想和卑鄙的情欲之間。這樣的介乎中間，便是人類天性的本質；渴求智識和渴求清水，喜歡一個好的思想和喜愛一盆美味的筍炒肉，吟哦一句美麗的詩詞和嚮慕一個美麗的女人，這些都是人的常情。因之我們感到人間總是一個不完美的世界。

要把這社會加以改良，機會當然是有的，但是中國人並不想得到完全的和平，也不想達到快樂的頂點。這裡有個故事可做證明。

有一個人從幽冥降生到人間去，他對閻王說：「如果你要我回到人間，你須答應我的條件。」「什麼條件呢？」閻王問。那人回答說：「我要做宰相的兒子，狀元的父親，我的住宅四周要有一萬畝地，有魚池，有各種花果，我要有一位美麗的太太，和一些姣豔的婢妾，她們都須待我很好，我要滿屋珠寶，滿倉五穀，滿箱金銀，而我自己要做公卿，一生榮華富貴，活到一百歲。」閻王說：「如果人間有這樣的人可做，我自己也要去投生，不讓你去了！」

然而合理近情的態度，就是說：我們既有了這種人類的天性，那麼就讓我們開始做人吧。何況要逃避這個命運，根本是辦不到的。不管熱情和本能本來是好是壞，空口爭論是沒有什麼用處的。或者我們反而倒有被束縛的危險。這種近情合理的態度造成了一種寬恕的哲學，覺得人類的錯誤和謬行都是可以獲得寬恕的，不論是法律上的、道德上的或政治上的，都可以認爲是「一般的人類天性」或「人之常情」。至少，那批有教養的、心胸曠達的、遵循合理近情的精神而生活的學者，都抱著這種態度。

中國人甚至以爲天或上帝也是一個頗爲合理近情的人物，他們以爲你只要過著合理近情的生活，依著你的良知行事，你就不必再有所懼怕，他們認爲良心的安寧是最大的福氣，認爲一個心地光明磊落的人，連鬼怪也不能侵犯他。所以，只要有一個合理近情的上帝來擔任管理那些不合理不近情者的任務，世界便太平無事，諸事順利了。專制者死了；賣國者自殺了；唯利是圖者變賣他的財產了；有權有勢，擁有古董的收藏家（他們是利欲薰心，靠權勢來剝削人家的）的兒子們，把他們父親用盡心機搜羅得來的珍貴，一齊變賣，四散地藏在別人的家庭裡了；殺人凶犯伏法了，遭辱的女人得到報復的機會了，難得有個被壓迫者會喊著說：「老天爺瞎了眼睛！」（正義不伸）

在道家和儒家兩方面，最後都以爲哲學的結論和它的最高理想，即必須對自然完全理解，以及必須和自然和諧；如果要用一個名詞以便分類的話，我們可以把這種哲學稱爲「合理的自然主義」（Reasonable naturalism），一個合理的自然主義者於是便帶著獸性的滿足在這世界上生活下去。目不識丁的中國婦人說：「人家生我們，我們生人家，另外還有什麼事可做呢？」

「人家生我們，我們生人家」，這一句話蘊藏著一種可怕的哲學。由於這種說法，人生將變成一種生物學的程序，而永生的問題便絕口不必談了。這正和一個攙著孫兒到糖果店裡去，一面在想著五年或十年後便要回到墳墓裡去的中國祖父一樣，他們在這世間最大的希望就是不至於生下羞辱門第的子孫來。中國人人生的整個典型就是這樣一個觀念合組起來的。

## 二 與塵世結不解緣

所以人類如要生活，依然須生活在這個世界上。什麼生活在天上啊等問題，必須拋棄。人類的心神喲！別張起翔膀，飛到天神那邊去，而忘掉這個塵世呀！我們不都是注定著要遭遇死亡命運的凡人嗎？上天賜給了我們七十年的壽命，如果我們的心志太高傲，想要永生不死，這七十年，確是很短促的，但是如果我們的心地稍爲平靜一點，這七十年也盡夠長了。一個人在七十年可以學到很多的東西，享受到很多的幸福。要看看人類的愚蠢，要獲得人類的智慧，七十年已是夠長的時期了。一個有智慧的人如充分長壽，在七十年的興衰中，也盡夠去視看習俗、道德律和政治的變遷。他在那人生舞台閉幕時，也應該可以心滿意足地由座位立起來，說一聲「這是一齣好戲」而走開吧。

我們是屬於這塵世的，而且和這塵世是一日不可離的。我們在這美麗的塵世上好像是過路的旅客，這個事實我想大家都承認的，縱令這塵世是一個黑暗的地牢，但我們總得盡力使生活美滿。況且我們並不是住在地牢裡，而是在這個美麗的塵世上，而且是要過著七八十年的生活，假如我們不盡力使生活美滿，那就是忘恩負義了。有時我們太富於野心，看不起這個卑低的，但也是寬大的塵世。可是我們如要獲得精神的和諧，我們對於這麼一個孕育萬物的天地，必須有一種感情，對於這個身心的寄託處所，必須有一種依戀之感。

所以，我們必須有一種動物性的信仰，和一種動物性的懷疑，就把這塵世當做塵世看。梭羅（Thoreau，**美國十九世紀作家和自然主義者**）覺得自己和土壤是屬於同類，具著同樣的忍耐功夫，在冬天時，期望著春日的來到，在百無聊賴的時候，不免要想到尋求神靈，不是他的份內事，而應由神靈去尋求他；依他的說法，他的快樂也不過和土撥鼠的快樂很相似，他這種整個的大自然性也是我們所應該保持的。塵世到底是真實的，天堂終究是飄渺的，人類生在這個真實的塵世和飄渺的天堂之間是多麼幸運啊！

凡是一種良好的、實用的哲學理論，必須承認我們都有這麼一個身體。現在已是我們應該坦白地承認「我們是動物」的適當時機；自從達爾文進化論的真理成立以後，自從生物學，尤其是生物化學，獲得極大的進展之後，這種承認是必然的。不幸我們的教師和哲學家都是屬於所謂知識階級，都對於智能有著一種特殊的，專家式的自負，致力於精神的人以精神爲榮，正如皮鞋匠以皮革爲榮一樣。有時他們連「精神」一詞也還覺得不夠飄渺抽象，更拿什麼「精粹」「靈魂」或「觀念」一類的詞字，冠冕堂皇地寫出來，想拿它來恐嚇我們。人的身體便在這種人類學術的機器中，蒸餾成精神，而這種精神進一步凝聚起來，再變成一種精粹的東西。但是要曉得，即使是酒精也須有一個「實體」——和淡水混合起來——才能味美適口。然而我們這些可憐的俗人卻須飲這種精神所凝聚的精華。這種過分著重精神的態度實是有害的。它使我們和自然的本能搏鬥，它使我們對於天性無從造成一種整體完備的觀念，這是我批評它的一個主要點。同時這種態度對於生物學和心理學，對於感官、情感，尤其是本能，在我們生命上所占的地位，也是極少認識的。人類是靈與肉所造成，哲學家的任務應該是使身心協調起來，過著和諧的生活。

## 三　靈與肉

有一樁最顯明的事實而爲哲學家所不願承認的，就是我們有一個身體。因爲說教者對於人類的缺憾，以及野蠻的本能和衝動，看得厭膩了，所以希望我們生得和天使一般，但是我們想像不出怎麼樣才是天使的生活。我們以爲要麼天使也有和我們一樣的肉體——除了多生一對翅膀——或者他們是沒有肉體的。

關於天使的形態，一般的觀念仍以爲是和人類一樣的，只不過多生了一對翅膀：這是很有趣的事。我有時覺得天使有肉體和五官，也於他是有益的。假如我是天使的話，我願有少女般的容貌，但是如果我沒有皮膚，怎樣能得到少女般的容貌呢？我也願仍舊喜歡喝一杯番茄汁，或冰橘子汁，但是我如果沒有渴的感覺，怎樣能夠享受呢？並且我如不能感覺饑餓，我又怎樣能享受食物？如果天使沒有顏料，怎樣能夠繪畫？如果聽不到聲音，怎樣能夠歌唱？如果沒有鼻子，怎樣能夠呼吸清晨的新鮮空氣？如果皮膚不會發癢，怎樣能夠享受搔癢時那種無上的滿足？這在快樂上，該是一種多麼重大的損失！我們必須有肉體，並且我們肉體上的欲望必須都能夠得到滿足，否則我們便應該變成純粹的靈魂，不知滿足爲何物，因爲滿足都是由欲望而產生的。

我有時傻想，以爲鬼魂或天使，如沒有肉體，真等於一種可怕的刑罰：看見一泓清水，沒有腳可以伸下去享受一種清新愉快的感覺；看見一盤北平烤鴨或長島鴨肉，但沒有舌頭可以嚐它的滋味；看見烘餅，但沒有牙齒可以咀嚼；看見我們親愛的人們的臉蛋，但我們無法把情感表現出來。更可悲的是，如果我們有一天成爲鬼魂，回到這世間，悄悄地進入我們子女的臥室，看見一個孩子躺在床上，我們卻沒有手可以愛撫他，沒有臂膀可擁抱他，沒有胸膛可以感到他身體的溫暖；沒有肩膀頸項可以讓他依靠依偎；沒有耳朵可以聽到他的聲音。

如果有人對「天使無肉體論」加以辯護的話，他的理由一定是模糊而不充足的。他也許會說：「啊！很對，但神靈是不需要這種滿足的。」「但是另有什麼東西可以代替這種滿足呢？」

這就問住了。如要勉強回答的話，是「空虛——和平——寧靜。」如再問：「你在這種情境裡可以得到什麼呢？」回答或許是：「沒有勞役，沒有痛苦，沒有煩惱。」好，我就承認有這麼一個天堂，但也只有船役囚徒或許會對這種天堂發生興趣，這種消極的理想和觀念太近於佛教了，其來源與其說是歐洲，不如說亞洲（指小亞細亞）。

這種理論是毫無益處的，至少我可以指出「沒有感覺的神靈」的觀念極不合理，因爲我們現在已越加覺得宇宙本身也是有感覺的東西。神靈的特性也許是動作，不是靜止；而沒有肉體的天使，也許是如陽電子一般，以每秒鐘二萬或三萬哩的速率環繞陽核而旋轉，因而得到快樂，比在遊樂場中乘小火車觀看景致更爲有趣。這裡面一定有一種感覺。也許那個沒有肉體的天使會像光線或宇宙光線一樣，在以太的波浪中，以每秒鐘一萬八千三百哩的速率，繞著曲線形的空間而飛奔。一定還有精神上的顏料使天使可以繪畫，享受著某種形式的創造樂趣；還有以太的波動給天使當做音調、聲響和顏色，而可以感受；一定還有以太的微風去吹拂天使的臉頰。如果不是這樣的話，神靈本身便會像積水池裡的死水一樣，或像人在沒有新鮮空氣的沉悶的夏午所感到的境地一樣。所以世間如果還有人生的話，就必須有動作和情感（無論是怎麼樣的一種形式）；而不是完全的靜止和無感覺的狀態。

## 四　生物學上的觀察

如果我們對自己身體的功能和智能的程序有了深一層的了解，我們對於人類就能具有較真切較廣泛的觀念，使「動物」一名詞減掉一些舊有的惡味。「會了解便會寬恕」，這句俗語可以應用到我們自己的身心的程序上去。因為我們如果對身體的功能有更深切的認識，我們便絕不會輕視這些功能。這個事實看來似乎很奇怪，然而的確是正確的。關於我們的消化程序，要點不在乎批評它的貴賤，而僅僅是在了解它，這樣它已變得非常高貴了。這情形也適用於我們身體中各種生物學上的功能，如出汗、排泄、胰液、膽汁，內分泌腺，以及更微妙的情感程序和思想程序。我們不再蔑視腎臟，我們只想了解它；我們不再把一顆壞牙齒當作身體最後腐敗的象徵，也不當做拯救靈魂的警告者，我們只跑去找一位牙醫生，檢驗一下，把那壞牙齒補好就完了。一個人由牙醫生處出來後，便不再輕視他的牙齒，反而增加對它們的尊敬——因為他對於啃嚼蘋果和雞骨等，將要感到更大的樂趣了。

講到那些以為牙齒是屬於魔鬼的超形而上主義者，和那些不承認人類是有牙齒的新柏拉圖主義者，當我看見他們自己患了牙痛，和樂觀的詩人患了消化不良症，我就往往感到這是近於對他的一種諷刺，而覺得痛快。他為什麼不再繼續去做他的哲學理論呢？他為什麼要像你、我，或隔壁的嫂嫂那樣，把手按在面頰上呢？患著消化不良症的詩人為什麼不信世上有所謂樂觀呢？他為什麼不再唱歌了？但一旦內臟工作恢復而不騷擾他的時候，他便把內臟忘得一乾二淨，只知歌頌神靈，他真是多麼忘恩負義啊！

科學使我們對身體的動作，得到一種更奇妙的感覺，它教我們怎樣更進一步去尊敬我們的身體。第一，關於遺傳學方面，我們開始知道我們的成為人類，絕不是泥土做成的，而是站在動物譜系的最高處。對於這一點，一個神志清楚沒有給自己精神所麻醉的人，想必會感到相當的滿足和快慰吧。我的意思並不是說，「恐龍」特地在幾百萬年前由生存而滅亡，因而使我們在今日可以生著二條腿，在地球上行走。生物學沒有立出這種無所謂的假設，所以不會損害一絲一毫的人類尊嚴，也不會對人類優於萬物這個觀念加上疑點。所以任何一個立意要看重人類尊嚴的，人對此也會覺得十分滿意的。第二，我們對於身體上的神秘和美麗，越久越有深刻的印象。使我們不能不感到我們身體內的各部動作，以及彼此間的微妙聯繫，是在極端困難的情形下所做成的，而其結果又是那麼簡單，始終不變。科學在說明體內這些化學的程序時，非但不能把它們弄得簡單易解些，反而把它們弄得更複雜更難解。使這些程序比無生理學智識者所想像的更為複雜和困難。須知宇宙外表的神秘和宇宙內裡的神秘，在本質上是相同的。

生理學家越是努力分析人類生理上的生物物理和生物化學的程序，便越覺得莫名其妙起來。所以一個心胸寬大的生理學家，有時也不得不接受神秘的人生觀念。關於這點，我們可以舉卡雷爾博士（Dr. Alexis Carrel）為例。不問我們是否贊成他在《神秘人類》（Man, the unknown）一書中所發表的意見；我們不能不同意實有那些事實和那些事實都未曾解釋過，而且也是無法解釋的。我們開始覺得物質本身也有智能了：

器官是依靠器官液和神經系而互相聯繫的。身體上每一部分和其他的部分互相適應著。這種適應的方式是循著目的而實現的。如果我們跟機械學者及活力論者的意見一樣，認為纖維具有一種和我們人類相同的智能，那麼那些生理上的程序便好似是為著各自的目的而互相聯繫的，有機體具著始終不變性，這是無可否認的。每一部分似乎都知道整個身體的現在和將來的需要，因而依照這個目的而去工作。時間和空間在我們的纖維和我們的心智的應用上是不相同的。身體意識到近的東西也能意識到遠的東西，意識到現在，也能意識到將來。」（《神秘人類》原書第一九七頁）

例如我們的內臟受了損傷，它們自己會治癒，完全不需要我們的努力，這種現象是值得驚異的：

受傷的地方，起初變為不能動彈，暫時癱瘓，使糞類不能通進腹部。同時其他部分腸管，或是網膜的表面，即移近到傷處。表現了腹膜的特性，自動地黏附著。在四五個鐘點內，傷處便合口了。有時傷口是被外科醫生用針線縫好的，但那傷處仍是由於腹膜表面的自動黏附性而痊癒的。」（《神秘人類》原書第二〇〇頁）

肌肉本身既有著這種智能，我們為什麼還輕視肉體呢？我們是終究有一個身體，它是一架機器，自己營養，自己管理，自己修補，自己發動，自己生產，在我們出世的時候，已裝置就緒，像我們祖父用過的那座精美的鐘一樣，一用就是七十餘年，不用我們當心。

這架機器裝著無線電式的視覺和無線電式的聽覺，又有一種比電話機或電報機更複雜的神經系和淋巴系。它有一個規模極大的神經複雜體，在擔任編排報告的工作，效率極高，不重要的案卷放在屋頂的小閣上，較重要的案卷則放在較便利的台架上，可是放在小閣上的那些案卷即使經過三十年，不常拿出來用，卻依然在那裡，等要用的時候，又馬上可以拿出來用了。而且這架機器也能像汽車般到處奔跑，有完美的膝桿動作，絕對安靜無聲的引擎；如果出了車禍，打破了玻璃，或弄壞了方向盤，這輛車子便會自動地流出或製造出一種物質去替代玻璃，並且另生出一個方向盤來，或者至少想法子用那根駕駛軸已腫的一端去開車；我們必須知道，當我們體內的一個腎臟被割掉時，另一個腎臟就會膨脹起來，增加它的效能，使正常的尿量可以照常排出。同時，它總保持著誤差小於華氏十分之一度以內的正常體溫，自己能製造化學物質，以便將食品變成活的組織。

還有最緊要的一點，就是它有一種生命韻律的意識，有一種時間的意識，它不但意識到幾個鐘點和幾天，甚至意識到幾十年的時光；身體統制著自己的童年時期，青春時期和成年時期，到夠大的時期，便不再長大，甚至在我們不知不覺的時候，它早把一顆智齒長出來了。我們的身體也能製造清除毒物的解毒劑，而且有著驚人的滿意成績；它在做這些事時絕對沒有聲息，絕沒有那種通常工廠裡必有的嘈雜聲響，因之，超等的形而上學家盡可以不受騷擾，可以優游自在地去思索他的精神或他的精粹。

## 五 詩樣的人生

我以為從生物學的觀點看起來，人生幾乎像一首詩。它有韻律和拍子，也有生長和腐蝕的內在循環。它開始是天真樸實的童年時期，嗣後便是粗拙的青春時期，企圖去適應成熟的社會，具備青年的熱情和愚憨，理想和野心，後來到了活動較劇烈的成年時期，由經驗上獲得進步，又由社會及人類天性上獲得更多的經驗；到中年的時候，才稍微減輕活動的緊張，性格也圓熟了，像水果的成熟或好酒的醇熟一樣，對於人生漸抱一種較寬容、較玩世，同時也較溫和的態度；以後到了老年時期，內分泌腺減少了它們的活動，假如我們對於老年能有一種真正的哲學觀念，照這種觀念調和我們的生活形式，那麼這個時期在我們看來便是和平、穩定、閒逸和滿足的時期；最後生命的火花閃滅，一個人便永遠長眠不醒了。

我們應當能夠體驗出這種人生的韻律之美，像欣賞大交響曲那樣地欣賞人生的主旨，欣賞它急緩的旋律，以及最後的決定。這些循環的動作，在正常的人體上是大致相同的，不過那音樂必須由個人自己去演奏。在某些人的靈魂中，那個不調和的音鍵變得日益宏大，結果竟把正式的曲調掩沒了，如果那不調和的音鍵聲音太響，使音樂不能繼續演奏下去，於是那個人便開槍自戕，或跳河自盡了。這是因為他缺乏良好的自我教育，弄得原來的主旋律遭了掩蔽。反之，正常的人生是會保持著一種嚴肅的動作和行列，朝著正常的目標前進。在我們許多人之中，有時震音或激越之音太多，因此聽來甚覺刺耳；我們也許應該有一些以恆河般偉大的音律和雄壯的音波，慢慢地永遠地向著大海流去。

一個人有童年、壯年和老年，我想沒有一個人會覺得這是不美滿；一天有上午、中午、日落，一年有春、夏、秋、冬四季，這辦法再好沒有。人生沒有什麼好壞，只有「在那一季裡什麼東西是好的」的問題。如果我們抱著這種生物學的人生觀念，循著季節去生活，那麼除自大的呆子和無可救藥的理想主義者之外，沒有人會否認人生確是像一首詩那樣地生活過去的。莎士比亞曾在他的人生七階段的那節文章裡，清楚地表達了這個觀念；許多中國作家也曾說過與此相似的話。莎士比亞沒有變成富於宗教觀念的人，也不曾對宗教表示很大的關懷，這是很可怪的。我想這便是他所以偉大的地方；他把人生當做人生看，他不打擾世間一切事物的配置和組織。正如他不打擾他戲劇中的人物一樣。莎士比亞和大自然本身相似，這是我們對一位作家或思想家最大的讚頌。他只是活在世界上，觀察人生而終於離開了。

**注釋：**

①在現代思想進步的過程中，「魔鬼」是第一個被棄掉的東西，這是值得欣幸的事實。我相信今日在一百個相信有上帝的進步基督徒之中，相信真魔鬼的（除了比喻的意義之外）恐怕不到五人，同時，相信真地獄的也和相信真天堂的同歸消滅。

# 第三章　我們的動物性遺產

## 一　猴子的故事

如果那種生物學的觀念能夠幫助我們去欣賞人生的韻律美，那也證明我們能力有限。我們如將人類即是動物這一點描寫得更準確清楚，就能使我們得到較正確的印象，使我們更能了解自己，以及人類文化的進步。

人類的天性是以我們動物世系爲根據的，當我們對天性有了更正確更深切的認識時，我們就會產生一種較慷慨的同情，甚至產生一種寬裕的玩世態度。委婉地提醒我們自己是尼安德特種人或北京人的子孫，再說遠一點，我們是人猿的子孫，於是我們終於能夠輕視我們的罪惡和缺點，同時讚歎我們的猴子式的聰明，這就是所謂人類喜劇的意識。克拉倫斯・戴（Clarence Day）在他那篇〈猿猴世界〉（This Simian World）裡那種發人深省的論文，就曾表現出這種美妙的思想，當我們閱讀這篇論文時，我們會寬恕一切人類：檢查官、宣傳主任、法西斯的編輯、國社黨的無線電報告員、國會議員、立法委員、獨裁者、經濟學家、國際會議代表，以及那些干涉別人的生活的好管閒事者。因爲我們已開始了解他們了。

從這種意義上講來，我現在愈加能夠體會《西遊記》這部中國偉大的猴子故事的智慧和見識。我們在這一觀點上，對於人類歷史的演進，便能得到更親切的認識；人類歷史的演進和那些半人類的動物到西天去參聖的行程，真是多麼相似啊——孫悟空好似代表人類的智能，豬八戒代表較卑下的天性，沙和尚代表常識，玄奘法師則代表智慧和聖道。玄奘法師在這些怪異的隨從保護之下，由中國出發到印度去取經。人類進展的事蹟，就是像一群都有缺點的動物的謁聖行程一樣，爲了他們具著愚笨和惡作劇，所以不斷地遭逢著許多危險和好笑的情境。法師每每須糾正並責罰那惡作劇的猴子，和風流自賞的豬仔，因爲他們不完美的心思和卑鄙的情欲，常常使他們陷入各種窘境。在這個由人類到神佛的參拜旅程中，人性脆弱的本能、憤怒、復仇、暴躁、肉欲、不寬恕，尤其是自大和不謙遜的本能，不斷地暴露出來。人類的技巧增高時，破壞力也同時加高，因爲我們現在都像那隻有法術的猴子一樣，能騰雲駕霧，在空中大翻斛斗（即飛機在空中倒飛側飛），由我們的猴腿上拔下毫毛，使它們變成小猴，去攻擊我們的敵人，敲打天門，粗野無禮地把看門人推開，要求和天神同等並列。

這隻猴子是聰慧的，但是很自大；他有厲害的法術，可以闖入天門，可是沒有相當健全、平衡和冷靜的精神在天上安靜地過生活。所以他對這個塵世的生活，資格很夠，可是對於天上的那些不朽的神仙生活，他的資格卻還差得遠呢。他的品性上有一些粗鄙的、惡作劇的、叛逆的質素，好比黃金裡有著未曾煉淨的渣滓，所以在上半部《西遊記》裡；當他未曾參加西行取經時，有一次他跑到天上去，造成了一種可怕的局面，像一隻從動物園裡鐵籠中逃出來的野性獅子一樣，爲了有一種不能悛改的惡作劇的習性。

他曾破壞了西天王母娘娘款待天上神仙所開的年宴，他因爲未曾被邀請參加蟠桃盛會，不禁大怒，假扮著上帝的使者，遇著赤腳大仙去赴會，便謊騙他宴會的地址已改，使他走錯了地方，自已就變成赤腳大仙的樣子，跑去參加盛會。上他當的神仙爲數很多。他跑到寶閣，才知道他是最先光臨的貴客。除了那些在右廂走廊下看管幾甕玉液瓊漿的僕人外，一個賓客也沒有到。他就使個神通，拔下幾根毫毛，放入口中，嚼碎噴去，喝一聲變，即刻變作幾個瞌睡蟲，把那些僕人全弄睡了，於是便把那幾甕仙酒喝完。喝得半醉，跌跌撞撞地跑進大廳，把擺在台子上的蟠桃也吃光。當那些客人來臨看見宴會席上的那種杯盤狼藉的情形時，他已跑到太上老君的家裡去弄把戲了，想偷吃太上老君的長生不老金丹。

後來，他一則恐怕這把戲發生嚴重的後果，二則因爲不曾被邀請去參加蟠桃盛會，心裡很是憤憤不平，所以即偷偷地離開天上回到了他的齊天府，又做起猴王來，並對小猴們說他厭惡上天。於是他便舉起背叛上天的旗幟，在旗上寫著「齊天大聖」的字樣。接著，這隻猴子就和上天發生猛烈的戰爭，他並沒有敗北，後來還虧觀世音菩薩在雲中用了花枝把他打倒，總算把他捉住了。

我們永像這隻猴子一樣在做叛逆的行爲，我們沒有和平，也沒有謙卑，一直到觀世音菩薩從天上拋下花枝，把我們克服了才止。我們直需等到科學把宇宙間的一切界線探索出來後，才會得到真正謙卑的教訓。在那部故事裡，那隻猴子被捉住後，質問玉皇大帝爲什麼不在神仙中給他一個高的名位，最後還要和如來佛或者上帝打個賭，才肯降服。他說，以他的法力，他能夠跑到天地的盡頭，如做到了，應實授他齊天大聖的名號，如不能的話，他便情願一輩子屈服。於是他跳到空中，一個虎跳，風馳電掣地不知過了多少路，等他停下來時，只見五根肉紅柱子，他便以爲一定是人跡罕至的盡頭了。爲證明他曾到過這地方起見，他在第一根柱子根下，撒了一泡猴尿，很得意地跑回來，把他的行程告訴佛祖。佛祖於是張開那隻手，叫他聞聞中指下邊的氣味，告訴他說，他始終不曾跑開佛祖的一隻手掌。這時猴子才低頭認輸，被佛祖用鐵鍊縛在石上，經過了五百年，才由玄奘法師將他釋放，跟著到西天去取經。

這隻猴子——就是我們的小影——儘管其自大和惡作劇，終究還是一隻極其可愛的動物。所以人類儘管有許多弱點和缺點，我們仍必須愛人類。

## 二　猴子般的形象

因之，聖經上所說我們是以上帝的形象來造成的那種觀念，我們必須拋開，我們覺得我們是由猴子的形象而來的，同時，如把我們和那完美的上帝相比，相差之遠，猶如螞蟻和我們一樣的大巫見小巫。我們是聰明的，這一點，我們十分相信；因爲我們確有心智。所以對自己的聰明常常有點驕傲，可是生物學家卻來對我們說，這個心智，以可用言語來表示的思想而論，尙是一種晚近的發展，在那些構成道德本質的要素中，除了心智外，還有一些動物的，或也可說野蠻的本能，這些動力比心智更大，而事實上也就是這些東西使我們在團體生活中做出各個的錯誤行爲。這樣我們更能了解那個自傲的人類心智的性質。

第一，我們見到這個心智是一個相當智慧的心智，但也頗有缺憾。我們考據人類頭顱的進化，知道它不過是一根脊椎骨長大起來而成的，所以它跟脊髓的功用一樣，只是在意識到危險，應付外邊的環境，和保存生命——但不在於思想。思想的工作大都是做得極笨拙的。貝爾福爵士（Lord Balfour）曾說：「人類的頭腦對於尋求食物，和豬鼻一樣的重要。」這一句話已可使他不朽了。我以爲這句話並不代表真正的玩世態度。我以爲他說這話，不過是基於他對人類一般的理解而已。

我們開始由起源方面了解我們人類的不完美，不完美嗎？很對，造物主就是把我們造成這個樣子的。不過問題不在這裡。主要的一點是：我們的遠祖都像人猿泰山那樣，在森林中遊憩，由這個樹枝蕩到那個樹枝，或像長尾猴那樣，用一隻臂膀或尾巴鉤住樹枝倒懸著①。在我的心目中，以人類的進化而論，把各個階段分開來看，可說都是極其完美的。可是現在，我們卻需做一種困難萬倍的調整工作。

當人類在創造自己的文化時，所走的路徑，在生物學方面講來，也許會使造物主嚇一大跳。以適應大自然而論，生於大自然的一切動物是極完美的，因爲造物主已把那些不能適應大自然的動物都滅盡了。可是現在我們毋庸適應大自然；我們只須適應自己，適應文化。在大自然的懷抱中，一切本能都是美好的、健全的，但是在社會中，我們把一切本能都叫做野蠻。每隻老鼠都偷吃東西——但牠並不因這種行爲而有損於道德或變成更不道德——每一隻狗都吠，每一隻貓晚上總不回家，或是破壞物件，每隻獅子都殺害其他動物，每隻馬看見危險都跑開，每隻烏龜都把一天寶貴的光陰在睡眠中消磨掉，每隻蟲兒、爬行動物、鳥兒和獸類都在大庭廣眾之間生產子嗣。

以文明世界的語詞來說，每隻老鼠都是盜賊，每隻狗都太會吵鬧，每隻貓兒假如不是藝術品的野蠻破壞者，便是「不忠實的丈夫」，每隻獅子或老虎都是嗜殺者，每隻馬都是懦怯者，每隻龜都是懶鬼，最後千百種的蟲兒、爬蟲動物、鳥兒、鳥獸類一律都是淫猥的，世間事的評價有著多麼重大的變動啊！這就是使我們驚訝造物主爲什麼把我們造得這樣不完全的理由。

## 三　論不免一死

因爲我們有這麼個會死的身體，以致於遇到下面一些不可逃避的後果：第一，我們都不免一死；第二，我們都有一個肚子；第三，我們有強壯的肌肉；第四，我們都有一個喜新厭舊的心。這些事實各有它根本的特質，所以對於人類文明有很重要的影響。因爲這種現象太明顯了，所以我們反而不曾想起它。我們如果不把這些後果看清楚，便不能認識我們自己，和我們的文明。

人類無論貴賤，身軀總是五六呎高，壽命總是五六十歲：我疑惑這世間的一切民主政治、詩歌和哲學是否都是以上帝所定的這個事實爲出發點的。大致說來，這種辦法頗爲妥當。我們的身子長得恰到好處，不太高，也不太低。至少我對於我這個五呎四寸之軀是很滿意的。同時五六十年在我看來已是夠悠長的時期：事實上五六十年便是兩三個世代了。依造物主的安排方法，當我們呱呱墮地後，一些年高的祖父即在相當時期內死掉。當我們自己做祖父的時候，我們看見另外的小嬰兒出世了。看起來，這辦法真是再好也沒有。這裡的整個哲學便是依據下面的這句中國俗語——「家有千頃良田，只睡五尺高床。」即使是一個國王，他的床，似乎不需超過七尺，而且一到晚上，他也非到那邊去躺著不可。所以我是跟國王一樣幸福的。無論這個人怎麼樣的富裕，但能超過《聖經》中所說的七十年的限度的，就不多見，活到七十歲，在中國便稱爲「古稀」，因爲中國有一句詩：「人生七十古來稀。」

關於財富，也是如此。我們在這生命中人人有份，但沒有一個人握著全部的抵押權。因此我們對於人生可以抱著比較輕快隨便的態度：我們不是這個塵世的永久房客，而是過路的旅客。地主、佃戶，都是一樣的旅客。這種觀念減弱了「地主」一詞的意義。沒有一個人能實在地說，他擁有一所房子或一片田地。一位中國詩人說得好：

蒼田青山無限好，
前人耕耘後人收；
寄語後人且莫喜，

更有後人樂逍遙！

人類很少能夠體念到死的平等意義。世間假如沒有死，那麼即使是聖赫勒拿（St. Helena）在拿破崙也要覺得毫不在乎，而歐洲將不知要變成個什麼樣子。世間如果真沒有死，我們便沒有英雄豪傑的傳記，就是有的話，作者也一定會有一種較不寬恕，較無同情心的態度。我們寬恕世界的一切偉人，因爲他們是死了。他們一死，我們便覺得已和他們消滅了仇恨。每個葬禮的行列都似有著一面旗幟，上邊寫著「人類平等」的字樣。萬里長城的建造者，專制暴君秦始皇焚書坑儒，制定「腹誹」處死的法律；中國人民在下面那首講到秦始皇之死的歌謠裡，表現著多麼偉大的生之歡樂啊！

秦始皇奄僵②！
開吾民，
據吾床，
飲吾酒，
啜吾漿，
餐吾飯，
以為糧；
張吾弓。

射東牆，
前至沙丘當滅亡！

人類喜劇的意識，與詩歌和哲學的資料，大都是如此而產生的。能見到死亡的人，也能見到人類喜戲的意識，於是他即很迅速地變成詩人了。莎士比亞寫哈姆雷特尋找亞歷山大大帝的高貴殘骸遺灰，「後來他發現這灰土也被人家拿去塞一個啤酒桶的漏洞」；「亞歷山大死了，亞歷山大葬了，亞歷山大變成塵土了，我們拿塵土來做黏土；為什麼不可以去塞一個啤酒桶的漏洞呢？」莎士比亞寫這段文字時，已經變成一個深刻的詩人了。

莎士比亞使李爾王二世談到墳墓、蟲兒、墓誌銘，談到皇帝死後，蟲兒在他的頭顱中也玩著朝廷上的滑稽劇，又談到「有一個購買田地的大買主，經過著法令、具結、罰金、雙重證據，和收回，結果他雖花了如許罰金（Fines），但仍變成一個裝滿精緻糞土的精緻腦袋。」（Fine pate full of fine dirt）莎士比亞在這種地方即表現著最優越的喜劇意識。奧瑪．開儼（Omar Khayyam十世紀波斯詩人）及中國的賈鳧西（別名木皮子，一位隱居的中國詩人），都是從死亡的意識上獲得他們的詼諧心情，以及對歷史的詼諧解釋。他們從那些在皇帝的墳墓裡住著的狐狸來借題發揮。莊子的全部哲學，也是基於他對一具髑髏的言論；中國的哲學到莊子的時代，才第一次蘊含著深刻的理論和幽默的成分：

莊子之楚，見空髑髏，髐然有形；撽以馬捶，因而問之曰：「夫子貪生失理而為此乎？將子有亡國之事，斧鉞之誅，而為此乎？將子有不善之行，愧遺父母妻子之醜，而為此乎？將子有凍餒之患，而為此乎？將子之春秋故及此乎？」於是語卒，援髑髏枕而臥……

莊子妻死，惠子弔之，莊子則方箕踞鼓盆而歌。惠子曰：「與人居，長子、老身死，不哭亦足矣，又鼓盆而歌，不亦甚乎？」

莊子曰：「不然。是其始死也，我獨何能無慨然，察其始而本無生，非徒無生也，而本無形，非徒無形也，而本無氣。雜乎芒芴之間，變而有氣，氣變而有形，形變而有生，今又變而之死，是相與為春秋夏冬四時行也。人且偃然寢於巨室，而我噭噭然隨而哭之。自以為不通乎命，故止也。」

當我們承認人不免一死的時候，當我們意識到時間消逝的時候，詩歌和哲學才會產生出來。這種時間消逝的意識是藏在中西一切詩歌的背面的——人生本是一場夢；我們正如划船在一個落日餘暉反照的明朗下午，沿著河划去；花不常好，月不常圓，人類生命也隨著在動植物界的行列中永久向前走著，出生、長成、死亡，把空位又讓給別人。等到人類看透了這塵世的空虛時，方才開始覺悟起來。莊子說，有一次做個夢，夢見自己變成蝴蝶，他也覺得能夠展開翅膀飛翔，好像一切都是真的，可是當他醒來時，他覺得他才是真實的莊子；但是後來，他陷入頗滑稽的沉思中，他不知道到底是莊子在夢做蝴蝶，還是一隻蝴蝶在夢做莊子。所以人生真是一場夢，人類活像一個旅客，乘在船上，沿著永恆的時間之河駛去，在某一地方上船，在另一地方上岸，好讓給其他在河邊等候上船的旅客。假如我們不以爲人生實是一場夢，或是過路的旅客所走的一段旅程，或是一個連演員自己也不知道是在做戲的舞台，那麼，人生的詩歌連一半也不會存在了。一個名叫劉達生的中國學者在給他朋友的信中寫著：

世間極認真事，曰：「做官」；極虛幻事，曰：「做戲」；而弟曰愚甚。每於場上遇見歌哭笑罵，打諢插科，便確認為真真；不在所打扮古人，而在此扮古人之戲子。一一俱有父母妻兒，一一俱要養父母活妻兒，一一俱靠歌哭笑罵，打諢插科去養父母活妻兒，此戲子乃真古人也。又每至於頂冠束帶，裝模作樣之際，儼然自道一真官；天下亦無一人疑我為戲子者！正不知打恭看座，歡顏笑口；與夫作色正容，凜然莫敢犯之官人，實即此養父母活妻兒，歌哭笑罵，打諢插科，假扮之戲子耳！乃拿定一戲場戲目，戲本戲腔，至五臟六腑，全為戲用，而自亦不覺為真戲子，悲夫！

## 四　論肚子

凡是動物便有這麼一個叫做肚子的無底洞。這無底洞曾影響了我們整個的文明。中國號稱美食家的李笠翁在《閒情偶寄》卷十二〈飲饌部〉的序言裡，對於這個無底洞頗有怨尤之言：

吾觀人之一生，眼、耳、鼻、舌、手、足、軀骸，件件都不可少，其儘可不設而必欲賦之，遂為萬古生人之累者，獨是口腹二物。口腹具而生計繁矣，生計繁而詐偽奸險之事出矣。詐偽奸險之事出，而五刑不得不設，君不能施其愛育，親不能遂其恩私，造物好生而亦不能不逆行其志者，皆當日賦形不善，多此二物之累也。

草木無口腹，未嘗不生，山石土壤無飲食，未聞不長養，何事獨異其形，而賦以口腹？即生口腹，亦當使如魚蝦之飲水，蜩螗之吸露，儘可滋生氣力，而為趯躍飛鳴。若是，則可與世無求，而生人之患熄矣。乃既生以口腹，又復多其嗜欲，使如谿壑之不可厭，多其嗜欲，又復洞其底裡，使如江河之不可填，以致人之一生，竭五官百骸之力，供一物之所耗而不足者，吾反覆推詳，不能不於造物主是咎，亦知造物於此，未嘗不自悔其非，但以制定難移，只得終遂其過。甚矣，作法慎初，不可草草定制！

我們既有了這個無底洞，自須填滿。那真是無可奈何的事，我們有這個肚子，它的影響確已及於人類歷史的過程。孔子對於人類的天性，有著深切的了解，他把人生的大欲簡括於營養和生育二事之下，簡單的說來，就是飲食男女。許多人曾抑制了色，可是我們不曾聽見過有一位聖人克制過飲食。即使是最神聖的人，總不能把飲食忘記到四五小時之上。我們每隔幾小時腦海中便要浮起「是吃飯的時候了吧？」這一句話，每天至少要想到三次，多者四五次，國際會議在討論到政治局勢的緊要關頭時，也會因吃午餐而暫告停頓。國會須依吃飯的鐘點去安排議程。一個需要五六小時之久而礙於午餐的加冕典禮，將立被斥爲有礙公眾生活。上天既然賦予了我們肚子，所以當我們聚在一起，想對祖父表示敬意的時候，最好是替他舉行一次慶壽的宴會。

所以這是不無原因的，朋友在餐席上的相見就是和平的相見。一碗燕窩湯或一盆美味的炒麵，對於激烈的爭辯有緩和的效用，使雙方衝突的意見和緩下來。叫兩個空著肚子的好朋友在一起，總是要發生齟齬的。一餐豐美的飲食，效力之大，不只是延長到幾小時，直可以達到幾星期，甚至幾個月之久。如果要我們寫一篇書評去罵三四個月以前曾經請我們吃過一餐豐盛晚餐的作家的作品，我們真要猶豫不能落筆。正因爲如此，所以洞燭人類天性的中國人，他們不拿爭論去對簿公庭，卻解決於筵席之上。他們不但是在杯酒之間去解決紛爭，而且也可用來防止紛爭。在中國，我們常設宴以聯歡。事實上，也是政治上的登龍術。假使有人去做一次統計的話，那麼他將發現：一個人設宴的次數與升官的速度是成正比的。

我們既然生來如此，那麼我們怎會有另一種反動呢？我不相信這種情形僅限於中國。如果美國的郵務長或是科長在某一位朋友家內已吃過了五六頓飯，那朋友有所請託時，他怎能加以拒絕呢？我敢打賭，美國人的人性是和中國人一樣的。所有的差別不過是美國人未曾洞燭人類的天性，或是未曾能依人類的天性去合理地組織他們的政治生活。我猜想在美國的政治場中，一定也有一些人和中國人的生活方式是一樣的，因爲我很相信人類的天性大抵相同，在皮膚底下，我們都一式無二。只是那些習慣，沒有像中國那樣普遍而已。以我所聽見的而言。只有官吏候選人常開露天茶會，把那區中的主婦和小孩請來，以冰淇淋茶點和汽水給他們的小孩吃，間接賄賂他們的母親。這樣集體被餵了一頓以後，大家無論如何總要相信「他是個很好的和氣人物」，並且常拿這句話來當做歌曲哼。歐洲中世紀的王公貴族，在大婚或誕辰盛典時，總是大張筵席請佃戶們大嚼一頓，這又是這種習慣的變相而已。

我們的生活既受飲食的影響，因之各種革命、和平、戰爭、愛國、國際間的默契、個人的日常生活，以及人類整個生活的結構，都蒙其影響。法國大革命的原因是什麼？盧梭嗎？伏爾泰嗎？狄德羅嗎？都不是，只是糧食問題而已。俄羅斯大革命與蘇維埃制度的實行，原因在哪兒呢？又是糧食問題在作祟。

至於戰爭，拿破崙曾說過一句警惕的話：「軍隊是依肚子打仗的。」當饑腸轆轆的時候，空喊著「和平！和平！」那又有什麼用呢？

對國家可以這樣看法，對個人也未始不可這樣看。當民眾饑餓之時，即帝國傾覆之日，最強大的政權和暴虐的統治也要崩潰了。當饑餓時，人們不肯做工，兵士拒絕打仗，紅歌女不願唱歌，參議員停止辯論，甚至總統也不高興統治國家了。做丈夫的爲什麼願在辦公室內整天揮汗工作，除了希望在家裡享受一頓豐盛的餐食外，還有什麼呢？

有一句俗語說得好，欲得男人心，從他的肚子起。當他的身體感到舒適滿足時，精神也就比較安詳，看來也就比較多情和體貼。做妻子的往往發牢騷，因爲丈夫們不注意她們的新衣裳、新鞋子、新眉毛或新椅套，但是可曾聽過或看過做丈夫的不注意美味的肉排或煎蛋嗎？……愛國不過是愛我們幼時所吃過的好東西。我曾經說過，忠於美國便是忠於甜甜圈、火腿和洋芋；忠於德國，便是忠於「團餅」（Pfannkuchen）和聖誕節百果餅（Christmas stollen）。關於國際間的默契，我認爲通心粉比墨索里尼更能使我們認識義大利，在一些不贊成墨索里尼政權的人看來，通心粉曾爲義大利所造就的敦睦邦交工作，已給墨索里尼破壞無遺了，這真是傷心的事情。這些事實，都是因爲我們能在餐食中感覺到人類的根本友愛關係。

在宴會中，中國人是多麼興高采烈啊！當他吃得酒醉飯飽的時候，他會喊出人生是美妙的。這個塡滿了的肚子，產生著精神上的愉快。中國人是信賴本能的，當他的本能告訴他說，肚子美滿了，一切也就都美滿了。所以在我看來，中國人有著一種比較近乎是本能的生活，同時也有一種哲學，使他們公開地承認，他們的生活是近乎本能的。我曾經說過，中國人對於快樂的概念是「溫暖、飽滿、黑暗、甜蜜」——即指吃完一頓豐盛的晚餐上床去睡覺的情景。一個中國詩人也曾說：「腸滿誠好事；餘者皆奢侈。」

因爲中國人有著這種哲學，所以對於飲食就不固執，吃時不妨吃得津津有味。當喝一口好湯時，也不妨啜唇作響。這在西方人就是無禮貌。所謂西方的禮節，是強使我們鴉雀無聲地喝湯，一如欣賞藝術地靜靜吃飯，我想這或許就是阻礙西方烹調藝術發展的真原因。西方人士在吃飯的時候，爲什麼談得那麼有氣沒力，吃得那麼陰森，規矩高尙呢？多數的美國人都沒有辦法把一根雞腿吃得一乾二淨；反之，他們仍用刀叉玩弄著，感到非常苦惱，而不敢說一句話。假如雞肉真是燒得很好的話，這真是一種罪過。

講到餐桌上的禮貌，我覺得當母親禁止小孩啜唇作響的時候，就是使他開始感覺到人生的悲哀。依照人類的心理講，假使我們不表示我們的快樂，我們就不會再感覺到快樂；於是消化不良、憂鬱、神經衰弱，以及成人生活中所特有的精神病等都接踵而來了。當侍者端上一盤美味的小牛排時，我們應該跟法國人學學說一聲「啊！」嚐過第一口後，像動物那樣地哼一聲「嗯！」欣賞食物不是什麼可羞的事。有健康的胃口不是很好嗎？不，中國人卻就兩樣。吃東西時禮貌雖不好，可是善於享受盛宴。

事實上，中國人之所以對動植物學家一無貢獻，是因爲中國的學者不能冷靜地觀察一條魚，只想著魚在口中的滋味，而想吃掉牠。我所以不信任中國的外科醫生，是因爲我怕他們在割我的肝臟找結石的時候，也許會忘記了結石，而想把我的肝臟放到油鍋裡去。

當中國人看見一隻豪豬時，便會想出種種的吃法來，只要在不中毒的原則之下吃掉牠，在中國人看來，不中毒是唯一實際而重要的問題。豪豬的刺毛引不起我們的興趣。這些刺毛怎樣會豎立的？有什麼功用？它們和皮怎樣生連著？當牠看見仇敵時，這些刺毛怎樣會有豎立的能力？這些問題，在中國人看來是極其無聊的。中國人對於動植物都是這樣，主要的觀念是怎樣欣賞它，享受它，而不是它們是什麼。鳥的歌聲，花的顏色，蘭的花瓣，雞肉的肌理，才是我們所關心的東西。東方人須向西方人學習動植物的全部科學，可是西方人須向東方學習怎樣欣賞花魚鳥獸，怎樣能賞心悅目的賞識動植物各種的輪廓與姿態，因而從它們聯想到各種不同的心情和感覺。

這樣看來，飲食是人生中難得的樂事之一。肚子餓不像性饑渴那樣受著社會的戒律和禁例，也大致不會發生什麼有損於道德的問題，這是值得愉快的。人類在飲食方面比在性方面較少矯揉造作。哲學家、詩人、商賈能跟藝術家坐在一起吃飯，在眾目昭彰之下，做餵飼自己的工作而毫不害羞，這真是不幸中的大幸，雖則也有些野蠻民族對於飲食尚有一些羞怯的意識，仍願獨個兒到沒有旁人的地方才敢吃。關於性的問題，以後再討論，我們在這裡，至少可以看見一種本能，這本能如不受阻礙，即可減少變態及瘋狂和犯罪的行爲。

在社會的接觸中，饑餓的本能和性的本能其差異是顯然的。可是事實上饑餓這種本能，前面已經講過，是不會牽涉到我們的心理生活，而實是人類的一種福利。其理由即因人類能對這個本能非常坦白，毫不諱飾。因爲飲食沒有拘束，所以也就沒有精神病、精神官能症，或各種變態了。臨唇之杯不免有失手之虞，可是一進唇內，就比較沒有什麼意外。我們坦白地承認人類都要吃飯，可是對於性的本能，非但不如此，並加以抑制。假如食欲滿足了，麻煩就少。頂多有些人患消化不良症、胃瘡，或肝石症，或有些人以牙齒自掘墳墓——現代中國少數的要人頗有幾個是如此的——但即使如此，他們也並不以爲可羞。

所以社會的罪惡從性欲問題產生的多，而從飲食問題產生的少。刑事條文爲姦淫、離婚，和侵犯女性等案而設者爲多，因飲食而違犯不合法、不道德或背信罪者就很少。頂多不過是有些丈夫去搜索冰箱裡的食物，但是我們很少聽見因此而遭絞殺的。假如真有這麼一件案件上了法庭，法官對於被告一定也會表示同情。因爲我們都願坦白承認大家必須飲食。我們對饑民表同情，卻不會對尼姑庵裡的尼姑表同情。

這種推論並不是無中生有，因爲我們對於飲食問題，總比性欲問題明白得多。滿洲家的女孩兒在出嫁之前，必須受烹調的訓練，同時也受關於戀愛之術的訓練，但世界上可有別處的人實行這種教育嗎？飲食問題已接受知識之光，可是性的問題仍是被神仙故事、神話和迷信所包圍。飲食問題可說是見到天日了，但性的問題卻依然處於暗中。

在另一面講，我們人類沒有沙囊或浮囊，真是莫大的缺憾，假如有的話，人類社會的過程一定會有極大的變更，可以說，我們將變爲一種完全不同的人類。如有沙囊的話，人類一定會有最和平、最知足、最可愛的天性，和小雞、小羊一樣。我們也許會長出一個跟鳥嘴一樣的嘴巴，因而改變了我們審美的觀念，或者也許會生著一些齧齒類動物的牙齒。植物的種子和果實或許已足為我們的食物，也許我們會在青翠的山邊吃草。大自然的產物是那樣豐盛，我們不必再為食物而鬥爭，不必再用牙齒去咬仇敵的肉，也一定不會像我們今日這樣的好鬥。

食物與性情的關係比我們所想像的更加密切。凡是蔬食動物的天性都是和平的，如羊、馬、牛、象、麻雀等；凡是肉食動物都是好鬥嗜殺的，像狼、獅、虎、鷹等。如果我們是屬於前一類的，我們的天性就會比較像牛羊了。在無需戰鬥的地方，大自然並不造出好鬥的天性。公雞的搏鬥，不是為食物，是為雌性，人類社會中的男人也還有著這種鬥爭，但今日的歐洲，卻為了輸出罐頭食物的權利而鬥爭，其原因又有天壤之別了。

我不曾聽見過猴子會吃猴子，可是我卻知道人會吃人。考據我們的人類學，證明確有人吃人的習俗，而且是非常普遍的。我們的祖先便是這種肉食的動物。所以，在幾種意義上——個人的、社會的、國際的——如說我們依然在互相吞食，並不足為怪。蠻子和殺戮，好像是有連帶性，他們雖承認殺人是一種不合情理的事，是一種無可避免的罪惡，可是依然很乾脆地把已被殺死的仇敵的腰肉、肋骨和肝臟吃掉。吃人的蠻子吃掉已死了的仇敵，而文明的人類，卻把殺死了的仇敵埋葬了，並在墓上豎起十字架來，為他們的靈魂禱告。我們實在自傲和劣性之外，又加上愚蠢了。這似乎就是吃人蠻子和文明人類的分別。

我也以為我們是在向著完美之路前進，那也就是說，我們在目前還未達到完美的境地。我們要有沙囊動物的性情時，才可以稱為真文明的人類。在現代人類之間，肉食動物和蔬食動物都有之——前者就是性情可愛的，後者便是那種性情不可愛的。

蔬食的人終身以管自己的事爲主，而肉食的人則專以管別人的事爲生。十年前我曾嘗試過政治生涯，但四個月後便棄絕仕途，因爲我發現我不是天生的肉食動物，吃好肉排當然是例外。世界上一半人是消磨時間去做事，另外一半人則強迫別人去替他們服役，或是弄到別人不得做事。肉食者的特點是喜歡格鬥、操縱、欺騙、鬥智，以及先下手爲強，而且都出之以真興趣和全副本領，可是我得聲明我對於這種手段是絕對反對的。

但這完全是本能問題；天生有格鬥本能的人似乎喜歡陶醉在這種舉動中，而同時真有創造性的才能，即能做自己事情的才能，和能認清自己目標的才能，卻似乎太不發展了。那些善良的、沉靜的、蔬食類的教授們，在和別人競爭之中，似乎全然沒有越過別人的貪欲和才能，不過我是多麼稱讚他們啊！事實上，我敢說，全世界有創造才能的藝術家，只管他自己的事，實比去管別人的事情好得多，因此他們都可說是屬於蔬食類的。蔬食人種的繁殖率勝過肉食人種：這就是人類的真進化。可是在目前，肉食人種終究還是我們的統治者。在以強壯肌肉爲信仰的現世界中，其情形勢必如此的。

## 五 論強壯的肌肉

因爲我們是動物，有一個會死的身體，所以我們也就有被殺的可能，一般的人當然是不喜歡被殺的。我們有一種追求知識和智慧的神聖欲望，可是我們一旦有了知識，因而便產生各人不同的見解，爭論也就此發生。在長生不死的神靈世界裡，爭論是永不會停止的，如果有異見的雙方都不肯認錯，我真想不出有什麼方法可以解決它。在人類的世界裡，便不同了，爭論者的對方便是他的眼中釘——越看越覺得看不順眼，他自己的論據也越覺合理——於是乾脆把對方殺死，爭端就此解決。如果甲殺死乙，甲便是對的；如果乙殺死甲，乙便是對的。無用諱言，這就是禽獸解決爭端的老法子。所以在動物世界裡，獅子始終是站在對的地位。

人類的社會情形就是這樣的，所以我們可以根據這種現象，把人類的歷史——一直到現代——做一種適當的解釋。關係地球圓形說及太陽系的問題，伽利略曾發現了一些觀念，但他不能不把他的觀念改變一些，因為他有一個會死會被殺戮和被苦刑的身體。和伽利略辯論是件吃力的事，假如伽利略少了一個會死的身體的話，你休想叫他認錯，這就變成討厭的事情了。但在當時，只要有一間行刑房或一間監牢——更不必說斷頭台和炮烙柱——就可以叫他認錯。當時的傳教士和紳士們決心要和伽利略一決雌雄。後來伽利略認錯了，於是傳教士和紳士們更相信他們自己是對的。爭端也就此爽快地解決。

這種解決方法極為方便，極有效力。侵掠戰爭、宗教戰爭，薩拉丁（Saladin，十二世紀埃及和敘利亞的蘇丹）跟基督教的戰爭，宗教的肅清，燒死神巫的事件，以至近代用戰艦去宣傳基督福音，逼迫異教徒改信基督教，以戰艦去迫別種人擔負「白種人的負荷」，以及墨索里尼以坦克和飛機到阿比西尼亞去傳播文明，這一切的事件——全是依據於這種人類由遺傳所得的動物的邏輯，義大利人有著較精良的槍炮，有著較準確的射擊術，能殺較多的人，因之墨索里尼把文明傳播到阿比西尼亞去了；如果阿比西尼亞有著更優良的槍炮，更準確的射擊，能殺更多的人，我想海爾·塞拉西（Haile Selassie）也必要把阿比西尼亞的文明帶到義大利去的。

我們都有一些高貴的獅子性格，我們都鄙視爭論。我們崇敬軍人，因爲他能把意見不同者一無猶豫地殺死。如果一個人要證明他自己是對的，要使對方閉口無言，最敏捷的方法是把他絞殺，當人們無力強迫人家認錯時，才會用說話這方法。所以實際行動的人是少說話的，他們鄙視爭論。我們說話的目的是想影響人家，如果我們知道力足影響人家，或統治他們，那又何必多說話呢？這樣看來，國際聯盟在上次東三省戰爭和阿比西尼亞戰爭時說了那麼許多的話，豈不有點無聊嗎？那是夠傷心的，所以國際聯盟這種特性是一個不祥的預兆。在另一方面，如果以武力解決爭論，而沒有幽默感的話，有時即會造成大笑話，例如日本人竟相信用飛機的轟炸和機關槍的掃射，能消滅中國人的反日情緒。有著這個原因，我不敢決然地承認人類是合理的動物。

我常以爲國際聯盟實是一所優良的現代語言學校，注重現代語言的翻譯，起先由一個演說家用英語做了一次完美的演說，等到聽眾熟識了演詞的要旨和內容後，又由一個翻譯專家把這篇演詞譯成流利暢達，優雅的法國語。關於發音聲調之抑揚頓挫等等，務必達於上乘，使聽眾對語言學得到一次極美滿的實習，事實上他比倍立茲學校更好；它是一所現代語言學兼演說學的學校。有一個朋友甚至對我說，當他在日內瓦住了六個月後，他多年發音含糊的舊習也居然糾正了。

但是這裡也有一個令人詫異的事實，就是在這個雖然是專爲交換意見之用的國際聯盟裡，除了說話外不做別用的機關裡，居然也有「大說話者」和「小說話者」之別，「大說話者」是那些有「大拳頭」者，「小說話者」是那些有「小拳頭」者，可見這種玩意兒根本是騙人的勾當，是十分無聊的。這好像是「小拳頭」國家的口才不能像「大拳頭」國家那麼流利似的！我以為信服「大拳頭」者的口才的固有觀念，仍是上述那種動物遺傳性的一部分。（我在此不願用畜生Brute一字，然而用在這裡似乎是再適當也沒有了。）

這件事的要點當然是在人類除了有鬥爭的本能外，也還有說話的本能。從歷史的意義上說來，舌頭是和拳頭或粗臂膀同其久遠的。人類之異於其他動物，便是人類能把說話跟拳腳混合應用，這就是人類特有的性格。

這點似乎是說明國際聯盟、美國議會或職工大會這一類的組織——只要是人類有機會說話的任何組織——會永遠存在著的，我們人類似乎是注定必然要先用談論的方法去決定正或誤，這並不錯，因為談論也是天使們的一個特性。所糟糕的是：當我們談論到某一個程度時，臂膀較粗的一邊便會老羞成怒，由老羞成怒而捏緊拳頭向台一敲，揪住對方的頸項痛毆一番，然後回過頭來問那些好似陪審官的觀眾道：「我對，還是他對？」由茶館裡的經驗，我們知道那些觀眾一定回答說：「你對，你對！」這種解決方法只有人類會用。天使完全以說話去解決爭端；禽獸完全以肌肉和爪牙解決爭端；唯有人類拿拳腳和說話去解決爭端。天使絕對相信公理；禽獸絕對相信強權；只有人類以為強權就是公理。兩者比較起來，談論本能或辯白是非的努力當然是比較高尚一些。我們相信終會有一天人類將完全以談論方式去解決爭端。到那時候，人類才是真的得救了。在現在我們只好暫時讓茶館方法和茶館心理去解決爭端，不管爭端是在茶館裡或國際聯盟裡解決；這兩個地方始終是一貫地同樣表現著人類的特性。

這種茶館式的解決方法，我曾見到過兩次，一次是在一九三一至一九三三年，一次是在一九三六年。最有趣的是：在這兩次的爭論中，又夾雜了人類的第三種本能——謙讓。在一九三一年那椿事件中，兩造發生了爭論，我們在茶館裡據說是做陪審官的。起訴的原因是一造犯了偷竊產業之罪。那個臂膀粗大的傢伙起初也參加爭論，做了一次替自己辯護的演說，他說他對這鄰人已表示無上的忍耐——他是多麼有自制力，多麼大量慷慨，他是要替他鄰人整頓花園，動機是多麼純潔！但有椿可笑的事情，當他一邊在督促我們繼續談論下去時，一邊卻溜出屋外，在那偷來的產業四周築了一道籬笆，然而回來請我們去看看他的行徑是否正當。

我們都去看，我們看見他把那道新築的籬笆，還在慢慢地向西擴大開去，籬笆在這時候還繼續不斷地移動著呢，「好吧！我對，還是他對？」我們的判決是：「你錯了。」——我們說這句話確有一點輕率。於是那個臂膀粗大的傢伙以為他在大庭廣眾之間遭了凌辱，他的謙讓之心受了冤枉，他的榮譽遭了沾污，便提出抗議。並且又生氣又驕傲地走出會場，用著帶譏笑的鄙視態度把鞋上的塵埃拂去，認為我們都不夠朋友。試想這樣的一個傢伙居然以為是受了凌辱！所以我說，謙讓這第三種本能把事情弄得愈加複雜。這次之後，這家以科學方法解決私人爭端為標榜的茶館便失掉了大部分的威信。

後來我們在一九三六年又去評判另一個爭端。另外一個臂膀粗大的傢伙說，他要把這次爭論的始末和盤托出，要求大家主持正義。我聽得「正義」一詞，不禁打了一個寒噤，我們鑒於局勢的惡劣和我們陪審官的才能不足，所以早具戒心。但因為我們決心要表明我們確是名副其實的公正裁判者，所以幾乎全體一致地當面對他說，你的行為是錯誤的，是恃強凌弱的。他也以為他是受了凌辱；謙讓之心受了冤枉，榮譽受了沾污。於是他即揪住對方的頸項，拖到外邊把他殺死，然後回轉來問我們：「我對，還是他對？」我們齊聲說：「你對，你對！」一邊說一邊還深深地向他鞠了一躬。他還是不滿足，又問我們：「現在我可有資格做你們的朋友嗎？」我們都像茶館裡的顧客一般，嚷道：「你當然有資格做我們的朋友！」殺人者是多麼謙遜啊！

這是救主降生後一九三六年的人類文明。我想法律和正義的演進，在最古的時候當我們還是野蠻人的時代，一定也有著上述那種情形。由茶館式的解決方式演進到最高法院——在那裡被判罪者並不抗議說他是受了凌辱——似乎已經過了一個很長時期的發展。十年前當我們創辦那間茶館時，我們以為我們是走上文明之路了，可是一個更明慧的上帝，一個認識人類和人類的主要性格的上帝，也許早就預料到中途會發生挫折的。他也許起始就知道我們一定會失敗，一定會躊躇不前，因為我們還只是半開化的人類。現在茶館的威信已經失掉，我們又回復了從前的行為，像森林中的野蠻人一樣，互相攻擊，揪住對方的頭髮，咬著對方的肉。……但我並不完全絕望。因為謙讓或廉恥這種本能究竟是好的，談論也是好的本能。在我看來，現在的人類是完全不知道什麼叫做羞恥。但我們還是應該繼續假想著我們是有廉恥觀念的，繼續去談論吧，讓我們這樣一直談論下去，總會有一天能夠達到天使那種幸福的境地。

## 六 論心智

你也許說人類的心智是造物主最高貴的產物。這話大多數人是以為如此的，尤其是指像愛因斯坦的那種心智一般，能以一個長的數學方程式去證明彎曲的空間。或像愛迪生的心智那樣，發明留聲機和活動影戲，或像其他物理學家的心智那樣，能測量出一顆行近地球或遠離地球的星辰的光線，或去研究無從捉摸的原子構造，或是像彩色電影攝影機發明家的心智一樣；和猴子的無目的、善變的、暗中探索的好奇心比較之下，不得不使我們承認我們確有一個高貴的，偉大的心智，有一個能夠了解這宇宙的心智。

然而普通的心智只是可愛而不是高貴的。如果人類的心智都是高貴的，那麼我們將變成完全理性的動物，沒有罪惡，沒有弱點，也沒有錯誤的行為。如果真是這樣的話，這世界將變成一個多麼乏味的世界！我們一定會變成極討厭的動物。

我是一個人性主義者，所以一無罪惡的聖人引不起我的興趣。而在我們的不理性中，自相矛盾中，戲耍和假日的歡樂中、成見中、頑固中和健忘中，我覺得我們都是可愛的，如果我們都有一個十全十美的頭腦，則我們在每一新年裡便無需做新的計劃。當我們在大除夕回想到新年裡所決定的計劃時，我們發現我們只做到了三分之一，另外三分之一不會實現，還有三分之一則已經忘卻了。

人生之美便在這裡。一個計劃如果可以完全實現，便不能引起我們的興趣。一個將軍如果預先知道可以絕對獲勝，連雙方死傷的確數也能預料得到，他對戰事便會失掉興趣，還不如把它放棄不幹爽快些；下棋的人，如果知道對方的心智——不管是比他好的、壞的，或平常的——而無錯誤，便不會再想下棋。如果我們看小說時，確知書中每個人物的未來心思動作，因此而料到小說的最後結果，那麼所有的小說便無一讀的價值了。閱讀一部小說，便是在追求一個多變動的、不可測度的心智，這個心智由一條以許多連續發生的情勢而造成的迷路，在相當的時候，實現其不可測摸的決定。如在小說中寫一個嚴峻的、無寬恕心的父親，假如一直沒有寬容子女的時候，在我們看來便不再像是一個人，甚至是一個不忠實的丈夫。如果永遠是這樣的話，不久就會失掉讀者的興趣。

你可以假想一位驕傲的作曲家，人家無論怎樣規勸他，總不願替某一位美麗的女人寫一齣歌劇。可是當他一聽見有一位他所憎惡的作曲家想做這工作時，便會馬上答應的。或試想一位科學家，發願不把他的著作刊在報紙上，可是一看見一位和他競爭的科學家弄錯了一個字，他便會忘掉自己所定的規律，拿著作品去發表。這裡，我們把握到人類心智的特性了。

人類的心智是不理性的，是固執的、偏見的，是任性的，是不可預料的，因此也就可愛。如果我們不承認這個真理，那麼我們費去一百年在人類心理學上的研究工作，便不能算有結果。換言之，我們的心智仍保存著人猿智力上那種無目的、暗中摸索的性質。

試看人類心智的演進程序。我們心智的功用原本是一個覺察危險而保全生命的器官。而它的終於能夠體會邏輯和準確的數學方程式，僅是一樁偶然的事。我們的這個心智確不是爲這種功用而創造的。它的原來功用是僅想嗅嗅食物。但除了嗅嗅食物外，如也能嗅嗅一個抽象的數學公式，固然也不壞。

以我的觀念，人類的頭腦是像一條章魚或海盤車，長了一些觸角以便摸索真理，待摸到後就把它吃掉（**我對其他動物的頭腦，觀念也是如此。**）我們今日總說「摸索」（Feeling）真理，而不說「思索」（Think）真理。腦部及其他的感官就是摸索用具。頭腦的觸角怎樣摸索真理，在物理學上有著一個很奧妙的現象，正如眼睛網膜中的紫色怎樣感光一樣奧妙。當頭腦每次和其他有關的知覺器官脫離聯繫，從事所謂「抽象的思維」時，當每次離開詹姆斯（W. James）所謂知覺的現實（Perceptual reality）而逃進意念的現實世界（The world of conceptual reality）時，它的活力消滅了，人性也消失了，也退化了。我們都被一種錯誤的見解所困惑，以爲心智的真實功用便是思維，如果我們不更正我們對「思維」這個名詞的錯誤觀念，我們一定會在哲學上造下很笨拙的錯誤。當一個哲學家走出他們的書房，去觀察市場上的往來群眾時，這個錯誤的見解一定會使他感到幻滅，好像思維與我們日常的行爲是很有關係似的。

已故的魯賓遜（Jameas Harvey Robinson）在《創造中的心智》（The mind in the Making）裡，曾經想證明我們的心智是怎樣由四個基本階段而產生，他以爲人類的心智，是由於動物的心智、野蠻人的心智、孩童的心智和傳統的文明人的心智漸漸產生出來，現在還在這四個基本階段上進展著；他同時又更進一步說，如果現代的人類要想把文明繼續發展下去的話，我們還須產生一個更善於批評的心智。

我的思慮比較科學化的時候，頗贊同這個見解，可是在比較明慧的時候，卻懷疑這個階段在一般的進步上是否能辦得到，或甚至是否適宜。我頗願讓我們的心智，像現在一樣地不合理下去，這是可愛的。我不願見到我們在這世界上都變成十全十美的理性人類。我不相信科學的進步嗎？不，我不信任聖者的境界。我反對智識嗎？或許是，或許不是，我只是愛好人生，因愛好人生，所以我極端不信任智能。

你可以幻想出一個完美的世界，在那裡，報紙上沒有殺人的新聞，因爲那時大家都是無所不通、無所不知，因此沒有一所房屋會發生火警，沒有一架飛機會失事，沒有一個丈夫會遺棄他的老婆，沒有一個牧師會跟歌女私奔，沒有一個皇帝會因戀愛而犧牲皇位，每個人的心思都千篇一律，大家都各照著他自己在十歲時所決定的計劃去實行，絲毫不苟——這麼一個幸福的人世還是省了吧！在這麼一個世界裡，人生的一切興奮和騷動全都消滅了。世界沒有文學了，因爲那時已沒有罪惡，沒有錯誤的行爲，沒有人類的弱點，沒有混亂的情欲，沒有不規則的舉動，最壞的是，沒有令人驚異的事物。那就等於四、五萬觀眾在看他們預先已知道哪一隻馬得錦標的跑馬比賽一樣，毫無趣味。人類易生錯誤的本性是人生色彩的精粹所在，正如跑馬比賽上的出冷門一樣的有興趣。試想約翰遜博士（Dr. Johnson）如果沒有他的固執偏見將成爲怎樣一個人？如果我們全是十全十美的理性人類，那麼我們非但不能變成十全十美的智者，反而將退化而成自動機器，而人類心智也只在記錄某一些衝動，像煤氣表那樣機械地記錄下來。這便是不人道的行爲，而不人道便是不好。

讀者或許疑心我在故視罪惡爲美德，竭力替人類的弱點辯護。這是不對的。如果我們一方面有了一個完全合理的心智，而獲得了理性完美的行為，另一方面，卻會失去了人生的歡樂和色彩。跟一個具著美德但是平凡模樣的丈夫或妻子同過一生，是再無聊也沒有的事。我相信種種極其理性的人類所造成的社會，確是適於生存的，但我疑惑在這種情境之下的生存是否值得。

我們固然要想盡種種方法去造成一個有秩序的社會——可是我們卻不要一個太過於有秩序的社會。我想世界上，也許螞蟻這種動物是最理性的動物。牠們無疑地已經創立了一個十全十美的社會主義國家，在這種制度之下生活了近一百萬年。如單以理性的行為方面而論，我想螞蟻應當占第一位，人類占第二位（但我還是懷疑我們是否有這個資格）。螞蟻是一種耐勞的、健全的、好儲蓄的、肯節儉的動物。牠們的生活都受著社會的統制和自我的訓練，但是我們卻不然。牠們為了國家或社會，肯一天工作十四小時；牠們只知道義務而很少想到權利；它們有恆心、有秩序、有禮貌、有毅力，尤其有著更嚴明的紀律。人類在紀律方面是拙劣的標本，拙劣到連做博物院裡的標本也夠不上。

跑去任何名人紀念堂，看看陳列在甬道上的偉大人物雕像，你就會覺得，在他們一生中，可能很難找到什麼理性的行為。那個愛上克麗奧佩特拉的凱撒——高貴的凱撒，他的行為太不理性了，為了一個女人而幾乎忘掉了帝國（安東尼則把帝國忘得一乾二淨。）那個摩西——在一怒之下，把他那花了四十天工夫跟上帝在西奈山上銘刻的神聖石版敲碎，以這一點而論，他並不比那些叛棄上帝去崇拜金犢的以色列人更有理性。那個大衛王——有時殘暴，有時慷慨，有時虔誠，有時褻瀆，有時敬拜上帝，有時犯罪，後來寫了詩篇來表示懺悔，重新敬拜上帝。所羅門王——他是智慧的象徵，但對他的兒子卻一籌莫展。……孔子——他回答一個賓客說，他不在家，等那客人剛走到門口時，他又在樓上唱歌，使客人知道他確是在家。……耶穌——在喀西馬尼流淚，在十字架上懷著疑心。……莎士比亞——把「次好的床」遺贈給他的老婆。……密爾頓（Milton）——因爲不能和他十七歲的妻子共同生活，寫了一篇離婚的論文，後因受人攻擊，便跳出來寫自由訴願書（Areopagitica）爲言論自由辯護。……歌德和他的夫人在禮拜堂舉行婚禮時，他們那十九歲的兒子就站在旁邊看。史威夫特（Jonathan Swift）和史黛拉（Stella）……易卜生（Ibsen）和巴達治（Emilie Bardach）（他保持理性——這對他是有益的。）……

統治這世界的是熱情，不是理智，這已是很明顯了。所以使這些偉大人物都成爲可愛者，使他們有人性者，實是他們的缺乏「理性」，而不是「合理性」。中國人爲他們祖先所寫的訃聞和傳記，大都是無趣的，不正確的，所以不堪一讀，因爲他們已把他們祖先寫成變態的、完全僞善的人。——他們對於我所著的《吾土與吾民》最大的批評是：我把中國人描寫得太有人性了，因爲我把他們的長處和缺點都描寫出來。他們（至少那些小官僚們）相信，如果我能把中國寫成一個樂園，有儒家聖賢居住著，永遠過著和平和理智的幸福生活，我就能夠替祖國做更有力的宣傳！官僚們的愚蠢真是沒有辦法。——傳記之有魔力和傳記之值得一讀，全在其表現偉大人物所具有和我們相同的人性方面的特性，傳記裡面每一個不合理的行爲，都能顯示其更有真實性。斯特雷奇（Lytton Strachey）作品之所以成功，便是他在描畫人物時能注意這一點。

英國人的健全心智，可以做極佳的例證，英國人對於邏輯尚欠高明，但是他們的頭腦卻有很好的觸角去察覺危險，保全生命。不過我從他們的民族行爲上或他們的理性歷史裡，還尋不出合於邏輯的東西。他們的大學、憲法、英格蘭教會，都是雜湊成章的東西，因爲它們都是在歷史的發展過程中逐漸累積起來的。不列顛帝國的力量就是在於英國人的腦筋欠高明，在於他們完全不能了解別人的意見，他們深信英國人的工作方法是唯一正當的方法，英國人的食品是唯一精美的食品。英國人如一旦懂得了講道理，並失去了倔強的自信心時，不列顛帝國便會傾覆滅亡。一個人如果懷疑自己，便不能出去征服世界。

我們全然不能了解英國人對他們國王的態度，一方面如此忠誠，和真實敬愛；但也就是他們剝奪了國王的言論自由，毫無顧忌地告訴他行爲要謹慎，否則「滾你的蛋」……英國在伊莉莎白女皇時代需要海盜來保護帝國，她便居然能夠有著相當數目的海盜以應付當時的局勢，因而也就崇敬他們。英國在每一時代都能在適當的時候，有著適當的同盟國，對付著相當的仇敵，從事適當的戰事，可是她總用著一個不適當的名稱。英國人從不依邏輯去行事，而是依他們的觸角去行事。

英國人有著紅潤的膚色，無疑是由於倫敦的霧和玩板球的結果。這麼一個健康的皮膚，在他們思想上當然占著極重要的地位，換句話說，在他們摸索過一生的程序上占著重要的地位。英國人用他們健康的皮膚去思想，正如中國人用他們的偉大的肚腸去思想一樣。這一回事，凡是中國人大都是承認的。

我們中國人以爲我們確是用肚腸去思想的；我們說一個學者有學問便稱他爲「滿腹思想」、「滿腹經論」、「滿腹詩文」。此外還有「滿腹」的「牢騷」、「憤怒」、「悔恨」、「鬱悶」或「期望」等話。中國的情人分別之後寫信時總說「愁腸百結」，或在別離時說「肝腸可斷」。中國學者把一篇文章或演講詞的大意想好，而還沒寫出來時，我們便說他們已打好了「腹稿」。

他們已經把他們要寫的東西在肚裡安排好了。這一點是絕對科學化的，可以拿得出證據來。尤其是在現代心理學家對於我們思想的情感性質和構造更爲明瞭的今日。可是中國人並不要科學上的證據。他們只要肚裡有數。中國曲調的情感性質，全由唱曲者的橫膈膜下發出來：如果你不懂得這個，你就無法了解中國音樂及其濃厚的情感色彩。

我們在研究自然的宇宙或和人類無關的任何東西時，不應該否認人類心智的偉大才能。我對於科學的成就很樂觀，可是對善於批評的心智在應付人類事件時，或對於人類達到一種超過情欲支配的寧靜和理解的境地時的發展，卻懷著較小的希望。以我個人的意思，人類也許已經達到崇高的階段，但是從社會集團這方面說來，人類還受著原始時代的情欲所支配。因之，在進化的過程上有時不免要開倒車，野蠻的本能有時要暴露出來，瘋狂的行爲和集團的歇斯底里有時也會出現。

我們既然了解我們人類的弱點，所以更有理由可以詛咒那許許多多的壞蛋：即利用我們的弱點來煽動我們參加二次大戰的壞蛋；那個灌輸仇恨心理（我們之間的仇恨已經太多了）的人；那個稱頌自誇和自私（這二種東西本已不少了）的人；那個利用我們人類的頑固和種族觀念的人；那個在訓練青年時取消上帝第五誡的人；那個推崇殘殺和戰爭（好像我們還不夠好戰似的）的人；那個煽動我們人類的情欲（好像我們還不夠像禽獸似的）的人。這種壞蛋的心智，無論人是怎樣的機巧，怎樣的聰明，終歸是禽獸的心智。

智慧的優美精神被一隻禽獸或一個魔鬼絆纏著，這種情形我們現在才知道，也是我們的動物性遺傳之一；或也可說：智慧的優雅精神拿著一條破舊的皮帶暫時把這個魔鬼縛住，使之馴服，不過這條皮帶隨時有扭斷的可能，魔鬼也隨時可以獲得自由，在「和散那」（Hosannas——希伯來頌讚上帝之聲或祈福之語）的頌讚聲中，偏淨天（Juggernaut，印度神話中昆濕奴神（第八化身克里希納）的稱號，每年的紀念日，人民以巨車載其偶像遊行各處，如信徒有自伏地下被車輾死得升天國）的車子將毫無顧忌地在我們身上輾過去，暗示著我們是始終如何的近於野蠻，和我們的文明是多麼膚淺，於是世界將變成一個偉大的舞台，在舞台上，摩爾人（Moors）將殺死基督徒，基督徒將弄殺摩爾人，黑種人將攻擊白種人，白種人將殺死黑種人，野鼠將由溝渠裡跑出來吃人類的屍身，鷹鳥將盤旋於一個豐盛的人肉宴席上——這一切不過是要提醒我們，使我們知道動物間的關係罷了。大自然是善於做這種實驗的。

精神分析學家在醫治有精神病的病人時，常常使他們回憶過去的事情，使他們用客觀的眼光去觀察他們自己的生活。所以人類如果對於他們的過去多多回憶一下，這對於他們自己的駕馭力也許會有更大的進步。我們如果知道，我們有一個動物的遺傳性以及跟禽獸相差無幾，我們或許就會曉得怎樣去抑止那些禽獸般的行爲。我們有了這個動物遺傳性，使我們更容易在動物寓言和譏諷文章裡，如《伊索寓言》（Aesop's fables）喬塞的《禽鳥國會》（Parliament of Fowles）史威夫特的《格列佛遊記》（Gulliver's Travels）和法郎士（Anatole France）的《企鵝島》（Penguin Island）等裡面，看見我們的原形。

這些動物寓言在伊索時代固很合時宜，就是在救主降生後四千年仍舊是很適合的。我們有補救的方法嗎？那善於批評的心智是太淺陋、太冷酷了，要用這個心智來思考是不能得益處的，智理也沒多大用處；只有那種合理的、有理性的精神，那種溫暖的、朝氣的、情感的、直覺的思想，跟著同情混合起來，才不至使我們重複退化到我們祖先的典型。只有去把我們的生命發展起來，和我們的本能調和著，我們才會得救。我們爲培植我們的感覺和情感，比諸教育我們的思想是更爲重要的。

**注釋：**

①這就是當我們在鞦韆上，剛要由後蕩向前面之時，我們覺得脊髓的末端——從前長著尾巴的地方——有一種刺激的感覺的理由：反射作用還在那裡，我們還在想用一條早已脫掉的尾巴去鉤住旁邊的東西。

②在中國歷史學家的心目中，這些歌謠是先知的預言，是上帝借人民的聲音表現出來的預言，所以這首歌謠中的動詞都是將來式的，秦始皇後來的確死於沙丘。

# 第四章 論近人情

## 一 論人類的尊嚴

我在前一章裡已經討論過人類的不免一死和在動物界裡的地位，以及人類文明本質上因此而發生的後果。可是我們覺得這個輪廓還不完全。我們還需要一種用以造成一個關於人類天性和人類尊嚴二者聯合而成的圓滿觀念。噢，有了，人類的尊嚴——這就是我們所找尋的名詞！我們必須對這一點多加說明，我們必須了解這尊嚴是由什麼東西所造成，否則就會纏誤，而失掉它的蹤跡。尤其是在二十世紀的現代和後代，我們隨時有失掉我們尊嚴的危險。

如果你一定要說我們是動物，那麼你以為人類是最奇妙的動物嗎？這一點我很同意。只有人類發明了一種文明，這就是難能可貴的事情。世間也許有形式更優良、構造更完美的高超動物，如馬就是一例；其他如獅子，則有著更優美的肌肉；狗有著更靈敏的嗅覺，更馴良、更忠義的心地；鷹有著更銳利的視覺；鴿子有著更清晰的方向感覺；螞蟻有著更節儉、更有紀律、更有勞作的能力；鳩鴿和鹿有著更溫順的脾氣；牛有著更大的忍耐性和滿足性；百靈有著更悅耳的歌喉；鸚鵡和孔雀有著更美麗的服飾。最後還有猴子有著一種更好的才能，使我比較喜歡猴子而不喜歡上述那些動物；人類因有一些猴子的好奇心和聰明，所以我就寧願做人。就算螞蟻像我上面所說的，比我們有著更合理、更有紀律的社會，有著一個比今日西班牙更穩固的政府，可是牠們沒有圖書館和博物院，是不是？假如螞蟻或象有一日發明一個大望遠鏡，或發現一顆新行星或預知月蝕的時候，或海豹假如能有一日發現微積分學，或海獺能夠開濬巴拿馬運河，我便要把錦標贈給牠們，稱牠們為世界之主和宇宙的主宰。現在我們覺得很可自負，不過，這可以使我們足以自負的究竟是什麼東西？和人類尊嚴的精華究竟在哪裡？最好都把它探索出來。

我在本書的卷首已約略暗示過，這種人類的尊嚴是由放浪者（中國文學上所尊敬的人物）的四種特質所造成。就是：一種嬉戲的好奇心，一種夢想的能力，一種糾正這些夢想的幽默感，一種在行為上任性的、不可測度的質素。這些特質併合起來便是由美國的個人學說所蛻變而來的中國人的觀念。中國文學上所表現的放浪者是一幅極其生動的個人主義者的肖像，擁戴美國個人主義最有力的文學家惠特曼（Walt Whitman）之所以被人家稱為「偉大的閒逸者」，確是有來由的。

## 二　近乎戲弄的好奇心：人類文明的勃興

人類的放浪者怎樣開始去爬上文明的山巔？他的遠大前程，或他的發展中的智力，事先可有一些什麼徵兆？這問題的答案，無疑地便是人類有一種嬉戲的好奇心，他開頭就用他的雙手去摸索，把一切東西都翻過來考驗研究，像猴子在閒逸的時候把同伴的眼皮或耳朵撥開來，捉一捉蝨，或竟是無目地翻著玩玩。你到動物園去看一對猴子在彼此玩弄耳朵，便可意會到一個牛頓或一個愛因斯坦的前程。

人類以手去做嬉戲摸捉的活動形象，實是一個科學上的真理，而不僅是一個形象。當人類能夠把身體直立起來，變成了兩足動物後；他的雙手已得到了解放；人類文明的根基就這樣造了起來，我們甚至在貓的身上，當牠們的前肢不必擔負走路和支撐身體的任務時，也常可以看見這種嬉戲的好奇心。貓和猴子都有產生文明的可能，只可惜雖然猴子的手指因爲攀握樹枝，已經有了特異的發展，而貓掌依然還是一個掌——一塊塊的肉和軟骨造成的東西。

讓我暫時忘掉我不是一個及格的生物學家，而由這兩隻手的解放來考據一些人類的文明興起，因爲我有幾句話要說，不過這話也許已經有人說過亦未可知。直立的姿勢和雙手的解放發生了極重大的後果。這使人類開始能夠運用器具，產生了謙遜的意識，而且征服了女人；在這方面也許還有語言的發展，以及嬉戲的好奇心和探索本能的增強。

大家都知道人類文明是由發現器具而開始，而這種發現就是因爲人類曉得怎樣運用他的雙手的結果。當那隻大人猿的一部分身體由樹上伸下來時（也許因為牠的身體太笨重吧），牠的進化有二種趨向，不是變成用四隻腳走路的狒狒，就是變成學用兩隻後腳走路的猩猩。由此可以猜想到人類的祖先一定不是狒狒，因爲狒狒的前掌太忙了。

在另一方面，猩猩至少已經能夠直立起來，因此兩隻手可以得到自由，這種自由在全世界的文明發展上，意義是多麼重大啊！那個時候，這人猿一定已經學會用手去採摘果子，而不必再用他的大顎。不久之後，他就居住在高崖上的山洞裡，能搬起石頭，由崖上滾下來攻打他的敵人。這是人類所用的第一個器具。我們可以想像到他當時怎樣地無時無刻用雙手去探索操縱，漫無目的地攫取著各式各樣的東西。他在漫無目標的摸索之中，偶然摸到一些尖銳的燧石或凹凸稜角的石塊，而發覺比圓形的石塊更適於鬥爭殺戮。把東西翻覆察看的簡單動作，例如：看看耳後或耳前的簡單動作，一定已經增加了他對一切東西的思考力，因而增加了他腦中的印象，於是他的頭腦的前部因受刺激而發育起來。

我相信人類對於性欲方面的羞怯觀念——這在動物是完全沒有的——其原因也是由於這種直立的姿勢。因爲這種直立的姿勢（造物主在創造萬物的時候也許不曾有過這個意思）使身體後面的某些部分，立刻變成了身體的中心。而本來是在後邊的東西，現在卻在前邊了。此外還有其他不良的部位調整與這種新姿勢有關，這些不良的部位調整尤其影響到女人，使她們時常發生流產及月經方面的煩惱。依解剖學來說，我們的肌肉構造原本是根據四足動物而成。

例如，當母豬懷胎的時候，牠就很合理地將牠的胎兒由身上的橫脊骨懸掛下來，像已洗滌乾淨的衣服曬掛在一條繩索上一樣，重量的分配非常均稱。如果要懷孕的女人直立著，正如把那繩索垂直起來，而仍希望掛在上邊的衣服保持著原來的地位。我們的腹膜肌肉是極端不適於這種姿勢的：如果我們本來是兩足動物，那麼這種肌肉一定會很適宜地連在肩膀上，而一切也比較合理稱職。對於人類的子宮和卵巢的構造有著相當研究的人，在看見這些東西能保持原來的位置並且發生了它們本來的作用，而並沒有脫節和引起更多的月經煩擾等等時，應當感覺奇怪。月經的整個神秘現象還沒有人有過滿意的解釋，可是我卻非常相信縱使卵巢裡的卵子有按期更換的必要，我們敢說這種機能的現時程序實是太不適當、太冗長和太痛苦，我相信現在這些缺點都是二足的姿勢所造成。

於是便發生了女人屈服的事情，而人類社會及其現在的特徵或許也就這樣發展起來。假如人類的母親能以四足走路，我想絕不會被她的丈夫所征服。這裡有兩種力量同時在進行。在一方面，當時男女已經是閒逸的、好奇的、嬉戲的動物，好色的本能有了新的表現。接吻還不夠快樂或完全美滿，這點我們可由兩隻黑猩猩用堅硬的、突出的下顎互相接吻的情形看出來。可是有了手，卻產生出一些較靈巧較溫柔的新動作：輕拍、撫摩、搔抓、擁抱，這些完全是因為互相捕捉身上的蝨子而偶然發現的。假如我們多毛的人類祖宗身上沒有蝨子，我相信世界上一定不會有抒情詩之類的東西產生，所以對於這好色本能的發展一定是有著很大幫助。

在另一方面，那二足而懷孕的母親，現在須過著長期的、微弱無力的、一籌莫展的生活。在較早的時候，當人類對於直立的姿勢還沒有完全適應時，我知道那懷孕的母親如要帶著她的重負到各處去走動，是很困難的，尤其是在腳腿和後跟還沒有完全改變成功，盤骨還沒有向後突出，而使前面的負擔可以平衡的時候。在最早的時期，直立的姿勢尙是拙劣不便的，所以一個洪積期的母親，一定會在沒有人看見的地方匍匐而行，以減輕其背脊的痠痛。人類的母親因爲有了這些不便利，和其他方面的女人的困難，於是便開始運用其他的手段，而以愛情爲媒介，但因此便失去了一些獨立精神。她在這種困於床褥的時候，當然需要人家的安慰和體貼啊！並且直立的姿勢使嬰孩難於學步，因此總須經過一段長的嬰孩時期方能走路，但小牛或小象幾乎一出世就會走路，而初生的嬰孩卻要一、兩年才能學會。擔任養育嬰孩的責任除了母親外，還有更適宜的人嗎①？

於是人類走上了一條嶄新的發展之路。廣義的性問題開始渲染了人類的日常生活；人類社會就是依據這一個事實而發展起來的。女人比其他的雌性動物——黑女比雌虎，伯爵夫人比雌獅——更有著女人特具的女性化，更始終不變地成爲女性。在文明的意義上說來，男女開始有了明顯的分野；從前是男人在注意修飾，現在卻是女人在專意修飾了；她們第一步想必是把臉上和胸前的毫毛拔去。這不足爲怪，純然是生存策略之一，在動物間尤其明顯。老虎有攻擊的策略，烏龜有退避的策略，馬匹有逃走的策略——究其目的，無非是求生存。

女性的可愛和美麗，以及溫柔和狡猾的手段，在生存的目的上自有其價值。男人有著較強壯的臂膀，跟他們戰鬥是不能取勝的；所以唯有賄賂他，諂媚他，博他的歡心，這便是現代文明的特性。女人不用抵抗和進攻的策略，而用迷惑的手段，不用武力去達到她的目的，而盡力用溫柔的方法去求實現。所以總括的說，溫和即文明。我認爲人類的文明是由女人開始的，而不是由男人。

同時，我也認為在說話（即今日之所謂語言）的進展史上，女人也比男子占著更重要的地位。說話的本能在女人是得天獨厚的，所以我深信她們對於人類語言的演進，一定有著比男人更重大的貢獻。我想古代的人類一定是沉默寡歡的動物。當男性人猿離開洞穴去打獵時，鄰居的女人在她們的洞穴前無所事事，一定談論威廉是否比哈羅好，或哈羅是否比威廉好，或是哈羅昨晚多情得討厭，他性子多麼暴躁。我想人類的語言必是在這個時候開始，此外別無他途。人類以手去取食，使顎部不必再擔負去拿食物的任務；結果使顎部逐漸低平，逐漸變小，這對於人類語言的發展也有很大的幫助。

不過，這種姿勢最重要的結果，是把雙手解放了，使它們可以把東西拿起來視察研究，像猴子捉蝨為樂那樣，這種動作便是研究精神發展的起點。今日的人類進步大抵還須歸功於捕捉那些擾亂人類的蝨子。一種好奇的本能也發展出來了，使人類的心智可以很自由地，用嬉戲的態度去探究各種題目和社會疾患。這智能上的活動和尋索食物並沒有關係；而完全是一種人類精神上的訓練。

猴子捉蝨的目的，不是想把它們吃掉，而是當一種遊戲玩著。這便是有價值的人類學術和知識的特徵，對事物本身發生興趣，心中存著嬉戲的、閒逸的欲望想了解它們。而並不是因為那種學問可以直接使我們的肚子不餓。（如果這裡有自相矛盾的話，那麼，以中國人的立場來說，我對於自相矛盾這件事是覺得快活的。）我以為這是人性的特徵，對於人類尊嚴有著極大的幫助。追求知識的方式，不過是一種遊戲；所有一切偉大的科學家和發明家，以及創立過有價值的偉大事業者，他們都是如此的。從事醫學研究的人覺得對微菌所引起的興趣比對人類更大；天文學家很起勁地記錄一顆距離我們有幾萬萬里遠的星辰的動作，雖則這顆星辰對於我們人類完全沒有關係。一切動物，尤其是年輕的，都有這種遊戲的本能，但也只有人類把這種嬉戲的好奇心發展到值得重視的地步。

因此，我痛恨一切的檢查員，以及想統制我們思想的機關或政府。我相信這種檢查員和統治者是在有意無意間侮辱人類的智慧。假如思想自由是人類心智最高貴的活動，那麼壓制思想自由應是人類間最卑鄙的舉動。歐里庇得斯（Euripides）對於奴隸一詞所下的定義也就是：一個喪失思想自由或意見自由的人。所以每一個專制政體便是製造歐里庇得斯型奴隸的大工廠。我們在這二十世紀的世界裡，在文化的國度裡，不還有著很多的奴隸例證嗎？所以每一個專制政體，不問它是什麼方式，在智慧方面總是退化的。

在中世紀時代，尤其是在西班牙的宗教肅清時代，更可以看得到這種現象。短視的政治家或傳教士也許以為信仰和思想的一致會有助於和平和安寧，可是由歷史的眼光看來，其結果會使人類的性格消沉下去。專制者對於一般的人民一定抱著極度的輕視，他們不但要控制一個民族的外表行為，並且也想統制人民內心的思想信仰。他們有一種很歪曲幼稚的念頭，相信人類的心智都可以適應這一種一致的規定，相信他們會依著政府宣傳官或宣傳部長的訓令，照著命令去喜歡或憎惡一本書，一首大樂曲，或一本電影。每一個專制政府都想要把宣傳和文學混合起來，把那崇拜活的統治者思想和宗教思想混合起來。

無論如何，這是辦不到的，如果思想的統制者和人類的天性違背得過分，即等於他們在散播失敗的種子。孟子說：「君之視臣如土芥，則臣視君如寇讎。」世界上的強盜，再沒有比劫奪我們思想自由的罪惡更大的了。如果我們失掉了思想自由，那還不如匍匐而行，承認兩足走路是一個錯誤，而回返到三萬多年前的原來姿勢。依孟子的話講起來，人民怨恨這個強盜，比之統制者的蔑視人民，其程度是一樣的厲害，也一樣的深刻。強盜劫去的東西越多，人民越恨他。世間再沒有一種東西可以比我們智能上的、道德上或宗教上的那種信仰更寶貴、更個人化、更親切，所以那個剝奪了我們信仰自由的人，必引起我們心裡最深的痛恨。但是這種愚笨行為在專制者是很自然的，因為專制者根本是智能上的退化分子。人性的反動力和人類良知的不可征服的自由，總有一天會反過來對專制的統治者給予打擊。

## 三　論夢想

有人說過，不知足是神聖的；我卻以為不知足是人性的。猴子是第一號的陰沉動物，在動物中，我只看見黑猩猩有一張真正憂鬱的面孔。我往往覺得這種動物很像哲學家，因為唯有哲學家才會有憂鬱和沉思的表情。牛似乎不會思想，至少似乎不在推究哲理，因為牠們看起來是那麼知足；象也許會懷著盛怒，可是牠們那不斷擺動象鼻的動作似乎代替了思想，而把胸懷中的一切不滿都排除。唯有猴子能夠顯示出徹底討厭生命的表情。猴子是真夠偉大啊！

九九歸原的說起來，哲學或許是由討厭的感覺而開始。無論怎樣，人類的特徵便是懷著一種追求理想的期望，一種憂鬱的、模糊的、沉思的期望。人類住在這個現實的世界裡，還有夢想另一個世界的能力和傾向。人類和猴子的差異點也許是猴子僅僅覺得討厭無聊，而人類除討厭無聊外，還有著想像力。我們都有一種脫離舊轍的欲望，我們都希望變成另一種人物，大家都有著夢想。兵卒夢想做伍長，伍長夢想做上尉，上尉夢想做少校或上校。一個氣魄寬宏的上校是不把上校當做一回事的，用文雅的詞語說起來，他僅僅稱之爲服務人群的一個機會而已。在事實上講起來，這種工作確沒有什麼別的意義。老實說，瓊·克勞馥（Joan Crawford）對於自己並不像世人那麼注意，珍妮·蓋諾（Janet Gaynor）對於自己也不像世人那麼注意。世人對一切偉人說：「你們不都是很偉大嗎？」如果那些偉人真正是偉大的，他們總會回答：「偉大又算什麼呢？」所以這個世界很像一家照菜單另點的餐館，每一個顧客總以爲鄰桌顧客所點的菜餚，比他自己所點的更有味、更好吃。一位現代中國大學教授說過一句詼諧語：「老婆別人的好，文章自己的好。」在這種意義上說來，世間沒有一個人會感到絕對的滿足的。大家都想做另一個人，只要這另一個人不是他現在的自己。

這種特性無疑地是由於我們有想像力和夢想才能。一個人的想像力越大，就越不能得到滿足。所以一個富於想像力的小孩，往往比較難以教育；他常常像猴子那樣陰沉憂鬱，而不像牛那樣感到快樂知足。同樣，離婚的案件在理想主義者和富有想像力的人們當中，一定比無想像力的人們多。一個理想中的終身伴侶的幻想，會生出一種不可抗拒的力量，這種力量若在缺乏想像和理想的人們便永遠不會感覺。籠統地說來，人類有時也被這種理想的力量引入歧途，有時則輔導上進；可是人類終是完全靠這種想像力而進步的。

我們曉得凡是人類都有志向和抱負。有這種東西是可貴的，因爲志向和抱負大都被視爲高尙的東西。無論個人和國家，都有夢想，我們的行動多少都依照夢想而行事。有些人比一般普通人多做了一些夢，正如每個家庭裡都有一個夢想較多的孩子，或是有一個夢想較少的孩子。我得承認我私底下比較喜歡那個有夢想的孩子，雖則是個比較憂鬱的孩子，也沒有關係；他有時也會享受到更大的歡樂、興奮和狂喜。我覺得人類的構造和無線電收音機很相像，所差者我們收來的不是播來的音樂，而是我們自己所產生的觀念和思想。有些靈敏的收音機能夠收到其他收音機所收不到的短波，因爲這些更遠更細的音樂不大容易收到，所以更覺寶貴。

而且我們幼時的那些夢想並不是沒有實現性的。這些夢想常和我們終身共存著。因此，如果我自己可以自選做世界上作家之一的話，我頗願做個安徒生。能夠寫人魚公主（The Mermaid）的故事，想著那人魚公主的思想，渴望著到了長大的時候到水面上來，那真是人類所能感到最深沉最美妙的快樂了。所以，無論一個孩子是在屋頂的閣樓上，或在穀倉裡，或是躺在水邊，隨處都有他的夢想，而這些夢想也是真實的。愛迪生、史蒂芬生、司各德（Sir Walter Scott）這三個人在幼年時都夢想過。這種奇妙的夢想，結出了最優美最瑰麗的果實。但是較平庸的孩子也曾多少有過這些夢想。他們夢想中的幻象或許各不相同，但感到的快樂是一樣的。每個小孩都有一顆思慕的和切望的靈魂，懷著一種熱望去睡覺，希望在早晨醒轉來時發現他的夢想已成爲事實。他並不把這些夢想告訴別人，因爲這些是他自己的，是他正在生長的自我的一部分。小孩子的夢想當中有些較爲清晰，有些較模糊，清晰者產生了迫促這夢想實現的力量；而那些較不明晰的便在長成的時候逐漸消失。我們一生中總想把我們幼時的夢想說出來，但是，「有時還沒有找到我們所要說的話，我們已經死了。」

講到國家也是這樣，她也有其夢想。這種夢想可以經過許多的年代和世紀，依然存在著。有些夢想是高尚的，有些卻是歹惡的。征服和那些獨霸世界一類的夢想，都可說是惡夢；這種國家比之那些較有和平夢想的國家不安得多。不過另外也還有較好的夢想，夢想著一個更好的世界，夢想著和平，夢想著各國和睦共處，夢想著減少殘酷，減少不公平，減少貧窮和痛苦。惡夢常想破壞好夢，因之，二者之間不斷地搏鬥苦戰。人們為夢想而鬥爭，正如為財產而鬥爭一樣。於是夢想即由幻象的世界走進了現實的世界，而成為我們生命中的一個真實力量。夢想無論怎樣模糊，總潛伏在我們心底，使我們的心境永遠得不到寧靜，直到這些夢想成為事實才止；像種子在地下一樣，一定要萌芽滋長，伸出地面來，尋找陽光。所以夢想是真實的。

我們有時也會有混亂的夢想和不符現實的夢想，那是很危險的。因為夢想也是逃避的方法之一；一個做夢者常常夢想要逃避這個世界，但是又不知道要逃避到哪裡去。知更鳥常常引動浪漫主義者的幻想。人類有一種熱烈的欲望，想把今日的我們變成另一種人，脫離現在的常軌；只要是可以促成變遷的事物，一般人便趨之若鶩。

戰爭總是有吸引力的，因為它使城市裡的上班族有機會可以穿起軍服，紮起綁腿，進行一場免費旅行；同時在戰壕裡已經度過三四年生活而感到厭倦的士兵，也是情願休戰的，因為這使他們有機會回家再穿起平民的衣服，打上一條紅領帶了。

人類顯然需要這種刺激；假如世界真要避免戰爭的話，最好實行一種制度，每隔十年募集二十歲至四十五歲的人，送他們到歐洲大陸去做一次旅行，去參觀博覽會一類的盛會。現在英國政府正在動用五十萬萬金鎊去重整軍備，我想這筆款子儘夠送每個英國人民到里維埃拉（Riviera——法國東南地中海邊名勝區）去旅行一次了。他們以爲戰爭的費用是必須的，而旅行是奢侈。我很不同意這一點。因爲旅行是必須的，戰爭才是奢侈哩！

此外還有其他的夢想，如烏托邦和長生不老的夢想。長生不老的夢想雖也像其他的夢想一樣模糊，但是十分近於人情，而且是極其普遍。不過人類如果真的可以長生不死，到了那時恐怕他們也要不知所爲。長生不死的欲望，跟站在另一極端的自殺心理屬於同類。二者都厭惡這世界，認爲現在的世界還不夠好。如果問爲什麼現在的世界還不夠好呢？我們只要在春天到鄉間去遊覽一次，就能知道這句問話是不該問的了。

烏托邦的夢想情形也是如此。理想僅是一種信仰另一世態的心境，不管它是怎樣的一種世態，總之只要和現代人類的世態不同就是了。理想的自由主義者往往認爲自己的國家是最壞的國家，他所生活的社會是最壞不過的社會。他依然是那個在餐館裡照單點菜的傢伙，相信鄰桌所點的菜總比他自己所點的好吃。《紐約時報》論壇的作者說：在那些自由主義者的心目中，只有俄國的聶伯水閘是一個真正的水閘，而民主國家永遠沒有建築過水閘。當然也只有蘇聯才造過地底車道。在另一方面，法西斯報紙告訴他們的人民說，只有在他們的國度裡，人類才找得到世界上唯一合理的、正確的、可行的政體。烏托邦的自由主義者和法西斯的宣傳主任，他們的危險便在這裡。爲糾正起見，他們必須有一種幽默感。

## 四　論幽默感

我很懷疑世人是否曾體驗過幽默的重要性，或幽默對於改變我們整個文化生活的可能性——幽默在政治上、學術上、生活上的地位。它的機能與其說是物質上的，還不如說是化學上的。它改變了我們的思想和經驗的根本組織。我們須默認它在民族生活上的重要。德皇威廉為了缺乏笑的能力，因此喪失了一個帝國，或者如一個美國人所說，使德國人民損失了幾十萬萬元。威廉二世在私生活中也許會笑，可是在公共場所中，他的鬍鬚總是高翹著，留給人可怕的印象，好像他永遠在跟誰生氣似的。並且他那笑的性質和他所笑的東西——因勝利而笑，因成功而笑，因高踞人上而笑，——也是決定他一生命運的重要因素。德國戰敗是因為威廉二世不知道什麼時候應該笑，或對什麼東西應該笑。他的夢想是脫離笑的管束的。

據我看來最深刻的批評就是：民主國的總統會笑，而獨裁者總是那麼嚴肅——牙床凸出，下頷鼓起，下唇縮進，像是在做一些非等閒的事情，好像沒有他們，世界便不成為世界。——羅斯福常常在公共場所中微笑，這對於他是好的，對於喜歡看他們總統微笑的美國人也是好的。可是歐洲獨裁者們的微笑在哪裡？他們的人民不喜歡看他們的微笑嗎？他們一定要裝著吃驚、莊嚴、憤怒或非常嚴肅的樣子，才能保持他們的政權嗎？我所讀到關於希特勒最好的事情，是說他在私生活中是極其自然的。這稍微恢復我對他的信仰。可是獨裁者如果非裝做憤怒或自負的樣子不可，那麼獨裁制度裡一定有什麼彆扭的地方，整個心性必都有錯誤。

現在我們討論獨裁者的微笑，並不是無聊的尋開心；當我們的統治者沒有笑容時，這是非常嚴重的事，他們有的是槍炮啊。在另一方面只有當我們冥想這個世界，由一個嬉笑的統治者去管理時，我們才能夠體味出幽默在政治上的重要性。比如說，派遣五六個世界上最優秀的幽默家，去參加一個國際會議，給予他們全權代表的權力，那麼世界便有救了。因爲幽默一定和明達及合理的精神聯繫在一起，再加上心智上的一些會辨別矛盾、愚笨和壞邏輯的微妙力量，使之成爲人類智能的最高形式，我們可以肯定，必須這樣才能使每一個國家都有思想最健全的人物去做代表。

讓蕭伯納代表愛爾蘭，史蒂芬．李科克（Stephen Leacock）代表加拿大；切斯特頓（G. K. Chesterton）已經死了，可是沃德豪斯（P. G. Wodehouse）或愛多斯．赫胥黎（Aldous Huxley）可以代表英格蘭。威爾．羅傑斯（Will Rogers）可惜已經死了，不然他倒可以做一個美國代表．現在我們可以請勞勃．本奇利（Robert Benchley）或海胡德．布龍（Heywood Broun）去代替他。義大利、法國、德國、俄國也有她們的幽默代表，如果派遣這些人物在大戰的前夕去參加一個國際會議，我想無論他們怎樣拚命地努力，也不能掀起一次歐洲的大戰來。

你能不能想像到這一批國際外交家會掀起一次戰爭，或甚至企謀一次戰爭。幽默感會禁止他們這樣做法。當一個民族向另一民族宣戰時，他們是太嚴肅了，他們是半瘋狂的。他們深信自己是對的，上帝是站在他們這一邊的。具有健全常識的幽默家是不會這麼想的。你可以聽見蕭伯納在大喊愛爾蘭是錯誤的。一位柏林的諷刺畫家說：一切錯誤都是我們的。布龍宣稱大半的蠢事應由美國負責，可以看見李科克坐在椅子上向人類道歉，溫和地提醒我們說，在愚蠢和愚憨這一點上，沒有一個民族可以自譽強過其他民族。在這種情形之下，大戰又何至於能引起呢？

那麼是誰在掀起戰爭呢？是那些有野心的人、有能力的人、聰明的人、有計劃的人、謹慎的人、有才智的人、傲慢的人、太愛國的人，那些有「服務」人類欲望的人，那些想創造一些事業給世人一個「印象」的人，那些希望在什麼場地裡造一個騎馬的銅像來睥睨古今的人。很奇怪地，那些有能力的人、聰明的人、有野心的人、傲慢的人，同時，也就是最懦弱而糊塗的人，缺乏幽默家的勇氣、深刻和機巧。他們永遠在處理瑣碎的事情。他們並不知那些心思較曠達的幽默家更能應付偉大的事情。如果一個外交家不低聲下氣地講話，裝得戰戰兢兢、膽怯、拘束、謹慎的樣子，便不成其為外交家。——事實上，我們並不一定需要一個國際幽默家的會議來拯救這世界。我們大家都充分地潛藏著這種所謂幽默感的東西。

當歐洲大戰的爆發，真在一髮千鈞的當兒，那些最劣等的外交家，那些最「有經驗」和自信的，那些最有野心的，那些最善於低聲下氣講話的，那些最會裝得戰戰兢兢、拘束、謹慎的模樣的，甚至那些最切望於「服務」人類的外交家，在他們被派遣到會議席上去時，只消在每次上午及下午的開會議程中，撥出十分鐘的辰光來放映米老鼠影片，令全體外交家必須參加，那麼任何戰爭依舊是可以避免的。

我以為這就是幽默的化學作用：改變我們思想的物質。這作用直透到文化的根底，並且替未來的人類，對於合理時代的來臨，開闢了一條道路。在人道方面，我覺得沒有再比合理時代更合崇高的理想。因為一個新人種的興起，一個浸染著豐富的合理精神，豐富的健全常識，簡樸的思想，寬和的性情，及有教養眼光的人種的興起，終究是唯一的重要事情。人類的理想世界不會是一個合理的世界，在任何意義上說來，也不是一個十全十美的世界，而是一個缺陷會隨時被看出，紛爭也會合理地被解決的世界。對於人類，這是我們所希冀的最好的東西，也是我們能夠合理地冀望它實現的最崇高的夢想。這似乎是包含著幾樣東西：思想的簡樸性，哲學的輕逸性，和微妙的常識，才能使這種合理的文化創造成功。而微妙的常識，哲學的輕逸性和思想的簡樸性，恰巧也正是幽默的特性，而且非由幽默不能產生。

這樣的一個新世界是很難想像的，因為它跟我們現在的世界是那麼不同。一般地講起來，我們的生活是過於複雜了，我們的學問是太嚴肅了，我們的哲學是太消沉了，我們的思想是太紛亂了。這種種嚴肅和紛亂的複雜性，使現在的世界成為這麼一個悽慘的世界。

我們現在必須承認：生活及思想的簡樸性是文明與文化的最崇高最健全的理想，同時也必須承認當一種文明失掉了它的簡樸性，而浸染習俗，熟悉世故的人們不再回到天真純樸的境地時，文明就會到處充滿困擾，日益退化下去。於是人類變成在他自己所產生的觀念、思想、志向和社會制度之下，當著奴隸，擔荷這個思想、志向和社會制度的重擔，而似乎無法擺脫它。幸而人類的心智尚有一種力量，能夠超脫這一切觀念、思想、志向而付之一笑，這種力量就是幽默家的微妙處。

幽默家運用思想和觀念，就像高爾夫球或彈子戲的冠軍運用他們的球，或牧童冠軍運用他們的韁繩一樣。他們的手法，有一種因熟練而產生的從容，有著把握和輕快的技巧。總之，只有那個能輕快地運用他的觀念的人，才是他的觀念主宰，只有那個能做他的觀念主宰的人，才不被觀念所奴役。嚴肅終究不過是努力的標記，而努力又只是不熟練的標誌。一個嚴肅的作者在觀念的領域裡是呆笨而侷促的，正如一個暴發戶在社交場中那樣呆笨而不自然一樣。他很嚴肅，因為他和他的觀念相處還不曾達於自然。

說起來有點矛盾，簡樸也就是思想深刻的標誌和象徵。在我看來，在研究學問和寫作上，簡樸是最難實現的東西。欲求思想明澈已經是一樁困難的事情，然而簡樸更須從明澈中產生出來。當一個作家在役使一個觀念時，我們也可說那觀念在役使他。這裡有一樁普通的事實可以證明：一個剛從大學裡以優異的成績畢業出來的大學助教，他的講辭總是深奧繁雜，極其難以理解，而只有資格較老的教授們，才能把他的思想單純地用著簡明易解的字句表達出來。如果一個年輕的助教不用他自矜博學多才的語句來講解時，他確有出類拔萃而遠人的前途的。

由技術到簡樸，由專家到思想家，其間的過程，根本是一種智識的消息過程，我認為是和新陳代謝的作用完全一樣的。一個博學的學者，須把那專門的智識消化了，並且和他的人生觀察聯繫起來，才能夠用平易簡明的語句把這專門智識貢獻出來。他刻苦追求智識的時間中（**我們就假定說是詹姆斯**（Willism James）**的心理學智識吧**），我覺得一定有許多次「心神清爽的休息」，好像一個人在疲乏的長途旅行中，停下來喝一杯清涼的飲料一樣。在那休息的時間中，那些真正的人類專家會自我反省，「我們到底在做什麼？」

簡樸必須先消化和成熟，當我們漸漸長大成人的時候，思想會變得更明澈，無關緊要的一點或虛假的一面，將盡被剔去，不再騷擾我們。等到觀念有了較明確的形態後，一大串的思想便漸漸變成一個簡括的公式，突然地有一天在一個明朗的清晨跑進了我們的腦子，於是我們的智識便達到了真正光輝的境界。嗣後便再不用努力了，真理已變成簡單易解，讀者也將覺得真理本身是簡易的，公式的形成是自然的，因此獲得很大的快樂。

這種思想和風格上的自然性，——中國的詩人和批評家那麼羨慕著——常常是被視爲一種逐漸成熟的發展過程。當我們講到蘇東坡的散文逐漸成熟時，我們便說他「漸近自然」——這種風格已經把青年人的愛好華麗、誇炫、審美技術和文藝誇張等心理一概消除。

幽默感滋養著這種思維的簡樸性，這是很自然的事。一般的說，幽默家比較接近事實，而理論家則比較著重觀念，當一個人跟觀念本身發生關係時，他的思想會變得非常複雜。在另一方面，幽默家浸沉於突然觸發的常識或機智，它們以閃電般的速度顯示我們的觀念與現實的矛盾。這樣使許多問題變得簡單。不斷的和現實相接觸，給了幽默家不少的活力、輕快和機巧。一切裝腔作勢、虛僞、學識上的胡謅、學術上的愚蠢和社交上的欺詐，將完全掃除淨盡。因爲人類變得有機巧有機智了，所以也顯見得更有智慧。一切都是簡單清楚。所以我相信只有當幽默的思維方式普遍盛行時，那種以生活和思維的簡樸爲特性的健全而合理的精神才會實現。

## 五　論任性與不可捉摸

看起來現在的軍人是代替了放浪者而成為人類的最高理想人物了。我們不要那種任性的、無從捉摸的、難於測度的自由人，而要合理化的、有紀律的、受統制的、穿制服的、有愛國心的工人，要在有效的管理和組織之下，五六千萬人所結成的一個民族能共同信仰同一種主義，皈依同一種思想，喜歡同一樣的食物。

關於人類的尊嚴，我們有兩種相反的見解：一種以放浪者為理想；另一種以軍人為理想；前者認為保持其自由和個性的人，是最崇高的典型，後者認為喪失了獨立的判斷力，將私人意見完全受制於統治者和國家，那才是最優越最崇高的人類。

兩種見解都可加以辯護，前者以常識為辯護，後者以邏輯為辯護。用邏輯去替愛國的自動機式的理想做辯護，是不很困難的，愛國的自動機是模範公民，可以當做達到另一個外在目標的工具，這就是國家的力量，而這種力量又是為了另一個目標而存在，這個目標就是去克服另外的國家。這一切都可用邏輯很容易證明出來——又簡單又坦白，所有的呆子都會死心塌地的相信。歐洲許多「文明的」和「開化的」國家，在過去和現在都抱著這種見解，這實在使人好似難以相信。理想的公民是那種以為被遣到阿比西尼亞首都去，而結果卻是在西班牙登岸的軍人。這種公民又可分為「甲」「乙」二等。那「甲」等的是那些在統治者所認為較好的公民，這種人曉得了他們是被運到西班牙去時，仍是非常溫順、愉快，自己禱告，或由軍中的牧師代為禱告，感謝上帝派遣他們到槍林彈雨中去為國犧牲。那「乙」等的都是些未曾充分開化的人們，那些知道了被運錯了地方，而心中覺得憤恨的人們。在我看來，那種內心的憤恨反抗情緒，是人類尊嚴的唯一標誌，是那幅陰森慘淡圖畫中僅有的希望之火花，是人類在未來世界中恢復原位的唯一希望。

所以，不管它是什麼邏輯，我自然還是擁護放浪者。我絕對擁護放浪者或流浪者，而口中或者也說並不如此。我們這種矛盾心理就是我們的文明唯一的希望，我的理由很簡單：我們是猴子的嫡系而不是牛的嫡系，因為我們有矛盾的心理，所以已經變成更優越、更高尚的猴子。我的自私使我願意讓牛有一種溫順而滿足的脾性，在人類命令下，無論是被領到草地上，或是屠宰場裡，都能保持同樣曠達高尚的心思，一心一意為主人而犧牲。同時也因為十分寶愛人類，所以我不希望我們自己也變成牛。等到牛能開始反抗，心中生出反抗的情緒，或等到牠們現出任性的樣子，現出較不服從的樣子時，我就要把牠們稱做有人性的動物了。我以為一切獨裁制度都是不對的，這理由是一種生物學上的理由。獨裁者可以跟牛和睦相處，卻不能跟猴子和睦相處。

老實說，我從一九二〇年後，對於西洋的文明已經減少了尊敬。我過去對中國的文明總感到慚愧，因為我覺得我們還沒有創造出一個憲法和公權的觀念，這是中國文明上的一個缺點：我始終相信建立一個共和或君主的立憲政府，是人類文化上的一種進步。可是現在在西洋文明的發祥地，我居然也看到人權、個人自由，甚至個人的信仰自由權（這自由權在中國過去和現在都享有著）都可以被蹂躪，看到西洋人不再視立憲政府為最高的政府，看見歐里庇得斯型的奴隸在中歐比在封建時代的中國還要多，看到一些西方國家比我們中國只有更多的邏輯而缺少常識，這真使我暗中覺得欣慰，覺得中國是足以自傲的。

現在我除了將中國人觀念中人類最高文化的理想表現出來，把那個中國人理想中的聽天由命、逍遙自在的放浪者、流浪者和漂泊者表現出來之外，我還有什麼更好的制勝良策呢？西方可也有這麼一個勢均力敵的良策嗎？可也有什麼東西足以證明它的個人自由和公權學說是一種嚴肅的、根深柢固的信仰或本能嗎？這種信仰或本能可也有充足的活力，在今日那些廣受讚賞的、同式同樣的苦力退了流行之後，使思想的擺子擺到另一方向去嗎？我拭目待之。

歐洲個人自由的傳統怎麼會消失，擺子在今日爲什麼會擺到錯誤的方向去，這是很容易明白的。這裡有兩個原因：第一是由於現代集體經濟運動的結果，第二是由於維多利亞時代中葉機械觀念的遺傳。在今日的各種集團主義——社會的、經濟的、政治的——方興未艾的時候，人類似乎是自然地放棄了他的反抗權利，忘掉了他的個人尊嚴。當經濟問題和經濟思想占了優勢，遮蔽了其他一切人類思想的時候，我們對於那種較有人性的智識和哲學，尤其是關於個人生活問題的哲學，便完全不加理會而淡然置之了。

這是極自然的，一個患胃潰瘍的人時時想到他的胃疾，一個社會有著經濟弊病時，永遠是被經濟的思想糾纏著，結果把我們自己完全忘記了，幾乎記不起還有個人。在過去是一個人，可是在今日的一般見解之下，卻變成了一個全然服從物質律或經濟律的自動機。我們不再把他當人看待，我們只把他當做齒輪上的一個齒，一個組合或一個階級中的分子，一個可以列在百分數裡進口的異邦人，一個遭卑視的小資產階級分子，一個被排斥的資本家，或一個因爲是工人而被視爲是同志的工人。把一個人稱爲「小資產階級分子」、「資本家」或「工人」，好像已經能夠徹底了解他似的。因此人們就可以隨著情形憎惡他，或稱呼他做同志。我們沒有個人了，也不再像是人類了，我們只是階級。那麼，我可以說這是事情的過分簡單化嗎？放浪者已經完全不是一種理想人物了，那個有偉大的放浪者性格的人，那個以自由自在不可捉摸的態度去應付環境的人，也已經完全不是一種理想人物了。我們沒有人類，只有階級的分子；沒有觀念和偏見或癖嗜，有的只是意識形態或階級思想：沒有個性，只有盲目的力量；沒有個人，只有馬克思的辯證法，以準確的方法去統馭和支配一切人類的活動。我們大家都很快活地，熱烈地、向著螞蟻的模範邁進。

我也曉得我所說的只是陳舊的民主的個人主義。可是我要問問馬克思主義：馬克思自己本身可就是一世紀前黑格爾的邏輯和維多利亞時代中葉的英吉利古典經濟學派的產物？今日可還有比這些更陳舊的東西嗎？——在中國的人性學者看來，再沒有比這更難以置信、更不真實、更缺乏常識的東西。可是我們能知道人類這種機械觀是怎樣在機械科學完成工業、征服自然的當中創造出來的。人類偷竊了這種科學，把這種機械式的邏輯拿來應用於人類社會，於是研究人事的人們便竭力利用「自然律」這個嚴肅的名詞。因之我們就有「環境比人類偉大」，及「人類個性可以化成方程式」這一類的流行理論。這也許是精湛的經濟學，但總是拙劣的生物學。

良好的生物學，承認一個人的反應力量跟物質環境在生命的發展上是同樣重要的因素，正如一位良醫承認病人的性情和身體的反應在抗拒疾病時是同樣重要的因素。現代的醫生也已能確定每一個人都有一種不能測算的因素。有很多病人如依邏輯和前例診斷起來，實在是應該死的，結果卻逐漸復元起來，使醫生也覺得驚奇。醫生開著相同的藥方給兩個患同樣疾病的人，而不問他們的反應如何，我們真可以把他當做危害社會的人。社會哲學家如果忘掉個人，忘掉每個人都有不同的反應，忘掉他任性、不可捉摸的行爲，那麼社會哲學家也是危害社會的人了。

我也許不了解經濟學，可是經濟學也不見得會了解我。今日的經濟學還是在失敗中，還不敢昂頭來置身在科學之列。經濟學如果只談商品而不更向前談到人類的動機，它當然不是科學；即使能談到人類的動機，而要想以統計的平均數去研究，也不是科學，充其量不過是擬科學而已。這是經濟學的悲哀。經濟學甚至還不曾創造出可以檢查人類心智的技術。如果它以數學方法和統計的平均律去研究人類的活動，那更有著暗中摸索的危險。所以每當要做一個重要的經濟決策時，總有兩派的經濟專家和權威者站在相反的地位。經濟學終究和人類心智上的特癖是有關的，然而專家們對這些特癖卻一點也沒研究。一位專家相信如果英國放棄金本位，就會發生大變亂，但另一位專家卻堅決的相信：如果英國要得救唯有放棄金本位。

人們什麼時候要買什麼時候要賣，就算最優異的經濟專家也無法預測。證券交易之所以會變成投機事業，完全是這個緣故。縱使證券交易所能搜集到世界各國最可靠的經濟資料，還是不能像天文台預測天氣那樣，正確預測金銀或商品市價的漲落。原因是經濟學上參有人類的要素，當很多人想賣出的時候便有一些人想買進，當很多人想買進的時候，便有一些人想賣出。這裡有著人類的彈力和不可捉摸的要素。當然賣出的人總當那個買進的人是傻子，而那買進的人也以爲賣出的人是傻子，到底誰是傻子，只有待事實來證明。這僅是人類行爲質素上的變幻莫測和反覆無常的一個例證罷了。這種情形不但在商業交易上如此，在人類心理創造歷史的過程中也是如此，同時在人類對於道德、風俗和社會改革的一切反應上，也都是如此。

## 六　個人主義

今日世界上的人類有些是生活在民主主義的國家裡，多少受社會變動的影響，有些是生活在共產主義的國家裡，逐漸回向民主的理想，有些是生活在朝不保暮、岌岌自危的獨裁制度裡。但不管他在何種情形之下，個人的生活依舊是一個整體，雖受著時代潮流的影響，總還保持其個性。

哲學以個人爲開端，亦以個人爲依歸。個人便是人生的最後事實。他自己本身即是目的，而絕不是人類心智創造物的工具。世界最偉大的不列顛帝國，她存在的目的便是使一個住在蘇賽克斯（Sussex）的人民可以過著幸福合理的生活；但是謬誤的哲學理論，卻會說那個人是爲了大不列顛帝國而生活的。社會哲學的最高目標，也無非是希望每個人都可以過著幸福的生活。如果有一種社會哲學不把個人的生活幸福視爲文明的最後目標，那麼這種哲學理論是一個病態的、不平衡的心智的產物。

要批判一種文化的價值，我以爲應該以這種文化能產生何等的男女爲標準。惠特曼這位最有智慧，最有遠見的美國人在他的〈民主主義憧憬〉（Democratic vistas）一文裡，就是基於這種意義去闡明個人原則之爲一切文化的最終目的：

我們應該想一想，文明本身所根據的是什麼——文明跟它的宗教、藝術、學校等，除要達到一個豐富美麗而多變異的個人主義外，還有什麼目的呢？一切事物都是向著這個目標而進展；民主主義本身就是因為要實現這個目的，才仿著大自然的規模把廣漠無垠的人類荒田開墾起來，播了種子，給大家以均等的機會，所以它的地位仍在他種主義之前。一國的文學、詩歌、美學等之所以被重視，乃是由於它們能把個性的材料和暗示供給該國的男女，並以種種有效的方法去增強他們的力量。

惠特曼講到個性是人生的最後事實時，他說：

當一個人神志在最清明的時候，他有一種意識，一種獨立的思想，解脫一切而高升起來，像星辰那麼地沉靜永恆不滅。這就是和同思想——不管你是哪一種人，自己的思想終是屬於自己的，我為我，你為你，各不相混。這確是奇蹟中的奇蹟，是人世間最神奇最模糊的夢想，但也是最明確的基本事業，是進向一切事實的大門。在那種虔誠的一瞬間，在意義深長的宇宙奇蹟中，信條和慣例在這個簡單觀念之下顯覺不足輕重了。在真正的幻象之光的照射下，它是唯一有內容、有價值的東西。像寓言中的黑影矮人一旦被解放了一樣，能擴展到整個大地天上。

對於這位美國哲學家推崇個人的言論，我本想多介紹幾段出來；可是爲節省篇幅起見，我就用下面幾句話做一個結束：

……我們可用一個簡單的觀念來做最後的結論：（不然整個事物的體系將成為無目標的、欺人的）最後的和最好的方法，最依賴人類本身，及其自己天生的、常態的、充分發展的質素，而絕對不摻雜迷信的成分。

在種種變遷，在不斷的嘲笑、抗辯和表面的失敗中，民主主義的目的，就是要冒著任何危險去證明一個學說或原理；就是：在那最健全崇高的自由下訓練出的人，他本身就是他自己的一種法律。……

我們所應關心的是我們對於環境的反應而不是環境的本身。法德英美都生活在一樣的機械文明中，不過她們生活的形式和趣味都各自不同：用著各不相同的方法去解決政治上的問題。當我們知道人生有許多變化的可能時，當我們看見兩個汽車司機同坐在一輛貨車上，聽了同樣的笑話而有著不同反應時，我們即不應假定人類都須很服貼地受著機械式的統制。一個父親對於他的兩個兒子可以給予同樣的教育，同樣的生活基礎，可是到後來，他們會依照各自內在的個性去創造自己的前程。縱使兩個人都做銀行的行長，有著完全相等的資本，然而在各項重要的事務，和一切造成快樂和幸福的事物中，他們完全是兩樣的，他們的處世態度、腔調和性情無不兩樣；他們和屬下職員間的關係也有相異之處，職員們或許怕他們，也許愛他們，他們也許是好吹毛求疵的，也許是和藹而寬大的；他們儲蓄和用錢的方法也不同；他們的私人生活，他們的癖好、朋友、俱樂部、書籍和妻子也都是兩樣的。

在同樣環境下生活的人居然有那麼大的差異，所以當我們看見報紙上的許多訃告時，我們也不禁有些奇怪，生於同代，死在同一天的人，兩者的生活竟是那麼不同，有的安居樂業，專心一志地努力著，在工作中獲得樂趣，有的沒有固定的職業，到處浮沉，有的成了發明家，有的從事探險，也有些人喜歡說笑話，有的卻終日沉默寡歡，有的正在飛黃騰達名利雙收之時，卻無聲無息地在角落裡死掉了，有的做著賣冰賣煤的買賣，在他們的地下室裡被人刺死，身後遺下了黃金二萬元。是的，雖然在這工業時代，人生依然是奇妙的，只要人類還是人類，變化總還是人生的滋味。

不管是政治的或社會的革命，宿命論在人事上是沒有這回事的。人性的因素使那些新原理和新制度創造者的計算完全失敗。也擊敗了法律、制度和社會改革政策的創造者，不管所創造的是奧內達團體制度（Oneida——奧內達人係指居住紐約奧內湖附近的美國印第安人）或美國勞工聯盟，或法官林賽所定的伴侶婚姻制度。新娘和新郎的性格比婚姻和離婚的慣例更爲重要。那些執行法律或維護法律的人們也比法律本身更其重要。

講到個人之所以重要，不單是因爲個人生活是一切文明的最終目標，並且也因爲我們的社會生活，政治生活和國際關係的進步都是由許多個人（個人造成國家）的集體行動和集體脾性而產生，所以也完全以個人的脾氣和性格爲基礎。國家的政治和國家每一時期的進化，其決定的因素完全是由於人民的脾性。

因爲在工業發展的原則之外，一個民族做事和解決問題的方法是比較重要的因素。盧梭不會預料到法國革命的演變和拿破崙的突然出現，正如馬克思不會預料到他的社會主義原理的實際發展和史達林的出現一樣。法國革命的演變絕不是由一般所說「自由、平等、博愛」的口號所決定，而是由於人類天性上的某些特質和法國人脾性上的某些特殊質素所決定。

馬克思雖有很嚴正的辯證法，可是他對於社會主義革命所將取的途徑的猜測卻是完全失敗的。從邏輯上講起來，照他的逆料，這種無產階級革命，應發生於工業文明最發達的地方，和無產工人階級抬頭的地方，——先在英國，繼在美國，此外德國或許也有發生的可能，但是事實卻不然，共產主義卻是在俄國這麼一個農業國，一個無產階級沒有多大力量的國家裡，最先找到了實驗的場所。這是因為馬克思忘記顧到英國和美國的人的因素，忘記顧到英國人或美國人應付事件和解決問題的方法。所以我們可以說，經濟學上的一切重大錯誤，全是由於不曾考慮到那個國家中那種不可測度的因素。英人不信任假說和口號，英人做事有著有條不紊慢慢做去的習慣。盎格魯遜民族有著個人自由、自尊、明達、秩序等的愛好；這些對於英美各種事態的發展，比之德國辯證學者的全部邏輯更有決定的力量。

所以一個國家內的政事進展以及社會和政治的發展趨勢，都是以各種個人的內在觀念為根據。這種民族的脾性，這種所稱為「人民的天才」的抽象的東西，終究是許多個組成國家的個人的集合表現，也就是當一個國家在應付某項問題或危機時動作中所表現的性格。一部分人有著一種謬誤的觀念，以為這種「天才」的本質是像中世紀神學中的「靈魂」那樣的一個神話的寶物，而不僅是一個比喻。實則國家的天才，不過是它的行為的一種性質和做事的方法罷了。

對於這種天才，我們又有錯誤的觀念，以為它也和國家的「命運」般同樣是一個獨立存在的抽象本質，這是不對的，這種天才是只能在動作中看得出來，只不過是一種選擇的問題，即取捨和傾向，在危急時的特殊局勢下，決定著國家的最後行動途徑。舊式歷史學家往往跟黑格爾一樣，認爲一個國家的歷史僅是觀念在機械的必然性下的一種發展，然而較微妙而現實的歷史觀念卻以爲這大概是機緣的問題。每當一個危急的時期，國家即做一次選擇，在選擇的時候我們看見相反的勢力和互相衝突的欲望在戰鬥著，情感的多寡，即決定天秤的傾側。國家在危機中所表現的所謂天才，即是那個國家對於一件事情所做的取捨決定。每個國家總依著自己的意思去取擇他們所喜歡的而排斥所不能容忍的東西。這種選擇是根據於思想的潮流，一些道德觀念，和社會的成見。

最近在英國憲政的危機中，（結果迫使一個皇帝的遜位）我們清楚地看到這種所謂民族的性格在發生作用，有時在所贊成和所反對的事物中表現出來，有時在變動的情感的狂潮中表現出來，有時在自以爲是正當的動機的衝突中表現出來。這類動機即是對一位孚眾望的君王的私人愛戴，英格蘭教會對一個離婚者的偏見，英人對於國王的傳統觀念，國王的私事是否真是私事，是否可以以私事目之，國王是否應該做超越傀儡式的人物，他是否應該同情工黨，在這些衝突的情感中，只要任何一種情感稍微多一些，便可生出不同的結果。

在現代歷史中，情形永遠是如此的，不管齊諾維夫（Zenoviev）、加米涅夫（Kamenev）和比亞達可夫（Piatakoff）會不會被殺，拉狄克（Radek）會不會被監禁，不管「反革命」的陰謀和反史達林的叛亂其範圍是否會如所宣傳的那麼廣大，不管德國天主教會和基督新教會在納粹政權的高壓下，能不能保持它們的完整（這須看德國人民有著多少人類的彈力），不管英國會不會真正地變成工黨的國家，不管美國的共產黨社會大眾對它的好感或增或減：這些問題都須取決於各該有關國家內的個人思想、個人情感和個人性格。在一切人類歷史的活動中，我只看見人類自身任性的不可捉摸的選擇所決定的波動和變遷。

根據這種意義，儒家就把世界和平問題和我們私人生活的培養聯繫起來，宋朝以後的儒家學者認爲，每一個人都該懂得這個道理，所以在兒童入學時，所讀的第一課包括著下列的一段話：

古之欲明明德於天下者，先治其國；欲治其國者，先齊其家；欲齊其家者，先修其身；欲修其身者，先正其心；欲正其心者，先誠其意；欲誠其意者，先致其知；致知在格物。物格而後知至；知至而後意誠；意誠而後心正；心正而後身修；身修而後家齊；家齊而後國治；國治而後天下平。自天子以至於庶人，壹是皆以修身為本。其本亂而末治者，否矣。其所厚者薄，而其所薄者厚，未之有也。物有本末，事有終始。知所先後，則近道矣。

**注釋：**

①這種父母的養護時期是越來越長的；一個六七歲的野蠻小孩子，差不多可以自立了。而文明社會的孩子，卻需二十多年的工夫去做求生的準備，甚至在二十多年的教育之後，他還得從頭學習過。

# 第五章　誰最會享受人生

## 一　發現自己：莊子

在現代生活中，如果真有哲學家的話，那麼「哲學家」這名詞已變成一個僅是社交上恭維人家的名稱了。哲學家差不多是世界上最受人尊崇，同時也最不受人注意的人物。只要是一個神秘曖昧深奧不易了解的人物即可稱之為「哲學家」。一個對現狀漠不關心的人也被稱為「哲學家」。然而，後者的這種意義中還有著相當的真理。在莎士比亞的《皆大歡喜》（As You Like It）一劇中，丑角試金石（Touchstone）所說的「牧羊人，你也懂得一些哲學吧？」這句話就是包含後者這種意義的。從這一種意義說來，哲學僅是對事物和人生的一種普通而粗淺的觀念。而且這種觀念每個人多少總有一點。如果某一個人否認現實的表面價值，或不肯盡信報紙上所說的話，他就有哲學家的意味。他是一個不願被騙的人。

哲學總帶著一種如夢初醒的意味。哲學家觀察人生，正如藝術家觀察風景一樣——是隔著一層薄紗或一層煙霧的。這種看法軟化了生硬的人生瑣事，容易使我們看出其中的意義。至少中國的藝術家或哲學家是如此思想的。所以，哲學家和徹底的現實主義者的觀念完全相反；後者熙來攘往忙碌終日，以爲他的成敗贏虧，完全是絕對的、真實的。這種人真是無藥可救，他連一些懷疑的念頭也沒有，所以不能得到一個起點。孔子說：「不曰如之何如之何者，吾未如之何也已矣！」——在孔子少數而有意的詼諧語句中，這句實得我心。

我想在這章中介紹一些中國哲學家對生活圖案的觀念。他們之間的意見越是一致地以爲人類必須有智慧和過著幸福生活的勇氣。孟子的那種比較積極的人生觀念和老子的那種比較圓滑和順的觀念，協調起來成爲一種中庸的哲學，這種中庸的哲學可說已成了一般中國人的宗教。動和靜的衝突，結果卻產生了一種妥洽的觀念，使人們對於這個不很完美的地上天堂也感到了滿足。這種智慧而愉快的人生哲學就此產生。陶淵明——在我的心目中，他是中國最偉大的詩人，有著最和諧的性格——就是這種生活的一種典型。

一切中國哲學家在不知不覺中所認爲最重要的問題就是：我們要怎樣去享受人生？誰最會享受人生？我們不去追求完美的理想，不去尋找那勢不可得的物事。不去窮究那些不可得知的東西；我們認識的只是些不完美的、會死的人類的本性；最重要的問題是怎樣去調整我們的人生，使我們得以和平地工作，曠達地忍耐，幸福地生活。

我們是誰？這是第一個問題。這個問題幾乎是不能解答的。不過我們都已承認，我們日常忙碌生活中的自我並不是完全真正的自我。在生活的追求中我們已經喪失一些東西。例如：我們看見一個人在田野裡東張西望地在尋找東西，聰明的人可以提出一個難題來讓那些旁觀者去猜猜：那個人究竟失掉了什麼東西？有的猜一隻錶；有的猜一隻鑽石別針；各人有各人的猜測。聰明人其實也不知道那人失掉了些什麼：可是當大家猜不著時，他可以說：「我告訴你們吧，他失掉了一些氣息了。」（Lost Some Breath——「上氣不接下氣」）我想沒有人會說他這句話不對。我們往往在生活的追求中忘記了真正的自我，正如莊子在一個美妙的譬喻裡所講的那隻鳥一樣，爲了要吃一隻螳螂而忘記自身的危險，而那隻螳螂又爲了要捕捉一隻蟬也忘了自身的危險。

莊周遊於雕陵之樊，睹一異鵲自南方來者。翼廣七尺，目大運寸。感周之顙，而集於栗林。莊周曰：「此何鳥哉？翼殷不逝，目大不睹。」蹇裳躩步，執彈而留之。睹一蟬，方得美蔭而忘其身。螳螂執翳而搏之，見得而忘其形；異鵲從而利之，見利而忘其真。莊周怵然曰：「噫！物固相累。二類相召也。」捐彈而反走，虞人逐而誶之。莊周反入，三月不庭；藺且從而問之：「夫子何為頃間甚不庭乎？」莊周曰：「吾守形而忘身。觀於濁水而迷於清淵。且吾聞諸夫子曰：『入其俗，從其俗。』今吾遊於雕陵而忘吾身。異鵲感吾顙。遊於栗林而忘真，栗林虞人以吾為戮。吾所以不庭也。」

莊子乃是老子的門生，正如孟子是孔子的門生一樣，二人都富於口才，二人的生存年月都和他們老師的距離約一百年。莊子和孟子生在同時，大約老子和孔子也在同時。可是孟子很贊成莊子人性已有所亡，而哲學之任務就是去發現並去取回那些失掉了的東西這句話。——據孟子的見解，以爲失掉的便是「赤子之心」。他說：「大人者，不失其赤子之心者也。」孟子認爲，文明的人爲生活，其影響之及於人類赤子之心，有如山上的樹木被斧斤伐去一樣。

牛山之木嘗美矣。以其郊於大國也，斧斤伐之，可以為美乎？是其日夜之所息，雨露之所潤，非無萌蘗之生焉，牛羊又從而牧之。是以若彼濯濯也；人見其濯濯也，以為未嘗有材焉。此豈山之性也哉？雖存乎人者，豈無仁義之心哉？其所以放其良心者，亦猶斧斤之於木也；旦旦而伐之，可以為美乎？其日夜之所息，平旦之氣，其好惡與人相近也者幾希，則其旦晝之所為，有梏亡之矣。梏之反覆，則其夜氣不足以存；夜氣不足以存，則其違禽獸不遠矣。人見其禽獸也，而以為未嘗有才焉者。是豈人之情也哉？

## 二　情智勇：孟子

最合於享受人生的理想人物，就是一個熱忱的、優閒的、無恐懼的人。孟子列述「大人」的三種「成熟的美德」是「仁智勇」。我以爲把「仁」字改爲情字當更爲確當，而以「情、智、勇」為大人物的特質，在英語中幸虧尚有Passion這個字，其用法和華語中的「情」字差不多。這二個字起首都含有「情欲」的那種狹義，但現在都有了更廣大的意義。張潮說：「多情者必好色，而好色者未必盡屬多情。」又說：「情之一字，所以維持世界，才之一字，所以粉飾乾坤。」如果我們沒有「情」，我們便沒有人生的出發點。情是生命的靈魂，星辰的光輝，音樂和詩歌的韻律，花草的歡欣，飛禽的羽毛，女人的艷色，學問的生命。沒有情的靈魂是不可能的，正如音樂不能不有表情一樣。這種東西給我們以內心的溫暖和活力，使我們能快樂地去對付人生。

我把中國作家筆下所用的「情」字譯作Passion也許不很對，或者我可用Sentiment一字（**代表一種較溫柔的情感，較少激越的熱情所生的衝動性質**）去譯它嗎？「情」這一字或許也含著早期浪漫主義者所謂Sensibility一字的意義，即屬於一個有溫情的大量的藝術化的人的質素。在西洋的哲學家中，除了愛默生（Emerson）、愛彌爾（Amiel）、朱伯特（Joubert）和伏爾泰外，很少對於熱情能說些好話的人，這是奇怪的。也許我們所用的詞語雖不同，而我們所指的實是同一樣東西。但是，假如說「熱情」（Passion）異於「情感」（Sentiment），兩者意義不同，而前者只是專指一種暴躁的衝動的情感而言，那麼在中國字中便找不到一個相埒的字可以代表它，我們只好依然用「情」這個字了。

我很疑惑這是否就是種族脾性不同的表徵？這是否就是中國民族缺乏那種侵蝕靈魂去造成那種西洋文學裡悲劇材料的偉大熱情的表徵？這可就是中國文學中沒有產生過希臘意義上的悲劇的原因？這可就是中國悲劇角色在危急之時飲泣吞聲，讓敵人帶去了他們的情人，或如楚霸王那樣，先殺死情人，然後自刎的原因？這種結局是不會使西洋觀眾滿意的，可是中國人的生活是這樣的，所以在文學上當然也就是這樣的了。一個人跟命運掙扎，放棄了爭鬥，在事過之後，隨之在悲劇回憶中，發生了一陣徒然的後悔和想望。正如唐明皇的悲劇那樣，他諭令他的愛妃自殺，以滿足叛軍的要求，過後，便神魂顛倒地成天思念她。這種悲劇的情感是在那齣戲劇結束後，在一陣悲哀中才表現出來的。當他在出狩生活中旅行時，在雨中聽見隔山相應的鈴聲，便做了那首雨霖鈴曲以紀念她；他所能看到或捫觸到的事事物物，無論是一條餘香未盡的小領巾，或是她的一個老婢，都使他想起他的愛妃，這悲劇的結束便是由一個道士替他在仙境裡尋覓她的芳魂。如此我們就在這裡看到一種浪漫的敏感性，如不能稱之為熱情的話，不過這熱情已變成一種圓熟而溫和的了。所以，中國哲學家有著一種特點，他們雖卑視人類的「情欲」（**即「七情」的意思**），卻不卑視熱情或熱感本身，而反使之成為正常人類的生活基礎，甚至於視夫婦之情為人倫之本。

我們的熱情或情感是隨生命而同來，無可選擇，正如我們不能擇揀父母一樣，我們不幸天生就有一種冷靜或熱烈的天性，這是事實。在另一方面，沒有一個小孩子是生來就是冷心的；當我們漸次失掉那種少年心時，我們才會逐漸失掉我們內在的熱情。在我們生活的某一時期中，我們熱情的天性是被一種邪惡的環境所摧殘壓制，挫折或剝削，其所以如此，大概是由於我們沒有留意使之繼續生長，或者是我們不能從這種環境裡解脫出來。

我們在獲取「世事經驗」的過程中，對於我們的天性曾多方摧殘，我們學會了硬心腸，學會了虛偽矯飾，學會了冷酷、殘忍、因此在一個人自誇他已獲得了很多的人世經驗時，他的神經顯已變成不銳敏，而麻木遲鈍——此種現象尤其是在政界為最多。結果世界上多了一個偉大的「進取者」（Go-getter），把別人擠在一旁，而自己爬到頂上，世界上從此多了一個意志剛強，心志堅定的人，不過感情——他稱之爲愚笨的理想主義或多情的東西——在他胸懷中的最後一些灰燼，則也漸漸熄滅了。

我很看不起這種人，這世界上冷酷心腸的人實在太多了。如果國家有一天要施行消滅那些不適於生存者的生殖機能的話，第一步，應該先把那些無道德感念的人、藝術觀念陳腐的人、鐵石心腸的人、殘酷而成功的人、意志堅定一無情義的人，以及那一切失掉生之歡樂的人，一起把他們的生殖機能割掉——而不必亟亟於那些瘋狂的人和患肺癆的人。因爲在我看來，一個熱情而有情感的人，或許會做出一些愚蠢和鹵莽的事情，可是一個無熱情也無情感的人卻好像是一個笑話或一幅諷刺畫了。他跟都德（Daudet）的莎復（Sapho）兩者比較起來，只好算一條蟲、一架機器、一座自動機、塵世上的一點污點而已。

有許多妓女的一生，比大腹賈的商人來得高潔。莎復雖然犯罪，但也懂得愛；我們對於那些會顯示深愛的人，應該給予較大的寬恕，無論怎樣，她從一個冷酷的商業環境中走出來的時候，總比我們周遭的那些百萬富翁懷著更熱烈的心情。對聖瑪利亞（Saint Mary Magdalene）崇拜是對的。熱情和情感有時免不了使我們做錯事，因而受罪是應該的。但是有許多寬容的母親因爲過於縱容子女，往往因愛子之心而失掉了理智的判斷，不過她們到了老年的時候，她們一定會回憶她們從前那種融洽的家庭生活，以爲比那些苛刻嚴峻的人的家庭生活來得快樂。有一個朋友曾告訴我一個故事；他說有一個年紀已七十八歲的老婦人對他說：「回溯過去的七十八年中，每想到我所做的錯事時，我還是覺得快樂的；不過又想到我的愚蠢時，我甚至到今天還不能饒恕我自己。」

可是人生是殘酷的，一個有著熱烈的、慷慨的、天性多情的人，也許容易受他的比較聰明的同伴之愚。那些天性慷慨的人，常常因慷慨而錯了主意，常常因對付仇敵過於寬大，或對於朋友過於信任，而走了失著。慷慨的人有時會感到幻滅，因而跑回家中寫出一首悲苦的詩。在中國有許多的詩人和學者就是這樣的，例如喝茶大家張岱，很慷慨地替親友出力幫忙，甚至花盡家產，結果還吃了他最親密的親友的虧；後來他把這遭遇寫成十二首詩，那詩要算是我所曾讀到過最辛酸悲苦的了。可是我很相信，直到他老死，還是那麼慷慨大量的，即使是在他很窮困的時候，有幾次幾乎窮得要餓死，也必仍然如此；我相信那些悲哀的情緒不久就會煙消霧散，而他依舊會快樂的。

雖說如此，但這種慷慨熱烈的心情須有一種哲學加以保護，人生是嚴酷的，熱烈的心性不足以應付環境，熱情必須和智勇連結起來，方能避免環境的摧殘。我覺得智和勇是同樣的東西，勇乃是了解了人生之後的產物；一而二，二而一，一個完全了解人生的人始能有勇。如果智不能生勇，智便無價值。智抑制了我們愚蠢的野心，使我們從這個世界的騙子（Humbug）——無論是思想上的或人生上的——手中解放出來而生出勇氣。

在我們這個世界裡，騙子真是不勝其多，不過中國佛教徒已經把許多的小騙子歸納於兩個大騙子之中：就是名和利。據說乾隆皇帝遊江南的時候，有一次在一座山上眺望景色，望見中國海上帆船往來如織。他便問他身旁的大臣那幾百隻帆船是幹什麼的，他的大臣回答道，他只看見兩隻船，一隻叫做「名」一隻叫做「利」。有修養的人士也只能避免利的誘惑，只有最偉大的人物才能夠逃避名的誘惑。有一次，一位僧人跟他的弟子談到這兩種俗念的根源時說：「絕利易，絕名心難。即退隱之學者僧人仍冀得名。彼樂與大眾講經說法，而不願隱處小庵與弟子作日常談。」那個弟子道：「然則師傅可稱為世上唯一絕名心之人矣。」師傅微笑而不言。

據我的人生觀察，佛教徒的那種分類是不完全的；人生的大騙子不只兩個，而實有三個：即名、利、權。在美國慣用的字中，可以拿「成功」（Success）這名詞把這三個騙子概括起來。但是有許多智者以為成功和名利的欲望實是失敗，貧窮和庸碌無聞的恐懼之一種諱稱；而這些東西是支配著我們的生活的。

有許多人已經名利雙全，可是他們還在費盡心計想法去統治別人，他們就是竭一生心力為祖國服役的人。這代價常是巨大的。如果你去請一個真正的智者來，要選他做總統，要他隨時向一群民眾脫帽招呼，一天中要演說七次，這種總統他一定不要做的。

布賴斯（James Bryce——近代英國史學家和外交家）以為美國民主政府現行的制度不能招致國中最優秀的人才去入政界服役。我覺得單是競選的吃力情形已足嚇退美國的智者了。從政的人頂了竭畢生心力為人群服役的名義，一星期常須參加六次的宴會。他為什麼不坐在家裡，自己吃一頓簡單的晚餐，隨後穿上睡衣，舒舒服服地上床去睡呢？

一個人在名譽或權力的迷惑下，不久也會變成其他騙子的奴隸，越陷越深永無止日。他不久便開始想改革社會，想提高人們的道德，想維護教會，想消弭罪惡，做一些計劃給人家去實行，推翻別人所定的計劃，在大會中讀一篇他的下屬替他預備好的統計報告，在委員會的席上研究展覽會的藍紙圖樣，甚至於想到創設一間瘋人院（真厚臉皮啊！）——總之一句話，想干涉人家的生活。但是不久，這些自告奮勇而負起的責任，什麼改造人家，實施的計劃，破壞競爭者的計劃等問題，一股腦兒拋在腦後，或甚至還不曾跑進過他的腦筋呢。

一個在總統競選中失敗了的候選人，兩星期過後，對於勞工、失業關稅等諸大問題都忘得一乾二淨！他是什麼人，幹嗎要改造人家，增高人們的道德，送人家進瘋人院去呢？可是他如果成功的話，那些大騙子和小騙子是會使他躊躇滿志地奔忙著，而使他以為他的確是在做一些事情，而確是一個「重要的人物」。

然而，世間還有一個次等的社會騙子，和上述的騙子有同樣的魅力，一樣普遍，就是時尚（Fashion）。人類原來的自我本性很少有表現出來的勇氣。希臘哲學家德謨克利特（Democritus）以為已把人類從畏懼上帝和死亡這兩個大恐怖的壓迫下解放出來，是一種對人類的偉大貢獻。雖然如此，可是他還不曾把我們從另一個普遍的恐懼——畏懼週遭的人——中解放出來。人們雖由畏懼上帝和畏懼死亡的壓迫中解放了出來，但還有許多人仍不能解除畏懼人們的心理，不管我們有意或無意，在這塵世中一律都是演員，在一群觀眾面前，演著他們所認可的戲劇。

這種演戲的才能加上摹仿的才能（**其實即演戲才能的一部分**），是我們猴子的遺傳中最出色的素質。這種表演才能無疑地可以得到實際利益，最顯而易見的就是博得觀眾的喝采。但是喝采聲越高，台後的心緒也越加緊張。同時這才能也幫助一個人去謀生，所以我們不能怪誰迎合觀眾心理去扮演他的角色。

唯一不合之處就是那演員或許會篡奪了那個人的位置，而完全占有了他；在這世上享盛名居高位的人，能夠保存本性的，真少而又少，也只有這一種人自知是在做戲，他們不會被權勢、名號、資產、財富等人造的幻象所欺矇，當這些東西跑來時，他們只用寬容的微笑去接受，他們並不相信他們如此便變成特出，便和常人不同。這一類的人物是精神上的偉人，也只有這些人的個人生活始終是簡樸的。因為他們永不重視這些幻象，所以簡樸才永遠是真正偉大人物的標誌。小官員幻想著自己的偉大；交際場中的暴發戶誇耀他的珠寶；幼稚的作家幻想自己躍登作家之林，馬上變成較不簡樸，較不自然的人；這些都足以表示心智之狹小。

我們的演戲本能是根深柢固的，以致我們常常忘記離開舞台，忘記還有一些真正的生活可過。因此，我們一生辛辛苦苦的工作，並不依照自己的本性，爲自己而生活，而只是爲社會人士的喝采而生活，如中國俗語所說老處女「爲他人作嫁衣裳」。

## 三　玩世，愚鈍，潛隱：老子

老子刁慈的「老猾」哲學卻產生了和平、容忍、簡樸和知足的崇高理想，這看來似乎是矛盾的。這類教訓包括愚笨者的智慧，隱逸者的長處，柔弱者的力量，和熟悉世故者的簡樸。中國藝術的本身，和它那詩意的幻象以及對於樵夫漁父的簡樸生活之讚頌，都不能脫離這種哲學而存在。中國和平主義的根源，就是能忍受暫時的失敗，靜待時機，相信在天地萬物的體系中，在大自然動力和反動力的規律運行之下。沒有一個人能永遠占著便宜，也沒有一個人永遠做「傻子」。

大巧若拙。
大辯若訥。

靜勝躁，
寒勝熱，
清靜為天下正。
（老子《道德經》，下同）

我們既知道大自然的運行中，沒有一個人能永遠占便宜，或是做傻子，所以其結論是競爭是徒勞的。老子曰：「聖人夫唯不爭，故天下莫能與之爭。」又曰：「強梁者不得其死，吾將以爲教父。」當今的作家也可加上一句：「世間的獨裁者如能不要密探來衛護，我願做他的黨徒。」因此，老子曰：「天下有道，卻走馬以糞；天下無道，戎馬生於郊。」

善為士者不武；
善戰者不怒。
善勝敵者不與；
善用人者為之下。
是謂不爭之德，
是謂用人之力，
是謂配天之極。

有了動力與反動力的規律，便產生了暴力對付暴力的局勢：

以道佐人主者，不以兵強天下；其事好還。
師之所處，荊棘生焉。
大軍之後，必有凶年。
善者果而已；不敢以取強。
果而勿矜；果而勿伐；果而勿驕；果而不得已。
果而勿強；物壯則老。
是謂不道，不道早已。

凡爾賽會議如果請老子去做主席，我想今日一定不會有這麼一個希特勒。希特勒自以為他在政治上當權之速，證明他得到「上帝的庇祐」。但我以為事情還要簡單，他是得到克里豪梭（Clemenceau）神魂的庇祐。中國的和平主義不是那種人道的和平主義——不以博愛為本，而以一種近情的微妙的智慧為本。

將欲歙之，必固張之。
將欲弱之，必固強之。
將欲廢之，必固舉之。

特欲奪之，必固與之。
是謂微明。
柔弱勝剛強。
魚不可脫於淵；國之利器不可以示人。

關於柔弱者的力量，愛好和平者之總能得到勝利，以及隱逸者的長處這一類訓誨，沒有一個人再能比老子講得更有力量。在老子看來，水便是柔弱者的力量的象徵——輕輕地滴下來，能在石頭上穿了一個洞；水有道家最偉大的智慧，向最低下的地方去求它的水平線：

江海所以能為百谷王者，以其善下之，故能為百谷王。

「谷」是空洞象徵，代表世間萬物的子宮和母親，代表陰或牝。

谷神不死，是謂玄牝。
玄牝之門，是謂天地根。
緜緜若存；用之不勤。

以牝來代表東方文化，而以牡來代表西方文化，這不會是牽強附會之談吧。無論如何，在中國的消極力量裡，有些東西很像子宮或山谷，老子說：「……爲天下谷；爲天下谷，常德乃足。」

凱撒要做鄉村中第一個人，而老子反之，他的忠告是：「不敢爲天下先。」講到出名是一樁危險的事，莊子曾寫過一篇諷刺的文章去反對孔子的誇耀智識行爲。莊子著作裡，有許多誹議孔子的文章，好在莊子寫文章時，孔子已死，而且當時中國又沒有關於毀壞名譽的法律。

> 孔子圍於陳蔡之間，七日不火食。
>
> 大公任往弔之，曰：「子幾死乎？」
>
> 曰：「然。」
>
> 「子惡死乎？」
>
> 曰：「然。」
>
> 任曰：「予嘗言不死之道。東海有鳥焉，其名曰「意怠」。其為鳥也，翂翂翐翐，而似無能。引援而飛；迫脅而棲。進不敢為前；退不敢為後。食不敢先嘗；必取其緒。是故其行列不斥，而外人卒不得害，是以免於禍。直木先伐。甘井先竭。子其意者飾知以驚愚；修身以明汙。昭昭乎若揭日月而行；故不免也。……」
>
> 孔子曰：「善哉！」辭其交遊，去其弟子，逃於大澤，衣裘褐，食杼栗。入獸不亂群，入鳥不亂行。

我曾寫過一首詩概括道家思想：

愚者有智慧，
緩者有雅致，
純者有機巧，
隱者有益處。

在信仰基督教的讀者們看來，這幾句話或者很像耶穌的「山上訓言」，而也許同樣地對他們不生效力。老子說，愚者得福，因他們是世上最快樂的人。這句話好似替「山上訓言」加了一些詼諧的成分。莊子繼老子「大巧若拙，大辯若訥」的名句而說「棄智」。八世紀時的柳宗元把他比鄰的山叫做「愚山」，附近的水叫做「愚溪」。十八世紀時的鄭板橋說了一句名言：「聰明難，糊塗亦難，由聰明轉入糊塗更難。」中國文學上有諸如此類不少讚頌愚鈍的話。美國有一句俚語是：「不要太精明」（Don't be too smart），從這句俚語也可看出抱這種態度者的智慧。大智是常常如愚的。

所以，在中國文化上我們看見一種稀奇的現象，就是一個大智對自己發生懷疑，因而產生（據我所知）唯一的愚者的福音和潛隱的理論，而認爲是人生鬥爭的最佳武器。由莊子的創說「棄智」，到尊崇愚者的觀念，其中只是一個短短的過程；在中國的繪畫中和文章中，有著不少的乞丐，不朽的隱逸者、癲僧，或如「冥寥子遊」中的奇隱士等等，在那上面，我們都可以看出這種尊崇愚者觀念的反映。當這個可憐的襤褸癲僧，變成了我們心目中最高智慧和崇高性格的象徵時，智人即從人生的迷戀中清醒過來，接受一些浪漫的或宗教潤色，而進入詩意的幻想境界。

傻子的受人歡迎是一樁實事。我相信無論在東方或西方，人們總是憎惡那個過於精明的同伴的。袁中郎曾寫過一篇文字，說明他和他的兄弟為什麼要用那四個極愚笨但是忠心的僕人。任何人只要把他所有的朋友同伴細細想一想，就可以發現我們究竟喜歡怎樣的人。我們喜歡愚笨的僕人是因為他比較老實可靠，和他在一起過日子，我們儘可以寫寫意意，不必處處提心吊膽。智慧的男人多數要不太精明的妻子，而智慧的女子也多數願嫁不太精明的丈夫。

中國歷史上那些著名的傻子，都是因為他們的真癲或假癲而討人歡喜，受人敬愛。例如宋朝著名畫家米芾號「米顛」，有一次穿了禮服去拜一塊岩石，要那塊岩石做他的「丈人」，因此得了「米顛」的名號。他和元朝的著名畫家倪雲林都有好潔之癖。又有一個著名的瘋詩人赤了足，往來於各大寺院，在廚房裡打雜，吃人家的殘羹冷飯，不朽的詩便寫在廟寺裡廚房的牆壁上。最受中國人民愛戴的，要算是偉大的瘋和尚顛僧了；他又名濟公。是一部通俗演義的主人公；這部演義越演越長，篇幅比之《唐吉訶德》（Don Quixote）還長三倍，但好像還沒有完結。他是生活於一個魔術、能醫、惡作劇和醉酒的世界裡，他有一種神力，能在相距幾百英里的不同城市裡同時出現。為他而紀念的廟宇至今還屹立於杭州西子湖邊的虎跑。十六世紀和十七世紀的偉大浪漫天才，如徐文長、李卓吾、金聖嘆（他自號「聖嘆」，據他說，當他出世時，孔廟裡曾發出一陣神秘的嘆息。）他們雖然和我們一樣是人，可是他們在外表和舉動上多少違背著傳統的習慣，所以給人以一種瘋狂的印象。

## 四 「中庸哲學」：子思

我相信主張無憂慮和心地坦白的人生哲學，一定要叫我們擺脫過於繁忙的生活和太重大的責任，因而使人們漸漸減少實際行動的欲望。在另一方面，生於現代的人，大都需要這種玩世主義之薰陶，因爲這對他是很有益的。那種引頸前瞻徒然使人類在無效果和浪費的行動中過生活的哲學，它的遺毒或許比古今哲學中的全部玩世思想爲害更大。每個人都有許多生理上的工作衝動，它隨時能把這種哲學的力量抵消；這種放浪者的偉大哲學雖到處受人歡迎，可是中國人至今還是世界上最勤勉的民族。大多數人都未成爲玩世者，因爲大多數的人都不是哲學家。

所以這樣說來，玩世主義很少會變成大眾所崇拜的流行思想的危險，這一點可以不必擔憂。中國道家哲學雖已獲得了中國人心胸中的感應，已經存在了幾千年，在每首詩歌和每幅山水畫裡都可看得出來；但是大多數中國人依舊過著熙來攘往的生活，依舊相信財富、名譽、權力，肯爲他們的國家服役。如若不是這樣，人類生活便不能維持下去。所以中國並沒有人人都服從玩世主義，他們只在失敗後，才做玩世者和詩人；我們的多數同胞依舊還是出力的演員。道家玩世主義的影響，僅是在減低緊張生活，同時在天災人禍的時候，引導人民去信仰自然律的動作和反動作，信仰正義必能因此而得伸張。

然而，在中國的思想上還有一種相反的勢力，它和這種無憂無慮的哲學，自然放浪者的哲學，是站在對立的地位的。自然紳士哲學的對面有社會紳士哲學；道家哲學的對面有儒家哲學。如把道家哲學和儒家哲學的涵義，一個代表消極的人生觀，一個代表積極的人生觀，那麼，我相信這兩種哲學不僅是中國人有之，而也是人類天性所固有的東西。我們大家都是生就一半道家主義，一半儒家主義。一個徹底的道家主義者理應隱居到山中，去竭力摹仿樵夫和漁父的生活，無憂無慮，簡單樸實如樵夫一般去做青山之王，如漁父一般去做綠水之王。道家主義者的隱士，隱現於山上的白雲中，一面俯視樵夫和漁父在相對閒談；一面默念著青山、流水，全然不理會這裡還有著兩個渺小的談話者。他在這種凝想中獲得一種徹底的和不感覺。不過要叫我們完全逃避人類社會的那種哲學，終究是拙劣的。

此外還有一種比這自然主義更偉大的哲學，就是人性主義的哲學。所以，中國最崇高的理想，就是一個不必逃避人類社會和人生、而本性仍能保持原有快樂的人。如果一個人離開城市，到山中去過著幽寂的生活，那麼他也不過是第二流隱士，還是他環境的奴隸。「城中隱士實是最偉大的隱士」，因為他對自己具有充分的節制力，不受環境的支配。如果一個僧人回到社會去喝酒、吃肉、交女人，而同時並不腐蝕他的靈魂，那麼他便是一個「高僧」了。因此，這二種哲學有互通性，頗有合併的可能。儒教和道家的對比是相對的，而不是絕對的；這兩種學說，只是代表了兩個極端的理論，而在這二個極端的理論之間，還有著許多中間的理論。

我以為半玩世者是最優越的玩世者。生活的最高典型終究應屬子思所倡導的中庸生活，他即是《中庸》作者，孔子的孫兒。與人類生活問題有關的古今哲學，還不曾發現過一個比這種學說更深奧的真理，這種學說，就是指一種介於兩個極端之間的那一種有條不紊的生活——酌乎其中學說。

這種中庸精神，在動作和靜止之間找到了一種完全的均衡，所以理想人物，應屬一半有名，一半無名；懶惰中帶用功，在用功中偷懶；窮不至於窮到付不出房租，富也不至於富到可以完全不做工，或是可以稱心如意地資助朋友，錦琴也會彈彈，可是不十分高明，只可彈給知己的朋友聽聽，而最大的用處還是給自己消遣；古玩也收藏一點，可是只夠擺滿屋裡的壁爐架；書也讀讀，可是不很用功；學識頗廣博，可是不成爲任何專家；文章也寫寫，可是寄給《泰晤士報》的稿件一半被錄用一半退回——總而言之，我相信這種中等階級生活，是中國人所發現最健全的理想生活。李密菴在他的《半半歌》裡把這種生活理想很美妙地表達出來：

看破浮生過半，半之受用無邊。
半中歲月盡幽閒；半裡乾坤寬展。
半郭半鄉村舍，半山半水田園；半耕半讀半經廛；半士半姻民眷；半雅半粗器具；半華半實庭軒；衾裳半素半輕鮮；餚饌半豐半儉；童僕半能半拙；妻兒半樸半賢；心情半佛半神仙；姓字半藏半顯。
一半還之天地；讓將一半人間。
半思後代與滄田，半想閻羅怎見。
飲酒半酣正好；花開半時偏妍；半帆張扇免翻顛，馬放半韁穩便。
半少卻饒滋味，半多反厭糾纏。
百年苦樂半相參，會占便宜只半。

所以，我們如把道家的現世主義和儒家的積極觀念配合起來，便成中庸的哲學。因爲人類是生於真實的世界和虛幻的天堂之間，所以我相信這種理論在一個抱前瞻觀念的西洋人看來，一瞬間也許很不滿意，但這總是最優越的哲學，因爲這種哲學是最近人情的。總而言之，半個林白比一個整的林白更好，因爲半個能比較快樂。如果林白只飛了大西洋的半程，我相信他一定會更快樂。我們承認世間非有幾個超人——改變歷史進化的探險家、征服者、大發明家、大總統、英雄——不可，但是最快樂的人還是那個中等階級者，所賺的錢足以維持獨立的生活，曾替人群做過一點點事情，可是不多；在社會上稍具名譽，可是不太顯著。只有在這種環境之下，名字半隱半顯，經濟適度寬裕，生活逍遙自在，而不完全無憂無慮的那個時候，人類的精神才是最爲快樂的，才是最成功的。我們必須在這塵世上活下去，所以我們須把哲學由天堂帶到地上來。

## 五　愛好人生者：陶淵明

所以我們已經曉得，我們如果把積極的人生觀念和消極的人生觀念適度地配合起來，我們便能得到一種和諧的中庸哲學，介於動作和靜止之間，介於塵世的徒然匆忙和完全逃避現實人生之間；世界上所有的一切哲學中，這一種可說是人類生活上最健全最完美的理想了。還有一種結果更加重要，就是這兩種不同觀念相混合後，和諧的人格也隨之產生；這種和諧的人格也就是那一切文化和教育所欲達到的目的，我們即從這種和諧的人格中看見人生的歡樂和愛好。這是値得加以注意的。

要描寫這種愛好人生的性質是極困難的；如用譬喻，或敘述一位愛好人生者的真事實物，那就比較容易。在這裡，陶淵明這位中國最偉大的詩人，和中國文化上最和諧的產物，不期然而然地浮上我的心頭①。陶淵明也是整個中國文學傳統上最和諧最完美的人物，我想沒有一個中國人會反對我的話吧。他沒有做過大官，很少權力，也沒有什麼勳績，除了本薄薄的詩集和三四篇零星的散文外，在文學遺產上也不曾留下什麼了不得的著作；但至今還是照徹古今的炬火，在那些較渺小的詩人和作家心目中，他永遠是最高人格的象徵。

他的生活方式和風格是簡樸的，令人自然敬畏，會使那些較聰明與熟識世故的人自慚形穢。他是今日真正愛好人生者的模範，因爲他心中雖有反抗塵世的欲望，但並不淪於徹底逃避人世，而反使他和七情生活洽調起來。文學的浪漫主義，和道家閒散生活的崇尚以及對儒家教義的反抗，在那時的中國已活動了兩百多年，這種種和前世紀的儒家哲學配合起來，就產生了這麼一種和諧的人格。以陶淵明爲例，我們看見積極人生觀已經喪失了愚蠢的自滿心，玩世哲學已經喪失了尖銳的叛逆性，在梭羅身上還可找出這種特質——這是一個不成熟性的標誌，而人類的智慧第一次在寬容和嘲弄的精神中達到成熟的時期。

在我看來，陶淵明代表一種中國文化的奇怪特質，即一種耽於肉欲和靈的妄尊的奇怪混合，是一種不流於制欲的精神生活和耽於肉欲的物質生活的奇怪混合；在這奇怪混合中，七情和心靈始終是和諧的。所謂理想的哲學家即是一個能領會女人的嫵媚而不流於粗鄙，能愛好人生而不過度，能夠察覺到塵世間成功和失敗的空虛，能夠生活於超越人生和脫離人生的境地，而不仇視人生的人。陶淵明的心靈已經發展到真正和諧的境地，所以我們看不見他內心有一絲一毫的衝突，因之，他的生活也像他的詩一般那麼自然而沖和。

陶淵明生於第四世紀的末葉，是一位著名學者兼貴官的曾孫；這位學者在州無事，常於早上搬運一百隻甓到齋外，至薄暮又搬運回齋內。陶淵明幼時，因家貧親老，任為州祭酒，但不久即辭了官職去過他的耕種生活，因此得了一種疾病。有一天，他對親朋說：「聊欲絃歌以為三徑之資，可乎？」有一個朋友聽了這句話，便薦他去做彭澤令。他因為喜歡喝酒，所以命令縣裡都種秫穀，可是他的妻子不以為善，固請種秔，才使一頃五十畝種秫，五十畝種秔。後因郡裡的督郵將到，縣吏說他應該束帶相見，陶淵明歎曰：「吾不能為五斗米折腰。」於是官也不願做了，寫了〈歸去來辭〉這首名賦。此後，他就過著農夫的生活，好幾次有人請他做官，他一概拒絕。他家裡本窮，故和窮人一起生活，在給他兒子的一封信裡，曾慨歎他們的衣服襤褸，做著賤工。有一次他送一個農家的孩子到他的兒子那裡去，幫做挑水取柴等事，在給他兒子的信裡說：「此亦人子也，可善遇之。」

他唯一的弱點就是喜歡喝酒。他平常過著孤獨的生活，很少和賓客接觸，可是一看見酒，縱使他不認識主人，也會坐下來和大家一起喝酒。有時他做主人的時候，在席上喝酒先醉，便對客人說：「我醉欲眠；卿且去。」他有一張無絃的琴，這種古代的樂器，只能在心情很平靜的時候，慢慢地彈起來才有意思。他和朋友喝酒時，或是有興致想玩玩音樂時，便撫撫這張無絃的琴。他說：「但識琴中趣；何勞絃上聲？」

他心地謙遜，生活簡樸，且極自負，交友尤慎。判史王弘很欽仰他，想和他交朋友，可是無從謀面。他曾很自然地說：「我性不狎世，因疾守用，幸非潔志慕聲。」王弘只好和一個朋友用計騙他；由這個朋友去邀他喝酒，走到半路停下來，在一個涼亭裡歇腳，那朋友便把酒食拿出來。陶淵明真的欣欣然就坐下來喝酒，那時王弘早已隱身在附近的地方，這時候便走出來和他相見。他非常高興，於是歡宴終日，連朋友的地方也忘記去了，王弘見陶淵明無履，就叫他的左右爲他造履。當請他量履的時候，陶淵明便把腳伸出來。此後，凡是王弘要和他見面時，總是在林澤間等候他。有一次，他的朋友們在煮酒，就把他頭戴的葛巾來漉酒，用過了還他，他又把葛巾戴在頭上了。

他那時的住處，位於廬山之麓，當時廬山有一個聞名的禪宗，叫做白蓮社，是由一位大學者所主持。這位學者想邀他入社。有一天便請他赴宴，請他加入；他提出的條件是在席上可以喝酒。本來這種行爲是違犯佛門戒條的，可是主人卻答應他。當他正要簽名入社時，卻又「攢眉而去」。另外一個大詩人謝靈運很想加入這個白蓮社，可是不得其門而入。後來那位方丈想跟陶淵明做個朋友，所以他便請了另一位道人和他一起喝酒。他們三個人；那個方丈代表佛教，陶淵明代表儒教，那個朋友代表道家。那位方丈曾立誓說終生不再走過某一座橋，可是有一天，當他和他的朋友送陶淵明回家時，他們談得非常高興，大家都不知不覺地走過了那橋。當三人明白過來時，不禁大笑。這三位大笑的老人，後來便成爲中國繪畫上常用的題材，這個故事象徵著三位無憂無慮的智者的歡樂，象徵著三個宗教的代表人物在幽默感中團結一致的歡樂。

他就是這樣地過他的一生，做一個無憂無慮的、心地坦白的、謙遜簡樸的鄉間詩人，一個智慧而快樂的老人。在他那本關於喝酒和田園生活的小詩集，三四篇偶然衝動而寫出來的文章，一封給他兒子的信，三篇祭文（**一篇是自祭文**），和遺留給子孫的一些話裡，我們看出一種造成那和諧生活的情感和天才；這種和諧的生活已達到了爐火純青的境地，沒有一個人能比他更卓越。他在〈歸去來辭〉那首賦裡所表現的就是這種愛好人生的情感。這篇名作是在西元四〇五年十一月，就是在決定辭去那縣令的時候寫的。

## 歸去來辭

歸去來兮！田園將蕪，胡不歸？既自以心為形役；奚惆悵而獨悲？悟已往之不諫，知來者之可追。實迷途其未遠，覺今是而昨非。舟搖搖以輕颺，風飄飄而吹衣。問征夫以前路，恨晨光之熹微。

乃瞻衡宇，載欣載奔。僮僕歡迎，稚子候門。三徑就荒，松菊猶存。攜幼入室，有酒盈樽！引壺觴以自酌，眄庭柯以怡顏。倚南窗以寄傲，審容膝之易安。園日涉以成趣。門雖設而常關！策扶老以流憩，時矯首而遐觀。雲無心以出岫，鳥倦飛而知還。景翳翳以將入，撫孤松而盤桓。

歸去來兮！請息交以絕遊！世與我而相遺，復駕言兮焉求？悅親戚之情話，樂琴書以消憂。農人告余以春及，將有事於西疇。或命巾車；或棹孤舟。既窈窕以尋壑，亦崎嶇而經丘。木欣欣以向榮，泉涓涓而始流。羨萬物之得時，感吾生之行休。

已矣乎！寓形宇內復幾時？曷不委心任去留，胡為遑遑欲何之？

富貴非吾願，帝鄉不可期！懷良辰以孤往，或植杖而耘耔。
登東皋以舒嘯，臨清流而賦詩。聊乘化以歸盡，樂夫天命復奚疑。

也許有人以爲陶淵明是「逃避主義者」，但事實上他絕對不是。他要逃避的僅是政治，而不是生活的本身。如果他是邏輯家的話，他或許早已出家做和尚，徹底地逃避人生了。可是陶淵明不願完全逃避人生，他是愛好人生的。在他的眼中，他的妻兒是太真實了，他的花園，那伸到他庭院裡的樹枝，他所撫摸的孤松，這許多太可愛了；他僅是一個近情近理的人，他不是邏輯家，所以他要周旋於周遭的景物之間。

他就是這樣的愛好人生，由種種積極的、合理的人生態度，去獲得他所特有的能產生和諧的那種感覺。這種生之和諧便產生了中國最偉大的詩歌。他爲塵世所生，而又屬於塵世，所以他的結論不是逃避人生，而是「懷良辰以孤往，或植杖而耘耔」。陶淵明僅是回到他的田園和他的家庭裡去。所以，結果是和諧，不是叛逆。

**注釋：**

①陶潛字淵明（西元三七二—四二七）。

# 第六章　生命的饗宴

## 一　快樂問題

生之饗宴包括許多東西：我們本身的享受、家庭生活的享受、樹木、花朵、雲霞、溪流、瀑布，以及大自然的形形色色，都足以稱爲享受，此外又有詩歌、藝術、沉思、友情、談天、讀書等的享受，後者的這些都是心靈交流的不同表現。

這許多享受中，有些享受是易見的，如食物的享受，社交宴會或家庭團聚的歡樂，風和日暖時春天的野遊；另外一些較不明顯的，則爲詩歌、藝術和沉思等享受。我覺得這些享受，不能把它分爲物質的或精神的兩類，一來因爲我不以爲應有這種區別，一來因爲我在把它們分類時，每不知適從。

當我看見一批男女老少在享受一個歡樂的野宴時。叫我怎能說得出哪一部分是屬於物質，哪一部分是屬於精神，當我看到一個孩子在草地上跳躍，還有一個孩子用雛菊在編造一個小花圈，母親的手裡拿著一塊夾肉麵包，叔父在咬一隻甜美的紅蘋果，父親仰臥在草地上凝望著天上的白雲，祖父口中含著煙斗；也許還有人在開留聲機，遠遠地傳來了音樂的聲音；或是波濤的吼聲；這些歡樂之中，哪一種是屬於物質，哪一種是屬於精神的呢？享受一塊夾肉麵包和享受四周的景色（後者就是我們所謂的詩歌），其區別是否很容易地可以分出來呢？聽音樂，我們稱之爲藝術的享受，吸煙斗，我們稱之爲物質的享受，可是我們能夠說，前者的享受比後者更高尙嗎？所以在我看來，物質上的歡樂和精神上的歡樂，它的分別是紊亂的、不易分辨的、不真確的。我疑心這種分類是根據於一種錯誤的哲學理論，把美和肉嚴加分別，而並沒有將我們真正的歡樂直接嚴密研究一下子以爲證明。

我拿人生這個未決定的正當目的問題來做論據，我這一假定是否太過分？我總以爲生活的目的即是生活的真享受，其間沒有是非之爭。我用「目的」這個名詞時有點不敢下筆。因爲這種包含真正享受它的目的，大抵不是發自有意的，而是一種人生的自然態度。「目的」這個名詞便含有一種企圖和努力的意義。人生世上，他的問題不是拿什麼做目的，或怎樣去實現這目的，而是怎樣去應付此生，怎樣消遣這五六十年天賦給他的光陰。他應該把生活加以調整，在生活中獲得最大的快樂，這個問題跟如何去享受週末那一天的快樂一樣實際，而不是形而上的問題，如果人們生在這宇宙中另有什麼神秘的目的，那麼只可以做抽象的渺茫的答案了。

在另一面講，我覺得哲學家們在企圖判明這個人生目的問題時，他們心中大概假定人生必有一種目的。西方思想家之所以把這個問題看得那樣重要，就是因爲受了神學的影響。我總以爲我們對於這計劃和目的這些東西假定得太過分了。人們想解答這個問題並為這個問題爭論，甚至於弄得迷惑不解，顯見都是徒然的、非必要的。如果人生真有目的或計劃的話，那麼這種目的或計劃不應該這樣令人困惑，那麼渺茫而難以發現。

這個問題可以化為兩個：第一個關於神靈的，即上帝替人類所決定的目的；第二個是關於人類的，即人類自己所決定的目的。第一個問題我不想多加討論，因為我們心中所存什麼上帝的意志，事實上都是我們人類自己心中的思想；只是在我們想像中，上帝心中有這麼一種思想而已。然而要用人類的智能來猜測神靈的智能，那是辦不到的。我們的這種理論，其結果就是把上帝當做我們軍中保衛旗幟的軍曹，以為他和我們同樣地具著愛國狂；我們自欺欺人地以為上帝對世界或歐洲是不會有什麼「神靈目的」或「定數」的，只有對我們祖國才有之。我相信德國納粹黨的人物心中，上帝一定也帶著卍字的臂章。每個人都認為這個上帝始終是在自己這邊的，絕不會是在對方那邊。其實世界上的民族，抱著這種觀念的也不僅日耳曼人而已。

至於第二個問題，那爭點不是人生的目的「是什麼」，而是人生的目的「應該是什麼」；所以這是一個實際的而不是形而上的問題，對於人生的目的「應該是什麼」這個問題，每個人都有他自己的觀念和評價。我們為這個問題而爭論，就是因為我們每個人的評價都不相同的緣故。以我自己而論，我的觀念比較實際。我以為人生不一定要有目的或意義。惠特曼說：「我這樣地做一個人，已夠滿意了。」所以我也以為我現在活著——並且也許還可以再活幾十年——人類的生命也存在著，那就已經夠了。這樣看法，這個問題便變為極簡單，而不容有兩個答語；就是人生的目的除了去享受人生外，還有什麼呢？

這個快樂問題，是世界上一切非宗教哲學家所注意的重要問題，可是基督教的思想家卻完全置之不問，這是奇怪的事。神學家把人類快樂這問題拋開，而所焦慮的重大問題是人類的「拯救」——「拯救」聽來真是一個悲慘的名詞，覺得怪刺耳的。因為我在中國天天總是聽得人家談「救國」。大家都想要「救」中國。

這種言論，使人油然而生一種好像是在快要沉沒的船上的感覺，一種萬事全休，大家只在想逃生方法的感覺。基督教——有人稱祂為「兩個沒落世界（希臘和羅馬）的最後歎息」——在今日還保存著這種特質，它還是被拯救問題所煩擾。人們為了離塵世和得救問題而煩擾，結果反忘掉了生活問題。人類如果沒有趨近滅亡的感覺，何必去為了得救不得救的問題耽憂呢？

神學家總是在注意拯救問題，而沒想到快樂問題，因之他們對於將來，只能渺茫地說有一個天堂；假如我們問道：在那邊我們要做些什麼呢？在天堂我們要得到怎樣的快樂呢？他們的回答只能給我們一些渺茫的觀念，如唱詩穿白衣裳之類。穆罕默德至少也還用醇酒，甜美的水果和有著黑髮大眼多情的少女，替我們畫了一幀未來的快樂景象，這是我們這些俗人能夠見得到的。如果神學家不把天堂裡的景象弄得更生動逼真，更近情合理，那麼我們真不想離開這個塵世而到天堂裡去。

有人說：「明日有一隻雞，不如今日有一隻蛋。」即在我們計劃怎樣去消遣暑假的時候，我們至少也要花些時間去探聽我們所要到的地方。如果去問旅行社，而所回答的是模糊之辭，我是不想去的；我在原來的地方過假期好了。在天堂裡也須奮鬥嗎？努力嗎？（我敢說那些希望和相信努力的人一時是這樣的假定。）可是一旦我們已經十全十美了，我們還要努力些什麼呢？進步到哪一層呢？或者說在天堂裡可以過著遊手好閒、無憂無慮的日子；如果真是這樣的話，我們盡可在這塵世上先學過遊手好閒的生活，以備將來慣於永生生活，那豈不更好嗎？

我們如果必須要有一個宇宙觀的話，就讓我們把自己忘掉，不要把那宇宙觀限制於人類生活的範圍之內。我們須把宇宙觀擴展開去，把整個世界——石、樹和動物——的目的都包括進去。宇宙間有一個計劃（「計劃」這名詞，和「目的」一名詞一樣，都是我所不喜歡的名詞）——我的意思是說，萬物創造中有一個圖案；我們對於這整個宇宙，須先有一個觀念——雖然這個觀念並不是最後的固定不移的觀念——然後可以在這個宇宙中確定我們應站的地位。

這種關於大自然的觀念，關於我們在大自然中所占地位的觀念，必須出於自然，因為我們生時是大自然的一個重要部分，而死後又是回到大自然去的。天文學、地質學、生物學以及歷史學，只要我們不做冒昧下斷語的嘗試，都能給我們以材料，協助我們得到一個相當準確的觀念。如果在宇宙的目的這個廣大的觀念中，人類退居了次要的地位，那也不要緊的。他有著一個地位已經夠了，只要他能和周遭環境和諧相處，則對於人生本身便能產生一個實用而合理的觀念。

## 二 人類的快樂屬於感覺

人類一切快樂都發自生物性的快樂。這觀念是絕對科學化的。這一點我必須加以說明，以免被人誤解，人類的一切快樂都屬於感覺的快樂。我相信精神主義者一定會誤解我的意思：精神主義者之所以和唯物主義者永遠會有誤解，就是因爲他們的語氣不同，或對同一句話抱著不同的見解。但是我們在這個獲取快樂的問題上，難道也要被精神主義者所欺矇而去跟著承認精神上的快樂才是真正的快樂嗎？讓我們馬上承認並加以限制，說精神上的舒適是有賴於內分泌腺的正常動作。

在我看來，快樂問題大半是消化問題。我很想直說快樂問題大抵即是大便問題，爲保持我的人格和顏面起見，我得用一位美國大學校長來做我的護身符。這位大學校長過去對每年的新生演說時，總是要講那句極有智慧的話：「我要你們記住兩件事情：讀聖經和使大便通暢。」他能說出這種話來，也可想見他是一個多麼賢明，多麼和藹的老人家啊！一個人大便通暢，就覺快樂，否則就會感到不快樂。事情不過如此而已。

談到我們的快樂，不要陷入抽象的議論中去，我們應該注意事實，把自己分析一下，看看我們一生中在什麼時候得到真正快樂。這個世界中，快樂往往須從反面看出來，無憂愁、不受欺凌、無病無痛便是快樂。但也可成爲正面感覺，那就是我們所說的歡樂，我所認爲真快樂的時候，例如在睡過一夜之後，清晨起身，吸著新鮮空氣，肺部覺得十分寬暢，做了一會兒深呼吸，胸部的肌膚便有一種舒服的動作感覺，感到有新的活力而適宜於工作；或是手中拿了煙斗，雙腿擱在椅上，讓煙草慢慢地均勻地燒著；或是夏月遠行，口渴喉乾，看見一泓清泉，潺潺的流水聲已經使我覺得清涼快樂，於是脫去鞋襪，拿兩腳浸在涼爽的清水裡；或一頓豐盛餐食之後，坐在安樂椅上，面前沒有討厭的人，大家海闊天空地談笑著，覺得精神上和身體上都與世無爭；或在一個夏天的下午，天邊湧起烏雲，知道一陣七月的驟雨就要在一刻鐘內落下來，可是雨天出門不帶傘，怕給人家看見難爲情，連忙趁雨未降下的時候，先跑了出去；半途遇雨，淋得全身濕透，告訴人家，我中途遇雨。

當我聽著我孩子說話的聲音，或是看著他們肥胖的腿兒，我說不出在物質上愛他們或是精神上愛他們；我也完全不能把心靈與肉體的歡樂分別開來。世上可有什麼人對於女人只在精神上愛她，而不在肉體上愛她，一個人要分析和分別他所愛的女人的媚態——如大笑、微笑、搖頭的姿態、對事物的態度等——是件容易的事情嗎？女子在衣飾清潔整齊的時候都會覺得快樂，口紅和胭脂使人有一種精神煥發的感覺，衣飾整齊使人在精神上感到寧靜與舒泰，這在女子方面看來是真實而明確的，然而精神主義者對此就會覺得莫名其妙。我們的肉體總有一日會死去的，所以我們的肉體和精神之間只有極薄的隔膜，同時，在精神的世界裡，要欣賞它最優美的情感與精神之美，只有用我們的感官才能勝任愉快。觸覺、聽覺和視覺各方面，是無所謂道德或不道德的。我們大都會失掉享受人生正面歡樂的能力，原因是我們感官的敏感性減退，和我們不盡量去運用這些感官。

我們用不著爲這問題辯護，讓我們拿出一些實在的事實：從東西洋許多酷愛人生的偉大人物裡面，試舉幾個例證出來，看看他們在什麼時候最感到快樂，這快樂和他們的聽覺、嗅覺及視覺有著怎樣的密切關係。在某一節文章裡，梭羅①對於蟋蟀的鳴聲所生的崇高美感說：

> 先察蟋蟀所住的孔穴。在石頭中間，穴隙到處都有。一隻蟋蟀的單獨歌兒更使我感到趣味。牠暗示「出世已遲」，但也只有當我們認識時間和永恆的意義時，「遲延」才感覺得到。其實牠什麼也不遲，只是趕不上世間的一切瑣碎而匆忙的活動罷了。牠表現著成熟的智慧，超越一切俗世的思想，牠就這樣在春的希望和夏的炎熱中間具著秋的冷靜和成熟的智慧。牠們對小鳥兒說：「啊！你們真像孩子，隨著感情說話；大自然就是藉著你們而說話的；我們卻兩樣了，季節不為

我們而旋轉；我們反唱著它們的催眠曲。」牠們就這樣永恆地在草根腳下唱著。牠們的住處便是天堂，不論是在五月或十一月，永遠是這樣。牠們的歌兒具有寧靜的智慧，有著散文的平穩，牠們不飲酒，只吃露水。當孵卵期過後，牠們的寧靜無聲並不是戀愛心境受了阻抑，而是歸榮耀於上帝，與對上帝的永恆的享受。牠們處於季節轉變之外。牠們的歌兒像真理那樣地永垂不朽。人類只有在精神比較健全的時候，才能聽見蟋蟀的鳴聲。」

再看惠特曼的嗅覺、視覺和聽覺，它們怎樣地促進他的精神生活，而他又怎樣認為這些東西是非常重要的：

早晨大雪，至晚未停。我在雪花紛飛中，躑躅於樹林裡和道路上，約莫有兩個鐘頭。微風拂過松樹發出音樂般的低鳴，清晰奇妙，猶如瀑布，時而靜止，時而奔流。此時視覺、聽覺、嗅覺，一切的感覺，都得了微妙的滿足。每一雪片都飄飄地降在長青樹、冬青樹、桂樹的上面，靜靜地躺著，所有的枝葉都穿起一件臃腫的白外套，在邊緣上還綴著綠寶石——這是那茂盛的、挺直的、有著紅銅色的松樹——還有那一陣陣輕微的樹脂和雪水混合的香味。（一切東西都有氣味，雪也有氣味，只有你辨別得出來——這種氣味無論在哪一地、哪一時都不完全相同。正午的氣味和半夜的氣味，冬天的氣味和夏天的氣味，多風的氣味和無風的氣味都是不同的。）

我們可有人能辨別正午和半夜的氣味，冬和夏的氣味，或多風和無風的氣味？如果人們覺得住在城市裡比住在鄉下不快樂，那就是因爲一律的灰色牆壁，和一律的水門汀行人道太過於單調，人們生活在這種環境中，一切視覺和聽覺都引不起感應，終於麻木而消失了。

講到快樂時刻的界限，以及它的度量和性質，中國人和美國人的觀念是相同的。在我要舉出一位中國學者的三十三快樂時刻之前，我另引一段惠特曼的話來做一個比較，證明我們之間感覺的相同：

是一個天氣晴朗的日子——空氣乾燥，有微風，充滿氧氣。在我的四周，有著足以使我沉醉的奇蹟，那些健全沉靜而又美麗的樹木、流水、花草、陽光和早霜——但最引動我的還是天空。它今天是那麼澄清細緻，那秋天特有的藍色，又有那透明的藍幕上浮著朵朵白雲，或大或小，在偉大的蒼穹中表現它們靜穆的神靈動作。在上午（由七時至十一時）這天空始終保持著美麗潔淨的藍色。近正午時，漸漸轉淡了，兩三個鐘頭後，已變成了灰色——再淡下去，一直到日落的時候——我凝望一叢大樹圓頂上的落日，在隙縫中閃爍著——火紅、淡黃、肝褐、赤紅，千種顏色的華麗展覽，萬條燦爛的金光斜映在水面——那種透明的陰影、線條，閃爍生動的顏色，是圖畫上所從來沒有看到過的。

我不解其所以然，但我只覺得這次秋天之所以使我得到許多心滿意足的時刻，完全是這個天空（我一生中雖天天見到天空，但事實上過去我並沒有真正看見過它）。我讀過拜倫的事蹟，有一段說他在逝世時，對一個朋友說，他一生中僅僅有過三個快樂的時刻。另外又有一個關於國王的鐘的古代日耳曼傳說，也講到同一種感覺。當我在那樹林裡看那美麗的落日時，我想到了拜倫的故事和那個鐘的故事，心中始悟到我在這時也正在享受一個快樂的時刻呢。（我也許不曾把那最快樂的時刻記下來；因為當這種時刻來臨時，我不願為著要記錄而打斷了它。我只是任性留連悠然自在，使我沉醉在寧靜的出神中。）

快樂到底是什麼呢？這就是一個快樂的時刻嗎？或是像一個快樂的時刻嗎？——快樂的時刻是那麼難於理解——是像一個呼吸，或像一點易消失的彩色嗎？我不知道——還是讓我懷疑下去吧。清澄的天啊，在你蔚藍的空中，你可有靈藥來醫治我的病症嗎？（啊，我三年來損壞的身體和騷動的精神喲！）你現在可是把這種靈藥微妙地、神秘地、經過空氣隱隱地撒在我的身上？

## 三　金聖嘆之不亦快哉三十三則

現在讓我們來觀察欣賞一位中國學者自述的快樂時刻，十七世紀印象派大批評家金聖嘆在《西廂記》的批語中，曾寫下他覺得最快樂的時刻，這是他和他的朋友在十日的陰雨連綿中，住在一所廟宇裡計算出來的。下面便是他自己認為是人生真快樂的時刻，在這種時刻中，精神是和感官錯綜地聯繫著的：

其一：夏七月，赤日停天，亦無風，亦無雲；前後庭赫然如洪爐，無一鳥敢來飛。汗出遍身，縱橫成渠。置飯於前，不可得吃。呼簟欲臥地上，則地濕如膏，蒼蠅又來緣頸附鼻，驅之不去。正莫可如何，忽然大黑車軸，疾澍澎湃之聲，如數百萬金鼓。簷溜浩於瀑布。身汗頓收，地燥如掃，蒼蠅盡去，飯便得吃。不亦快哉！

其一：十年別友，抵暮忽至。開門一揖畢，不及問其船來陸來，並不及命其坐床坐榻，便自疾趨入內，卑辭叩內子：「君豈有斗酒如東坡婦乎？」內子欣然拔金簪相付。計之可作三日供也。不亦快哉！

其一：空齋獨坐，正思夜來床頭鼠耗可惱，不知其戛戛者是損我何器，嗤嗤者是裂我何書。中心回惑，其理莫措，忽見一狻貓，注目搖尾，似有所睹。斂聲屏息，少復待之，則疾趨如風，唧然一聲。而此物竟去矣。不亦快哉！

其一：於書齋前，拔去垂絲海棠紫荊等樹，多種芭蕉一二十本。不亦快哉！

其一：春夜與諸豪士快飲，至半醉，住本難住，進則難進。旁一解意童子，忽送大紙炮可十餘枚，便自起身出席，取火放之。硫磺之香，自鼻入腦，通身怡然。不亦快哉！

其一：街行見兩措大執爭一理，既皆目裂頸赤，如不戴天，而又高拱手，低曲腰，滿口仍用者也之乎等字。其語刺刺，勢將連年不休。忽有壯夫掉臂行來，振威從中一喝而解。不亦快哉！

其一：子弟背誦書爛熟，如瓶中瀉水。不亦快哉！

其一：飯後無事，入市閒行，見有小物，戲復買之，買亦已成矣，所差者甚尠，而市兒苦爭，必不相饒。便掏袖下一件，其輕重與前直相上下者，擲而與之。市兒忽改笑容，拱手連稱不敢。不亦快哉！

其一：飯後無事，翻倒敝篋。則見新舊逋欠文契不下數十百通，其人或存或亡，總之無有還理。背人取火拉雜燒淨，仰看高天，蕭然無雲。不亦快哉！

其一：夏月科頭赤足，自持涼繖遮日，看壯夫唱吳歌，踏桔槔。水一時紛湧而上，譬如翻銀滾雪。不亦快哉！

其一：朝眠初覺，似聞家人歎息之聲，言某人夜來已死。急呼而訊之，正是一城中第一絕有心計人。不亦快哉！

其一：夏月早起，看人於松棚下，鋸大竹作筩用。不亦快哉！

其一：重陰匝月，如醉如病，朝眠不起。忽聞眾鳥畢作弄晴之聲，急引手搴帷，推窗視之，日光晶熒，林木如洗。不亦快哉！

其一：夜來似聞某人素心，明日試往看之。入其門，窺其閨，見所謂某人，方據案面南看一文書。顧客入來，默然一揖，便拉袖命坐曰：「君既來，可亦試看此書。」相與歡笑，日影盡去。既已自饑，徐問客曰：「君亦饑耶？」不亦快哉！

其一：本不欲造屋，偶得閒錢，試造一屋。自此日為始，需木，需石，需瓦，需磚，需灰，需釘，無晨無夕，不來聒於兩耳。乃至羅雀掘鼠，無非為屋校計，而又都不得屋住，既已安之如命矣。忽然一日屋竟落成，刷牆掃地；糊窗掛畫。一切匠作出門畢去，同人乃來分榻列坐。不亦快哉！

其一：冬夜飲酒，轉復寒甚，推窗試看，雪大如手，已積三四寸矣。不亦快哉！

其一：夏日於朱紅盤中，自拔快刀，切綠沉西瓜。不亦快哉！

其一：久欲為比丘，苦不得公然吃肉。若許為比丘，又得公然吃肉，則夏月以熱湯快刀，淨割頭髮。不亦快哉！

其一：存得三四癩瘡於私處，時呼熱湯關門澡之。不亦快哉！

其一：篋中無意忽檢得故人手跡。不亦快哉！

其一：寒士來借銀，謂不可啟齒，於是唯唯亦說他事。我窺見其苦意，拉向無人處，問所需多少。急趨入內，如數給予，然而問其必當速歸料理是事耶，為尚得少留共飲酒耶。不亦快哉！

其一：坐小船，遇利風，苦不得張帆，一快其心。忽逢艑舸，疾行如風。試伸挽鉤，聊復挽之。不意挽之便著，因取纜纜向其尾，口中高吟老杜「青惜峰巒，共知橘柚」之句；極大笑樂。不亦快哉！

其一：久欲覓別居與友人共住，而苦無善地。忽一人傳來云有屋不多，可十餘間，而門臨大河，嘉樹蔥然。便與此人共吃飯畢，試走看之，都未知屋如何。入門先見空地一片，大可六七畝許，異日瓜菜不足復慮。不亦快哉！

其一：久客得歸，望見郭門，兩岸童婦，皆作故鄉之聲。不亦快哉！

其一：佳瓷既損，必無完理。反覆多看，徒亂人意。因宣付廚人作雜器充用，永不更令到眼。不亦快哉！

其一：身非聖人，安能無過。夜來不覺私作一事，早起怦怦，實不自安。忽然想到佛家有布薩之法，不自覆藏，便成懺悔，因明對生熟眾客，快然自陳其失。不亦快哉！

其一：看人做擘窠大書，不亦快哉！

其一：推紙窗放蜂出去，不亦快哉！

其一：做縣官，每日打鼓退堂時，不亦快哉！

其一：看人風箏斷，不亦快哉！

其一：看野燒，不亦快哉！

其一：還債畢，不亦快哉！

其一：讀《虬髯客傳》，不亦快哉！

可憐的拜倫，他一生中只有三個快樂的時候！如果他不是一個病態而又心地不平衡的人，那一定是被那個時代的流行憂鬱症所影響了。如果憂鬱的感覺不是那麼時髦的話，我相信他至少有三十個快樂時刻。這樣說來，世界豈不是一席人生的宴會，擺起來讓我們去享受——只是由感官去享受；同時由那種文化承認這些感官的歡樂的存在，而使我們也可坦白地承認這些感官的歡樂的存在；這豈不顯而易見嗎？我疑心我們之所以裝作看不見這個充滿著感覺的美妙世界，乃是由於那些精神主義者弄得我們畏懼這些東西的緣故，如果我們現在有一個較高尚的哲學，我們必須重新信任這個「身體」的優美收受器官，我們把輕視感覺和畏懼情感的心理一律摒除。如果那些哲學家不能使物質昇華，不能把我們的身體變成一個沒有神經、沒有味覺、沒有嗅覺、沒有色覺、沒有動覺、沒有觸覺的靈魂，而我們也不能徹底模仿印度制欲主義者的行爲，那麼我們必須勇敢地面對著這個現實的人生！唯有承認現實人生的那種哲學才能夠使我們獲得真正快樂，也唯有這種哲學才是合理的、健全的。

# 四 對唯物主義的誤解

當我們讀到金聖嘆三十三則不亦快哉時，一定會覺得現實的人生中，精神的歡樂和身體的歡樂是不可分離的。精神的歡樂也須由身體上感覺到才能成爲真實的歡樂。我甚至於認爲道德的歡樂也是這樣的。

宣傳任何學說，必須準備接受人們的誤解，像快樂主義者（Epicureans）和克欲主義者（Stoics）那樣地受人們的誤解。許多人都不能了解馬可．奧理略（Marcus Aurelius）的那種克欲主義者所不可少的仁厚精神；同時快樂主義者的智慧和約束學說也常被人們誤解爲追尋歡樂的學說。人們對於這種唯物主義的觀念會毫不猶豫地加以攻擊，說它的意識是自私的，完全缺乏社會責任的，說它造成每個人都只爲自己的享受而著想。

這一類的辯論完全由於愚昧和無知，說這話的人是自己也不知所云的。他們不曉得玩世主義者的仁厚，也不知道這個愛好人生者的溫順。愛人類不應該成爲一種學說，或是一個信條，或是一個智能上的堅信問題，或是一個能發生辯論的題目。對人類的愛如果需要一些理由來做根基，那便不是真正的愛。這愛必須是絕對自然的，對於人類，應該像鳥鼓動翅膀那樣自然。這愛必須是一種直覺，由一個健全的接近大自然的靈魂產生出來。一個真愛樹木的人，絕不會虐待任何動物。在十分健全的精神當中，當一個人對人生與同類都具有一種信念時，當他們對大自然具有深切的認識時，仁愛也就是自然的產物了。這一種人用不著任何哲學或任何宗教去告訴他要有仁愛。因爲他自己的心靈已經從他的感官上獲得適當的營養；他的心靈已經從造作的生活和人類社會的人爲學問解放出來，他已能保持一種智能和道德的健全。所以，當我們挖開泥土，使這個仁愛泉源的洞口擴大時，人家不能責難我們，說我們在宣佈大公無私的觀念。

唯物主義是被人們誤解了，而且誤解得很嚴重。關於這一點我應該讓桑塔亞那（George Santayana）來說話：他說他自己是「一個唯物主義者——也許是僅存的唯物主義者」，可是，我們都知道在現代他或許是一個最可愛的人物。他說我們對唯物主義觀念的偏見乃是一種外表觀察者的偏見。人們對於某些缺點，只在拿來和自己的信條比較時，才會覺得驚異。但只有當我們的精神生活在那個新世界中的時候，我們方才能夠真正了解異族的、信仰宗教或國家。所謂「唯物主義」，是含有一種喜悅、一種歡樂、一種健全的情感，這是我們平日不曾仔細看到的。桑塔亞那說：

> 真正的唯物主義者是跟德謨克利特這一類的笑的哲學家一樣的，我們都是「不情願的唯物主義者」，希冀著精神主義，可是事實上卻過著自私自利的物質生活，我們只是畸形地向著智力方面去發展，而不能發笑。
>
> 一個徹底的唯物主義者，一個生就的而不是半路出家的唯物主義者，應像那個智慧的德謨克利特那樣是一個笑的哲學家。他對於那些能夠表現各種美妙形狀的機構，那些能鼓動極大興奮的情感，一定會感到欣喜；在自然科學博物院裡的參觀者，見了那些放在匣中的數千百種蝴蝶、

火烈鳥、介屬、古象、大猩猩，一定會感到欣喜；這兩種快樂情緒一定含有智能上同樣的質素。這世界中的無量數的生命裡，當然也有它們的苦痛，不過這些苦痛是馬上會消失的，然而當時的行列是何等的瑰麗偉大，那些普遍的交互動作也何等的引人入勝，而那些專制的小情感偏又何等的愚蠢，而又無法避免。有活力的心智裡所產生的物質主義，大抵就是下列這種情感吧；如活躍的、歡樂的、大公無私的、蔑視私人幻覺的。

唯物主義者的倫理學，對於生理的痛苦也有其感覺；它和另外的慈悲體系一樣，對於痛苦也感到一些寒慄，並且想用制欲的那種克制方法把意志收束，不使意志遭遇挫折。絕對樂觀的「偏淨天」巨車上的那些頌讚上帝的駕馭者，才會不顧念到人類的悲哀。可是那些完全虛榮和自欺所生的罪惡，那些自以為人類是宇宙最高目標，對這些笑是適當的防禦方法。笑的裡面有一種微妙的長處，人們可以一面笑而一面仍含著一些同情和友愛；人們對於唐吉訶德所做的荒謬行為和所遭遇的災難，雖也覺得好笑，但是並不譏笑他的意志。他的熱心雖是可佩，但他必須去認識世界，然後能合宜地改造世界，並且須在理智的當中，才能得到快樂。」②

那麼，這種值得我們那麼誇耀，甚至勝於情欲生活的智能生活或精神生活，究竟是什麼東西呢？可歎現代生物學有一種趨勢，想把精神回溯到它的根源，想發覺它就是那麼一些纖維、液體和神經組合而成的。我疑惑樂觀就是一種液體，或是由某一種循環液體而促成的一種神經狀態。可是，我要問問智能生活是從哪一部分產生的呢？智能生活又從何處得到它的生命和滋養呢？

哲學家早就告訴我們，人類所有的智識都是由於感官之經驗而產生。如果我們沒有視覺、觸覺、嗅覺等感官，便不能獲得智識，好比照相機一樣，沒有了凹凸鏡和感光片，便不能拍攝景物。聰明和愚笨的分別就是前者的透鏡和感受器更精細更完美，因此攝取的影像更清晰，而能保持得更長久。從書本上所得的智識進展到人生的智識，只靠想像或認識是不足為用的；他必須不停地摸索前進——去感覺各色各樣事物的實情，對於人生和人類天性中的萬百事物，都去獲得一種正確的而不是雜亂的整個印象。對於去感覺人生和覓取經驗，我們所有的感官是互相合作的；只有感官的合作和心腦的合作，我們才能得到智能上的熱情。智能上的熱情是我們所必需的，它是生命的標誌，其重要猶如植物中的綠色。我們可由熱情的存亡去辨認某個人思想中的生命，猶如觀察一棵半枯的樹，從它的葉和纖維質的水分和結構，可以發現這棵樹在遇災之後，還是有它的生命的。

## 五　心靈的歡樂怎樣？

這裡讓我們來討論這種所謂心靈和精神的高等歡樂，究竟它們和我們的情感（不是智能）有什麼關係，它們的關係達到何種程度。談到這件事，我們就不期然生出以下的問題，這些有別於高等歡樂的下等情感歡樂，究竟是什麼東西？它們可是同樣東西的一部分，生於情感而又回到情感？它們是否和情感是難於分解的？

當我們研究到這些較高的心智歡樂時——文學、藝術、宗教、哲學——我們發現，智能比之情感和感覺實占著較爲無關重要的地位。一幅美麗的圖畫，它的功用，只是使我們回想到一片真的風景或是一個美麗可喜的面貌，因而生出一種情欲的歡樂，此外還有什麼作用？文學也只是重作一幅人生的圖畫，表現它的環境和色彩，表現草地的香味和都市中溝渠的臭味，此外，可還有什麼作用呢？

我們大抵都有一個觀念，認爲一部小說必須要描寫出真實的角色和真實的情感，才近於真正文學的水準。如果一本書的描寫脫離了人生，或只把人生做了一個平淡的解剖，那便不是真正的文學；一本書越有真實的人性，也便越是好文學。如果一本小說只淡淡的分析一下，而不把人生的甜酸苦辣描寫出來，怎能引得起讀者的興趣呢？

關於其他的東西，例如詩歌，那不過是渲染著情感的真理；音樂，是無字的情感；宗教，是由幻象中表現的智慧。詩歌之基於音韻及真理的情感，正如繪畫之基於色覺及視覺一樣。音樂全然是情感，絕用不著那種運用智能所必須的語言。音樂不但能表現牛鈴，繁鬧的魚市場以及戰場上的聲響；並且能表現花朵的美妙，波浪的澎湃起伏，月光的幽麗恬靜；但如果要越出感覺的界線，而想表達一個哲學的觀念時，我們可說它是沒落的，它是說一個沒落世界的產物。

那麼宗教的衰落可也就是由於理智的本身而開始？桑塔亞那曾說，宗教衰落是由於推理過多：「不幸，這種宗教歷來已不是在幻象中所表現出來的智慧，而只變成了推理過多的迷信。」宗教的衰落，就是由於迂腐太過，以及由於信條、公式、學說和謝罪文的樹立所致。如果要使我們的信仰變成越加正當合理的東西，一定以爲我們是對，那麼我們將越加變得不敬虔了。各種宗教相信只有它自己所發現的才是唯一的真理，因之，都成為褊狹的宗派，也就是這個道理。我們越是信仰我們是合理的，便越發變得褊狹，這就是目下一切宗教派別的同一現象。

因此宗教慢慢地和私人生活上最可憎的偏執仄狹、自私的心理發生了關係。這種宗教造成了個人的自私，不但卑視其他的宗教，並且使宗教的信仰變成了他自己和上帝的私人契約，在這契約之下，乙方頌讚著甲方，終日地在唱著聖詩，禱祝甲方的名字，而甲方為報答起見，也將要拿較給旁人更多的福降給乙方，較給別家更多的降福給乙方的家庭。因此我們所看見的那些按時上禮拜堂最「虔誠」的老太太，都是自私自利的。結果，那種自以為正當的意識，那種自以為發現了唯一的真理，便代替了產生宗教的更微妙的情感了。

我覺得藝術、詩歌和宗教的存在，其目的，是輔助我們恢復新鮮的視覺，富於感情的吸引力，和一種更健全的人生意識。我們正需要它們，因為當我們上了年紀，我們的感覺將逐漸麻木，對於痛苦、冤屈和殘酷的情感將變為冷淡，我們的人生想像也因過於注意冷酷和瑣碎的現實生活而歪曲了。幸虧還有幾個大詩人和藝術家，他們還沒有喪失敏銳的感覺、美妙的情感反應和新奇的想像，還可以行使他們的天職來維持我們道德上的良知，好比拿一面鏡子來照我們已經遲鈍了的想像，使枯竭的神經興奮起來。

這樣說來，藝術應該是一種諷刺文學，對我們麻木了的情感、死氣沉沉的思想，和不自然的生活下的一種警告。它教我們在矯飾的世界裡保持著樸實真摯。它應該可以使我們回復到健康幸福的生活，使我們從過分智能活動所產生的昏熱中恢復過來。它應該可以使我們的感覺重變敏銳，重使我們的理性和本有的天性發生聯繫，由恢復原有的本性，把那脫離生活中已毀壞的部分收集起來，重變成一個整體。如果我們在世界裡有了智識而不能了解，有了批評而不能欣賞，有了美而沒有愛，有了真理而缺少熱情，有了公義而缺乏慈悲，有了禮貌而一無溫暖的心，這種世界將成為一個多麼可憐的世界啊！

講到哲學這種運用著卓越的精神的東西，其危險比我們失去生命本身的感覺更大。我曉得這種智能上的樂趣包括寫一個很長的數學方程式，或是去發現宇宙間的一個大體系這類事情。這種發現或許是一切智能歡樂中的最單純的歡樂，但是在我看來，反不如去吃一頓豐盛的餐食來得開心。

第一，這種意念本身可說就是一個畸形產物，即是我們心智活動的副產物；它確是令人愉快，因為它是不費錢的，但無論如何它對我們總好像是生活上不大需要。這種智能上的喜悅，充其量，也只是和猜著了縱橫字謎（Crossword puzzle）的喜悅一樣。第二，哲學家在這時大都是會欺瞞自己，和這個抽象的完美發生愛情，幻想這世界上有一樣比現實本身所能證明者更為偉大合理的完美。這好比是我們把星畫成五個尖角一樣訛誤——我們把一切東西都化成公式的、矯揉造作的、太簡單化的東西了。

只要我們不太過分，這種對於完美的東西所生的喜悅倒也是好的，不過我們也要曉得許許多多沒有發現這個簡單一式的圖樣的人們，他們也是照常快樂的。我們沒有這種東西也能生活。所以我情願同一個黑人女傭談話，而不願和一位數學大家談話；她的言語比較具體，笑也笑得較有生氣；和她談話至少對於人類天性可以增長一些知識。我是唯物主義者，所以無論什麼時候總是喜歡豬肉而不喜歡詩歌，寧願放棄一宗哲學，而獲得一片拌著好醬汁的椒黃鬆脆的精肉。

我們只有擺脫思想而生活，才能脫離這種哲學的酷熱和惡濁的空氣，進而重獲一些孩子的新鮮自然的真見識。真正的哲學家對於一個孩子或甚至是一隻關在籠裡的小獅子，應該會覺得汗顏的。試看大自然所賦予那隻小獅子的掌爪、肌肉、美麗的皮毛、堅直的耳朵、光亮的眼睛、敏捷的動作，和嬉戲的感覺，這些是多麼完美啊！自然完美的東西有時被硬弄成不完美的東西，真正的哲學家對之應該覺得慚愧；好好一個人要去戴著眼鏡，胃口不好，常常感到身心不安，一無人生的樂趣，他們對這些也應該覺得慚愧。我們不能從他們那裡得到什麼好處，因為他所說的話大都是於我們無關痛養的。只有那種和詩歌相應的哲學，只有那種使我們對大自然和人類天性更有真切見識的哲學，於我們才有用處。

無論哪一種人生哲學，它必須以我們天賦本能的和諧為基礎。太過於理想主義的哲學家，不久之後，大自然本身也將證明他的錯誤。依據中國儒家的觀念，對於人類尊嚴的最高理想，是一個順著自然而生活，結果達到德參造化之境。這便是孔子的孫兒在《中庸》一書裡所倡導的學說。

> 天命之謂性；率性之謂道③；修道之謂教。喜怒哀樂之未發，謂之中；發而皆中節，謂之和。中也者，天下之大本也；和也者，天下之達道也。致中和，天地位焉，萬物育焉。
>
> 自誠明，謂之性；自明誠，謂之教；誠則明矣，明則誠矣。唯天下至誠，為能盡其性；能盡其性，則能盡人之性；能盡人之性，則能盡物之性；能盡物之性，則可以贊天地之化育；可以贊天地之化育，則可以與天地參矣。

**注釋：**

①梭羅對於人生的整個觀念，在一切的美國作家中，可說最富於中國人的色彩；因我是中國人，所以在精神上覺得很接近他。就在幾個月前才發現他，至今還覺得高興。如果我把梭羅的文章譯成中文，說是一個中國詩人所寫，一定不會有人疑心的。

②節錄自史密斯編《桑塔亞那小品集》（Little Essays of Santayana）〈唯物主義者的情感〉（Emotions of the Materialist）一文。

③儒家的意思裡也有濃厚的道家質素，這或許是受了道家思想的影響。但平常人是不大注意到的。無論怎樣，這一段確是儒家四書中的文字；此外《論語》中也可以援引同類的文字。

# 第七章　悠閒的重要

## 一　人類是唯一在工作的動物

現在當著我們面前的是人生的盛宴，唯一成爲問題的是我們的胃口如何，胃口比筵席更爲實在。講到人，最難以了解的是他對工作所抱的觀念，以及他自己要做的工作或社會需要他做的工作。世間萬物盡在過悠閒的日子，只有人類爲著生活而工作。他因爲不能不去工作，於是在文明日益進步中的生活變爲愈加複雜，隨時隨地是義務、責任、恐懼、障礙和野心，這些並不是生而有之，而是由人類社會所產生。

譬如當我坐在書桌邊時，我看見一隻鴿子在那遠處的一座禮拜堂的尖塔旁迴翔，絕不憂慮午餐要吃些什麼。但是我的午餐就比那鴿子複雜得多，拿到我面前的食物，已經過了千萬人的工作，已經過了種種極複雜的種植、貿易、運輸、遞送和烹飪，正因如此，人類要獲得食物比動物困難萬倍。如果一隻森林裡的野獸跑進人類的都市裡來，看到人類爲生活如此匆忙，這隻野獸一定會對這個人類社會產生很大的疑惑和驚奇。

我想那森林中的野獸，牠的第一個思想一定是說人類是唯一工作的動物，因爲在世間除了一些馱馬和磨坊裡的水牛之外，所有的動物甚至家畜等都不必工作的。警犬很少去執行職務；看門的狗總是玩耍的時候多，並且在陽光溫暖的時候，總要舒舒服服地在地上睡一下；那貴族化的貓更用不著爲生活而工作，牠有一個天賦的敏捷身體，可以隨時跳過鄰居的籬笆，牠甚至不以爲自己是一個俘囚——想到什麼地方去就去。

這樣看來，世間只有人類辛苦地工作著，馴服地關在籠子裡，爲了食物，被這個文明和複雜的社會強迫著去工作，爲了自己的供養而煩慮。我雖然知道人類也有人類的長處——智識的愉快、談話的歡樂，和幻想的喜悅，例如在看一齣舞台劇的時候，更能表現出來；可是在這裡我們不能忘掉根本的事情，就是人類的生活太複雜了，只是一個供養自己的問題，已經要費去我們十分之九以上的活動力。所以文明大約是尋覓食物的問題，而進步便是使食物越加難於得到的一種發展。

文明如果不使人類難於得到食物，人類就絕對不用這樣勞苦地工作。人類的危機是在社會太文明，是在獲取食物的工作太辛苦，因而在那獲取食物的勞苦中，吃東西的胃口也失掉了——我們現在已經達到這個境地。由森林中的野獸或是由哲學家看來，這好像是沒有多大意義的。

當我每次看到那摩天大廈或一望無際相連的屋頂時，總有些心驚膽戰。這種景象確是令人驚奇的。兩三座的水塔，兩三座釘有廣告牌的鋼架，一兩座高入雲霄的尖塔，櫛比鱗次的瀝青屋頂，形成了一些四方形的、矗立垂直的輪廓，全沒有組織或次序，只是點綴著一些泥土，褪了色的煙突，以及幾根曬著衣服的繩索和許多交叉在天空的無線電天線。

俯視街道，所見的是一列灰色或已褪色的紅磚牆，牆壁上開著成列的、千篇一律的陰暗小窗，窗門半開著，一半掩著陰影，有的窗檻上有一瓶牛乳，其餘的窗檻上放著幾盆纖弱的病態的花兒。每天早晨，有一個女孩子帶著她的狗兒跑到屋頂上來，坐在屋頂的樓梯邊曬太陽。當我再仰起頭來極目遠望時，我看見一列一列的屋頂連綿數英里，形成了一些難看的四方形的輪廓，一直到極遠的遠方。此外又不過仍是一些水塔和一些磚屋。

人類在這裡居住，他們怎樣居住呢？每家就住在這種陰暗的窗戶裡嗎？他們怎樣生活呢？說來令人咋舌，在那兩三個窗戶的後面，就住著一對夫妻，每天到了晚上就像鴿子那樣地回到那鴿子式的房子裡去睡覺；早晨起來後，喝了些咖啡，丈夫出去到某地方，爲家人去尋求麵包，妻子便在家裡不斷地、拚命地把塵埃掃出去，使那一塊小小的地方乾淨一些。下午四五點鐘，他們跑到門邊和鄰居們談談天，吸一些新鮮空氣。到了晚上，他們又拖著疲乏的身體睡上床去。他們就是這樣生活下去的。

其他家道較小康的人家便住在較好些的公寓裡；他們有著較「美術化」的房間和燈罩。房間裡佈置得較乾淨！房中稍有空處，但也僅是一些些而已。租上七個房間的已算是奢侈生活，更不用說是自己擁有一個七個房間的公寓了！但是住在公寓裡，也不一定會有更大的快樂，只不過是少受一些經濟和債務的煩擾。可是情感上的糾紛，離婚案件，晚上不回家的丈夫，或夫妻各自在晚上出去遊樂放蕩等類事件，卻反而較多了。

他們所需要的是娛樂。真是天曉得，他們要離開這些單調的牆壁和發光的地板去另找刺激！於是他們去看裸體女人。因此患神經衰弱症啦，吃阿司匹靈藥片啦，患貴族病啦，結腸炎啦，盲腸炎啦，消化不良啦，腦部軟化啦，肝硬化啦，患十二指腸潰瘍症啦，患腸部撕裂症啦，胃動作過度和腎臟負擔過重啦，患膀胱發炎啦，患肝臟損壞症啦，心臟脹大啦，神經錯亂啦，患胸部平坦和血壓過高啦，還有什麼糖尿病、腎臟炎、風濕病、失眠症、動脈硬化症、痔瘡、瘻管、慢性痢疾、慢性便秘、食欲減退和生之厭倦等等，真是到處可見，比比皆是。這樣還不夠，還得多養幾隻狗兒和幾個孩子。快樂的成分完全須看這些住在高雅的公寓裡的男女的性質和脾氣而定。

有些人確是過著歡樂的生活，可是其他的人卻並不見得歡樂。而且普遍地說來，他們甚至還比不上那些勞苦工作的人們；他們只覺得無聊和厭倦。不過他們有一輛汽車，也許也有一座造在鄉間的住宅。啊！鄉村住宅，這便是他們的救星，人們在鄉村中勞苦工作，希望能夠到都市去，在都市裡賺足了錢，可以再回到鄉村中去隱居。

如果你在都市的街上散步，你可以在大街上看見美容院、鮮花店和運輸公司，在後面的一條街上可以看見藥店、食品雜貨店、鐵器舖、理髮店、洗衣店、小餐館以及報攤。如果那都市很大，就是你閒蕩了一個鐘頭，還是在那都市裡；只不過多看見一些街道，多看見一些藥店、食品雜貨店、鐵器舖、理髮店、洗衣店、小餐館和報攤。

這些人都怎樣過生活？他們都來此幹什麼？問題很簡單，就是洗衣服的去洗理髮匠和餐館堂倌的衣服，餐館裡的堂倌去侍候洗衣匠的飯食，而理髮匠則替洗衣匠和堂倌剃頭，那便是文明。這不是太令人驚奇嗎？我敢說，有些洗衣匠和理髮匠或堂倌一生中不曾到過十條街以外的地方。總算還好，他們還有電影可看，可以看見鳥兒在唱歌，樹木在滋長、搖擺。也可以看見世界之大，土耳其、埃及、喜馬拉雅山、安第斯山、暴風雨、船舶沉沒、加冕典禮、螞蟻、毛蟲、麝鼠、蜥蜴跟蠍的搏鬥、山丘、波浪、沙土、雲霞，甚至月亮——一切的一切統統在銀幕上而已。

啊！聰明智慧的人類！我頌讚你。人們為了生活而任勞任怨地工作，為了要活下去而煩慮到頭髮發白，甚至忘掉遊息，真是不可思議的文明！

## 二　中國的悠閒理論

美國人是聞名的偉大的勞碌者，中國人是聞名的偉大的悠閒者。因為相反者必是互相欽佩的，所以我想美國勞碌者之欽佩中國悠閒者，是跟中國悠閒者之欽佩美國勞碌者一樣的。這就是所謂民族性格上的優點。我不曉得將來東西文明是否會溝通起來；可是在事實上，現在的東西文明已經聯繫起來了，如將來交通更進步，現代的文明更能遠佈時，它們之間的關係將更加密切。現在至少我們可以這樣說，機械的文明中國不反對，目前的問題是怎樣把這二種文化加以融合——即中國古代的物質文明——使它們成為一種普遍可行的人生哲學。至於東方哲學能否侵入西洋生活中去的這一個問題，無人敢下預言。

機械的文化終於使我們很快地趨近於悠閒的時代，環境也將使我們必須少做工作而多過遊玩的生活。這盡然是環境問題，當人類覺得有很多閒暇工夫時，他不得不去想出一些消磨空閒的聰明方法；這種空閒是飛快進步的結果，不管他願意不願意，他必須接受。一個人終不能預測下一代的事物。三十年後的生活怎樣，只有大膽的人們才敢去擬想。對於這世界不斷的進步，人類總有一天會感到厭倦，而去清查他對於物質方面的成就。當物質環境漸漸改善了，疾病滅絕了，窮困減少了，人壽延長了，食物加多了，到那時候，人類絕不會像現在一樣的匆忙。而且我相信這種環境或者會產生一種較懶惰的性格。

此外，主觀的因素常是和客觀的因素同樣重要的。哲學不但變換了人類的觀念，同時也改變了人類的性格。人類對於機械文明的反應，是視人類本性而異的。在生物學上講到有下列一類的情形，如對刺激的敏感性、反應的緩急，以及各種動物在同樣的環境之下所做的不同行爲。有些動物的反應比較遲緩。就是在機械文明裡（美英法德意俄等國包括在內），我們看見各民族的不同氣質，對於這個機械時代也產生不同的反應。同時，在個人方面，在同樣的環境中也會產生不同的反應。我認爲中國未來的機械文明所創造的生活方式，一定近於現代的法國生活方式，因爲中國人和法國人的氣質是極相近的。

今日的美國是機械文明的先導者，大家都以爲世界在未來的機械控制下，一定傾向於美國那種生活形態。這種理論我卻抱著懷疑，誰也不會知道未來的美國人又將是怎樣的一種氣質，布魯克斯（Van Wych Brooks）在新著《新英格蘭文化時代》一書中所描寫的也許會重現於今日，我以爲這是可能的。沒有人敢說新英格蘭文化的產物不是典型的美國文化，也沒有人敢說惠特曼在他的〈民主主義憧憬〉裡所預測的理想——自由人類和完美母親的產生——不是民主主義進步中的理想。假如美國能有短期的休息，我相信它或許會產生新惠特曼，新的梭羅與新的洛威爾（Lowell）。到那時候，那種採金狂熱所弄糟了的美國舊文化，也許會再開花結果。這樣說來，美國將來的氣質，不是又要跟今日的兩樣了嗎？不是將接近於愛默生和梭羅的氣質嗎？

我認爲文化本來就是空閒的產物。所以文化的藝術就是悠閒的藝術。在中國人心目中，凡是用他的智慧來享受悠閒的人，也便是受教化最深的人。在哲學的觀點上看來，勞碌和智慧似乎是根本相左的。智慧的人絕不勞碌，過於勞碌的人絕不是智慧的，善於優遊歲月的人才是真正有智慧的。在此我不想講些中國人的悠閒過活技巧和分類，只是想說明那種養成他們喜閒散，優遊歲月，樂天知命的性情——常常也就是詩人的性情——的哲學背景。中國人那種對成就和成功的發生懷疑，和對這種生活本身如此深愛的脾性，究竟是怎樣生出來的呢？

第一，中國人的悠閒哲學，可以在十八世紀的一個不大出名的作家舒白香所說的話裡看出來，他以爲時間之所以寶貴，乃在時間之不被利用：「閒暇之時間如室中之空隙。」做女工的女人租了小小的一個房間住著，房裡滿是東西，一無旋轉的餘地，因而感到不舒服，如果一旦她的薪水略爲增加，她便要搬到一間較寬敞的房子裡，在那裡除了放置床桌和煤氣爐子外，還有一些迴旋的地方，這就使她感到舒適。同樣的理由，我們有了閒暇，才能感到生活的興趣。我曾聽說紐約公園街（Park Avenue）有一位富婆，她把住宅旁邊的無用地皮都買了下來，原因是恐防有人在她的住宅旁造摩天大廈，她僅僅是爲了要得一些棄置不用的空地，不惜花費大量金錢；但我以爲她花的錢，再沒有比花在這種地方更精明的了。

關於這點，我可以報告一些我個人的經驗。原先我看不出紐約市中摩天大廈的美點，後來到了芝加哥，才覺得只要在摩天大廈的前邊有相當的地面，而四周又有半里多的空地，就可成爲莊嚴美麗的。芝加哥在這方面比較幸運，空地較紐約曼哈頓市區多一些。如果那些大建築物間的距離比較寬闊，則在遠處看起來，就似乎沒有什麼東西阻礙了視線。這樣比較起來，我們的生活太狹仄了，使我們對於精神生活的美點，不能得到一個自由的視野。我們精神上的屋前空地太缺少了。

## 三　悠閒生活的崇尚

中國人之愛悠閒，有著很多交織著的原因。中國人的性情，是經過了文學的薰陶和哲學的認可的。這種愛悠閒的性情是由於酷愛人生而產生，並受了歷代浪漫文學潛流的激盪，最後又由一種人生哲學——大體上可稱它爲道家哲學——承認它爲合理近情的態度。中國人能囫圇地接受這種道家的人生觀，可見他們的血液中原有著道家哲學的種籽。

有一點我們須先行加以澄清，這種消閒的浪漫崇尚（我們已說過它是空閒的產物），絕不是我們一般想像中的那些有產階段者的享受。那種觀念是絕對錯誤的。我們要明瞭，這種悠閒生活是窮愁潦倒的文士所崇尚的，他們中有的是性愛悠閒的生活，有的是不得不如此，當我讀中國的文學傑作時，或當我想到那些窮教師們拿了稱頌悠閒生活的詩文去教窮弟子時，我不禁要想他們一定在這些著作中獲得很大的滿足和精神上的安慰。所謂「盛名多累，隱逸多適」；這些話在那些應試落第的人聽來是很聽得進的；還有什麼「晚食可以當肉」這一類的俗語，在養不起家的人即有以解嘲。

中國無產階級的青年作家們詆責蘇東坡和陶淵明等爲罪惡的有閒階級的智識分子，這可說是文學批評史上的最大錯誤了。蘇東坡的詩中不過寫了一些「江上清風」及「山間明月」。陶淵明的詩中不過是說了一些「夕露沾我衣」及「雞鳴桑樹顛」。難道江上清風，山間明月，和桑樹顛的雞鳴只有資產階級者才能占有嗎？這些古代的名人並不是空口白話地談論著農村的情形，他們是躬親過著窮苦的農夫生活，在農村生活中得到了和平與和諧的。

這樣說來，這種消閒的浪漫崇尙，我以爲根本是平民化的。我們只要想像英國大小說家斯頓（Laurence Sterne）在他有感觸的旅程上的情景，或是想像英國大詩人華茲華斯（Wordsworth）和柯爾律治（Coleridge）他們徒步遊歐洲，心胸中蘊著偉大的美的觀念，而袋裡不名一文。我們想像到這些，對於這些個浪漫主義就比較了解了。一個人不一定要有錢才可以旅行，就是在今日，旅行也不一定是富家的奢侈生活。總之，享受悠閒生活當然比享受奢侈生活便宜得多。要享受悠閒的生活只要有一種藝術家的性情，在一種全然悠閒的情緒中，去消遣一個閒暇無事的下午。正如梭羅在《湖濱散記》（Walden）裡所說的，要享受悠閒的生活，所費是不多的。

籠統說來，中國的浪漫主義者都具有銳敏的感覺和愛好漂泊的天性，雖然在物質生活上露著窮苦的樣子，但情感卻很豐富。他們深切愛好人生，所以寧願辭官棄祿，不願心爲形役。在中國，消閒生活並不是富有者、有權勢者和成功者獨有的權利（美國的成功者更形匆忙了！）而是那種高尚自負的心情的產物，這種高尚自負的心情極像西方流浪者的尊嚴的觀念，這種流浪者驕傲自負到不肯去請教人家，自立到不願意去工作，聰明到不把週遭的世事看得太認真。這種樣子的心情是一種超脫俗世的意識而產生，並和這種意識自然地聯繫著的；也可說是由那種看透人生的野心、愚蠢和名利的誘惑而產生出來的。那個把他的人格看得比事業的成就來得重大，把他的靈魂看得比名利更緊要的高尚自負的學者，被大家認爲是中國文學上最崇高的理想。他顯然是一個簡樸過生活，而且看輕俗世功名的人。

這一類的大文學家——陶淵明、蘇東坡、白居易、袁中郎、袁子才——都曾度過一個短時的官場生活，政績都很優良，但都爲了厭倦那種磕頭迎送的勾當，而甘心棄官辭祿，回到老家去過退隱生活。當袁中郎做著蘇州的知縣時，曾對上司一連上了七封辭呈，表示他不願做這種磕頭的勾當，要求辭職，以便可以回家去過自由自主的生活。

詩人白玉蟾把他的書齋題名「慵菴」，對悠閒的生活竭盡稱讚的能事：

丹經慵讀，道不在書；
藏教慵覽，道之皮膚。
至道之要，貴乎清虛，
何謂清虛？終日如愚。
有詩慵吟，句外腸枯，
有琴慵彈，弦外韻孤，

有酒慵飲，醉外江湖；
有棋慵奕，意外干戈；
慵觀溪山，內有畫圖；
慵對風月，內有蓬壺；
慵陪世事，內有田廬；
慵問寒暑，內有神都。
松枯石爛，我常如如。
謂之慵菴，不亦可乎？

從上面的題讚看來，這種悠閒的生活，也必須要有一個恬靜的心地和樂天曠達的觀念，以及一個能盡情玩賞大自然的胸懷方能享受。詩人及學者常常自題了一些稀奇古怪的別號，如江湖客（杜甫）；東坡居士（蘇東坡）；煙湖散人，襟霞閣老人等等。

沒有金錢也能享受悠閒的生活。有錢的人不一定能真正領略悠閒生活的樂趣，那些輕視錢財的人才真正懂得此中的樂趣。他須有豐富的心靈，有簡樸生活的愛好，對於生財之道不大在心，這樣的人，才有資格享受悠閒的生活。如果一個人真的要享受人生，人生是儘夠他享受的。一般人不能領略這個塵世生活的樂趣，那是因爲他們不深愛人生，把生活弄得平凡、刻板，無聊。有人說老子是嫉惡人生的，這話絕對不對，我認爲老子所以要鄙棄俗世生活，正因爲他太愛人生，不願使生活變成「爲生活而生活」。

有愛必有妒；一個熱愛人生的人，對於他應享受的那些快樂的時光，一定愛惜非常。然而同時卻又須保持流浪漢特有的那種尊嚴和傲慢。甚至他的垂釣時間也和他的辦公時間一樣神聖不可侵犯，而成為一種教規，好像英國人把遊戲當做教規一樣的鄭重其事。他對於他在高爾夫球總會中同他談論股票的市況，一定會像一個科學家在實驗室中受人騷擾那樣覺得厭惡。他一定時常計算著再有幾天春天就要消逝了，為了不曾做幾次邀遊，而心中感到悲哀和懊喪，像一個市儈懊惱今天少賣出一些貨物一樣。

## 四　塵世是唯一的天堂

我們的生命總有一日會滅絕的，這種省悟，使那些深愛人生的人，在感覺上加添了悲哀的詩意情調。然而這種悲感卻反使中國學者更熱切地要去領略人生的樂趣；這看來是很奇怪的。我們的塵世人生因為只有一個，所以我們必須趁人生還未消逝的時候，盡情享受。如果我們有了一種永生的渺茫希望，那麼我們對於這塵世生活的樂趣便不能盡情領略了。基思爵士（Sir Arthur Keith）曾說過一句和中國人的感想不謀而合的話：「如果人們的信念跟我一樣，認塵世是唯一的天堂，那麼他們必將更竭盡全力把這個世界造成天堂。」蘇東坡的詩中有：「事如春夢了無痕」之句，因為如此，所以他那麼深刻堅決地愛好人生。在中國的文學作品中，常常可以看到這種「人生不再」的感覺。中國的詩人和學者在歡娛宴樂的時候，常被這種「人生不再」「生命易逝」的悲哀感覺所煩擾，在花前月下，常有「花不常好，月不常圓」的傷悼。李白在〈春夜宴桃李園序〉一篇賦裡，有著兩句名言：「浮生若夢，爲歡幾何？」王羲之在和他的一些朋友歡宴的時候，曾寫下〈蘭亭集序〉這篇不朽的文章，它把「人生不再」的感覺表現得最爲親切：

永和九年，歲在癸丑，暮春之初，會於會稽山陰之蘭亭，修禊事也。群賢畢至，少長咸集。此地有崇山峻嶺，茂林修竹。又有清流激湍，映帶左右。引以為流觴曲水，列坐其次；雖無絲竹管絃之盛，一觴一詠，亦足以暢敘幽情。是日也，天朗氣清，惠風和暢。仰觀宇宙之大，俯察品類之盛，所以游目騁懷，足以極視聽之娛，信可樂也。

夫人之相與，俯仰一世，或取諸懷抱，晤言一室之內，或因寄所託，放浪形骸之外。雖趣捨萬殊，靜躁不同，當其欣於所遇，暫得於己，快然自足，不知老之將至。及其所之既倦，情隨事遷，感慨係之矣。向之所欣，俛仰之間，已為陳跡，猶不能不以之興懷。況修短隨化，終期於盡。古人云：「死生亦大矣」。豈不痛哉！

每覽昔人興感之由，若合一契，未嘗不臨文嗟悼，不能喻之於懷。固知一死生為虛誕，齊彭殤為妄作！後之視今，亦猶今之視昔，悲夫！故列敘時人，錄其所述，雖世殊事異，所以興懷，其致一也。後之覽者，亦將有感於斯文！

我們都相信人總是要死的，相信生命像一支燭光，總有一日要熄滅的；我認為這種感覺是好的。它使我們清醒；使我們悲哀；也使某些人感到一種詩意。此外還有一層最為重要：它使我們能夠堅定意志，去想法過一種合理、真實的生活，隨時使我們感悟到自己的缺點。它也使我們心中平安，因一個人的心中有了那種接受惡劣遭遇的準備，才能夠獲得真平安；這由心理學的觀點看來，它是一種發洩身上儲力的程序。

中國的詩人與平民，即使是在享受人生的樂趣時，下意識裡也常有一種好景不常的感覺，例如在中國人歡聚完畢時，常常說：「千里搭涼棚，沒有不散的日子。」所以人生的宴會便是尼布甲尼徹（Nebuchadrezzar——古代的巴比倫王，以強猛、驕傲、奢侈著稱）的宴會。這種感覺使那些不信宗教的人們也有一種神靈的意識。他觀看人生，好比是宋代的山水畫家觀看山景，是被一層神祕的薄霧包圍著的，或者是空氣中有著過多的水蒸汽似的。

我們消除了永生觀念，生活上的問題就變得簡單了。問題就是這樣的：人類的壽命有限，很少能活到七十歲以上，因此我們必須調整生活，在現實的環境之下盡量地過著快樂的生活。這種觀念就是儒家的觀念。它含著濃厚的塵世氣息，人類的活動依著一種固執的常識而行，他的精神就是桑塔亞那所說把人生當做人生看的「動物信念」。這個根據動物的信念，我們可以把人類和動物的根本關係，不必靠達爾文的幫助，也能做一個明慧的猜測，這個動物的信念使我們依戀人生——本能和情感的人生——因為我們相信：既然大家都是動物，所以我們只有在正常的本能上獲得正常的滿足，我們才能夠獲得真正的快樂。這包括著生活各方面的享受。

這樣說起來，我們不是變成唯物主義者了嗎？但是這個問題，中國人是幾乎不知道怎樣回答的。因爲中國人的精神哲理根本是建築在物質上的，他們對於塵世的人生，分不出精神或是肉體。無疑地，他愛物質上的享受，但這種享受就是屬於情感方面的。人類只有靠理智才能分得出精神和肉體的區別，但是上面已經說過，精神和肉體的享受都必須通過我們的感官。音樂無疑地是各種藝術中最屬於心靈的，它能夠把人們高舉到精神的境界裡去，可是音樂必須通過我們的聽覺。所以對於食物的享受爲什麼比交響曲不屬於心靈的這一問題，中國人實在有些不明白。我們只有在這種實際的意義上，才能意識到我們所愛的女人。我們要分別女人的靈魂和肉體是不可能的。我們愛一個女人，不單是愛她外表的曲線美，並且也愛她的舉止，她的儀態、她的眼波和她的微笑。那麼，這些是屬於肉體的呢？還是精神的呢？我想沒有人能回答出來吧。

這種人生現實性和人生精神性的感覺，中國的人性主義是贊助的，或者可以說它是得到中國人全部思想方法和生活方法的贊助的。簡單講來，中國的哲學，可說是注重人生的智識而不注重真理的智識。中國哲學家把一切的抽象理論撇開不談，認爲和生活問題不生關係，以爲這些東西是我們理智上所產生的淺薄感想；他們只把握人生，提出一個最簡單的問題：「我們怎樣地生活？」西洋哲學在中國人看來是很無聊的。西洋哲學以論理或邏輯爲基點，著重研究智識方法的獲得，以認識論爲基點，提出智識可能性的問題，但最後關於生活本身的智識卻忘記了，那真是愚蠢瑣碎的事，像一個人，只談談戀愛求求婚，而並不結婚生子；又像操練甚勤的軍隊不開到戰場上去正式打仗。法國的哲學家要算最無謂，他們追求真理，如追求愛人那樣地熱烈，但不想和她結婚。

## 五　運氣是什麼

道家不信幸運與否的這種思想，對中國人好悠閒的性格形成，有著很重要的關係。道家的重要思想是戒過度性格勝於事業，靜勝於動。一個人能不受禍福的擾動，才能獲得內心的寧靜。道教哲學家淮南子曾寫過一篇很有名的譬喻，名叫「塞翁失馬」。

> 近塞上之人，有善術者，馬無故亡而入胡，人皆弔之，其父曰：「此何遽不能為福乎？」居數月，其馬將胡駿馬而歸。人皆賀之，其父曰：「此何遽不為禍乎？」家富良馬，其子好騎，墮而折其髀，人皆弔之，其父曰：「此何遽不為福乎？」居一年，胡人大入塞，丁壯者引弦而戰，近塞之人，死者十九，此獨以跛之故，父子相保。故福之為禍，禍之為福，化不可極，深不可測也。

顯而易見，這一種哲學，使人能夠忍受一些磨折而不煩惱，他相信禍福是相連的，正如古錢必有正反面一樣。這種哲學使人能得到寧靜，不喜忙勞，淡於名利。這種哲學似乎是說：「你以為不要緊，便什麼都不要緊了。」成功的欲望和失敗的恐懼，兩者是差不多的東西；有了這個聰明的意念，成功的欲望就不會太熱切了。一個人事業越是成功也就越怕失敗。不可捉摸的功名報酬及不上隱晦所得的利益。在道家看來，那個有識之士在成功時是不以爲自己成功的，在失敗時也不以爲自己是失敗；只有一知半解的人才把外表的成功和失敗當做絕對真實的事情。

佛道二家的區別在於佛家的意念是要一個人無求於世，道家的意念卻相反，要一個人不被世人所求。世上最快樂的人，也就是不被世人所求的無憂無慮的人。道家最有名最有才智的哲學家莊子，他時常警惕我們，不要太著名，也不可太有用。太肥的豬要被人殺死，去供神；羽毛太美麗的美禽，易遭獵戶的注意。他又說了一個譬喻；是說兩個人協同去掘墳，偷竊死人所穿戴的衣物，爲了要得到死人口中所含著的珍珠，竟連死人的頭顱，連同頰骨和下顎都用鐵鎚敲碎了。

爲什麼不去過悠閒的生活呢？這是這些哲學理論的必然結論。

## 六　美國三大惡習

「一個人以爲不要緊，就什麼都不要緊了。」這一種中國人所特有的美妙的觀念，同美國人的觀念形成了奇特的對比。人生真的是要麻煩到「心爲形役」的境地嗎？這種觀念被悠閒哲學的崇高精神所排斥。在一家工程公司的廣告上，我曾看到一條大字標題：「差不多正確是還不夠的。」這是我所見到的最特殊的一張廣告。求全的欲望已近於淫。美國人的錯處也就是一定要把已經差不多正確的東西造成更正確些；而中國人則以爲差不多正確已經是夠好的了。

講求效率，講求準時，及希望事業成功，似乎是美國的三大惡習。美國人所以那麼不快樂，那麼神經過敏，原因是因爲這三種東西在作祟。於是享受悠閒生活的天賦權利被剝奪了，許多閒逸的、美麗的、可愛的下午使他們錯過了。一個人第一步應相信世界上並無災難，也應相信「把事情放著不做」比「把事情做好」更要高尚。大體上說，一個人在接信後馬上寫回信，結果是好壞各居其半。如若不寫回信，雖然一個人也許會錯過幾次良好的約會，但也會避免幾次不歡而散的約會。假如把擱置在抽屜裡已三個月的信件拆開來看一下，覺得多數的信是毋需答覆的；三個月後再拿起來看，那麼你竟或覺得全無答覆的必要了，答覆只是浪費光陰。寫信實也可以變成一種罪惡，它使寫信者變成推銷貨品的優等掮客，能使大學教授變成有效率的商業經理。在此種意義上，對那些時常上郵局的美國人抱輕視心理的梭羅，使我頗能理解他。

講求效率能夠把事情做完，而且做得甚是良好，這是毋庸爭論的。我老是不喜歡用中國的自來水龍頭，而喜歡美國製造的，那也是一種安慰，因爲美國所製的自來水龍頭不漏水。可是我們對大家「必須有用，必須有效率，必須做官，必須掌握大權」的這個舊觀念，我們不約而同的回答：「世界上自有許多傻子，他們願意有用的人，不怕煩惱，勞碌終日，喜歡掌握大權，而自會將一切事業都辦好的。」緊要的問題卻是：是誰比較聰明——悠閒者呢？還是勞碌者呢？

我們不贊助講求效率，是因爲講求效率太費功夫，爲了想把事情做得十全十美，連享受悠閒的樂趣也失去，並且連神經也跟著損壞了。美國有一個雜誌編輯，爲了要嚴密校正錯字，就連頭髮也校得灰白。中國的編輯便聰明得多，他把幾個沒校出來的錯字留下，以便增加讀者發現錯誤的樂趣，增加讀者細心觀察的能力。不僅如此，中國雜誌上都是按期刊登一篇連載小說，登了幾期之後便突然失蹤，而讀者和編者也就淡忘了；這在美國，那編輯或許因此會大受攻擊，但中國的編輯是沒有關係的，原因是沒有關係而已。

美國工程師在建設橋樑時，核算準確，兩端的接榫點，一寸的十分之一也不會相差。要是兩個中國工人，在山的兩面分工掘山洞，結果是會掘成兩個進口，兩個出口；只要山洞掘得出，中國人就覺得是沒有關係的，有二個山洞反而可以築雙軌鐵道了。如並不匆忙的話，兩個和一個是沒有關係的，山洞總是山洞，掘也算掘了，工作也算完畢了，要是火車能夠行走如常，那也就算不錯了。中國人也極守時，不過你須給與他們充足的工作時間。只要這規定的時間是夠長的話，那麼他們總能把一份工作按照規定時間做完。

這種偉大的悠閒生活，在現代生活的速度下已使我們沒法享受。何況，現在拿鐘來計時，使每個人的腦中對於時間這件事印下一種特異的觀念，以致連我們聰明的人類也變成了鐘。這種情形自然會傳到中國；譬如一家僱用兩萬個工人的工廠，如若全數的工人都依著各人的興趣隨隨便便依著自己的時刻進廠做工，這情形豈不要變成非常可怕，於是這種按時按刻的上工規則便定了出來，造成了生活之所以那樣困苦，那樣緊張。一個人如要在下午五時準時到達某地，結果連五時以前所有的時候，都會因此犧牲在預備這件事上。在美國，幾乎每個成人都參照小學生上課方式去決定他自己的工作時刻——三時做這件事，五時做另一件事，六時三十分換襯衣，六時五十分上汽車，七時到達旅館。這樣一來，生活險乎失掉了它的重要價值了。

美國人過於注意安排時間，已使這件事漸臻於悽慘之境。他們不但把明天的工作時刻預先排定，不但把下星期的工作時刻完全排定，並且連下一個月的工作時刻也完全排好，甚至三星期後的一個約會時刻也會預先排定，這似乎是太過分了一些。一個中國人接到他朋友一張請帖時，不必答覆他的朋友到或不到，如在請客名單上寫一個「到」字，即表示要來的，不來的話呢，即寫上一個「謝」字，這樣就算了事，可是另有多數被邀者直截了當地寫上一個「知」字，意思即是已經知道，來不來不一定。一個即將離開上海的美國人或歐洲人，他會很有把握地告訴我說，他將在一九三八年四月十九日下午三時正，在巴黎參加一個委員會議，之後，又將在五月二十一日乘早班七時的火車直達維也納。假如我們要把一個下午判處死刑，難道一定將行刑期判決得這樣早嗎？一個人既然做了自己的主人翁，難道竟不能隨著他的趣味旅行，任著自己的意思來去嗎？

但是美國人之所以不懂悠閒，還有一個更重要的原因在：他們做事的情趣太高，把工作看得高於生存，比生存來得緊要。世界上一切出名的藝術，大家都一定要求要有一個名副其實的特性，我們的生活同樣地也該要求他具有一種特性。但特性這件奇妙的東西是跟酒的醇熟一樣的，它必須要靜止著不動，還需要經過一個相當的時間，並不是馬上就可以製造出來的。在東方人的心目中，中美的男女老少，一概都覺得十分好笑，因爲他們統想做工作，用盡方法來獲得寶貴的自尊心和使後起者尊敬。其實老年人做工作，正如在教堂上裝設播音機，播送爵士音樂的節目罷了。老人家做了一輩子還不夠嗎？難道他們一定要永遠工作嗎？壯年不悠閒已經是很糟糕的了，若到了老年再不優遊歲月享享清福，這真是人類天性上的一種罪惡。

特性常和那些古舊的事物，那些依靠時間去生長的事物保持著密切的聯繫，特性在創造中的標識很多，人到中年時，面孔上一些美麗的線條，就是這標識的表現。但特性在每個人都把舊型汽車去貼換新型汽車的那種生活方式中，是很難找到的。我們對於自身的好壞正和我們對所造的物事一般，隨著時代而變換。在一九三七年，我們男女都是一九三七年的式樣，到了明年，每個人又都具有明年的式樣了。古教堂、舊式傢具、版子很老的字典以及古版的書籍，我們是喜歡的，但大多數的人都忘卻了老年人的美。這種美是值得我們欣賞，在生活上是十分需要。我以為古老的東西，圓滿的東西，飽經世變的東西才是最美的東西。

有些時候，我會有一種先知式的幻覺，幻想在一千年後，紐約曼哈頓區的住戶都變成了行動緩慢者，美國的「進取者」（Go—getter）都成了東方式的悠閒人。美國的紳士們或許都披上了長袍，著上了拖鞋，要是學不會像中國人的模樣將兩手縮在袖中呢，那麼將兩手插在褲袋內，在百老匯大街上踱方步。十字路口的警察同踱方步的人搭訕，車水馬龍的馬路中，開車者相遇，大家來寒暄一番，互問他們祖母的健康。有人在他店門口刷牙，一邊卻叨叨地向他鄰人談笑，偶然還有個自稱為滿腹經論的學者踉踉蹌蹌地走路，袖子裡塞著一本邊角都捲的爛書。餐館的櫃台拆除了，自動飲食店裡低矮而有彈力的安樂椅子增多了，以供來賓的休息，有一些人則會到咖啡店去坐上一個下午，半個鐘頭才喝完杯橘子汁，喝酒也不再是一口氣地灌上一大杯，而是沾唇細酌，品味談天，體會其中無窮的樂趣。病人登記的辦法取消了，「急症房」也廢除掉，病人同醫生可以討論人生哲學。救火車變得像蝸牛那樣地笨，慢慢地爬著，救火員將會跳下車來，賞識人們爭論空中的飛雁究竟有幾隻。這種快樂的時代可惜在曼哈頓是沒有實現的可能的。如若一旦能實現，則人們一定可以盡情享受許多悠閒的下午了。

# 第八章　家庭之樂

## 一　趨近生物觀念

依我看來，不論哪一種文明，它的最後測驗即是它能產生何種形式的夫妻父母。除了這個嚴峻而又簡單的問題之外，文明的他種成就，如：藝術、哲學、文學，和實際生存，都退到無關重要的地位。

我對於中國費盡心力以東西文明做比較的人們，每用這句話給他們當做一服清涼劑，而且極有效驗，這是使我很得意的。研究西方生活和學術的學生，不論遠渡重洋或在本國做研究，他們對於西方的燦爛成就，從：醫學、地質學、天文學，到摩天的大廈，優美的汽車公路，和天然色彩的照相機，自然覺得目迷五色，極可驚異。他們不是仰慕熱中於這些成就，就是自慚中國無此成就，或著兩者皆有。於是病態的自卑心理油然而生，使他不知不覺地努力替東方文明辯護，甚至於斥摩天大廈和優美的汽車公路爲無用之物。——不過我還沒有聽見過斥照相機爲廢物的話——這種狀態是很可憐的，使他失去了合理旁觀衡量東西方優劣的資格。他在這種被自慚不如別人的思想所煩擾和炫惑的時候，實應給他一劑定心丸，使他的心平靜下來。

我所建議的這種測驗，能掃除文明和文化中一切不必要的事物，而有使人類歸於平等，將一切人類都置在一個簡單而又明白的方程式之下的奇效。於是文明的其他一切成就都可被認是促進產生優良夫妻父母的方法。人類之中，百分之九十有夫妻關係，百分之百是人子，而婚姻和家庭確是人類生活中最親密的部分，所以能產生優良夫妻父母的文明，實造成一種較快樂的人類生活，因此也就是一種較高型的文明。這是很顯明的。和我們同居的男子或女人的本質，較之他們的重要得多。所以凡是女子，也應對可以給她一個較好的丈夫之文明表示感激。這種物事都是相對成就的，因此理想的夫妻父母無時無地不有之。欲有優良夫妻父母的最好方法或者是由優生學，這可以使我們節省許多教導他們的辛勞。反之，凡是輕視家庭或撳之於低下地位的文明，即往往產生較爲低劣的子女。

我承認我是漸漸趨於生物主義。但我本屬於生物，世上男女也都屬於生物，不問我們是否願意，終免不了是個生物，所以趨於生物主義那句話，其實也是多說的。我們因生物性而快樂，因生物性而發怒，因生物性而有志願，因生物性而信神或愛好和平，雖然我們自己或者還沒有覺得是如此的。我們即是生物，自不能逃避出生、喝母奶、婚嫁和生育等事。每個男人都是婦人所生，每個男人（除了少數之外）都須和一個婦人共過一生去做小孩的父親。每個女人也都是婦人所生，每個婦人（除了少數之外）也都須和一個男人共過一生，生育小孩。中間也有幾個不願意做父母，這等於花木之不肯生子以傳它們的種；但是沒有一個人能不要父母而生，也正如花木之不能不要種子而生。因此我們就得到生命中最緊要的相互關係，就是男人、女人、小孩三者之間的相互關係那樁事實，而生命哲學，除非是討論這個必須的相互關係，即不能稱爲適當的哲學，或不成其爲哲學。

但單是男女之間的關係還嫌不夠。這關係必須生出嬰孩，否則便不能稱爲完備。所以無論那一代的文明，絕無理由剝削男女生育嬰孩的權利。我知道有許多男女不肯結婚，另有許多人雖結婚，但因種種理由不肯生育。依我的意見，不論他們所持的是何種理由，凡是男女不遺留子女而離開這世界，實是犯了一件對於自身的大罪。如果他們的不生育是因爲身體關係，那麼他們的身體已是退化或有差錯的地方。如是爲了婚姻的程度過高，那麼這過高的婚姻程度就有不合的地方。如若是爲了一種謬誤的個人主義哲學，那麼個人主義哲學必是錯的。最後，如若是爲了整個的社會組織，那麼這整個社會組織是不對的。待到二十一世紀，我們對於生物科學已有較大的進步，而能更了解我們之爲生物時，男女們大概就會見到這個真理。

我深信二十世紀將爲生物學世紀，正如十九世紀之爲自然科學世紀。等到人們更能了解自己，而覺悟對於造化所賦予的天性即使爭鬥也是徒然時，他們就會更加重視這類簡單智慧。從瑞士心理學家榮格勸告有錢的病人回到鄉間去飼養雞、鴨、小孩，和栽種蘿蔔那件事，我們看到這種生物學和醫學的智慧已有生長的徵兆。這類有錢的女性病人，她所犯的弊病就在未能順著生物性發揮本能，或是她們的發揮程度過於低下。

自有歷史以來，人們從來沒有學習過怎樣和女人共同生活。最奇怪的事是，雖然如此，但是從來沒有一個人能完全脫離女人而生活。一個人如覺悟他絕不能無母而生到這世界上來時，他便不會輕蔑女人。從出生到死亡，他的四周沒有一天沒有女人，如母親、妻子、女兒等等。即使他不娶親，也免不了和詩人華茲華斯一般的依賴他姊姊過日子；或和詩人斯賓塞一般的依賴他的管家婆。沒有一種哲學能拯救他的靈魂，如他不能和母親姊妹們建立相當的關係。如若他甚至不能和管家婆建立相當關係，那麼他簡直不能算人。

凡是未能和女人達到相當關係，而又走著道德歧路的人，如王爾德之類，實在有些可憐。他們一面喊著男人萬難和女人共同生活；但一方面又說男人不能無女人而生活。這樣看來，從印度《創世紀》的著者，直到二十世紀的王爾德，中間雖已經過四千餘年，但是人類的智慧好似絲毫沒有進步。因爲那印度著者正抱著和王爾德同樣的心理。

據這本《創世紀》所說，上帝於創造女人時，係採取花的美麗，鳥的歌音，虹霓的彩色，微風的柔態，波紋的笑容，羔羊的溫柔，狐的狡猾，雲的難於捉摸，和驟雨的變幻無常，將它們交織成一個女人，而拿她送給男人做妻子。印度亞當很快樂，他倆便在這美麗的世界中自在遊行。幾天之後，亞當跑去向上帝說：「請你將這女人帶走，我實在不能和她過下去了。」上帝答應他的請求，將夏娃帶了回去。於是亞當即覺得很寂寞，依舊不快樂。幾天之後，他又到上帝那裡說：「請你將那個女人還給我，因爲我沒有她不能生活。」上帝依舊聽從他，將夏娃還他。

幾天之後，他又跑到上帝那裡請求說：「你所創造的這個夏娃，仍請你收了回去，我發誓不能和她過下去。」上帝於無限智慧之中仍然順從了他。等到亞當第四次走來訴說沒有了那個女伴不能生活時，上帝雖允了他的請求，但要他答應以後絕不改變心腸，不論甘苦，以後決和她永遠過下去，盡他倆的智力在這人世上共度生活。我以為這幅景象，直到眼前，並沒有什麼大改變。

## 二　獨身主義——文明的畸形產物

採取這種簡單而自然的生物性觀點，包含兩種衝突：第一，個人主義和家庭的衝突；第二，富有智力階級的無生殖哲學和天性階級的較有熱情的哲學的衝突。因為個人主義和崇拜智力往往能蒙蔽一個人，使他看不見家庭生活之美麗。兩者比較起來，尤以後者為更可惡。一個相信個人主義者向著它的合理後果而進行，尚不失其為一個具有理解力的生物。但專一相信冷靜頭腦，而毫不知有熱情心腸者，簡直是個呆子。因為家庭的集體性，就其為一個社會單位而論，尚有可以替代的物事。但是配偶天性和父母天性之失滅，是無從彌補的。

在這起點，我們不能不假定人類不能單獨無伴地生活於這世界而得到快樂。他必須和近旁的一群人做伴，而成為一個範圍較大的我。這個我的範圍並不限於本身身體輪廓之內，而實在是向外伸展到他的心靈和社交活動所能達到之處。

不論在哪一個時代或國度裡，不論在什麼政體下，一個人所真正愛好的生活絕不和當時的國家或時代同其廣泛，而必僅限於他所熟識的人和所做的活動那個較小的範圍之內。此即所謂較大的我。

他生活於這個社會單位之內，而為其中的一個生物。這種單位可以是一個教區，一個學堂，一個監獄，一家商店，一個祕密社會，或一個慈善機關。這類單位有時可以替代家庭，甚至完全取而代之。宗教本身或一所廣大的政治運動有時也可以占盡一個人的心力，使他拋棄一切。但在這許多團體中，仍只有家庭是自然的，可以使人們滿意而有意義的生存單位。因為人們在出生時即已置身於家庭之中，並且將終身如此，所以家庭於他是自然的。

因為嫡血的關係，引起人們對於較大的我實在是一件看得見的實物的概念，所以家庭是生物性實在的。一個人如不能在這個自然的團體生活中獲得成功，則他在以外的團體生活中，大概也難以期望有所成就。孔子說：「弟子入則孝，出則弟，謹而信，汎愛眾，而親仁。行有餘力，則以學文。」離了這個人所視為重要的團體生活之外，人們必須有一個相當的異性分子和諧地輔佐他，方能使他有完美的表現，完美的盡職，和將他的個性發展到最高的地位。

女人具有比男人更深的生物性感覺，所以很明瞭這一點的中國女孩兒都潛意識地羨慕紅裙花轎；西方的女孩兒也同樣地羨慕婚紗和結婚鐘。大自然所賦予女人的母性，根深柢固，所以不易於被人造的文明所毀滅。我毫不懷疑地相信大自然的創造女人，尤其期望她做母親，而不僅做一個配偶；因此所賦予的心靈和道德本質，都是誘導之於母親任務之類，而於母性中獲得其真正解釋和和諧，如現實主義、判斷力，遇事不厭求詳，憐愛弱小，樂於施助，較強烈的獸性愛憎，較厲害的個人褊冗和感情用事，和對於事物的一般的個人眼光。所以哲學如果離棄了大自然的本意，不計及這個母性（**即女人整個生存之具有支配力的特點和中心解釋**），而要想使女人快樂，實已走入歧途。

因此，在未受教育和受過合理教育的女人中，這個母性是從不強自壓制的。它萌芽於兒童時期，漸漸強盛而達到充足於成熟時期。但在男人中，這個父性在三十五歲之前大概都隱而不顯，或至少須等到子女已經五歲方能感覺。我想二十五歲的少年大概不會想到將要做父親的事。這時他只知道愛上一個女子，無意之間生下一個孩子而就丟開了，等他的妻子去一心照顧。總要到三十歲之後，才能一旦覺得自己已有了一個可以攜帶到公共場所炫耀於人前的孩子，而感覺他的父性。廿餘歲的少年對於孩子的觀念大都視爲有些可笑，但除了覺得有些可笑之外，便不再加以思索。

至於在一個有了孩子或將有孩子的女人，這就成爲她一生中最嚴重的一樁事情，甚至變更她的整個生命，變換她的性情和嗜好。女人一到懷孕將產，便似進了另一個世界，從此她即能認清自己生命的使命，和到世上生存的目的，而毫無疑惑。她知道有人需要她，所以即發揮她的效能。我曾看見過最嬌養的中國富家女郎，於她的小孩病中變爲異常偉大，目不交睫地整個月服侍下去。在大自然的配合中，如此的父性是無需的，所以並不給他。因爲男人也好似雄鴨雄鵝一般，除了種子之外，對於子嗣方面的其他事情均毫不關心。所以一個女人如若她的生命的中心主動力得不到表現和發揮的機會，她即在心理上受到最大的痛苦。美國容忍那麼許多很可愛的女人無辜地失去嫁人的機會，因此，如有人向我稱讚美國的文明對於女子是怎樣仁慈，我簡直不相信。

我相信美國婚姻所以調整失當，大都由於這類女人的母性和男人的父性參差過甚所致。美國人的所謂情感不成熟性，除了這個生物性事實外，沒有其他的解釋。男人因在青年時代過慣了過於放浪的生活，這種社會制度使他們缺乏負責思想的天然節制；然而女人則因了較深大的母性，仍是具有的。大自然如若未曾賦予女人以充分的鎮靜性去應付將做母親的心理預備，事情就將不可收拾。所以大自然就如此做去。貧窮人家的子弟由於艱苦的環境，已將負責思想深印於腦筋之中。只剩那些生活放浪的富家兒郎，在崇拜青春和縱容青年的國度裡邊，於理想的情形中發展而成爲情感上和社會上的低能兒。

說來說去，我們所關切的實在只是如何去度一個快樂生活的問題？一個人除非在外場生活的淺薄成就之餘，能觸動內心機械，使它得到合於常規的發揮之外，別無求得生活快樂之道。獨身主義在個人事業的形式上成爲理想目標時，不但帶著個人主義的色彩，並也帶著愚拙的智力主義色彩。因了後者的理由，這種獨身主義應由我們所唾棄。我常疑心立誓不娶不嫁的男女，由於已經變成無用的智力主義者，不肯更變心腸；他們都已被外場的成就所蒙蔽，誤信他們以屬於人類而言，能從家庭之替代物中得到快樂，或從能使他們滿意的智力藝術或職業興趣中得到快樂。

我認爲他們是錯誤的。這種個人主義的現象：不婚嫁，無子息，擬從事業和個人成就之中尋求充足滿意生活的替代物，和阻止虐待牲畜，在我看來，都是很愚笨可笑的。在心理方面而言，這頗彷彿幾個老處女因在馬戲團裡邊看見老虎背上有幾條鞭痕，引起疑心，而擬控訴馬戲團領袖虐待老虎一般。這種抗議用非其地，是母性的畸形發揮；試想真正的老虎會在乎打幾鞭子嗎？這種老處女是在盲目地摸索一個生命中的位置，而又自以爲是地要想旁人認她們爲合理。

政治文學和藝術的成就所給予成功者的報酬，不過是些空心的智力上的喜悅。但眼看自己的兒女長大成人，其愉快是出於衷心，而何等實在。著作家和藝術家，有幾個能在老年時對於自己的作品感覺滿意？其中大多數無非視之爲消遣中的偶然產物，或藉以維持生活的工作而已。據說斯賓塞在臨終的前幾天，將他所著的《綜合哲學》十八巨冊放在膝上，當他覺到其份量沉重時，頗有這份量如若換上一個孫兒豈不更好的感觸。聰明的伊里亞（Elia）豈不是願意將他所著的所有論文去兌換一個夢想中的兒女嗎？人造糖、人造乳油、人造棉花，已夠討人嫌；如再加上人造兒童，豈不更可悲嗎？約翰・洛克菲勒（John D. Rockefeller）的慈善施捨遍及全世界，受益的人不計其數，他對這些，自然感到一種道德上和審美的滿意；但同時我深信如此的滿意是異常淡薄脆弱的，在高爾夫球棍一揮之際，即能完全忘卻，而他的真實的不會遺忘的滿意，仍是在於他的兒子。

從另一方面看來，世人的快樂大部分是在於能否尋到一種值得用畢生心力去做的工作，即心愛的工作。現在男女人所做的職業，我很疑心有百分之九十是屬於非其所好。我們常聽人誇說：「我很愛我的工作。」但這句話是否言出於衷頗是一個問題。我們從沒有聽人說：「我愛我的家。」因爲這是當然的，是不言而喻的。普通職業人士每天走進他們的辦公室時，其心境差不多是和中國婦人對生兒育女一般的抱著一種「人人如此我又何能例外」的心理。

個個人都在說我愛我的工作，這句話如出之於電梯司機、電話接線生，或牙醫之口，顯然是一句謊言；如係出於編輯人，地產經理人，或證券經紀人則尤其屬於違心之論。我以爲除了到北極去的探險家和試驗室中的科學家專心致力於發明之外，人們對於他的工作，充其量也不能超過頗感興趣，頗合性情，而總夠不上愛字。對工作的愛，萬不能比擬母親對兒女的愛。

許多人常因對於自己的職業發生厭惡而屢次改業，但從沒有一個母親會對養育兒女這樁畢生工作發生疑義。成功的政治家會放棄他的政治成就，編輯人會捨棄他所出版的雜誌成就，飛行家會放棄飛行成就，拳擊家會放棄比拳場成就，優伶會放棄舞台；但從沒有聽見過一個母親（**不論她是成功的或失敗的**）會放棄她的母職。她覺得自己是必不可少的人物，她在生命中已有了一個地位，堅信她的職務沒有一個人能夠代替。這信念比希特勒自信只有他能夠拯救德國還要深切。

除了這樁自知已在生命中得到切實地位的滿意以外，更有什麼東西能給人們更大的快樂？我敢說執業的人當中，或者有百分之五居然能得到合於自己性情的工作，而能夠愛好；但百分之百的父母都覺得撫育自己的兒女乃是生活目標中最深入最切身的部分。因此可知，一位母親比一個建築師更易於獲得真正的快樂，而大自然也絕不使她失望的。所以婚姻豈不是最宜於女人的職業嗎？

我知道女人未始沒有這種感覺，不過沒有形之於口罷了。現在經我一旦說破，而又明說家庭的重擔終究必須由女人去肩挑，女人聽了或者要受到一些驚懼。但這個確是我的本意和題旨。我們等著看罷，究竟哪個待女人好些？因爲我們所關切者不過在於女人的快樂，但不是社會成就上的快樂，而是自我的快樂。即從相宜或合格的觀點上講起來，我以爲沒有幾個銀行經理能像女人般的適宜於其職務。我們常聽見說才力不及的主任，才力不及的營業經理，才力不及的銀行家，才力不及的總理，但難得聽見才力不及的母親。所以女人是天然合宜於母職的這樁事，她們自己都知道，並也願意去做。現在的美國大學女生似乎已若有離去謬誤理想的趨向，有許多已漸漸知道用合理的眼光去視察生命，而公然宣佈她們願意嫁人了。我理想中的女人有愛好化粧品而同時也愛好數學者，是個柔媚的女性，而不單是一個女性。讓她們去調脂弄粉，如尚有餘力，則讓她們如孔子所說一般去從事於數學。

我在上面所說的一切，是以一般男女的一般理想而論。女人中也和男人一般有才能傑出者，世上的真正進步即係依賴她們的創造才能而成功。我希望一般的女人能把婚姻當做理想職業去生育小孩，或者也洗一些碗盤。同時我也希望一般的男人放棄了藝術，而單去做賺錢養家的工作：如理髮、擦鞋、捉賊、補鍋，或飯店侍者之類。生育小孩，教養他們，當心他們，使他們長成為有用聰明的國民的職務，勢必需要有人擔當；而男人則顯然不但不能生育，即叫他去抱小孩或替小孩洗澡也要手足無措。所以我自只可以期望女人去擔任了。

這兩類工作：教養小孩，和理髮擦鞋或替人開門，哪一類比較高尚一些？我也不能確定。但我總以爲丈夫即在那裡替別人開門，則他的妻子又何必憎嫌洗碗盞。從前立櫃台的都是男人，現在被大批女人跑進來占據了這位置，而將男人擠了出去做替人開門的工作。如女人認爲是較爲高尚的工作，我們很歡迎她們來做。但須知在生活尋求的方式上，工作無所謂高低之別。一旦女人在衣帽室裡收付衣帽，未必高尚於替丈夫補襪子，其間的分別，不過在於補襪子者對於這襪子所有人有榮辱與共的關係，而是衣帽管理人所沒有的。我們自然希望這襪子所有人是一個良好丈夫而值得他妻子的服侍，但人們也不應該悲觀到凡是丈夫的襪子都是不值一補的地步。男人也未必都是不肖的。最重要的一點就是：教養兒童之神聖工作的家庭生活於女人太爲低賤這個普通假說，實不能稱爲合理的社會態度。只有在女人、家庭和母職未能受著相當尊重的文化中，才有這種觀念。

## 三　性的吸引

在女權和增進女子的社會權利的門面背後，即美國也未能給予女人應有的地位。我希望我這印象是不對的，我也希望在女權增進的當中，男人的中古武士精神沒有減退。因爲這兩件事並非一定聯繫而行；武士精神或真心敬重女人精神，並非即是聽女人自由花錢，聽女人自由行動，聽女人擔任執行公務，和聽女人投票選舉之謂。在我這種生於老舊世界，抱有老舊觀念的人看來，世上的事情都有切己和不切己之別。美國女人在不切己的事情上，其地位已遠勝於舊世界的姊妹；但在真正切己的事情上，則依舊相同，沒有寸進。武士精神在美國也未見得較顯於歐洲。美國女人能真正發施權力之處依舊是在她傳統的區域，即家庭中。她在這區域中，以服務安琪兒的精神做她的主人。我曾見過這樣的安琪兒，但只有在家庭的神聖私生活中才能見到，只在一個女人飄然往來於廚房客室之間，做專心愛好家庭的主婦中才能見到。她在這裡放射出一種燦爛的光明，如移置到辦公室去時，便是不合式而不可思議的了。

這只不過因爲女人穿了飄逸的長裙比穿著短小的公事褂更爲動人，更爲嬌美。這或許不過是我的想像。問題的要點只在：女人居家正如魚之居水，女人一穿上公事短褂之後，男人就會拿她們當同事，即可以任意批評。但一等到她們在公事時間之外穿上了飄飄長裙，男人即自然放棄和她們競爭的心思，而只會坐著向她們張口呆看了。一進公事範圍，女人較守紀律，對於日常例行公事也比較優勝：但一出辦公室，例如在喜事茶會等處，同事彼此遇到時，女人即較爲活潑，較會發揮本能。她們會隨口勸告男同事，甚至她們的經理，快去理髮，或告訴他們到哪裡去買最好的醫治脫髮藥水。在辦公室中女人說話時極低聲下氣，但在辦公室之外，她即以權威者的態度發言。

從一個男人的觀點坦白說起來——其實也無需諱言——我以爲公共場所中有了女人，實在使生活上例如辦公室中和街上增添不少動人的點綴和自然的禮貌。這於男人很有益處，可以使辦公室中的語聲變爲柔和，色彩較爲鮮豔，辦公桌上也可以較爲整齊。我又以爲造化所賦予的性吸引力，或性吸引力的欲望，其程度至今沒有變更。不過美國的男人則享受較大的豔福，就因爲在性誘引上，美國女人較別國女人例如中國女人更爲致力於獲得男人的歡心。我的結論是：西方的人們過於著重性，而過於輕視女人。

美國女人所費於整理頭髮的時間，其長久和舊時的中國女人差不多。她們對於修飾較爲公開、恆久和不擇地而行。對於節食、運動、按摩和尋求保持美態的方法較爲熱烈。早晨在床上將兩腿做起落的運動，以收束腰身，較爲嚴切奉行。在一個中國女子已經拋棄脂粉的年齡，但在美國依然會拍粉點脂，色染頭髮。她們於生髮水和香水花費較多的錢，所以美國的化粧品如白天雪花膏、夜用雪花膏、無色雪花膏、搽粉之前所用的冷膏、面霜，防止毛孔漲大的冷霜、檸檬冷霜、避日炙冷油、去皺紋冷油、魚油，以及各種稀奇古怪的香油，多至不可勝計，銷路多很廣大。也許是美國女人有較多的時間和錢可以耗費。她們或者是穿衣服以討男人的歡喜，脫衣服以討自己的歡喜，或是掉過頭來，或兩者都有之，都說不定。

中國女人沒有這樣的厲害，也許是因中國女人沒有得到這許多種化粧品的機會的緣故。但對於女人想要吸引男人的欲望，我實在不敢說各種族之間有什麼不同的地方。以前的中國女人也因極力想討男人的歡喜，將她的雙足纏成三寸金蓮，不過現在則已經解放，而改爲穿高跟皮鞋了。我雖然不是先知，但我敢預言，在不久的將來，中國女人也必於每天早晨在床上做幾分鐘的腰腿運動，以討她的丈夫或自己的歡喜。

然而很顯明的事實在這裡：現在的美國女人是更致力於注意身體上性吸引力，並專在性吸引力方面講究她們的衣飾，以討男人的歡喜。其結果是：在公園裡或街上所見的一般女人，大概都具有較爲苗條的身材，都穿著較爲講究的衣裳。這確須感謝女人所費於保持其曲線的努力，因而使男人獲得很大的愉快。但據我的想像，她們在神經上必因此受很重大的影響。我所說的性吸引力，均係對母性吸引力，或對女人一般的吸引力而言。我疑心現代文明的這種狀態，已把它的特質深印於現代戀愛和婚姻上了。

藝術使現代男人有了性的意識。對於這點，我毫無疑義。先前是藝術，後來變爲商業性的利用，將女人的全體直到最後一條的曲線和最後一隻染色的腳趾爲止，完全開拓起來。我從未見過女人的肢體經過這樣的商業性開拓，而我並且奇怪何以美國女人竟肯這樣馴服地聽人家去將她們的肢體開拓到這個地步。

在東方人的心目中，這種對女人身體的商業性開拓，和尊重女人的觀念絕不能並立。藝術家稱之爲美，看戲的觀眾稱之爲藝術，只有戲館老闆和經理直稱之爲性吸引力，而男人們也就因此得到很好的消遣。在這男人所創造，男人所統治的社會中，女人可以剝光了去供商業性的開拓，而男人則除了歌舞團團員之外，很少赤身露體的時候，這實是一種奇特的現象。在戲台上我們能看到女人幾乎不穿著什麼，但男人則依然都是衣冠整齊。如若這個世界是女人統治的話，那麼我們當然就要看見赤身露體的男人，而女人則都穿上長裙了。

藝術家對於男女人的身體構造同樣地研究，但他們似乎終沒有法子可以將男人的身體美化為商業性的用場。戲院以裸體爲號召，但大概都是剝去了女人的衣服以吸引男人，而絕不剝去男人的衣服以吸引女人。就是在較爲高尚的表演中，雖然是藝術和道德並重，但也總是讓女人藝術化，男人道德化，而從不堅持女人道德化，男人藝術化。（在遊藝表演中，男演員大都偏重於滑稽；即跳舞的時候也是如此，而觀眾尚認為是藝術的。）

商業廣告都抓住這一點，千方百計的利用。所以現在的人們如要知道什麼是藝術，他只須買本雜誌，將裡邊的廣告看一遍，便能瞭然。其結果使女人的腦筋中深印下極其深刻的女人必須藝術化的印象，甚至下意識地默認了這個原則，很情願地忍饑節食、運動、按摩、嚴格遵守一切紀律，以求對於美的世界有所貢獻。心地不很明白的人看了，幾乎要認做女人除了利用性吸引力外，竟沒有其他抓住男人的方法了。

我認爲這種對性吸引力的過於注重，造成一種對女人的整個天性的不成熟和不充足的觀念，影響及於戀愛和婚姻的性質，而也引起了對於這兩件事的謬誤或不充足的見解。因此，女人即被認爲只是一個可能的伴侶，而不是家庭的主持人物。女人是一個妻，也是一個母；但因現在如此的注重於性，以致伴侶的意想取代了爲母意想的地位。不過我仍堅持女人只在爲母時能達到她的最崇高身分。如若一個女人竟拒絕爲母，則她便立刻喪失大部分的尊敬和莊重，而有成爲玩物的危險。我以爲一個女人，不論她在法律上的身分如何，只要有了子女，便可視之爲妻；而如若沒有子女，則即使是妻，也只能視做姘婦。子女使姘婦抬高身分，而無子女則使妻降級。現代女人有許多不願生育，理由也很顯明，無非恐懷孕將妨礙她的苗條身段罷了。

好色的天性對於增進人生的生趣，有相當助力，但行之過分，則反而不利於女人。欲求保持性吸引力的意念當然是一種加在女人神經上的壓力，而男人則沒有的。這也是太不公平，因爲人們如過於重視美麗及青春，則中年女人便陷於對灰白的頭髮和不可挽回的光陰做必不能勝的奮鬥。中國某詩人早已提醒我們說，青春之泉是無稽之談，無人能繫住光陰不讓它前進。因此中年女人如保持做性吸引力的努力，即等於和年齡賽跑，太不合理。只有幽默能補救這個處境。如若我們明知和老年白髮無從爭鬥，則我們何不就認白髮爲美麗；朱杜的詩：

白髮新添數百莖，
幾番拔盡白還生；
不如不拔由他白，
那得功夫會白爭。

這整個情形既不自然而且太不平。這是於爲母者和年齡較大的女人不平允的。重量拳擊家將錦標保持了數年之後，勢不能不將寶座讓給較爲年輕的後進；跑馬場裡得錦標的馬，過了數年，自不能不將第一位置讓給年齡較小的馬；同樣地，年齡較大的女人，絕不能戰勝年輕的少女。同類相爭，其實何必。中年女人想在性吸引力上和少女爭高下是一件愚拙、危險，而又無望的舉動。女人所應重視者尚有比性更進一層的東西。談情說愛的動作，大部分當然以身體的吸引力爲根據，則較爲成熟的男女自應視之爲過去的事情，而不必再斤斤於此了。

我們知道人類是動物中最喜歡表示愛情的動物。但除了這種天性外，還具有一種同樣有力的父母天性，結果即產生了家庭生活。多數動物大概都和人類一般具有表愛情和父母天性，但家庭生活的起點則好像是發源於長臂猿。不過在一種過分矯飾的文化中，人類受了藝術上不斷的性刺激如電影和戲院之類，他們的家庭天性便有屈服於表愛情天性的危險。在如此的文化中，家庭理想的必須性常易被人們忘卻，尤其是在同時又有一種個人主義觀念的潮流。

所以在這種社會中，我們對於婚姻即有了一種新奇的意見，視爲不過是許多次的接吻，而於結婚的鐘聲中結束。對於女人也有了一種新奇的觀念，視爲不過是男人的伴侶，而不是爲母者。因此理想的女人須是一個具有完美相稱的身體和動人的體態者。

但在我看來，一個女人最美麗的時候是在她立在搖籃前的時候；最懇切最莊嚴的時候是在她懷抱嬰兒或牽著四五歲小孩行走的時候；最快樂的時候，則如我所看見的一幅西洋畫像中一般，是在擁抱一個嬰兒睡在枕上逗弄的時候。或許我已對母道有一些迷信，但在我們中國人，若有一些心理上的迷信是並無妨礙的。我以爲我對於女人的見解並非由於迷信母道所產生，而實是由中國式家庭理想之影響。

## 四　中國式的家庭理想

我頗以爲《創世紀》中關於創造一節，應該從頭寫過。中國小說《紅樓夢》裡邊的才子是一個極富於感情的柔性男人，最喜和女人爲伴，萬分崇拜他許多姊妹的美色，而常常自恨是個男人。他曾說，女人是水做的，而男人則是泥做的。其理由是：女人都是伶俐聰明，嬌媚可愛，而男人則都是愚蠢粗魯，面目可憎：如若《創世紀》的著作人換了賈寶玉，心地和他那麼明白，則《創世紀》必不是這樣寫法。上帝抓了一把泥土，捏成一個人形，從鼻孔一口氣進去，亞當就此造成。但是亞當漸漸燥裂，泥土鬆碎，一片片掉落下來。所以上帝又取了一些水和將進去，使泥土凝結。這種羼入亞當生命的水，就是夏娃。亞當的生命中非有這水不能完成。我以爲婚姻的特別意義至少是如此。女人是水，男人是泥土。水滲入泥土而使之成形，泥土盛了這水而使之有形質。水即流動生活於這當中而有了具體。

元朝名畫師趙孟頫，他的太太管夫人也是一位著名畫家，早經引用過這個泥土和水的譬喻。當夫妻倆都在中年的時候，孟頫對她的愛情似乎減退，想納一個妾。管夫人即作了下面這一首小令，使她的丈夫看了非常感動，便取消了納妾的念頭。

你儂我儂，
忒煞情多——
情多處熱如火。
把一塊泥，
捻一個你，
塑一個我。
將咱兩個一齊打破，
再捻一個你，
再塑一個我。
我泥中有你，
你泥中有我；
與你生同一個衾，
死同一個槨。

中國的社會和生活都是組織於家庭制度基礎上的，乃是人所共知的事。這個制度決定並潤色整個中國式生活的模型。但這個對於家庭生活的理想是從何而來的呢？這問題從來沒有人提出過。因爲中國人都視爲理所當然，而外國則自覺不夠資格去問這句話。把家庭制度做爲一切社會和政治生活的基礎，大家都知道孔夫子曾給予一個哲學的根基。他非常注重夫妻關係，認爲是一切人類關係的根基，也注重孝順父母，每年祭掃祖墓，崇拜祖先，和設立宗祠。

中國的祖先崇拜，曾被某些著作家稱爲一種宗教。我相信這句話在某種程度中是很對的。至於它的非宗教方面就在於它的裡邊很少超自然的成分。它不涉神怪，所以崇拜祖先不妨和信仰基督仙佛或回教神道同時並行。崇拜祖先所用的禮儀造成一種宗教的形式，非常自然而且合理。因爲凡屬信念是不能沒有表現方式的。照這種情形而論，我以爲對著一塊長約十五英寸的長方木牌表示尊意，其尊敬程度和英國把英王肖像印在郵票之上並沒有什麼高下。第一，中國人對於這種祖先之靈並不十分視同神道，而不過當他如在世的老長輩一般侍奉，他並不向他祈求福祐，也不求他治病，並不像普通的崇拜者和被崇拜之間的必有一種施必望報的情形；第二，這種崇拜儀式不過是藉以對已死的祖先表示敬意的典禮，不過藉這一天使全家團聚一次，並紀念祖先對於這家庭所貽的世澤。這種儀式充其量不過如替長輩做一次小規模的生日，和平常替父母做壽，和美國的舉行母親節並沒有什麼分別。

基督教士不許中國信徒參加崇拜祖先的儀節，其唯一反對理由，是因爲祭祖時大家都須跪地磕頭，認爲這是違反十誡中的第一條。這是基督教士太缺乏諒解的表徵之一。中國人的膝蓋不若西方人的膝蓋那樣寶貴，中國人都向他們的皇帝、官府磕頭，新年都向在世的父母磕頭，視爲常事。所以中國人的膝彎較爲易於柔曲，而跪在神主牌之前磕幾個頭，也不會使他即因而變爲一個崇信異端的人。城市村鎮中的中國信徒即因此和一般的社團生活相隔絕，不能去參加大眾節日的歡聚，也不便捐助這些節日的戲份。所以中國的基督信徒是差不多和本族的人不相往來的。

這種對於一己的家庭的虔敬，和神祕性義務的感覺，有時確也能變成一種很深的宗教態度，例如十七世紀的儒者顏元在老年的時候，獨自出外，周歷天下，找尋他的哥哥。因爲自己沒有兒子，所以希望尋到他的哥哥和一個姪子，以便傳宗接代。他是四川人，篤信儒宗，專事力行。他的哥哥失蹤已經多年，他忽然厭棄教讀生活，如奉神召一般的決計出外尋兄。他連哥哥的影蹤都不知道，盲目找尋，這是何等艱難的事情。況且這個時期正值明朝覆亡，全國混亂的時候，遍地伏莽，旅行極爲危險。但他不顧一切，冒險前行，所到之處都貼下招紙，懸賞找尋。他走了一千餘里的路程，經過中國北部數省。直到數年之後，他走過某處時，被他的姪子看見了他手中所拿傘柄上刻著的姓名，知道是他的叔父，方將他引導到自己家中。那時他的哥哥已死，但他的目的仍算達到，因爲果然有一個姪子可繼香煙了。

孔子極力推崇孝道，其理由何在？沒有人能夠知道。據吳經熊博士在某篇論文所說，則是因爲孔子乃是一個沒有父親的人，所以他的心理作用無非也和名歌「甜蜜的家庭」的作者其實從來沒有享過家庭幸福完全一樣。如若孔子幼時他的父親尚在，則他的父職概念便不至於會這樣的深刻。再則如若他已成年，而他的父親尚在世，則結果恐怕更壞於此。因爲，如此他即有機會可以看到他那父親的弱點，而會覺得力行純孝未必是件容易做到的事情了。總之，他出世的時節，父親已經故世，並且不知道父親葬在哪裡。他是一個私生子，他的母親從來沒有告訴過他父親是誰。他的母親死後，他就將母親的遺體葬在「五父之衢」，這當中或者含一些故意亦未可知。後來居然有一個年老婦人將他父親的葬處告訴了他，於是他方將母親的靈柩遷去合葬。

這一個巧妙的假說有怎樣的價值，我們不必苛求。但中國的文學中對於家庭理想的必須，確實舉出不少的理由。它是以一個人還不是一個單位，而只是家庭單位中的一分子爲出發點。由生活潮流假說（這是我所題的名稱）所具的生活觀念爲之支持，而由認力行天性爲道德和政治的最後目標的哲理證之爲正當。

家庭制度的理想和個人主義的理想顯然不能並立。一個人終究不能完全獨自一個兒過一生。照這樣的個人觀念，太缺乏實在性。我們對於一個人如若不認他是一個人子，一個兄弟，一個父親，或一個朋友，則我們當他是個什麼東西？如此的個人將成爲一個形而上的抽象物。中國人的心理都偏於生物思想，所以他們對於人類自然先想到他在生物上的關係。因此家庭即自然成爲人生中的生物性單位，婚姻也成爲一件家庭事件，而不單是個人事件了。

在《吾土與吾民》一書中，我曾指出這種對於家庭制度過分推崇所產生的弊病。它能成爲一種放大的自私心，而於國家極有妨礙。但凡是人類的制度，都免不了這種內在的弊病。家庭制度固然有弊病，但西方的個人主義和國家主義也何嘗沒有。因爲人類的天性是終有缺點的。人民在中國都被認爲較大較重要於國家，但從沒有被認爲較大較重要於家庭。因爲脫離了家庭，他便成爲沒有真實的存在性。

現代歐洲的國家主義，弊病也很顯明。國家可以很容易變成一個妖魔，例如某某數國，其情形已是如此，完全吞食了個人的言語自由、宗教信仰自由、個人的尊敬，甚至吞食了個人快樂的唯一和最後目標。這種集團主義觀念理論的後果，在法西斯主義和共產主義中都已頗爲顯然。其實這種後果早經馬克斯算出來了。馬克斯主義的國家，其目標好像是在完全消滅父母天性，指摘對家庭的感情和忠誠爲布爾喬亞思想，認爲在一種不同的物質環境中是必會廢滅的。馬克斯對生物學中的這一點何以會覺得如此有把握，實是我所不解。或許他於經濟學上很聰明，但於常識上則是個低能兒吧。一個美國小學生尚許會猜到呢。一個具有百萬年發展潛力的天性，自非五千年的短短時期所能消滅。這種論據表面上雖然很奇特，但頗能使西方智識界認爲合於邏輯。我要引用《紐約時報》短評欄的一句話：「一貫理性已經瘋狂而越軌。」人們須服從某種機械主義式的法律去做階級戰爭的概念，自然剝削了他們對信仰和行動的個人自由。所以依據這種極端的個人主義比在家庭制度之下更爲稀少。

和這種西方的個人主義和國家主義對照的就是家庭理想。在這種理想中，人並不是個人，而被認爲是家庭的一分子，是家庭生活巨流中的一個必須分子。這個就是我所謂「生活潮流」假說的意義。人類生活就整個而論，可認爲包括多種不同的種族生活潮流。但人們所能直接覺到和看到的，只有家庭中的生活潮流。東西兩方都有家庭如大樹這個譬喻，每個人的生命不過是這大樹上的一枝，藉著樹幹而生存，盡他協助樹幹滋長下去的本份。所以就我們所見，人類生活顯然是一種生長或連續作用。在這當中，每個人都在家庭歷史上有一番作爲，盡他對於整個家庭的義務，不過成績有優劣，有些替家庭爭到光榮，有些使家庭蒙受惡名。

家庭意識和家庭榮譽的感覺，或許就是中國人生中唯一的團體精神或團體意識。家庭中每個分子因須振其家聲，必須好好的做人，而不得遺羞於家族。他應該和一個球員一般將球推向前去。敗家子不但是個人之恥，也是全家之羞，正如一個球員失足而被對方將球搶去一般。凡去考試而得掛名金榜的好像是一個獲得勝利的球員，光榮不但屬於他個人，也屬於他的一家。考中狀元或不過一個三甲進士的人，光被全族，使全族的人甚至連親戚和同鄉都受到精神上的興奮和實質上的權益。即使在一二百年之後，鄉人尚會誇說某某年本鄉怎樣出過狀元。從前人中了狀元或進士時，全家全鄉都舉行慶祝，榮歸掛匾，大家何等歡欣興奮，覺得榮耀非凡，人人有份。和這個相較起來，現代的學校畢業接受文憑時是何等的冷靜缺乏興趣啊！

在這一幅家庭生活的景象內，其變化和色彩有很大的伸縮餘地。人們須經過童年、成人和老年。這幾個時期先由別人養育他，再由他去養育別人，最後於老年時重複由別人侍奉他。起先他尊奉別人，受別人的指揮，等到成人以後，他便漸漸的受人尊奉，指揮別人。更重要的，女人的插身於家庭之中，使這幅景象增加不少色彩。女人在連續不斷的家庭生活中，不單是個裝飾品或玩具，也不單是一個妻，而實是這株家庭大樹的一個關係生存和必須的分子。因為使連續成為可能者即是女人，而家族中各個支派的盛衰也是以所娶來的媳婦的體質心性為依歸。

一個聰明的家長，於選擇媳婦時，必注意她的出身是否清白，正如園丁對於接果樹的枝必須加以選擇一般。很有些人以為一個人的生活，尤其是家庭生活，或苦或樂，都以他所娶的妻為定，而未來家庭的整個性質也由此而決定。孫子體格的強弱，性情的優劣，完全以媳婦的體格性情為依歸。因此就產生一種根據於遺傳性的無形的，界限不分明的優生學，注重於門第的高低。實則也無非是家長對於未來媳婦的體格姿色和教育的一種取捨標準。普通的標準大都著重於她的家教。依傳統的說法，最好的媳婦應出於勤儉書禮之家。有時候家長發現所娶的媳婦不賢慧時，他便要咒罵親家的家教不良。所以為父母者又多出了一種教養女兒將來成為好媳婦而不致貽羞家聲的責任，例如不會烹飪，不會做年糕之類，都須視為沒有家教。

依照這種家族制度裡的生命潮流假說，永生幾乎是可以看到可以觸到的東西了。一個祖父看見孫兒背了書包上學校，便覺得他好似已在這個小孩之中重新生活。他們撫摩這個小孩時，即感到這就是自己的血肉。他的生命不過是家庭大樹上的一枝，或永遠向前流去的潮流中一部分。所以他雖死也是快樂的。因此中國的家長所關切的事情就是：親見男婚女嫁，視爲比將來自己所葬的墳墓或所睡的棺材更重要。他必須親眼看見媳婦或女婿是怎樣的人，方始放心。如若都是很好並且滿意的，他便可以含笑而逝，一無遺恨了。

這種生命概念的結果：使一個人對於任何事物都有一種伸長的見解，而不再認生命爲始於個人，止於個人。球隊當中雖有一二個守衛中途退出，但他們的位置即刻有人塡補，而球賽依舊可以繼續下去。成敗也因而變換了性質。中國的生活理想是：做人須無愧於祖宗，並有無愧於己的好兒子。中國官員在辭職時每引用下面這兩句老話：

有子萬事足，
無官一身輕。

一個人最不幸的遭遇或許就是兒子不肖，不能維持家聲，保持家產。一個富翁看見他的兒子好賭，就覺得他半生辛勞所積聚的家產不能保持。如果兒子失敗，這失敗便是絕對的。在另一方面，一個眼光遠大的寡婦，如有一個五歲的好孩子，她就能含辛茹苦歷盡艱難去教養他。中國歷史中這種守節撫孤的女人很多很多，期望經歷多年苦況之後兒子成人，一旦飛黃騰達。蔣介石就是這類事件的一個最近榜樣。他幼時和寡母常受鄰人的欺侮，但寡母因有這個兒子，終願奮志撫養。寡居的母親，由於她們的富有實際見解，常常教養出才德俱優的大人物。這椿情形使我覺得單以撫育兒童而言，父親竟是不必要的。寡婦的笑聲最響，因爲她總是末了一個發出笑聲的人。

因此生活在這種家庭方式之中是令人滿意的，因爲人生的生物性各方面都已顧到。此即孔子所關切的事情。依孔子的見解：政治的最後理想原是異常屬於生物性的。他說：「老者安之，少者懷之。」「內無怨女，外無曠夫。」這話不單是對於枝節問題的一種表白，而實是政治的最後目標，所以尤堪注意。此即人性學者所謂的達情哲理。孔子意欲使一切人類天性都得到滿足，以爲必須如此方能使人在滿意的生活中得到道德的和平，而只有道德的和平方是真正的和平。這是一種政治理想，其目的在於使政治成爲不必要。因爲這種和平是發於人類本心，極爲穩固的和平。

## 五　樂享餘年

據我的見解，中國的家族制度大概是對老者和幼者的一種個別準備的佈置。因爲童、幼、老三個時期須占到人生歲月之半，所以幼者和老者都應當心使他們過滿意的生活。其中幼者雖因不知人事而比較不會自己當心自己，但對於物質的享用，則其需要不如老者那麼深切。小孩對於物質供給的缺乏，往往不太有感覺。所以貧苦人家的孩子常和富家的孩子一樣快樂。他因沒有鞋穿而赤腳，但在他未始不是一種舒適，而在老者，則赤足便覺得十分難受了。這是因爲幼童都較爲充滿生氣。他有時雖也知道憂慮，但一會兒便會忘卻。他不像老者那般並沒有錢財觀念，他有時也會收藏幾張香煙裡邊的贈品劵，但他的目的不是積財，而是想去換一支氣槍。老年的人便與此不同，而去收藏自由公債了。這兩種收藏舉動在意趣上是不能做比較的。其理由是：因爲幼童不像成人那麼受過生活的壓迫，他的個人習慣尙沒有形成。他喝咖啡並不一定非某種牌子不可，無非是有什麼吃什麼。他並沒有什麼種族偏見，他的思想和概念都尙沒有固定的軌道。所以老者比幼童更需要他人的幫助，這事好似很奇怪，但其原因則是因爲老者的恐懼心較爲明定，欲望較爲無限制而已。

中國人在上古時代已有優視老年人的意識。這種意識我以爲可以比擬西方的武士精神和優視女人習慣。其實這種舉動也可以稱爲武士精神。孟子所說：「頒白者不負戴於道路矣。」即表示一種優良政治的最後目標。孟子又列述世上四種最困苦的人爲鰥、寡、孤、獨。他說，第一第二兩種應由一種政治經濟的安排方法使他們男婚女嫁，各將其偶。他對於孤兒的處置沒有提起，但當時已有養老院的設立，而育嬰堂也是各時代都有的。不過人人知道養老院和育嬰堂終不足以替代家庭一般的感覺，都以爲只有家庭能給老年和幼童以一種相當滿意的供給。小孩子自有父母愛護他們，可毋庸細說。不過晚輩對於長輩的孝養，則正如中國的俗諺：「水往低處流」那句話一般，不像長輩愛小輩那麼自然，而必須由文化去培植出來。

一個自然人必會愛他的子女，但只有受過文化洗禮的人才會孝養父母，敬愛老年。這個教訓到現在已成爲大眾所公認的原理，並且據有些學者說來，能得孝養父母的機會已成一種權利，而爲人所渴望的了。父母病的時候未能親侍湯藥，死的時候未能送終，已被中國人視爲終身莫大的遺憾。官員到了五六十歲尚不能迎養父母，於官署中晨昏定省，已被認為犯了一種道德上的罪名，而本人對於親友和同僚也必要時常設法解釋他不能迎養的理由。從前有一個人，因回到家裡時父母死了，即不勝悲憾，說了下面這兩句話：

樹欲靜而風不息，
子欲養而親不在。

我們應該可以假定，如果人們能過一種詩意的生活，他就會拿晚年當做他一年中最快樂的時代。他非但不會再畏懼老年，反而希望這個時期早些來臨，當它是一生中最美好快樂的時期，而時常事先預備去享受它。我將東西方的生活拿來比較時，覺得兩者之間雖有許多不同的地方，但絕不相同的實在只有對於老年的態度這一點。這態度在東西方絕對的不同，而且區別分明，毫無折中調和的餘地。兩方對於性，對於女人，對於工作娛樂和成就，在態度上雖是不同，但其不同之處都不過是相對的；例如：中國夫妻的關係和西方的夫妻關係，根本上沒有很大的分別。即父母和子女之間的關係也是如此。此外如對於個人的自由，民主制度，人民和統治者之間的關係等等的觀念，實在也並沒有什麼極大的不同之處。但對於老年一事的態度，則兩方的態度竟截然不同。這一點在向人詢問年齡和說出自己的年齡時，就可以明白地看出來。

中國的習慣在拜訪生人時，問過尊姓大名之後，接下來必問他貴庚。如對方很謙虛地回說只有廿三或廿八歲，則問者必以「前程遠大後福無量」一語去安慰他。但那人如回說已經卅五或卅八歲，則問者便會表現尊敬的態度，而讚他好福氣。總之所回報的年齡越高，則所受到的尊敬越深。如答話的已經五六十歲，則問者必低聲下氣地以晚輩自居，表示極端的尊敬。所以凡是年老的人，如可能的話，都應該到中國去居住。因爲在那裡只要是白髮龍鍾的乞丐，討起飯來也比別人容易些。中年人常希望快些過他的五十歲生日，得意的商人和官員常大做四十歲的生日。但是五十歲生日，即所謂年已半百，更爲人所重視。以後每隔十年必做一次壽，六十歲的生日比五十歲更快活。七十歲的生日比六十歲更快活。如能做八十歲的生日時，更將被人視爲得天獨厚。頷下留起長鬚來，是祖父一輩人的特權。沒有到這資格的人，例如還沒有孫子或年齡未過五十者，如若留鬚，常會被人背後譏笑。因此年輕的人也都喜學做老成持重，抱著和老年人相同的見解。剛從中學畢業的少年書生，已在那裡寫「青年應知」和「青年應讀」等類的文章，並以爲父母者的態度而討論青年的墮落問題了。

我們如了解中國人之如何珍視老年，便能明瞭爲什麼中國人都喜歡倚老賣老，自認爲老。第一，照中國的禮貌，只有長者有發言的權利，年輕的人只許靜聽。所以中國有「少年用耳不用口」那句老話。凡有年齡較高的人在座時，年輕的人只許洗耳恭聽。世人大都歡喜發言而受人聽，因此在中國必須到相當的年齡才有發言權利這件事，便使人期望早些達到老年，以便無論到什麼地方都可以多說幾句話。這種生活程序之中，人人須循序而進，每個人都有同等達到老年的機會，而沒有一個人能躐等超前。因此當一個父親教訓他的兒子時，如若祖母走來插口，那做父親的便須停口，謹敬恭聽。這時他當然很羨慕那祖母的地位。年老的人能說：「我所走過的橋比你所走過的街還要多幾條。」因此，以經驗而言，年輕的人在長者之前，沒有發言的權利，自只能洗耳恭聽，這是很公允的。

我雖然已很熟悉西方的生活，並很明白西方人對於老年的態度，但有時所聽見的話仍使我非常詫異。這種使我奇異的態度，常有所遇。我曾聽過一位年老的婦人說，她已有幾個孫兒女，其中以長孫使她受到的感觸最大。她的意思是長孫已如此大，將反映她自己的年齡之高。我很明白美國人最恨別人說他已老，但我意料不到他們的畏懼心竟會到這個地步。五十歲以下的人大都希望旁人視他爲依然年富力強，這很在意中。但是一個頭髮已經花白的老婦人。在旁人提到她的年齡時尙要顧左右而言他，實在使我意外。當我在讓一位老者先走進電梯或公共汽車時，我心中自不免有爲他已老的意思，但我總不敢形之於口。有一天遇到這樣一件事時，我無意之間說了出來，不料那位很尊嚴的老者於坐下去時，竟會向坐在他下手的太太用著譏笑的口氣說我：「這年輕的人，竟以爲他比我年紀輕得多啊！」

這種情形太缺乏意識，使我不解其所以然。我很諒解年輕和中年未嫁的女人因爲保愛其青春，所以不願意將年紀告訴旁人。中國女郎達到廿二歲而尙未出嫁或定親時，也常要感到一些恐懼。歲月的消逝，一刻也不肯停留。女人常怕被歲月所遺棄，如在公園晚間園門關時不及出去而被關閉在裡邊一般。因此常有人說，女人一生中最長的一年是廿九歲，直可以延長到三四年之久而依然是廿九歲。但除了這種情形以外，隱瞞年齡便毫無意義。在旁人眼中，人非已老何以能夠聰明。年輕的人對於生命婚姻和眞有價值的事物能知道些什麼？

我很諒解因爲西方生活的整個模型都過於重視青春，所以不論男女都不敢將自己的年齡告訴他人。一個年紀四十五歲的女書記，其實很富於精力，辦事效能很高，但是假使她將年齡一旦說破，便將爲了不可解的理由被人認爲毫無用處。無怪她爲了要保全飯碗起見，而不能不隱瞞年齡。這種生活的模型，和對於青春的過於重視，都太缺乏意識，照我看來，竟毫無意義。這種情形顯然是職業生活所造成，因爲我深信在敬老上，家庭勝於辦公室。除非美國人民漸漸覺得增嫌工作效能和成就，上述的情形竟是無可避免的。我頗以爲等到美國的爲父者能視家庭而不是辦公室爲他生活中的理想處所，能公然如中國父親一般泰然自若地告訴旁人他已有一個好兒子，可以繼續他的事業，並且覺得受其奉養很可誇耀時，他便會期望這種快樂時期的來臨。在尚未到五十歲的時候，即要屈指計算，好像等得不耐煩了。

美國身體康健的老年人常對人說他尙年輕，而旁人也說他年輕。但實在的意義則是說他康健，這真是一種語言上的不幸。老年壯健是人生的莫大幸運，但改稱之爲壯健年輕，便將減削意義，使原來很完美的東西變爲不完美了。實在說起來，這世界中再沒有比一個壯健而智慧的老翁更美麗的，他有著紅的面頰，雪白的頭髮，以通曉世故的態度，用和藹的口氣，談著做人的道理。中國人很明白這一點，所以畫起老翁來總是紅面白鬚，視之爲人世終極快樂的象徵。中國人所畫的壽星，美國人大概也看見過的，他那高高的額角，紅紅的面孔，雪白的長鬚，笑容可掬的樣子，這畫像是何等的生動。他手撫長鬚，悠然自得，何等的莊嚴，令人起敬。因爲從沒有人對他的智慧發生疑問，所以他極端自信。因爲他見慣了人世的憂苦，所以極仁慈。我們對於富有生氣的老者每說他們是老當益壯，像勞合．喬治這樣的人，我們每稱他爲老薑，意即薑桂之性，越老越辣。

我在美國幾乎連白鬚老者的影子也看不到，他們好似結了伴躲避我。我在美國已那麼久了，只有一次在紐澤西州看見過一個略具白鬚老者樣子的人。這或者是安全刮鬍刀的成績，其可惜和愚笨正如中國北方的農民將各處山上的樹木一起砍伐淨盡，弄得美麗的青山都變成禿頂光皮一般不相上下。美國尙有一處寶藏需待他們去發現，這就是美麗和智慧的寶藏。美國人民發現時方能覺得這寶藏是何等的悅目賞心。飄飄長髯的山姆老叔已不復可見，因爲他已用安全刮鬍刀將長鬚剃去，變成一個雙顴高聳，雙頰凹癟，戴著一副牛角框眼鏡，透出炯炯目光的滑稽樣子了。這一變立刻使他失去了舊日的莊嚴偉大，那是何等的可惜。我對最高法院問題所取的態度（**這問題其實和我並不相干**），完全係以愛好查爾斯·伊文思·休斯（Charles Evans Hughes）的面貌而決定的。他簡直已是美洲碩果僅存的偉大老人。試問此外還有別個嗎？爲了優待起見，自應讓他退休，但如果說他已衰老不堪任事，則在我看來竟是絕大的侮辱。他的面貌是雕刻家所認爲最合理想的。

美國的老人依舊要如年輕人一般的忙碌，顯然是個人主義推行得太過分所致。他以自立爲榮，而以依賴晚輩爲恥。美國憲法曾替人民規定下許多應享的權利，但不應遺漏了老年人應由其子女扶養這一條。因爲這也是由服役而產生的一種權利和義務。爲父母者在子女幼小時何等的辛勞，子女小有病痛必整日整夜的服侍，換下來的尿布每天必須洗滌，須費二十餘年的功夫方能完成教養，使他們可以出去應世做事。他們既費了這麼大的心力，則到了老年時，應該由他們的子女扶養並受人尊敬，尙有拒絕不給予他們的道理嗎？在普遍方式的家庭生活中，凡是人都先受父母的教養，後來則接下去教養自己的子女，最後則受子女的扶養，程序極爲自然，其間沒有個人自傲的餘地。中國人因爲他們對生活的概念是完全以家庭中互助爲基礎，所以並沒有個人獨立的意識。因此到了老年受子女們的扶養時，也不覺得有什麼可恥的地方，反而將因有子女扶養他們而自己覺得欣幸。中國人的生存目的也僅此而已。

西方人則不然，他寧可抹去一己去住在附有烹飪室的旅館中。出於大公無私的願望，不願為子女所累，不願去干涉他們的家庭生活。但他其實有干涉的權利，這種干涉即使將使子女們不愉快，但確屬十分自然。因為一切生活，尤其是家常生活，本是一種節制課程。試想人在幼時，豈不都受父母的干涉嗎？操行主義者以為子女須離開父母，在這種思想中，我們看到不干涉的邏輯。父母曾為我們費過一番極大的辛勞，如若我們在他們老而無能時尚不能容忍他們，則我們在家庭中尚能容忍什麼人？一個人無論如何須學習自制，否則連婚姻也失去效力。試想骨肉的親愛奉侍，豈是旅館僕役所能代替的嗎？

中國人對於年老父母的躬親奉侍概念，係完全根據於有恩必報的理由。一個人從朋友方面所受到的恩惠都可用數字計算，但父母的養育之恩則絕不是數字所能記錄的。中國的教孝論文中，一再提起洗尿布。這件事使輪到自己做父母時覺得有意義。所以為了報答起見，父母年老時，為子女者豈不應好好的侍奉，視其所好，每天以精美的膳食供養嗎？為子女者盡孝道不是一件很容易的事情，不單是像醫院看護服侍一個陌生病人一般，但求盡職就能算數的。以下是屠羲時所著《養正遺規》中的一節。這篇文字從前小學生都當作教科書讀，中間詳述子女應該怎樣對父母盡其孝道：

夏月侍父母，常須揮扇於其側，以清炎暑，及驅逐蚊蠅。冬月則審察衣被之厚薄，爐火之多寡，時為增益；並候視窗戶罅隙，使不為風寒所侵，務期父母安樂方已。

十歲以上，侵晨先父母起，梳洗畢，詣父母榻前，問夜來安否？如父母已起，則就房先作揖，後致問，問畢，乃一揖退。昏時，候父母將寢，則拂席整衾以待，已寢，則下帳閉戶而後息。

因此在中國，哪個不期望做老人，做父母或祖父母？

這類事情常被普羅級著作家所譏笑，視爲封建遺毒。但其中實有一種佳趣，因此中國內地的老年人都還牢守這個思想，而以爲新的中國太不像話。最重要的一點是：凡人如有相當的長壽，他不能不老。愚拙的個人主義似乎假定個人可以在抽象的境地中生存，可以實際的獨立。我們如若捨棄這個思想，便會承認我們必須如此計劃我們的生活方式，以便人生的極樂時期出現在老年之時，而並不在知識未充分的青年時期。因爲我們如若取持和此相反的態度，則我們將於不知不覺之間和光陰做必不能獲勝的競賽，對於未來永遠懷著一種恐懼，深怕它的蒞臨。一個人絕不能不老，凡自己以爲不老的人，都是在那裡自欺。人類不能和大自然相對抗，則何不安於由此而老呢？生命的交響曲，其終點處應是偉大的和平晴朗，物質舒適，和精神上的滿足，而不是破鑼破鼓的刺耳響。

# 第九章　生活的享受

## 一　安臥眠床

我好像終將成為一個走方式的哲學家，但這也是無法的事，一般的哲學好似都屬於一種將簡單的事情弄成令人難懂的學科；但我的心目中則能想像到一種相反的哲學，即是將繁難的事情化成簡單的科學。一般的哲學中雖用物質主義、人性主義、超凡主義、多元主義、什麼主義等類的冗長字眼，但我終以為這類學說未必能比我的哲學更精深。人類的生活終不過包括吃飯、睡覺、朋友間的離合、接風、餞行、哭笑、每隔兩星期左右理一次髮、植樹、澆花、佇望鄰人從他的屋頂掉下來等類的平凡事情。大學哲學家用深奧的字句來描寫這類簡單的生活狀態，無非是一種掩飾其概念的極端，缺乏和模糊的技巧而已。所以，哲學實已漸漸趨近於使人類對於自己的事情更加不懂。哲學目前的成就僅是：愈加解說，愈加使人模糊。

安睡眠床藝術的重要性，能感覺的人至今甚少。這是很令人驚異的。我的意見以爲：世上所有的重要發明，不論科學的或哲學的，其中十有九樁都是在科學家或哲學家，在清晨二點到五點之間，蜷臥於床上時所忽然得到的。

有些人在白天睡覺，有些人則在晚間睡覺。這裡的所謂「睡覺」同時也做說謊解說（**按英文中的Lying 一字做安睡解，也做說謊解**）。我覺得凡是和我同意深信安睡眠床是人生最大樂事之一者都是誠實人，而不信者都是謊言人。他們簡直是在白天說謊。提倡道德者，幼稚園教師，讀伊索寓言者，即屬於這一類的人。至於和我一般肯坦白承認安臥眠床藝術理應有意識地培植者，則盡是誠實的人，都是寧可閱讀不含道德教訓的故事如《愛麗思奇遇》之類者。

安睡臥床，身體的和心靈的，究竟有什麼意義呢？在身體上，這是和外界隔絕而獨隱。人在這個時候，是將其身體置放於最宜於休息、和平，以及沉思的姿勢。安睡並易有一種適宜和舒服的方法。生活大藝術家孔子從來是「寢不尸」，既不要像殭屍一般的挺睡，而必須蜷腿側臥。我也覺得蜷腿睡在床上，是人生最大樂事之一。兩臂的安置也極關重要，須十分適宜，方能達到身體上的極度愉快，和心靈上的極度活潑。我深信最適宜的姿勢不是平臥床上，而是睡在斜度約在三十度的軟枕頭上，兩臂或一臂擱在頭的後面。在這種姿勢當中，不論哪一個詩人即能寫出不朽的佳作，不論哪一個哲學家即能改革人類思想，不論哪一個科學家即能有劃時代的新發明。

寂靜和沉思的價值，能感覺到的人很少，這是令人驚奇的。安臥眠床藝術，其意義不單是令人在整天的勞苦工作之後，在和人相見談話，無意義地說了許多廢話之後，在哥哥姊姊遇事必要矯正以便保護你升到天堂，致使你的神經極受刺激之後，得到身體上的休息。並且還有更進一層的意義。這藝術如果加以相當培植，可以成爲一種心靈上的大掃除。

有許多生意人，公事台上安著三架電話，片刻不停地一天忙到晚，還自己覺得非此不可，引以爲慰；但他實在不知道倘若在半夜後或清晨間安睡在床上做一小時的沉思，反而可以賺進加倍的錢。一個人即使睡到八點鐘方起身，那又有什麼關係？他如在洗臉刷牙之前，先在床上優閒地吸幾枝香煙，將這一天所要做的事情計劃一下，而不要匆忙地起身，則對他的益處將不能以倍數計算。這時候他穿著寬大的睡衣，以最舒服的姿勢睡在床上，沒有緊狹的內衣，牽扳的背帶，窒息的硬領，也沒有很重的皮鞋束縛他，使他那白天勢必失去自由的足趾也得到了解放舒適，這時，他的生意頭腦方能真正運用。因爲一個人的頭腦，只在他的足趾自由時，方是真正自由的。只在頭腦自由時，方有真正做思想的可能。在如此舒適的境地中，他即能思量昨天的成就和失敗，並將當日的事情分其輕重，決定進行。一個商人不妨先預備好一切，到十點鐘時再走進辦公室去。這較勝於在九點鐘，或甚至在八點三刻時，即和奴隸頭目一般的趕到辦公室，就像中國人的所謂無事忙。

但是在思想家、發明家、概念家，在床上一小時的安睡，其所助猶不止此。一個著作家在這種姿勢中，能比他整天坐在寫事台前得到更多的論文或小說資料。因爲在這時節，他完全不受電話、來客和日常小節的煩擾。他好似從一片玻璃或一掛珠簾中看到人間的生活，而現實世界的周圍即好似懸著一圈雲彩，使它增添了一種神奇的美麗。這時他所看見的，不是生硬的生活，而已變爲一幅比生活更真實的畫像，如倪雲林或米芾的名畫一般。

睡在床上，所以有益於人的，理由大概如下：一個人睡在床上時，他的筋肉靜息，血液的流行較爲平順有節，呼吸較爲調勻，視覺聽覺和脈系神經也大概完全靜息，造成一種身體上的靜態，所以能使心思集中，不論於概念或於感覺都更爲純粹。就是在感覺方面，例如：嗅覺和聽覺，也是在這個時候最爲銳敏。所以好的音樂須臥而聽之。

李笠翁於他所著的〈楊柳〉篇中說：人們須在清晨未起身時，臥聽鳥的叫聲。我們在清晨甦醒後，睡在床上聽百鳥的鳴聲，這其實是何等美麗的境界啊！百鳥的鳴聲就是在城市中也大都可以聽到，不過我敢說，能夠感覺到的人很少罷了。以下所述，即某天清晨我在上海所聽到而記下來的：

這天，我在一宵好夢之後，於五點鐘時甦醒，即聽到一陣極為悅耳的聲音。最初所聽見的是高低不一的廠家笛聲。稍停是一陣遠遠的馬蹄的的聲，大概是幾個騎馬的印度巡捕在愚園路上經過。在寂靜的黎明中，我所享受的美的愉快更勝於布拉姆斯的交響曲。又過一陣，即來了一陣細碎鳥鳴聲。可惜我對鳥類沒有研究，所以不知道叫的是什麼鳥，但我的享受則相同。

同時，自然還有別的聲音。有幾個外國青年，大概是在外面狂歡了一宵，這時回家敲後門。一個清道夫在打掃隔壁的弄堂，掃帚的雪刷聲音清晰可聞。忽然之間，大概是一隻野鴨在天空一聲長唳，悠揚不絕。六點廿五分左右，我聽見滬杭甬火車隆隆之聲自遠而來，到極司非而路車站停止。隔壁房中有一兩個小孩的啼叫聲。此後各處漸有人聲，一刻增多一刻，因而知道各處已在那裡漸漸上市了。我自己的屋中，僕人也一一起身，即聽見開窗和鐵鉤插上去的聲音、輕輕的咳嗽聲、輕輕的足聲、杯盤碗盞聲。忽然又有一個小孩呼媽媽聲。

這些就是那天早晨我在上海所聽到的音樂會之奏曲。那年的春天，我所最愛聽的就是鷓鴣的鳴聲。牠們的求偶聲中，共有四個音階。（即do. mi: re—：—. ti）其中re的延長約三拍，在第三拍的中間突然中斷，接上一個低的ti音。這種鳴聲，我在南方的山中時常聽到。最有趣的是，每天清晨一隻雄鳥必先在我的寓所附近的樹上叫起來，隨後雌鳥即在離開約百碼以外之處以鳴聲相答。牠們鳴聲的快慢有時也若有參差，似乎是因於心境的變動。有時則末一短音不叫出來。那地方各種鳥鳴聲種類不一，但鷓鴣的鳴聲最動人。各種鳥鳴聲悅耳異常，除以音樂比擬之外，實在不能用字句形容。據我所能辨別者，其中有百靈鳥、喜鵲、啄木鳥和鴿子。每天早晨，老鴉的叫聲最遲，理由大概是如李笠翁所說，因爲別種鳥類多畏懼人類的獵槍和兒童的石子，所以牠們必在清早人類尙未起身之前，即出來奏牠們的音樂，以免被人類所打斷，而老鴉則並不畏懼，所以起身較遲。

## 二　坐在椅中

我向來以喜歡躺在椅中出名，所以我將要寫一段坐椅法的哲學。朋友之中，喜歡躺在椅中者不止我一個，但不知如何單是我出名，至少在中國文藝界中是如此。我認爲在現代，我並不是唯一好躺椅中者，而人們如此說我，也有些言過其實。

這件事的經過是這樣的：某年我發刊了一本《論語》雜誌。其中，我頗力辯所謂吸煙之害並無其事。雜誌當中雖沒有刊載捲煙廣告，但文字中很多稱讚尼古丁的美德的話，因此便傳了開去，說我一天到晚不做事，只躺在椅中吸雪茄。我雖屢次否認，並極力聲明我實是中國最勤於做事者之一，但傳言依然風行一時，甚至竟成爲我是被人憎惡的有閒階級之一的證據。

兩年後，又因我刊行了一種注重通俗文字的雜誌，於是更坐實我是一個懶鬼。當時我因看不慣流行文章的體裁過於遲鈍，不忠實和虛誕，認爲還是舊式私塾命十二三歲的孩子做「救國」和「恆心之德」等類題目的文章的遺毒，故而以爲必須提倡一種坦白通俗的文體，方能解放中國文章，使之脫去陳腐的桎梏。但我於不經意之間，將通俗文體寫成瀟灑文體，於是共產主義派就拿這個做爲攻擊我的目標，因而我便被認爲是中國懶惰作家中最懶惰者之一，「在這國難時期中，更爲殺不可赦。」

我承認時常躺在朋友家客廳的椅中。但別人何嘗不如此。如若沙發椅不是爲了躺躺而設，則何必有沙發椅？如若二十世紀的男女都必須正襟危坐，則現代客廳中何必擺著那種沙發椅，而我們極應該坐在挺硬的紅木椅子上，身高較矮的婦女甚至必須雙腳懸空的掛著。

其實躺在椅中這件事也有一種哲學。古人和今人的坐法不同，起因即在於對恭敬的注重與否。古人的坐，以態度恭敬爲主，今人則以舒服爲主。兩者之間有一種哲理上的衝突。因爲依照古人的見解（**五十年前尚是如此**），舒服即罪惡，耽於舒服即趨於失敬。這一點赫胥黎在他討論「舒服」那篇文章裡已講得很明白。赫氏所說西方的封建社會阻止了躺椅的產生直到近時這句話，和中國的情形正相同。今日凡自認是在朋友之列的，坐在他的房中時，盡可把兩足高高的擱在他書桌上，而不必有所顧忌。這是熟不拘禮，而並不是失敬。不過這種行為，如在老輩面前，當然是要被斥為不當的。

道德和建築與室內陳設之間，有一種我們意料不到的密切關係。赫胥黎指出西方女人因為怕看見自己的肉體，所以不常洗澡，因而使現代式的白磁浴缸的發明遲延了數百年之久。當我們認識儒教的公私行為都以恭敬為主時，我們就能了然舊式的中國木器為什麼製成那種樣子。我們在紅木椅上，只有挺起背脊筆直地坐著，就因為這是社會所公認唯一合式的坐法。中國皇帝的寶座，坐時並不舒服。如叫我去坐，就是五分鐘也是不願意的。英王的寶座也是如此。埃及豔后克麗奧佩特拉出外之時，總是斜躺在睡椅上，令人抬著行走。她敢如此，就因為她沒有受過孔子的教訓。這種樣子如被孔子看見，那當然也像他對付原壤夷俟一般「以杖叩其脛」了。在儒家的社會中，不論男女都應該恭身正容，至少在正式場合中應該如此。在這種時節，如有人將腿腳略微翹起，便立刻會被人視做失禮。事實上，最恭敬的姿勢例如在謁見長官時，坐的時節應斜欠著身子，將臀部擱在椅子的邊沿上，才算恭敬知禮。儒家古訓和中國建築之間也有密切的關係，但這裡姑不討論下去。

我們應該感謝十八世紀末葉和十九世紀初葉的浪漫派運動，它打破了古禮的傳統思想，方使舒服這件事不再被人認為罪惡。另一方面，除了浪漫運動之外，又因對於人類心理有了進一步的認識，於是對於人生也產生了一種較為真切的態度。這種態度的改變，使人們對戲劇不再視為淫猥，對莎士比亞不再視同化外，也使女人的浴衣、清潔的澡盆、舒服的躺椅和睡椅，得以出現。並也使生活和文章有了一種較為真切，較為親熱的體裁。在這種意義上，我喜歡躺在椅中的習慣，和我的擬想將一種親熱自由瀟灑的文體導入中國雜誌界中的企圖之間，確有一種聯繫存在著。

如若我們承認舒服並不是一種罪惡，則我們也須承認我們在朋友家的客廳中以越舒服的姿勢坐在躺椅上，越是在對於這個朋友表示最大的恭敬。簡括的說，客人能自己找尋舒服，實是在招待上協助主人，使他減少煩慮。試看多少做主人者每爲能否使客人舒服自在而擔憂啊！所以我坐時，每每將一隻腳高擱在茶桌或就近的傢具上面，以協助做主人者。因而使其餘的客人也可以趁此機會拋棄他們假裝出來的尊嚴態度。

關於坐臥器具的舒服比較，我已發明了一個公式。這公式可以用簡單的字句表達如下：椅子越低，坐時越加舒服。有許多人坐在朋友家的某種椅中覺得異常舒適，即因爲這個理由。當我尚未發明這個公式以前，我每以爲室內裝潢家對於一張椅子如何可以使坐者得到最高度的舒適，其高度闊度和斜度之間大概必有一種數學的公式。但自從我的公式發明之後，我即知道這事其實比較簡單。我們如將中國紅木椅子的腳鋸去數寸，坐時即立刻可以較爲舒服。如再鋸去一些，則必更爲舒服。這種情形的合理結論當然是：最舒服的姿勢就是平躺在床上。這豈不簡單嗎？

從這個基本原則，我們即能演繹出一個附則，即我們倘因坐在一隻太高而又不便將腳鋸去的椅子上而覺得不大舒服時，我們只須在椅子的前面找一個擱腳的地方，以減少我們的腰部平線和著腳處的距離，這也即等於減低椅子的高度。我所最常利用的一個極普通方法就是：將寫字台的屜斗拉一隻出來擱腳。但這條附則應該怎樣聰明地實施，則須視各人的常識了。

別人說我一天之中倒有十六個小時醒著的時間是躺在椅中的。爲了化解這個誤會起見，我當說明我也能在寫字台或打字機前很耐心地坐上三個小時。我所要使人明白的是：鬆弛我們的肌肉，不一定是一件罪惡。但我並沒有說我們可以一天到晚鬆弛我們的肌肉，或如此辦法是最合衛生的姿勢。我的原意並不如此，人類的生活終究須由工作和遊息循環爲用，即緊張和鬆弛相替爲用。

男人的腦力和工作能力也如女人的身體一般，每月有一種循環式的變遷。威廉・詹姆斯說，腳踏車的鍊子如若繃得太緊，即有礙於轉動的順利。人類的心力也正相同。無論什麼事情終究是習慣問題，人體內具有一種調節的無窮能力。日本人慣於盤腿坐在地上，我頗疑心如叫他們改坐椅上，他們即易於犯腳抽筋的毛病。我們只有藉著將工作時間中完全挺直的姿勢和工作完畢後躺在睡椅中的舒服姿勢循環變換，方能成就生活的最高智慧。

至於婦女方面，你坐著的時候如若眼前沒有擱腳的地方，則可把兩腿蜷擱在睡椅上。你應知道，這是一個最惹人愛的姿勢。

## 三　談話

「與君一夕話，勝讀十年書。」這是一位中國學者和他一個朋友談了一次話以後的一句讚語。這句話中含有不少真理。「一夕話」現在已成爲一種口頭語，以代表和朋友所做的一次愉快談話，不論是已過的或期望的。中國有兩三種著作，其書名即「一夕談」或「山中一夕談」。書的性質和英文的「週末閒談」相似。這種和朋友的一夕快談，是人生難得遇到的。因爲正如李笠翁所說，凡是真正的智者都拙於言談，而善談者則又罕是智者。所以在高山的寺院中忽然發現了一位深解人生的高士，而同時又是善談者，則其愉快自不亞於一位天文家的發現一顆新行星，或一位生物學家的發現一種新植物了。

現在有許多人都以爲圍爐聚談或坐桶聚談的談話藝術，已因今日事業生活的動率而喪失掉。我以爲動率對於這事確也有些關係。不過談話藝術的毀滅，實開端於家庭改爲沒有火爐的公寓，而由汽車的影響完成這樁毀滅工作。這動率是完全不合的，因爲談天這樁事只在一群富有閒適精神的人當中，寫寫意意，心平氣和，幽默自然的時候方能辨得到。因爲「說話」和「談天」之間顯然有個分別，這兩個中國名詞已表示得很明白。在談話的時候所說的話，天南地北，較爲瑣屑，態度較爲閒適，而沒有辦公事時那種像煞有介事的情形。公事信和朋友之間通問信也有著相類的區別。我們可以和任何人說話或談公事，但不是和任何人可以做一夕之談的。所以我們如若得到一個能真正談天的朋友，則其愉快實不下於讀一本名著，再加上親耳聽見他的語音，親眼看見他的動作的樂趣。這種快樂的談天，我們有時得之於老友的重逢或回溯當年的談話中，有時則在夜晚間火車的吸煙室中，或旅行時的旅舍中。所談的話，狐鬼、神怪、獨裁、賣國，無所不及，談言微中，料及未來，也是常事。這種談天，過後可以使我們長在心頭，一世不忘。

當然夜間是最宜於談天的時候。因爲白天的談天總好似缺乏夜間那種魔力。至於談天的地點，我以爲毫無關係。在十八世紀式的「沙龍」（即書室）中，可以談關於文學或哲學的閒天，但在農家木桶的旁邊也何嘗不可以談。或在風雨之夕的航船中，對河船上的燈光微映水波，而臥聽船夫閒談當地的一個女子怎樣被選去做皇后娘娘的故事。這類談天之所以悅人者，實在於所得的樂趣因地點時間和談者而各不相同。我們所以能牢記不忘，有時因爲談天的時候是正在桂子飄香、秋月懸空的佳景下；有時因爲是正在風雨之夕，一爐柴火之前；有時因爲是正坐在一個高亭之上，遠眺河中船隻往來，而當中有一隻船忽因潮流過激而側翻的時候，或是在清晨坐在車站候車室中的時候。這種眼前即景常和所談的天聯繫一起，因而使我們永不能忘。如若在室內的話，談者或是兩三人或是六七人，老陳微醉，老秦有些傷風鼻塞，都可以使這夕的談天增添趣味。人生是限制於月不常圓，花不常好，良朋不能常聚之中的，所以我們做這類簡單的樂趣，我想不至於爲造物所忌吧？

依常例而言，好的談天等於一篇好的通俗文章。兩者之間的體裁和資料都相彷彿。如狐狸精、蒼蠅、英國人的古怪脾氣，東西方文化的異點，塞納河旁的書攤，成衣舖中的色迷學徒，各國元首政治家和軍人的軼事，儲藏佛手的方法等等，都是極好極相宜的談天資料。它之所以類似文章，即在體裁的通俗。所談的題目盡可以嚴肅重大，如本國情形的慘苦混亂，或瘋狂的政治概念潮流之下文明的沒落，剝奪人民的自由，人類的尊嚴，甚至剝奪人類快樂的終點，或關涉真理和公平的大問題等等，均無不可。不過意見的發表總是出之以一種偶然的、閒適的和親切的態度。因爲在文明的當中，不論我們對強奪我們的自由者怎樣的惱恨，我們至多只許用我們的舌頭和筆尖，以輕描淡寫的字句來表示我們的感想。至於充分發揮真情感的激烈言論，自只可以在少數幾個知己朋友之間，私下發洩一下子。所以要做一次真正的談天，其必要條件是一間關上門的的屋子，幾個知己的朋友，旁邊沒有我們所不願意看見的人，那時，我們方能悠閒地發表我們的意見。

這種真正的談天之有異於政治上的交換意見，其對比情形正如一篇優美通俗的文章之有異於政治家的宣言。這類政治家的宣言中雖表顯著較為高尚的情感，例如：對於民主制度的意見，服務的願望，窮人的福利問題，精忠報國，崇高的理想主義，酷愛和平，保證維持國交，絕不貪圖權位金錢或名譽等等動人聽聞的說話，但其中終免不了帶著些令人遠而避之的氣息，正如我們畏避一個打扮過分、胭脂粉搽得太濃的妖嬈女人一般。反之，我們在聽到一次真正有趣的談天，或讀到一篇優美的通俗文章時，我們便如面對著一個在河邊洗滌衣服的姣豔少女，穿著極淡雅的布衣服，頭髮或有一綹垂在前面，身上的鈕子或有一粒未曾扣上，其天真爛漫的姿態自然令人見而生愛。這也就是西方女人特意穿著便服所想要摹仿的動人姿態。凡屬有趣的談天和優美的文章，都必然具有這種天然的動人之處。

所以談天的適當方式應是親密的，毫無顧忌的。在座的人談到出神時，都已忘卻身處何地，也不再想到身上穿的是什麼衣服，談言吐語，一舉一動都是任性為之。而所談的，也是忽而東忽而西，想著便談，並無一定的題目。我們只有在知己朋友相遇，肯互相傾吐肺腑時，方能真正的談天。而談時各人也是任性坐臥，毫無拘束，一個將兩腳高高的擱在桌上，一個坐在窗檻上，一個坐在地板上，將睡椅上的墊子搬下來當褥子用。因為我們必須在手足都安放在極舒服的地位，全部身體感受舒適時，我們的心方能安閒舒適，此即前人所謂：

眼前一笑皆知己，
座上全無礙目人。

這些都是真正談天的必要條件。我們談時不擇題目，想到便談，天南地北，愈去愈遠，既無秩序，也無定法，隨意所之。所以談到興盡之時，也就歡然而散。

這就是談天和空閒的聯繫關係，也就是談天和散文之勃興的聯繫關係。因為我相信一個國家的真正優美散文是必須在談天一道已經發展到成為一項藝術的地步方能產生。這個情形在中國和希臘散文的發展中最為顯明。我以為孔子之後的數百年中，思想的活動，因而產生所謂「九家」的學說，其起源即因於當時有一群學者，平生惟以說話為事，所以即發展了一種文化的背景。這種發展，除此之外，實說不出其他的理由。

當時列國有五位豪富的公子，都以慷慨好客著名一時。每人的家中都聚著食客數千人，例如：齊國的孟嘗君，他家中養著珠履之客三千人。其人數既如此眾多，則當時的你談我說，議論紛紛的情形，也就可想而知。這類人的說話，在傳於後世的《列子》、《淮南子》、《戰國策》和《呂氏春秋》諸書中，可以得其大概。《呂氏春秋》據說實是他的門下所著，而不過用他的名義（這和英國十六世紀與十七世紀時代的作家著了書，用贊助他的人之名義發表的情形相似）。這部書中已經發展了一種善處人生的概念，大意是不善處人生，不如不生活。

此外還有一群長於說辭的縱橫家，列國君王常利用他們到鄰國去下說辭，或去挽回一次危局，或去勸說退兵解圍，或去說合聯盟。而他們也大都能成功而返。這群縱橫家或學者，都是長於口才，善於譬喻。他們的言論很多記載於《戰國策》中。從這種自由而智巧的言論中即產生了幾位大哲學家，如：以「爲我主義」著名的楊朱，以「現實主義」著名的韓非子（他和馬基維里相似但較為溫和），和以敏捷辯論著名的大外交家晏子。這些都可以證實我的假說。

紀元前第三世紀末葉，楚國李園以他的才貌雙全的妹妹獻給楚相春申君。這樁事就是當時社會生活很文明的一個榜樣。後來春申君又將這女子獻與楚王，以至楚國漸漸衰弱，被秦始皇所滅。

昔者，楚考烈王相春申君吏李園。園女弟女環謂園曰：「我聞王老無嗣，可見我於春申君，我欲假於春申君，我得見春申君，徑得見王矣！」園曰：「春申君，貴人也，千里之佐，吾何敢託言？」女環曰：「即不見我，汝求謁於春申君：『才人告，遠道客，請歸待之。』彼必問汝：『汝家何遠道客者？』因對曰：『園有女弟，魯相聞之，使使者來求之園，才人使告園者。』彼必問汝：『女弟何能？』對曰：『能鼓琴，讀書通一經。』故彼必見我。」園曰：「諾。」

明日，辭春申君：「才人有遠道客，請歸待之。」春申君果問：「汝家何等遠道客？」對曰：「園有女弟，魯相聞之，使使求之。」春申君曰：「何能？」對曰：「能鼓琴，讀書通一經。」春申君曰：「可得見乎？明日，使待於離亭。」園曰：「諾。」既歸，告女環曰：「吾辭於春申君，許我明日夕待於離亭。」女環曰：「圓宜先供待之。」

春申君到，園馳人呼女環到，黃昏，女環至，大縱酒。女環鼓琴，曲未終，春申君大悅，留宿……

這就是當時受過教育的女子和閒適文士的社會背景，因而使中國的散文也有了它第一次的重要發展。當時有善說辭，通文才，嫻於音樂的女子，使男女共處的社會中有著社交的、美術的和文學的動機交織之，點綴這社會的性質和氣象當然是貴族化的，因為，相國是常人很難於見到的貴官，但他在知道一個女子嫻於音樂擅長文才時，他便也渴於一見了。這就是古代中國文人和哲學家所度的閒適生活，而當時的一切著作，也不過是他們彼此之間談話的產物而已。

只有在有閒的社會中，談話藝術方能產生，這是很顯明的。也只有從談話藝術中，優美通俗的文章方能產生，這是同樣顯明的。一般說起來，談話藝術和寫優美通俗文章的藝術在人類文明進步史中，產生的時間比較遲。因為人類的心智必須先經過一種敏銳微妙技巧的發展，方能達此地步。而要發展這些，則又非生活有閒不可。我很明白現在從共產黨的觀點講起來，享受空閒，或屬於可恨的有閒階級，即等於反革命。但我深信真正的共產主義和社會主義，其目的也在使人民應有享受空閒的可能，或空閒的享受應成為普遍的。所以，享受空閒不能算是罪惡。何況文化本身的進步，實是有賴於空閒的合理利用，而談話則不過是其中的方式之一罷了。一天忙到晚的生意人，吃了晚飯就睡覺，齁聲如牛者，是絕不能有所助於文化的。

一個人的空閒，有時是環境所迫成，而不是自我的。許多文學傑作都是在環境所迫的空閒中所完成。因此我們如遇到一個極有希望的文學天才，而看見他虛靡時間於社交或寫作流行的政治論文時，對待他的最好方法是將他關進監獄去。因為我們須記得《周易》，一部討論人生變遷的哲學巨著，即是周文王被囚在羑里時所寫成。而中國的歷史傑作《史記》一書，也是司馬遷被囚在獄中所寫成的。

古代許多著名的作家大都爲了宦途不達，屈在下僚，或是傷心國是，於是轉變生活而產生了他們的文學或藝術傑作。元朝何以產生這許多名畫家和詞曲家？清初何以能產生名畫家石濤和八大山人？即由於這個理由。激於恥爲夷狄之民的愛國思想，使他致一生心力於藝術和學問。石濤實是中國最偉大的畫家之一，但因清朝皇帝對於這班心不臣服的藝術家有意埋沒，所以他的名不甚著，西方人知道的很少。此外還有很多應試不中名落孫山的人，也發憤而致力於創作，例如：施耐庵之著《水滸傳》，和蒲留仙之著《聊齋》。

水滸傳的序文中，有一段形容朋友談天之樂的絕妙文字：

吾友畢來，當得十有六人，然而畢來之日為少。非甚風雨而盡不來之日亦少。大率日以六七人來為常矣。吾友來，亦不便飲酒，欲飲則飲，欲止則止，各隨其心，不以酒為樂，以談為樂也。吾友談不及朝庭，非但安份，亦以路遙傳聞為多，傳聞之言無實，無實即唐喪唾津矣。亦不及人過失者，天下之人本無過失，不應吾詆誣之也。所發之言，不求驚人，人亦不驚。未嘗不欲人解，而人卒不能解者，事在性情之際，世人多忙，未曾常聞也。

《水滸傳》即在如此的環境和情感中產生的，而所以能產生，即因他懂得享受空閒。

希臘的散文早年也是在同樣的空閒社會背景中產生的。希臘思想的清明，散文體裁的簡潔，顯係談閒天藝術所造成。柏拉圖以「會話」爲其書名，即能證明此點。在「宴會」一篇中，我們看見一群希臘文士斜躺在地上，在美酒鮮果和美少年的氣氛中歡笑談天。因爲這種人已養成了談天的藝術，所以他們的思想能如此清朗，文體如此簡潔，和現代文學作家的誇大迂腐恰成一種對比。這種希臘人顯然已學會了用輕描淡寫的態度，去應付哲學問題。希臘哲學家動人的閒談氣象，好談天的欲望，對聆聽有趣味的談天的重視，和對談天的適當環境的選擇，都在《費德諾斯》一篇的序文中，描寫得很分明。

柏拉圖在他的《共和國》一篇中，他並不像現代作家般用「人類文明從它的發展的各個連續梯階觀察起來，乃是一種從多種生殖變化為純一生殖之動力的運動，」或諸如此類令人難解的話頭開場，而只說：「昨天我和亞里斯多的兒子格勞可到比里阿斯去拜女神，同時想去看看他們將怎樣慶祝這個節日，因為這趟是第一次舉行。」

早年中國哲學家的氣象，即思想最活潑最有力時代的氣象，也可以從希臘人的畫像中看得到，在這種畫像中幾個希臘人偶然齊集在一起，如「宴會」一篇中所描寫的，討論一個偉大的悲劇作家是否同時必也是一個偉大的喜劇作家？集會的氣氛中，交織著嚴肅輕快和善意的敏捷應對。旁人嘲弄蘇格拉底的酒量，但他仍是旁若無人地坐在那裡，欲飲即斟酒而飲，欲止即止。他口若懸河地談了一整夜，直談到除了阿里斯托芬尼和靄迦松之外，其餘的聽者都已沉沉睡去。後來連那二人也倦極睡去，只剩下他自己一人，他方起身離開筵席，走到教授室去洗了一個澡，於是即又精神煥發了。希臘的哲學即是在這種善意的談論之氣氛中所產生的。

毫無疑義的，我們在高尚的談天時，須有幾個女子夾雜在座中，以使這談天可以具有必不可少的輕倩性。談天如缺乏輕倩性和愉快性，即變為沉悶乏味，而哲學本身也就變為缺乏理智，和人生相隔離了。

不論在哪一個國家，不論在哪一個時代，凡是具有注意於了解生活藝術的文化者，同時都一致發展歡迎女子加入以爲點綴的習尙。雅典在伯里克利的時代即是如此，十八世紀法國沙龍時代也是如此。就是和中國男女之間雖禁止交際，但是歷代文士都渴欲女子加入他們的談天一樣。在晉宋明三朝之中，當清談藝術最爲流行的時候，都有許多才女如謝道蘊、朝雲、柳如是等參雜於中間。因爲，中國人雖對於自己的老婆力主賢德，迴避男子，但自己則免不了極想和有才的女子爲友。因此中國的文學史中，差不多隨時能發現才女名妓的蹤跡。

男子談天之時，渴望女子加入以調劑精神，乃是一種普遍的願望。我曾遇到過幾位德國女子，她們能從下午五點鐘直談到晚間十一點鐘。我曾碰到過幾位英美女子，她們的熟習經濟學使我不勝驚異。因爲這種學問是我所不敢研究而自認無望的。無論如何，即使一時沒有能和我對於馬克斯和恩格爾學說做辯論的女子，但談天之時，如若座中雜坐幾位善於聽人談論、心地玲瓏的女子，實可以使在坐者格外精神興奮。我覺得座中對玲瓏的女子，實勝於和一個滿臉笨相的人談天。

## 四　茶和交友

我以爲從人類文化和快樂的觀點論起來，人類歷史中的傑出新發明，其能直接有力的有助於我們的享受空閒、友誼、社交和談天者，莫過於吸煙、飲酒、飲茶的發明。這三件事有幾樣共同的特質：第一，它們有助於我們的社交；第二，這幾件東西不至於一吃就飽，可以在吃飯的中間隨時吸飲；第三，都是可以藉嗅覺去享受的東西。它們對於文化的影響極大，所以餐車之外另有吸煙車，飯店之外另有酒店和茶館，至少在中國和英國，飲茶已經成為社交上一種不可少的制度。

煙酒茶的適當享受，只能在空閒、友誼和樂於招待之中發展出來。因爲只有富於交友心，擇友極慎，天然喜愛閒適生活的人士，方有圓滿享受煙酒茶的機會。如將樂於招待心除去，這三種東西便成爲毫無意義。享受這三件東西，也如享受雪月花草一般，須有適當的同伴。中國的生活藝術家最注意此點，例如：看花須和某種人爲伴，賞景須有某種女子爲伴，聽雨最好須在夏日山中寺院內躺在竹榻上。總括起來說，賞玩一樣東西時，最緊要的是心境。我們對每一種物事，各有一種不同的心境。不適當的同伴，常會敗壞心境。所以生活藝術家的出發點就是：他如果想要享受人生，則第一個必要條件即是和性情相投的人交朋友，須盡力維持這友誼，如妻子要維持其丈夫的愛情一般，或如一個下棋名手寧願跑一千里的長途去會見一個同志一般。

所以氣氛是重要的東西。我們必須先對文士的書室的佈置，和它的一般環境有了相當的認識，方能了解他怎樣在享受生活。第一，他們必須有共同享受這種生活的朋友，不同的享受須有不同的朋友。和一個勤學而含愁思的朋友共去騎馬，即屬引非其類，正如和一個不懂音樂的人去欣賞一次音樂表演一般。因此，某中國作家曾說過：

賞花須結豪友，觀妓須結淡友，登山須結逸友，泛舟須結曠友，對月須結冷友，待雪須結豔友，捉酒須結韻友。

他對各種享受已選定了不同的適當遊伴之後，還須去找尋適當的環境。所住的房屋，佈置不必一定講究，地點也不限於風景幽美的鄉間，不必一定需一片稻田方足供他的散步，也不必一定有曲折的小溪以供他在溪邊的樹下小憩。他所需的房屋極其簡單，只需：「有屋數間，有田數畝，用盆爲池，以甕爲牖，牆高於肩，室大於斗，布被暖餘，藜羹飽後，氣吐胸中，充塞宇宙。凡靜室，須前栽碧梧，後種翠竹。前簷放步，北用暗窗，春冬閉之，以避風雨，夏秋可開，以通涼爽。然碧梧之趣，春冬落葉，以舒負喧融和之樂，夏秋交蔭，以蔽炎爍蒸烈之威。」或如另一位作家所說，一個人可以「築室數楹，編槿爲籬，結茅爲亭。以三畝蔭竹樹栽花果，二畝種蔬菜。四壁清曠，空諸所有。蓄山童灌園薙草，置二三胡床著亭下。挾書劍，伴孤寂，攜琴奕，以遲良友。」

到處充滿著親熱的空氣。

吾齋之中，不尚虛禮。凡入此齋，均為知己。隨分款留，忘形笑語。不言是非，不侈榮利。閒談古今，靜玩山水。清茶好酒，以適幽趣。臭味之交，如斯而已。

在這種同類相引的氣氛中，我們方能滿足色香聲的享受，吸煙飲酒也在這個時候最爲相宜。我們的全身便於這時變成一種盛受器械，能充分去享受大自然和文化所供給我們的色聲香味。我們好像已變爲一具優美的小提琴，正將由一位大音樂家來拉奏名曲了。於是我們「月夜焚香，古桐三弄，便覺萬慮都忘，妄想盡絕。試看香是何味，煙是何色，穿窗之白是何影，指下之餘是何音，恬然樂之，而悠然忘之者，是何趣，不可思量處是何境？」

一個人在這種神清氣爽，心氣平靜，知己滿前的境地中，方真能領略到茶的滋味。因爲茶須靜品，而酒則須熱鬧。茶之爲物，性能引導我們進入一個默想人生的世界。飲茶之時而有兒童在旁哭鬧，或粗蠢婦人在旁大聲說話，或自命通人者在旁高談國是，即十分敗興，也正如在雨天或陰天去採茶一般的糟糕。因爲採茶必須天氣清明的清早，當山上的空氣極爲清新，露水的芬芳尚留於葉上時，所採的茶葉方稱上品。照中國人說起來，露水實在具有芬芳和神秘的功用，和茶的優劣很有關係。照道家的返自然和宇宙之能生存全恃陰陽二氣交融的說法，露水實在是天地在夜間和融後的精英。至今尚有人相信露水爲清鮮神秘的瓊漿，多飲即能致人獸於長生。特昆雪（De Quincey）所說的話很對，他說：「茶永遠是聰慧的人們的飲料」。但中國人則更進一步，而以它爲風雅隱士的珍品。

因此，茶是凡間純潔的象徵，在採製烹煮的手續中，都須十分清潔。採摘烘焙，烹煮取飲之時，手上或杯壺中略有油膩不潔，便會使它喪失美味。所以也只有在眼前和心中毫無富麗繁華的景象和念頭時，方能真正的享受它。和妓女作樂時，當然用酒而不用茶。但一個妓女如有了品茶的資格，則她便可以躋於詩人文士所歡迎的妙人兒之列了。蘇東坡曾以美女喻茶，但後來，另一個持論家，「煮泉小品」的作者田藝恆即補充說，如果定要以茶去比擬女人，則唯有麻姑仙子可做比擬。至於「必若桃臉柳腰，宜亟屏之銷金幔中，無俗我泉石。」又說：「啜茶忘喧，謂非膏梁紈綺可語。」

據《茶錄》所說：「其旨歸於色香味，其道歸於精燥潔。」所以如果要體味這些質素，靜默是一個必要的條件；也只有「以一個冷靜的頭腦去看忙亂的世界」的人，才能夠體味出這些質素。自從宋代以來，一般喝茶的鑒賞家認爲一杯淡茶才是最好的東西，當一個人專心思想的時候，或是在鄰居嘈雜，僕人爭吵的時候，或是由面貌醜陋的女僕侍候的時候，常會很容易忽略了淡茶的美妙氣味。同時，喝茶的友伴也不可多，「因爲飲茶以客少爲貴。客眾則喧，喧則雅趣乏矣。獨啜曰幽；二客曰勝；三四曰趣；五六曰泛；七八曰施。」

《茶疏》的作者說：「若巨器屢巡，滿中瀉飲，待停少溫，或求濃苦，何異農匠作勞，但需涓滴；何論品賞？何知風味乎？」

因爲這個理由，因爲要顧到烹時的合度和潔淨，有茶癖的中國文士都主張烹茶須自己動手。如嫌不便，可用兩個小僮爲助。烹茶須用小爐，烹煮的地點須遠離廚房，而近在飲處。茶僮須受過訓練，當主人的面前烹煮。一切手續都須十分潔淨，茶杯須每晨洗滌，但不可用布揩擦。僮兒的兩手須常洗，指甲中的污膩須剔乾淨。「三人以上，止爇一爐，如五六人，便當兩鼎，爐用一童，湯方調適，若令兼作，恐有參差。」

真正鑒賞家常以親自烹茶爲一種殊樂。中國的烹茶飲茶方法不像日本那麼過分嚴肅和講規則，而仍屬一種富有樂趣而又高尚重要的事情。實在說起來，烹茶之樂和飲茶之樂各居其半，正如吃西瓜子，用牙齒咬開瓜子殼之樂和吃瓜子肉之樂實各居其半。

茶爐大都置在窗前，用硬炭生火。主人很鄭重地煽著爐火，注視著水壺中的熱氣。他用一個茶盤，很整齊地裝著一個小泥茶壺和四個比咖啡杯小一些的茶杯。再將貯茶葉的錫罐安放在茶盤的旁邊，隨口和來客談著天，但並不忘了手中所應做的事。他時時顧看爐火，等到水壺中漸發沸聲後，他就立在爐前不再離開，更加用力的煽火，還不時要揭開壺蓋望一望。那時壺底已有小泡，名爲「魚眼」或「蟹沫」，這就是「初滾」。他重新蓋上壺蓋，再煽上幾扇，壺中的沸聲漸大，水面也漸起泡，這名爲「二滾」。這時已有熱汽從壺口噴出來，主人也就格外注意。到將屆「三滾」，壺水已經沸透之時，他就提起水壺，將小泥壺裡外一澆，趕緊將茶葉加入泥壺，泡出茶來。

這種茶如福建人所飲的「鐵觀音」，大都泡得很濃。小泥壺中只可容水四小杯，茶葉占去其三分之一的容隙。因爲茶葉加得很多，所以一泡之後即可倒出來喝了。這一道茶已將壺水用盡，於是再灌入涼水，放到爐上去煮，以供第二泡之用。嚴格的說起來，茶在第二泡時爲最妙。第一泡譬如一個十二三歲的幼女，第二泡爲年齡恰當的十六女郎，而第三泡則已是少婦了。照理論上說起來，鑒賞家認第三泡的茶爲不可復飲，但實際上，則享受這個「少婦」的人仍很多。

以上所說是我本鄉中一種泡茶方法的實際素描。這個藝術是中國的北方人所不曉的。在中國一般的人家中，所用的茶壺大都較大。至於一杯茶，最好的顏色是清中帶微黃，而不是英國茶那樣的深紅色。

我們所描寫的當然是指鑒賞家的飲茶，而不是像店舖中的以茶奉客。這種雅舉不是普通人所能辦到，也不是人來人往，掄碗解渴的地方所能辦到。《茶疏》的作者許次紓說得好：「賓朋雜沓，止堪交鍾觥籌；乍會泛交，僅須常品酬酢。惟素心同調，彼此暢適，清言雄辯，脫略形骸，始可呼童篝火，吸水點湯，量客多少，為役之煩簡。」而《茶解》作者所說的就是此種情景：「山堂夜坐，汲泉煮茗。至水火相戰，如聽松濤。傾瀉入杯，雲光灩瀲。此時幽趣，故難與俗人言矣。」

凡真正愛茶者，單是搖摩茶具，已經自有其樂趣。蔡襄年老時已不能飲茶，但他每天必烹茶以自娛，即其一例。又有一個文士名叫周文甫，他每天自早至晚，必在規定的時刻自烹自飲六次。他極寶愛他的茶壺，死時甚至以壺為殉。

因此品茶的藝術和技術，包括下列各節：第一，茶味嬌嫩，茶易敗壞，所以整治時，須十分清潔，須遠離酒類香類一切有強味的物事，和身帶這類氣息的人；第二，茶葉須貯藏於冷燥之處，在潮濕的季節中，備用的茶葉須貯於小錫罐中，其餘則另貯大罐，封固藏好，不取用時不可開啓，如若發霉，則須在文火上微烘，一面用扇子輕輕揮搧，以免茶葉變黃或變色；第三，烹茶的藝術一半在於擇水，山泉為上，河水次之，井水更次，水槽之水如來自堤堰，因為本屬山泉，所以很可用得；第四，客不可多，且須文雅之人，方能鑒賞杯壺之美；第五，茶的正色是清中帶微黃，過濃的紅茶即不能不另加牛奶、檸檬、薄荷或他物以調和其苦味；第六，好茶必有回味，大概在飲茶半分鐘後，當其化學成分和津液發生作用時，即能覺出；第七，茶須現泡現飲，泡在壺中稍稍過候，即會失味；第八，泡茶必須用剛沸之水；第九，一切可以混雜真味的香料，須一概摒除，至多只可略加些桂皮或茉莉花，以合有些愛好者的口味而已；第十，茶味最上者，應如嬰孩身上一般的帶著「奶花香」。

據《茶疏》之說，最宜於飲茶的時候和環境是這樣：

飲時：

心手閒適　披詠疲倦　意緒棼亂　聽歌拍曲　歌罷曲終　杜門避事　鼓琴看畫

夜深共語　明窗淨几　佳客小姬　訪友初歸　風日晴和　輕陰微雨　小橋畫舫

茂林修竹　荷亭避暑　小院焚香　酒闌人散　兒輩齋館　清幽寺觀　名泉怪石

宜輟：

做事　觀劇　發書柬　大雨雪　長筵大席　翻閱卷帙　人事忙迫　及與上宜飲時相反事

不宜用：

惡水　敝器　銅匙　銅銚　木桶　柴薪　麩炭　粗童　惡婢　不潔巾帨　各色果實香藥

不宜近：

陰屋　廚房　市喧　小兒啼　野性人　童奴相鬨　酷熱齋舍

# 五　香煙和香

現在的世人，分爲吸煙者和不吸煙者兩類。吸煙者確然使不吸煙者略有些討厭，但這種取厭不過是屬於物質性質，而不吸煙者之取厭於吸煙者則是精神上的。不吸煙者之中，當然也有對吸煙者採取不干涉態度的人，爲妻者之中，當然也有容許其丈夫在床上吸煙的，這種夫妻，顯然是在婚姻上獲得圓滿結果的佳偶。但頗也有人以爲不吸煙者在道德上較爲高尙，以爲他們具有一種可以傲人的美德，而不知他們即已因此喪失了人類的最大樂趣之一。

我很願意承認吸煙是道德上的一個弱點，但在另一方面，一個沒有道德弱點的人，也不是可以全然信任的。他慣於持嚴肅的態度，從不做錯誤的事情，他的習慣大概是有規則的，舉動較爲近於機械性，智能時常控制其心情。我很歡喜富於情理的人，也同樣憎嫌專講理智的人。因爲這個理由，我踏進人家的屋子，而找不到煙灰缸時，我心中便會驚慌，覺得不自在。這種屋子中，往往過於清潔有秩序，椅墊從不隨意亂擺，主人也必是極嚴肅毫無情感的人。這將使我也不能不正襟危坐，力持禮貌，因而失去了一切的舒適。

這種毫無錯誤，正直而無感情，毫無詩意的人們，從不會領略吸煙在道德上和精神上的裨益。但是我們這批吸煙者，每被人從道德而不是藝術方面加以攻擊。所以，第一步我也須從道德方面加以辯護，而以爲吸煙者的道德在大體上實在是較高於不吸者。口含煙斗者是最合我意的人，這種人都較爲和藹，較爲懇切，較爲坦白，又大都善於談天。我總覺得我和這般人必能彼此結交相親。我對柴克雷（Thackeray）所說的話完全同意。他說，「煙斗從哲學家的口中引出智慧，也封閉愚拙者的口，使他緘默；它能產生一種沉思的、富有意思的、仁慈的和無虛飾的談天風格。」

吸煙者的指甲當然較爲污穢，但只要他心有熱情，這又何妨。無論如何，沉思的、富有意思的、仁慈的和無虛飾的談天風格究是罕遇之物。所以，須付一筆巨大的代價去享受它，也是值得的。最重要的一點是：口含煙斗的人都是快樂的，而快樂終是一切美德的極致。梅金（W. Maggin）說：「吸雪茄的人，從沒有自殺者。」

更確鑿有據的事情是：吸管煙的人從不會跟自己的太太吵嘴。其理由很顯明，因爲口含煙斗的人，絕不能同時高聲叫罵。我從來沒有見過如此的人。當一個人吸著管煙時，語音當然很低，一個吸煙的丈夫遇到發怒時，他的辦法就是立刻點一枝捲煙或一斗管煙吸起來，顯出一些抑鬱的神氣。但這種神情不久即能消滅，因爲他的怒氣已有了發洩之處。即使他有意想把怒容維持下去，以表示他發怒的正當，或表示他受了侮辱，但事實上他絕不能持久。因爲煙斗中的煙味是如此的和潤悅性，以致他所貯著的怒氣，早已在無意間，跟著一口一口噴出來的煙消逝了。

所以，聰明的妻子，當她看見丈夫快要發怒時，她應該趕緊拿煙斗塞在丈夫的口中，而說：「得了，不必再提。」這個方法萬試萬靈。爲妻者或許不能平抑丈夫的發怒，但煙斗則是從不失敗的。

從一個吸煙者戒煙的短期中所經驗的忽忽若有所失的感覺，最足以顯出吸煙的藝術和實際的價值。每個吸煙者一生之中，免不了在欠少思量的時候忽有想和尼古丁女士脫離關係的嘗試。但經過一番和飄渺的良心責備爭鬥之後，他必又重新恢復他的理智。我有一次，也很欠思量的戒煙三個星期。但後來終究為良心所驅使而重新登上正當的途徑。從此我就立誓不再起叛逆之心，立誓在她的神座前做一個終身的敬信崇拜者，直到我年老無能，或許落入一個屬於節制會的太太手中，而失去了自主的權力時為止。因為到了這種老年無能時期，一個人對於自己的一切行動當然無需再負責任了。但只要我的自主力和道德觀念一日存在，則我必一日不做背叛的嘗試。

這個有功效的新發明所供給的精神上的動力和道德上的安寧觀念是怎樣的偉大，我們如若拒絕它，則豈不是不可赦的不道德行為嗎？因為按照英國大生物化學家霍爾丹（Haldane）的說法，吸煙是人類歷史中四大發明之一，曾於人類文化上遺留下一種很深的生物性影響。

在我這次做懦夫的三個星期中，我竟會故意拒絕一件我所明知具有巨大的提升靈魂力量的東西。其經過實在極為可恥的。現在我已恢復了理智。在清明中回想這件事時，我正不解當時這種道德的不負責任行為何以竟會維持到這般的久。我在這痛苦的三個星期中，內心日夜的交戰著。如要將這段經過描寫出來，恐怕用三千句荷馬（Homer）體的詩，或一百五十頁小字的散文尚且寫不盡哩。

當時我的動機其實很可笑。我不解以宇宙中的人類而言，為什麼不能吸煙？對這句問話，我現在實在找不出答語。我猜想當一個人只為了求一些克服抵抗力的樂趣，藉此以消磨他的道德動力的暫時剩餘，因而想做一種違反本性的舉動時，這種不合情理的意旨或許就會在他的胸中產生。除了這個理由之外，我實在想不出我爲什麼會突然很愚蠢地決意戒煙。換句話說，當時我實在和許多人們的耽於瑞典式體操一樣——爲體操而體操，所費的力對於社會一無用處。我當時的舉動，其實不過是如此的一種道德上的枉費力量罷了。

在最初的三天中，我當然覺得很無聊不自在。食道的上部尤其難受。爲了消除這種不自在起見，我特地吃些重味的薄荷橡皮糖、福建茶和檸檬糖，居然在第三天即消滅了這種不快的感覺。但這不過是屬於身體方面的，所以克服極其容易。而且照我事後想起來，實是這次爭鬥中最卑鄙的部分。倘若有人以爲這已經包括這種卑鄙戰爭的全局，則他簡直是在那裡胡說八道。他們忘卻了吸煙是一種精神上的行爲。凡是對於吸煙的精神上的意義毫無了解之人，竟可不必來妄論這件事情。

三天之後，我已踏進第二個階梯。真正的精神上的交戰也開始發生。我頓覺得眼前金星亂碰。由這次的經驗，我即發現世上實有兩種吸煙的人，而其中一種實在不能算爲真正吸煙者。在這種人之中並沒有這第二個梯階。我因此方恍然知道爲什麼有許多人能毫不費力地戒除煙癖。他們之能摒除煙習如丟棄一隻用舊的牙刷一般的容易，即表明他們其實尚沒有學會吸煙。有許多人還稱讚他們的意志力堅強，但其實則他們並不是真正的吸煙者，也從沒有學會吸煙。在這一種人，吸煙不過是一種身體上的行爲，如每天早晨的洗臉刷牙一般——只是一種身體的獸性習慣，而並不具有靈魂上獲得滿足的質素。

我很疑惑這種遷就事實的人們，是否能有一天調和他們的靈魂，而達到大詩人雪萊（Shelley）或蕭邦（Chopin）所描寫的境地，這種人於戒煙時並不感覺有什麼不自在，他們或許覺得和自己那不進煙酒的太太共讀《伊索寓言》是更爲快樂一些的。

但在我們這種真正吸煙者，則另外有一個煙酒不入的太太或愛讀《伊索寓言》的丈夫所不能夢想其萬一的問題。在我們，不久就顯然知道這個舉動不但是委屈自己，而且實在是毫無意義。見識和理智不久便會反抗而詰問：「一個人爲了那一種社會的、政治的、道德的、生理的或經濟的理由，而須有意識地用他自己的意志力去阻抑自己去企求那種完備的精神安樂，那種深切富有幻想的認識，和充分反響的創造力的境地？——這種境地是圓滿享受和友人圍爐聚談，或閱讀一本古書時使心中發生真正熱情，或動筆著作時使文思佳句有節奏地泉湧出來所必須的境地。在這種時節，一個人天然覺得伸手去拿一枝煙是道德上最正當的舉動，而倘若去拿一塊橡皮糖塞在口中以爲替代便是一種罪惡。此處我當略舉一二個我所經驗的實例。

我的朋友某君從北平來探望我。我們闊別已經三年。當同在北平（原名北京）時，我們時常促膝而坐，抽煙談天，消磨晚間的時光。所談者大都是政治、哲學和現代藝術等題目。我們此次久別重逢，自然有不少甜蜜的回憶。於是我們又隨便談天，談談以前在北平時所知道的許多教授、詩人和畸人。每談到有趣味的話時，我心裡屢次想到伸手去拿捲煙，但剛站了起來，便又強自抑制地縮回坐下。我的朋友則邊吸邊談，十分恬然自得。我就告訴他，我已戒煙了，爲了自尊起見，實在不願當著他的面前破戒。

我嘴裡雖如此說，但心底裡實在覺得很不自在，使我在知己相對應該兩情融洽，心意交流時，很不應該地裝出冷淡富於理智的樣子。所以這次談天，大部分皆是我的朋友在說話，而我則好似只有半個人在場。後來我的朋友告辭去了。我好似做了一次兇殘的爭鬥；雖藉著意志力獲得了勝利，但我自己深知實在非常不快樂。數日之後，這朋友在旅途中寫了一封信給我說，我已不是從前那個富於熱情，狂放不羈的人。並說，或許因上海的環境不良，以致如此。那天晚上，我沒有抽煙的過失，直到眼前，我尚不能寬恕自己。

又有一個晚上，某些智識界人士在某俱樂部裡邊集會。這種集會尋常也是狂抽煙捲的時候。晚飯吃畢後，照例由一個到會者讀一篇論文。這一晚的演講者是某君，講題是「宗教和革命」。議論透切，妙緒環生。當中有一段說，馮玉祥已加入北方監理會，蔣介石已決計加入南方監理會，所以有人猜測吳佩孚大概不久便會加入西方監理會云云。各人聽到這裡時，煙捲抽得更厲害，至於滿室煙霧騰騰，好似全部氣氛中也充滿了尖利狂放的思想。詩人某君正坐在室中央，煙氣從他的口裡一陣一陣噴出來，化成一個個的圈兒，向上騰去，如同魚在水裡吐氣泡一般。——顯然已經沉於思想，十分快樂。當中只有我不抽煙，自覺好似一個被上帝所棄的罪人。我自己也已經覺得這件事情十分愚蠢，屢次思索我究竟為了什麼理由而戒煙？但想來想去，終沒有想出所以然來。

自此之後，我的良心漸漸啃蝕我的靈魂。因為我曾自問，沒有想像的思想將成為什麼東西？想像這東西哪裡能夠附在不吸煙者的已經修剪的灰色翅膀上飛行。因此，某天的下午，我即去探望一位女友。我已預備在這天回頭。當時室中只有我們主客兩人，顯然可以促膝而談。女主人手中正拿著一枝已燃著的煙捲，另一隻手則拿著一個捲煙罐，斜著身軀，以極嬌媚的態度向著我。我知道時機到了，所以我就伸手緩緩地向罐內取了一枝，自己明白這一個舉動已使我從一個道德的墮落妄舉中脫身出來。

我回家之後，立刻叫小僮去買一聽絞盤牌捲煙。我的寫字台右邊有一條焦痕，那是因為我習慣將香煙頭放在這個老地方而留下的痕跡。據我的計算，這焦痕大概須七八年的功夫方能燒穿這二寸厚的台面。但爲了我這次戒煙的間斷，這焦痕竟許久沒有加添深度。這是使我看了很負疚的。現在好了，我已照舊很快樂地把煙頭放在原處，而燒炙台面的工作也能照常進行了。

中國文學中，提到香煙的好處者很少，不像稱讚酒類那麼隨處可見。因爲吸煙的習慣要直到十六世紀方始由葡萄牙水手傳到中國的。我曾查遍這個時代以後的中國文學著作，但可稱爲有價值的讚美言詞實在罕若鳳毛麟角。稱讚香煙的抒情詩顯然須如牛津大學般地方的文人方能著得出來。但中國人對於嗅覺也極靈敏。他們的能領略茶酒食物之味即是一個證據。所以他們在香煙未曾傳入中國之前，另已發展了一種焚香的藝術。中國文學中提到這件事時，都視之爲類於茶酒的雅物。遠在中國治權伸張到印度支那的漢朝時代，由南方所進貢的香料，即已爲宮中和貴人的家中所焚用。討論生活起居的書籍，其中必有一部分講到香料種類、質地和焚法。屠隆所著的《考槃餘事》一書中，有一段焚香之趣的描寫如下：

> 香之為用，其利最溥。物外高隱，坐語道德，焚之可以清心悅神。四更殘月，興味蕭騷，焚之可以暢懷舒嘯。晴窗搨帖，揮麈閒吟，溫燈夜讀，焚以遠辟睡魔。謂古伴月可也。紅袖在側，秘語談私，執手擁爐，焚以薰心熱意。謂古助情可也。坐雨閉窗，午睡初足，就案學書，啜茗味淡，一爐初熱，香藹馥馥撩人。更宜醉筵醒客，皓月清宵，冰絃戛指，長嘯空樓，蒼山極目，未殘爐熱，香霧隱隱繞簾。又可祛邪辟穢，隨其所適，無施不可。品其最優者，伽楠止矣。第購之甚艱，非山家所能卒辦。其次莫若沉香。沉有三等，上者氣太厚，而反嫌於辣；下者質太枯，而又涉於煙；惟中者約六七分一兩，最滋潤而幽甜，可稱妙品。煮茗之餘，即乘茶爐火便，取入香

鼎，徐而爇之。當斯會心景界，儼居太清宮與上真遊，不復知有人世矣。噫，快哉近世焚香者，不博真味，徒事好名，兼以諸香合成鬥奇爭巧，不知沉香出於天然，其幽雅沖澹，自有一種不可形容之妙。

冒辟疆在他所著的《影梅庵憶語》中，描寫他和愛姬董小宛的閨房之樂，屢次提到焚香之趣。中間有一節說：

姬每與余靜坐香閣，細品名香。宮香諸品淫，沉水香俗。俗人以沉香著火上，煙撲油膩，頃刻而滅。無論香之性情未出，即著懷袖皆帶焦腥。沉香堅緻而紋橫者，謂之「橫隔沉」，即四種沉香內革沉橫紋者是也，其香特妙。又有沉水結而未成，如小笠大菌，名「蓬萊香」。余多蓄之，每慢火隔砂，使不見煙，則閣中皆如風過伽楠，露沃薔薇，熱磨琥珀，酒傾犀斝之味。久蒸衾枕間，和以肌香，甜豔非常，夢魂俱適。

## 六　酒和酒令

我生平不善飲酒，所以實在不配談酒。我的酒量不過紹興三杯，有時只喝了一杯啤酒便會覺得頭腦暈暈然。這顯是限於天賦，無從勉強。所以善於飲茶吸煙者，未必同時也善於飲酒。我有幾個朋友酒量極好，但一吸雪茄則不到半枝，便會頭暈。我則除去睡眠時間之外，幾乎沒有一小時不吸煙，而一些不覺得有什麼不舒服。但酒則不能多飲。李笠翁曾很堅決的記錄他的意見說：善飲茶者必不好酒，掉過來也是如此。李笠翁是一個茶鑒賞家，但承認並不善飲酒。所以我最樂於在我所合意的中國著作家中，搜尋口說好飲酒而實在不善於酒的人。從他們的著作中，找尋這類自承的事實，頗費一些時間，但終被我找到好幾個，如：李笠翁、袁子才、王漁洋和袁中郎。他們都愛酒，但實不善飲。

我雖然沒有飲酒資格，但不能就將這個題目置而不論，因為這樣東西，比之別物更有所助於文學，也如吸煙在早已知道吸煙之術的地方一般，能有助於人類的創作力，得到極持久的效果。飲酒之樂，尤其是中國文學中所常提到的所謂「小飲」之樂，起初我總視為神秘，不能了解。直到一位美麗的上海女士在她半醉之時，以粲花妙舌暢論酒的美德後，我方感到所描寫的樂境必是真實不虛。「一個人在半醉時，說話含糊，喋喋不休，這是至樂至適之時。」她說，在這時節，一種揚揚得意的感覺，一種排除一切障礙力量的自信心，一種加強的銳感，和一種好像介於現實和幻想之間的創作思想力，好似都已被提升到比較平時更高的行列。這時好像使人具著一種創作中所必須的自信和解放動力。在下文論及藝術時，我們便能了解，這種自信的感覺和脫離規矩及技巧羈絆的感覺，是怎樣的息息攸關。

有人說，現代歐洲獨裁者如此危害人情，即因他們都是不飲酒的人。這個想法很聰明。我在閱讀過去數年的流行文字中，覺得一九三七年六月《哈潑雜誌》所載查爾斯·福開森所著〈獨裁者不飲酒〉那篇文字，最爲切當詼諧，富有見識，其思想很可採取。而且文章流利，我很想完全引用，但因不便，故只得略爲引證幾句。福開森思想的起點是：「史達林、希特勒、墨索里尼都是嚴肅有節的模範。這些用現代方式行使暴虐行爲的人，這些人民的新式統治者，都是希望出人頭地的有志青年所足以奉爲圭臬的典型。他們之中，不論哪一個都是良好的女婿和丈夫。他們足以代表福音傳教師所認爲模範道德的理想人物。……希特勒不食肉，不飲酒，不吸煙。他在這種悶人的美德之外，再加上更進一步，更可著稱的克欲德行。墨索里尼在飲食方面較像一匹馬。但他用了堅強不屈的勇氣屏絕酵酒，而不過偶爾喝一杯淡酒。——只要是不足以妨礙他征服一個民族的國家大計的就是了。史達林很儉樸地住在一所三間房的公寓屋子中，衣著樸素，食品粗糲，吃起白蘭地來，只如鑒賞家般沾唇嚐嚐而已。」

但這種事實使我們從其中能看出些什麼呢？「這些事實是否指出人類現在是處於一小群本性整飭的，過分自謂正直的，很倔強地自認爲德行完備的人們的掌握中，以致變爲十分危險。因此，如能勸誘他們來做一次哄然熱鬧的暢飲，則世界的大部分便會立刻改觀而所有進步。」……「有瑕玷的人絕不會成爲一個危險的獨裁者，他的無上尊嚴念頭必會立刻破碎。他必以爲已在他的子民之前鑄了大錯，因而受了挫辱。他將降爲民眾當中之一個。——最卑微的當中之一個——這種經驗可以調和他那種難堪的自大心。」這位作家以爲倘能訂定一次國際的「雞尾酒」會，專請這班特別領袖來暢飲一回，以平靜他們的意氣，則第二天的早晨，「他們決然已經不是今日的超人，世上的特種人物，將一變而爲尋常人物，能如最低微的人們一般感覺痛苦，將具有如常人一般而不是半神道一般的處事心胸了。」

我所以反對獨裁者，就因為他們不近人情。因為不近人情者總是不好的。不近人情的宗教不能算是宗教；不近人情的政治是愚笨的政治，不近人情的藝術是惡劣的藝術；而不近人情的生活也就是畜類式的生活。這種是否近人情的試驗，是普遍的可以適用於各界的人類和各種系統的思想。人類所能期望的最高理想，不應是一具德行陳列箱，而應是只去做一個和藹可親近情理的人。

中國人能以飲茶之術教西方人，而西方人則能以飲酒之術教中國人。當一個中國人踏進一家美國酒店，看見貼有五光十色的標籤的酒瓶時，必覺得眼花撩亂。因為他在本國中所看見的無非是紹興酒而已。除了紹興酒之外，雖尚有其他六七種酒，如藥酒和麥米所釀的高粱酒等，但總不過這幾種。中國人尚沒有發展以不同的酒類配供不同的菜餚的技巧。但紹興酒則非常普遍，各處都有。紹興本鄉，甚至在一個女孩兒出世時，必特地另釀一罈酒，貯藏起來，以便她將來出嫁的時候，嫁妝之中可以至少有一罈二十年陳的美酒。「花雕」之名稱即由此而得，因為這種罈子的外面，都是畫著花的。

中國人極講究飲酒的時機和環境。這一點即彌補了酒類缺少花色的缺點。飲酒應有飲酒時的心胸，所以有人分別酒茶之不同說：「茶如隱逸，酒如豪士。酒以結友，茶當靜品。」又一位中國作家列舉飲酒時應具的心胸和最適當的地點說：「法飲宜舒，放飲宜雅，病飲宜小，愁飲宜醉，春飲宜庭，夏飲宜郊，秋飲宜舟，冬飲宜室，夜飲宜月。」

又一位作家說：「凡醉，各有所宜。醉花宜晝，襲其光也；醉雪宜夜，清其思也；醉得意宜唱，宜其和也；醉將離宜擊缽，此其神也；醉文人宜謹節奏，畏其侮也；醉俊人宜益觥盂，加旗幟，助其烈也；醉樓宜暑，資其清也；醉水宜秋，泛其爽也。此皆審其宜，考其景；反此，則失飲矣。」

中國人對於酒的態度和酒席上的行為，在我的心目中，一部分是難以了解應該斥責的，而一部分則是可加讚美的。應該斥責的部分就是：強行勸酒以取樂。這類事我在西方的社交中似乎沒有看見過。在席的人，凡是稍能飲酒者，必以酒量自豪，而總以為別人不如他自己。於是即有強行勸酒，希望灌醉別人的舉動。但勸酒時，總是出之以歡樂友誼的精神，其結果即引起許多大笑聲和哄鬧聲。但也使這次歡會增出不少的興趣。宴席到了這種時候，情形極為有趣。客人好似都已忘形：有的高聲喚添酒，有的走來走去和別人掉換位，所有的人到了這時都已浸沉於狂歡之中，甚至也無所謂主客之別了。這種宴席到了後來，必以搳拳行令鬥酒為歸宿。各人都必用盡心機以能勝對方為榮。並且還須時時防對方的取巧作弊。其中的快樂，大約即在這種競爭精神的當中。

中國的食酒方式當中，可以讚美的部分就在聲音的喧嘩。在一家中國菜館中吃飯，有時使人覺得好像是置身於一次足球比賽中。這些具有美妙韻節如同足球比賽時助威吶喊一般的嘈雜聲音，究竟是因何而發的呢？其答語就是搳拳。

搳拳的方法是：兩人同時伸出幾個手指，一面即各由口中高聲喊猜兩方手指加起來的總數，猜著者為勝。所喊的一二三四等數字，都有極雅致的代表名辭：如「七巧」，「八馬」或「八仙過海」之類。搳拳伸指時，雙方必須在快慢上和諧合拍，因之嘴裡的喊聲也隨之而生出高低快慢，頓挫抑揚的韻調，如音樂中的節拍一般。還有些人並在上下句喊聲的中間插入一種如音樂的過門一般的句子。所以這種揸喊聲可以連續的有節拍的接下去，直到兩人之中有一個勝了，由輸者喝完事先所約定的杯酒時，方暫時停頓一下子。這種揸拳並不只是盲目的胡猜，須極注意對方伸指數的習慣，而立刻加以極敏捷的推測。其興趣完全須看揸拳者是否高興，和揸時音調是否迅速合拍而定。

我們到此，方能算是對中國的酒筵有了真正的認識。因爲下述的酒席面情形使我們明瞭何以中國的宴集爲時如此之久？和菜餚爲什麼如此之多？上菜爲什麼要如此之慢？一個人坐到酒席上去，並不是專爲了吃菜飲酒，而也需作樂。我們須一面做富有興趣的遊戲如：講故事，說笑話，和猜謎，行令等等。這種筵席其實好似一種口令遊戲的集會，每隔五六分鐘上一道菜，以便客人鬆腦筋，進一些酒菜。

這辦法有兩種功效：第一，這種用嘴叫喊的遊戲，無疑的可以使喝下去的酒易於從身體內發洩出來；第二，這種席面每延長到一小時之久，其時吃下去的東西，一部分已經消化，所以竟會愈吃愈餓。默不作聲，實在是吃東西時一種惡習。這是不道德的，因爲它是不合衛生的。有些在中國的西方人，如若他們依舊疑惑中國人是一種略帶拉丁色彩的快樂民族，仍認中國人民是靜默沉著，缺乏情感的人類，則他只須去看一看中國人請客吃飯時的情形，便會知道自己的認識錯誤。因爲中國人只有在這個時候，方露出他的天生性格，和完備的道德。中國人如若不在飲食之時找些樂趣，則其他尙有什麼時候可以找尋樂趣呢？

中國人的文虎很著名，不過各種酒令則知者尙少。他們以酒爲罰，從中發明了不少種藉以勸客飲酒的遊戲。大多數的中國人小說都忠實地記錄每次酒席上所供的菜餚，也同樣描寫各種聯句和詩酒令，每每占去書中好許多篇幅。中國女子所喜愛的小說《鏡花緣》中，曾描寫許多種通文的女子間所行的酒令（內中包括聲韻學的酒令），好似這就是故事中的主題。

最簡單的酒令是射覆，其方法是選取兩個字，截頭棄尾，然後將剩餘的部分聯成一字，請對方去猜截去的部分。例如Humdrum和Drumstick兩字。第一字的尾部和第二字的頭部都是Drum，現把這Drum字節截去，而將其餘部分聯起來，成爲Hum-stick字，請對方去猜這截去的字節。又如Acorn和Cornstarch兩字，將Corn截去，聯成A-starck，請對方去猜這截去的字節。照正式的猜法，猜者不許直捷說出所猜的字節，而應另外加上一個頭尾，成爲兩個不同的字，然後說出來。例如射第二個覆時，射者應在corn這字節的前後都加上另外一個字節如Popcorn和Corner，而舉出答案爲Pop-er這樣的答案，行此令者固然一聽即能了然其是否射著，但邊坐的人則仍可以茫然不解。有時答案雖不是和出令者心中的字眼相符，但如其確較爲切貼，則出令者也須認爲射著。行此令時，兩方可以同時出令請對方去射。這種射有時極簡單，有時極深奧。如A-ounce所截去的字節之爲pron。至於如Cam-ephant，則一望而知截去的字節是el。如雙方都是通人，即不妨用極深奧的字眼，如歷史的名詞，或取自莎士比亞的劇本，或巴爾札克小說中的人名。

以文字爲遊戲的酒令，種類多至不能勝計。最流行的一種即聯句，由第一個人吟一句詩，即令第二個人聯上一句。這種聯句極爲有趣。聯下去時，後來的詩句竟會離題萬里，不知所云。聯句大都以人物或景色爲題，各人挨著次序聯一句或兩句。要點是前後的詩句必須押韻，如若座中都是熟讀四書五經的人，令官往往有用女兒羞，女兒樂，女兒悲等爲題，而請眾人集句聯吟。唐詩和曲牌名是酒令中常用的材料。有時並也限用切於曲牌名的藥名和花名。爲了使英美國人易於了解起見，這裡當舉幾個英文名字爲例，如切於婦女用品的花名有Queen Anne's lace，fox-glove等。這類文字上的假借比擬，是否可能，須視這種文字中所用以形容花樹藥草的字眼是否也通用於人類美麗的形容而定。例如英國人的姓可假借以隱射歌曲之題名。（如Rockfeller 可指Sit down，You're Rocking the Boat或White head可指Silver Threads among the Gold）其比擬是否貼切，視人之才智而異。至於這種遊戲的樂趣，則是在於其自然和想像豐富中，而且不必一定需飽學之士才會行的。英文名字中如 Tugwell, Sitwell 和 Frankfurtir 等，極易於用以影射滑稽的意義。（如 Fraukfurtir 一字我以為可以隱射 Non- Cold，Not- Pig）學校中的學生可以利用教師的姓名爲資料，而行出各種極有趣的酒令。

比較複雜的酒令，行時須用令籌。中國小說《蘭花夢》中曾記載著下述這個酒令：其令籌分爲三組，以六種人在六種地點做六種事，錯綜配合爲遊戲。

六種人是：紈袴子　老僧　佳人　屠夫　妓女　叫化

六種地點是：官道　方丈　閨閣　大街　紅樓　墳堂

六種所做的事是：騎馬　唸經　刺繡　打架　調情　睡覺

每人隨意從這三組中各抽一籌，而將其人地事配合起來，往往成爲極滑稽可笑的事情。例如：老僧在閨閣中調情，妓女在墳堂中唸經，叫化在紅樓中睡覺，屠夫在官道上刺繡，佳人在方丈中打架等類，都是可以拿來當新聞紙的絕妙標題的。待各人將籌抽定，即以所配合的人事爲題，令各人說一句五言詩，一個曲牌名，再加一句《詩經》以詠之，總以意思貼切爲上。

所以一次宴集，時間延長到兩小時以上，很不足爲奇。宴集的目的，不是專在吃喝，而是在歡笑作樂。因此在席者以半醉爲最上，其情趣正如陶淵明之彈無絃的琴。因爲好飲之人所重者不過是情趣而已。因此，一個人雖不善飲，也可以享酒之趣。「世有目不識丁之人而知詩趣者，世有不能背誦經文之人而知宗教之趣者，世有滴酒不飲之人而識酒趣者，世有不識石之人而知畫趣者。」像這些，都是詩人、聖賢、飲者和畫家的知己。

## 七 食品和藥物

我們如把對於食品的觀點範圍放大一些，則食品之爲物，應該包括一切可以滋養我們身體的物品；正如對於房屋的觀點放大起來，即應包括一切關於居住的事物。因爲我們都屬於動物類，所以我們不能不吃食以維持生命。我們的生命並不在上帝的掌握中，而是在廚子的掌握中。因此中國紳士都優待他們的廚子，因爲廚子實在掌著予奪他們的生活享受之大權。中國之爲父母者——我猜想西方人也是如此——大都善視其兒女的奶媽。因爲他們知道兒女的健康，完全依賴奶媽的性情、快樂和起居。爲了同樣的理由，我們自然也應善待職司餵養我們的廚子，如若我們也和留意兒女們一般留意我們的身體健康的話。如若一個人能在清晨未起身時，很清醒地屈指算一算，一生之中究竟有幾件東西使他得到真正的享受，則他一定將以食品爲第一。所以倘要試驗一個人是否聰明，只要去看他家中的食品是否精美，便能知道了。

現代城市生活之動率是如此的緊張，致使我們一天更比一天無暇去顧到烹調和滋養方面的事情。一個同時是著名記者的主婦，絕不能埋怨她煮罐頭湯和罐頭豆給她的丈夫吃。不過一個人如若只爲了工作而進食，而不是爲了須進食而工作，實在可說是不合情理的生活。我們須對己身施行仁慈慷慨，方會對別人施行仁慈和慷慨。一個女人即使極致力於市政事業，極致力於改進一般的社會情形，但她自己則只能在一副兩眼煤氣灶上煮飯燒菜，每頓只有十分鐘的吃飯時間，這於她又有什麼益處？她如遇到孔子，定被休回娘家，一如孔子因太太失於烹調，而即將她休掉一般。

孔子之妻究竟是被休，還是她因受不了丈夫的種種苛求而自己逃回娘家，其中的事實不很明瞭。在孔子，「食不厭精，膾不厭細」，他「不得其醬不食，割不正不食，色惡不食，臭惡不食。」我敢斷定孔太太對於這些要求總是能忍受，但是有一天她買不到新鮮的食物，不得已命她的兒子鯉到店舖裡去買些酒和熟食以供餐，孔子即說：「沽酒市脯不食。」到這時，她除了整一整行李，棄家逃走之外，還有什麼辦法？這個孔子之妻的心理設想，是我所創造出來的。但孔子對於這位可憐的太太所立下的許多嚴厲規條，則確是明明白白列在《論語》中，有籍可稽。

中國人對於食物，向來抱一種較爲廣泛的見解。所以對於食品和藥物並不加以區別。凡有益於身體者都是藥物，也就都是食物。現代科學直到十九世紀，方始知道食事在醫療上的重要。現時的醫院中都已聘有經驗豐富的食事專家已是一件可喜的事情。但如若各醫院的當局肯更進一步，將這班食事專家送到中國去受一下訓練，則他們或許就會減少玻璃瓶的使用。古代醫學作家孫思邈（第六世紀）說：「謂其醫者先曉病源，知其所犯，先以食療，不瘥，然後用藥。」元代太醫院某大夫，於一三三〇年著了一本中國的第一部食譜，認食物爲基本的養生法。他在序文中說：

善攝生者，薄滋味，省思慮，節嗜欲，戒喜怒，惜元氣，簡言語，輕得失，破憂阻，除妄想，遠好惡，收視聽，勤內固。不勞神，不勞形，神形既安，病患何由而致也？故善養性者，先饑而食，食勿令飽，先渴而飲，飲勿令過。食欲數而少；不欲頓而多。蓋飽中饑，饑中飽。飽則傷肺，饑則傷氣。

所以這本烹調書，也和其餘的中國烹調書一般，讀起來像藥方書。

你如向上海河南路走一遭，去那裡看看賣中國藥物的舖子，你竟難以斷言這種舖子裡邊究竟是藥物多於食物，還是食物多於藥物？你在那裡可以看見桂皮和火腿，虎筋和海狗腎及海參，鹿茸和麻菇及蜜棗，並排陳列在一處。這許多都是有益於身體的，都是富於營養的。此外如虎骨木瓜酒，顯然也難於區別其究竟是食物還是藥物。

可喜的是，中國補藥不像西藥般用次燐酸鹽三公克，砒〇．〇二喱等成分。生地燉烏雞即是一碗絕妙的補藥。這完全是由於中國藥物使用法的關係。因爲西藥大都以丸或片爲式，而中國藥物則大都爲湯式。而且中國藥的配製方法和尋常的湯相同，是用許多味不同的藥物合煮而成的。中國的湯藥，其中藥物往往多至七八十來種，都是君臣相濟，以滋補和加強身體的整體爲主，而不專在於治療某一部分的病患。因爲中國的醫學，在基本上和最新的西方醫學見解相合，認爲當一個人患肝病時，並不單是肝部而實是全體都有病患。總而言之，藥之爲物，其效用不過在於以增強生機力爲原則，使其對於人身非常複雜的器官、液汁和內腺分泌物系自然發生作用，而讓身體增加抵抗疾病的力量，自己去治療其患處。

中國醫生對於病人並不給予阿司匹靈藥片，而給他喝一大碗藥茶以取汗。所以將來的病人，或許不必再吃金雞納片，而只需喝一碗加些規那皮的冬菇甲魚湯。現代醫院的食事部分勢須加以擴充。到了將來，醫院本身大概將變成一個類似療養院式的大菜館。最後，我們必將達到對健康和疾病認爲二者有交互作用的地步。到那時，人類即會因預防疾病而進食，而不再是爲醫治疾病而吃藥了。這一點目下尚未爲西方人所充分注意，因爲西方人倘只知有病時去找醫生，而不知道在未病時即去找醫生。待達到這個程度時，滋補藥物和治病藥物之間的區別即將廢除。

所以，我們對於中國人的藥食不分，應該慶賀。這個觀念使他們的藥物減少藥性，而使食物增加其可食性。饕餮之神在人類剛有歷史時代即已出現這件事，似乎有一種象徵的意義。我們現在發現這神道，遠在古代即已是鑄像家和雕刻家所愛塑造的目標。我們身體中都有饕餮的精神，這使我們的藥方書類似我們的烹飪書，使我們的烹飪書類似藥方書，並使植物學和動物學發展爲自然科學的一支成爲不可能。因爲中國的科學家看見一條蛇，一隻猢猻，一條鱷魚或一個駝峰時，他始終只是想去嘗嘗它們的滋味。真正的科學好奇心，在中國不過是一種烹飪藝術的好奇心而已。

藥物和法術往往混爲一談，爲了道家的專心於養生之道和尋求長生的方法，因此我們的食物便無形中受著他們的支配。在上文已提及的那部元朝太醫院大夫所著的食譜中有許多章，即係專講如何長生，如何免病的。道家最尊信大自然，所以他們偏向於重視蔬類的花果和食物。他們對於含露的鮮蓮即視爲高人的無上食品。這裡邊便有些詩意和出世思想的交織。據他們的意見，單吸所含的露更好，如若可能的話。這類食物包括松子、葛粉、藕粉之類，都是道家所認爲足以助人致於長生的仙品。因爲它們都是性能清心醒脾的東西。一個人在吃蓮子時，心中不可懷有俗念如女心色等事類。似藥物而常爲人所吃食，以爲足以助人致於長生的食品有：天門冬、生地、枸杞子、白朮、黃精，尤其是人參和黃芪等物爲貴品。

中國的藥方書可供給西方科學研究以廣大的研討場地。西方醫學直到上一世紀方始發現肝之爲物，具有補血的功用。但在中國則極早就拿這樣東西爲老年人的補食。我頗疑心當一個西方屠伕宰一口豬時，他大概將腰子肚子大小腸（腸中顯然滿含著胃汁）豬血骨髓和腦子一併棄去，而不知這些實是含有最豐富的滋養料部分。現在已漸漸有人發現骨是人體內血中的紅血球製造處，這不免使我可惜爲什麼羊骨、豬骨、牛骨都被隨手丟棄，而不拿來熬一碗美味的湯。這豈不是虛耗有價值的食物嗎？

西方的食物中，有幾種是我所愛吃的。第一，我當提到蜜露瓜，因爲以蜜露爲名是很近於中國式的。在古代如能有人拿一串葡萄送給一個道家，則他大概要以爲已經得到了可致長生不老的仙藥。因爲道家所欲求的，都是些奇花異果的地別滋味。以蕃茄汁爲食品，應爲二十世紀西方大發明之一。因爲中國也像一世紀前的西方人一般，尚認蕃茄是不適於食用的東西。其次是芹菜生吃法，這便好似中國人的愛吃爽脆物品如筍之類。蘆筍在未青的時候很好吃，但中國人則尚不知道。最後，我當承認我極愛吃英國式的紅燒牛肉，和其他紅燒物。不論哪一種食品，只要在新鮮之時，在它的本處烹煮出來，總是好吃的。美國家庭中所供的美國式菜餚很合我的胃口。但是在紐約的大旅館中，我從來沒有嚐到過味美的佳餚。也不能全怪旅館或菜館，即在中國，除非預定或特別烹煮，也是難以得到美味的。

在另一方面，歐美的烹調法中實有極顯著的缺點。他們於餅類點心和糖果上，一日進步千里，但在菜餚上則仍是過於單調，不知變化，一個人只要在旅館公寓或輪船上連吃三個星期的飯食，吃來吃去無非是皇帝雞、牛排、羊排、腓力這幾樣菜，便會使他的胃口完全倒盡。

西方的烹調中，對於燒煮蔬菜更為幼稚；第一，所用的蔬菜類太少；第二，只知放在水中白煮；第三，總是煮得過度，以致顏色黯淡，爛糊成一團。菠菜從不好好的烹煮，以致兒童見了就討厭。因為他們燒菠菜總是燒成爛糊的，而不知用酒鹽在極熱的鍋中煎炒，在未爛之前起鍋是最可口的吃法。萵苣用同樣的燒法也極可口。在燒這類蔬菜時，第一應注意的是煎炒不可過久。雞肝已被西方人認為美味。鐵排羊腰也認做佳餚。但仍有不少種的食物未經他們試吃。這就是西方菜餚缺乏花色的原因。炸雞肫和雞肝用椒鹽醮吃，乃是中國人常吃的菜。燒鯉魚頭連著面頰和顎下的脂肉是佳餚之一。豬肚是我愛吃的。牛肚有一部分也很好吃。如以肚子下麵，或將肚子加在別種湯中一滾即離火起鍋，其爽脆不下於生的芹菜。田螺（單用其嘴部厚的部分）是法國人很愛吃的美味，中國亦然，在滋味及耐嚼上，和鮑魚及江瑤柱頗為相似。

西方的湯類，花色稀少是由於兩個原因：第一、不懂拿葷素之品混合在一起烹煮，其實只需五六種作料如蝦米、冬菇、筍、東瓜、豬肉等搭配，便能煮出數十或甚至百種的好湯來。冬瓜湯是西方菜餚中所沒有的。其實，這種瓜如用各種方法煮起來，再加入一些蝦米屑，乃是夏天裡一樣最可口的菜。第二、湯的種類缺少是由於不知盡量利用海產。江瑤柱在西方只知炸了吃，而不知乾的江瑤柱實是做湯的最佳作料。鮑魚也是如此。西菜中雖有蛤蜊濃湯這個名目，但我從來沒有吃著其中的蛤蜊味道。又如雖有甲魚湯，但在湯中卻從來看不到甲魚肉。真正的甲魚湯應該煮得極濃，乃中國廣東菜中的美味。有時則加入雞鴨掌，和在一起同煮。寧波人有一樣佳餚名為「大轉灣」，其中的材料即雞腿翅膀。因為這兩件東西都是肌肉中夾著筋和皮，所以十分耐嚼好吃。我所認為最美味可口的湯即蛤蜊鯽魚湯。凡是用介蛤之類所做的湯，其要點是不可過於油膩。

下面我將從李笠翁所著的《閒情偶寄》中引用一段論蟹的文字，以為中國人對於食物的見解的例證：

> 予於飲食之美，無一物不能言之，且無一物不窮其想像，竭其幽渺而言之。獨於蟹螯一物，心能嗜之，口能甘之，無論終身一日，皆不能忘之。至其可嗜可甘與不可忘之故，則絕口不能形容之。此一事一物也者，在我則為飲食中之癡情，在彼則為天地間之怪物矣。予嗜此一生。每歲於蟹之未出時。即儲錢以待；因家人笑予以蟹為命，即自呼其錢為「買命錢」。自初出之日始，至告竣之日止，未嘗虛負一夕，缺陷一時。同人知予癖蟹，招者餉者，皆於此日，予因呼九月十月為「蟹秋」。……向有一婢，勤於事蟹，即易其名為「蟹奴」，今亡之矣。蟹乎！蟹乎！汝與吾之一生，殆相終始者乎！

李笠翁對於蟹如此稱美，其理由即因蟹完全具有食物必備的三種美：色、香、味。李氏的見解也就是現代大多數中國人的見解，不過中國人所稱美的蟹，只限於淡水中所產之一種。

在我個人，食物哲學大概可以歸納爲三事，即新鮮，可口，和火候適宜。高手廚師如若沒有新鮮的作料，即做不出好菜。他們大概都能使你知道烹調的良否，一半在於辦作料。十七世紀的大詩人和享樂家袁子才在著作中述及他的廚師說：他是一個極高尚自重的人，如若作料不是新鮮，即使強迫他，也不肯動手烹煮的。這廚師的脾氣很壞，但他因爲主人知味，所以依舊能久於其職。四川現在有一位年紀很大的高手廚師，要請他來做一次菜很費事，須一星期前預約，以便他有充分買辦作料的時間。須完全聽他自擇菜餚，而不許點菜。

普通人都知道凡是新鮮食品都是好吃的。這種知識使力不足以僱高手廚師的人，也有著享用美味的機會。在享受的供給上，依賴大自然實較勝於依賴文化。爲了這個理由，凡家裡有菜園或居住鄉間的人，雖然沒有高手廚師，也自必能夠享受種種美食。爲了同樣的理由，食物必須在其產地吃過之後，方能評斷其美惡。但對一個不懂買辦新鮮食品的主婦，或單是吃吃冷藏食物即覺得滿意的人，則對他講何以享受美味實是徒然的。

食物的口味在酥嫩爽脆上，完全是火候關係。中國的菜館因爲有特備的爐子，所以能做出普通家庭中所不能烹煮的菜餚。至於滋味上，則食物可以分爲兩類：第一、是專以本味見長的食物，這類菜餚中，除了鹽或醬油之外，不可加入別的作料；第二、是必須配以別樣作料方有滋味的食物，例如：鱖魚和鰣魚都宜清燉，方顯其本味，較肥的魚如鯡魚，則加中國辣醬烹煮更爲好吃。美國的豆粟羹是各味調和的一個好例子。世間有許多食品好像都是爲調味而出，必須和別種食品合燒，方顯其至美之味。筍燒豬肉是一種極可口的配合。肉借筍之鮮，筍則以肉而肥。火腿似乎最宜於甜吃。我住在上海時的廚子有一樣拿手好菜，即用火腿和蜜棗爲釀的番薯餅。木耳、鴨蛋湯和南乳燒紐約龍蝦都屬佳餚。專爲調味而設的食品甚多。如：麻菇、筍、榨菜等等都屬於此類。此外則有一種中國所視爲珍品而本身沒有味道的食物。這類食物都須藉別樣作料的調和配合，方成好菜。

中國最貴重的食品，本身都同樣具有三種特質，即無色、無臭和無味，如魚翅、燕窩，和銀耳都屬於這一類。這三種食品都是含膠質的東西，都是無色、無臭、無味。其所以成佳餚，全在用好湯去配合。

## 八　幾件奇特的西俗

東方文明和西方文明之間的一個重大不同就是：在行相見禮時，西方人以手互握，而東方人則握自己的手（即拱手）。我以爲一切可笑的西俗當中以握手爲最。我雖然是一個極前進的人，也能領略西方的藝術文學、美國絲襪、巴黎香水，甚至英國戰艦的好處，但我終不能懂極先進的歐洲人何以竟會聽任這個握手的野蠻習俗存留到今日。我相信歐洲人中必有私下很反對這個習俗，如有許多人反對同樣可笑的戴帽和帶硬領習俗一樣。但他們並無成就，因爲旁人總認他們爲小題大做，對這種小節不值費心思。我是一個極注意小節的人。爲了我是中國人，所以比歐洲人更憎惡這個西方習俗。我和人相見或辭別時，寧可照中國古禮對人拱手作揖。

我們當然都知道這個習俗也和另一個脫帽習俗一般，還是歐洲野蠻時代的產物。這類習俗都是起於武士道盛行的中古時代。那時的綠林豪客，英雄武士遇到非敵人時，都須除去面具或頭盔以示他們的友好或善意。現在的人已不帶什麼面具或頭盔，若還沿用這個姿勢，豈不可笑。但野蠻時代所遺留的習俗，每每爲人所不肯委棄，例如決鬥之風，至今猶存。

我爲了衛生的和許多別的理由，反對這個習俗。握手是人類彼此之間的一個接觸方式，握時的姿勢和表情各自不同，種類不一。別出心裁的美國大學生當他寫畢業論文時，大可以「各種握手式中的時間和動作之研究」爲題，以嚴肅的體裁討論其握時的輕重，時間的長短，是否帶著幽默性，對方有無感應等等，再進而研究不同性者握手時的種種姿勢，身體長度的關係，因爲高矮之不同，所以握時的姿勢亦就各自不同。因職業和階級的不同，皮膚的顏色也如何的不同等等。此外並可附上幾幅圖像和表格。這篇論文如若做得充分深奧冗長，則我敢保他博士頭銜垂手可得。

現在可以談談衛生上的反對理由。居住上海的西方人說我們的銅元是微生物的尋常集合所，所以碰都不敢碰。但是在街上隨便和張三李四握手時，倒並不覺得什麼。這實屬不合邏輯。因爲你怎能知道這張三李四的手沒有摸過你所畏如蛇蝎的銅元呢？更壞的是，有時你或許遇到一個咳嗽時常用手帕掩著口部以示衛生，但也露出已患肺病氣色的人，竟也伸出手來和你相握。在這一點上，中國的習俗實較爲科學化。因爲中國人不過是握了自己的手拱拱而已。我不知道中國這個習俗從何而起，但從醫學衛生的觀點說起來，我們不能否認他的長處。

此外對於握手還有感受上和心理上的反對理由。當你將一隻手伸出去時，就等於聽人宰割。對方可以由著自己的意握得或輕或重，或久或暫，手是人體上感覺最敏銳的器官之一，極易感覺壓力，辨其輕重。例如：第一、你所遇到的或許是青年會式的握手。對方一手拍你的肩膀，另一手則握著你的手，重重的抖動一下，直抖得你渾身骨頭都幾乎脫節。如若這青年會書記同時也是一位棒球名手（往往是如此的），則竟可以使被握者啼笑皆非。這種款式的握手，再加他的坦直好作自我主張的態度，簡直是等於向你說：「聽著，你現在已在我的掌握中，你必須買一張下次開會時的入場券，或答應買一份艾迪的小冊帶回去，我方能放你。」遇到這種情形時，我無非是趕緊掏出皮夾來。

我如挨次列述下去，可以舉出許多種輕重不同的握手，從那種漠然無誠意因而毫無意思的握手，到那種伸伸縮縮，微微顫抖，表示畏懼的握手。最後還有那種態度高雅的社會交際花，和人握手時，不過微微伸出指尖，好似不過讓你看看她那染色指甲一般的握手。所以從這種人身的接觸，很可以看得出雙方關係的深淺親疏。有幾位小說家以爲從握手的款式，可以看出其人的性格，如：獨斷的、退縮的、不誠實的、懦弱的和令人畏懼的重手，都是能一見而辨的。但我極願省去這種遇到人時即須分析其個性的麻煩，或從他用力的輕重當中，去揣度對我的感情增減的麻煩。

脫帽的習俗更爲沒有意思。這裡面包括許多種極不通情理的禮節。例如女人在禮拜堂，或下午室內茶會時都須戴帽子。這個禮拜堂內須戴帽子的習俗是否和第一世紀小亞細亞的習俗有關係？我不知道。但我頗疑心它實是起源於盲從聖保羅在禮拜堂中男子不應戴帽而女子則須遮沒其頭部的教訓。倘若是如此的話，則這個習俗簡直是基於西方人所棄絕已久的男女不平等的亞洲哲學，這豈不是可笑的矛盾嗎？電梯中有女人時，男子須脫去帽子，也是一件可笑的事情，簡直沒有理由可言。第一點，電梯不過是走廊的延長部分，男子既然無需在走廊中脫帽，則何以須在電梯中的脫帽。凡是偶然戴著帽子在走廊中行走的人，如若仔細想一想，當即能知道這是極沒有意義。第二點，電梯和別種行具如汽車之類實在沒有什麼合於邏輯的分別，一個有良心感覺的人既無需在和女人同坐一輛汽車之中時脫去帽子，則又何必禁止他於同樣情形時在電梯中帶帽子呢？

總而言之，我們的世界尚是一個缺乏理性的世界，沒有一處地方不看到人類的愚鈍，從現代國際關係的愚鈍直到現代教育制度的愚鈍。人類的聰明雖足以發明無線電，但不足以制止戰爭，將來也是如此：所以我對於許多小節上的愚鈍，寧可聽其自然，而不過旁觀暗笑罷了。

## 九　西裝的不合人性

雖然西裝已經風行於土耳其、埃及、印度、日本和中國，雖然西裝已經成為全世界外交界的普遍服裝，但我仍依戀著中國衣服。常有許多好友問我為什麼不改穿西裝？他們問到這句話，尚能算是我的知己嗎？這等於問我為什麼用兩足直立。湊巧這兩件事正是有相互關係的。下文可以說明我所穿的是世上最合人性的衣服，更何必舉出什麼理由來？凡喜歡在家中穿著土著式長袍，或穿著浴衣拖鞋在外面走來走去的人，何需舉出為什麼不裹紮於窒息的硬領、馬甲、腰帶、臂箍、吊襪帶中的理由。西裝的尊嚴，其基礎也未必較穩固於大戰艦和柴油引擎的尊嚴，並不能在審美的、道德的、衛生的或經濟的立場上給予辯護。它所占的高位，完全不過是出於政治的理由。

我所取的態度是矯情的嗎？或這是我中國哲學已有進步的象徵嗎？我以為都不然。我取這個態度，富於思想的同輩中國人都和我同情。中國的紳士都穿中國衣服。此外如名成利就的中國高士、思想家、銀行家，有許多從來沒有穿過西裝，有許多則於政治、金融或社會上獲得成就，立刻改穿中裝。他們會立刻回頭，因為他們已經知道自己的地位穩固無慮，無需再穿上一身西裝，以掩飾他們的淺薄英文智識，或他們的低微本能。上海的綁匪絕不會去綁一個穿西裝的人，因為他們明知這種人是不值一綁的。

你可知道中國現在穿西裝者是怎樣一些人嗎？大學生、賺百元一月薪俸的小職員、到處去鑽頭覓縫的政治家、黨部青年、暴發戶、愚人、智力薄弱的人。最後，當然還有那亨利．溥儀，俗極無比的題上一個外國名字，穿上一身西裝，還要加上一副黑眼鏡。單是這身裝束，已足使他喪失一切復登大寶的機會。即使日本天皇拿出全部兵力來幫助他，也不會中用。因為你或許可以用種種的謊話去欺騙中國人，但你絕無法使他們相信一個穿西裝戴墨鏡的傢伙是他們的皇帝。溥儀一日穿著西裝，一日用亨利為名，則一日不能安坐皇位，而只合優遊於利物浦的船塢中罷了。

中裝和西裝在哲學上不同之點就是，後者意在顯出人體的線形，而前者則意在遮隱之。但人體在基本上極像猢猻的身體，所以普通應該是越少顯露越好。試想甘地只圍著一條腰裾時是個什麼樣子？西裝之爲物，只有不識美醜者方會說它好。其實呢，「完美的體形世上很少」這句話，也是迂腐之談。你只要到紐約遊戲場去一趟，便能看到人的體形是如何的美麗。但美點的顯露，並不是像穿了西裝使人一望而知其腰圍是三十二寸或三十八寸的說法。一個人何必一定要被人一望而知他的腰圍是三十二寸呢？如若是一個頗爲肥胖的人，他何必一定須被人知道他腰圍的大小，而不能單單自己明白呢？

因此，我也相信年在二十到四十之間，身材苗條的女人，和身體線形沒有被現代不文明生活所毀損的兒童，確是穿西裝較爲好看。但是叫所有男女不分好醜，都把身體線形顯露於別人的眼前，則又是另一句話了。女人穿了西式晚禮服的優雅好看，實不是東方的成衣匠所能夢想到的。但一個四十多歲的肥胖婦人，穿了露出背脊的禮服，出現於劇院中，則其刺目也是西方所特有的景象。對於這樣的婦人，中國衣服實較爲優容，也和死亡一般使大小美醜一律歸於平等。

所以，中國衣服是更爲平等的。以上都是關於審美方面的討論。以下可以談談衛生和常識方面的理由：凡是頭腦清楚的人，大概都不會矯說硬領——首相黎塞留和許爾脫．勞萊爵士時代的遺物——是一種助於健康的東西。即在西方，也有許多富於思想的人屢次表示他們的反對。西方女人的衣服已在這一點上得到了許多以前所不許享受的舒適。但是男人的頸項，則依舊被所有受過教育的人們當做醜惡猥褻、不可見人的部分，而認爲須遮隱起來，正和腰圍大小之應盡量顯露成一個反比例。這件可惡的服飾，使人在夏天不能適當的透氣，在冬天不能適當的禦寒，並一年到頭使人不能做適當的思想。

從硬領以下，竟是一大篇連續不斷同樣厲害的加害人類常情的記錄。能發明霓虹燈和第塞爾柴油引擎的聰明西方人，何以竟會缺乏常識到這個地步，至於桎梏人的全身，而僅僅留出一個頭部的自由，實令人不解。其種種服飾的不近人情無庸一一細說。——例如緊綳在身上的內衣褲，妨礙了身體的透氣自由，馬甲使人連背脊都彎轉不來，背帶或腰帶使人在饑飽不同的時候沒有寬緊的分別。其中最不合情理的是馬甲；凡略略研究過人體線形者都知道人的胸背兩部，除了在身體筆挺的時候之外，是絕不能同時平直的。凡穿過硬胸襯衫的人都從經驗知道當身向前傴時，襯衫必定拱起來。但馬甲是假定人的胸背隨時都是平直而裁製的，因此令人須將身體時時筆直的挺著。但實際上絕沒有人能始終維持這個姿勢，於是馬甲的邊沿尖角都因起了縐痕，便時時觸刺人身。如若是一個肥胖的人，這馬甲簡直是畫了一個突出的弧形線，盡頭之處觸出空中，再由腰帶和褲子接續著向下面漸漸彎去。人類諸發明中，再有比這個更離奇的物事嗎？無怪現在已有人在那裡發起一種裸體運動，以反抗這個束縛人體的離奇東西了。

如若人是四足動物，則腰帶還有情理可說。因為還可以如馬的肚帶一般寬緊隨心。但人類已經改為直立的地位，然而這腰帶則依舊是假定人是四足動物而製的，正如腹膜肌肉一般的，根據四足地位完全將它的重量繫於背脊骨上。這種不合理的生理配置，使孕婦易於流產。——在獸類並無此弊——而男人的腰帶也因易於向下脫落，不能不束得極緊。結果是妨礙臟腑的自由活動。

我深信西方人對於身外之物有了更大的進步後，必有一天會對本身所用的物件更費一些心思，而於衣服這件事上變為較近情理。西方人為了對這件事不肯費力革新，已受了長久的重罪。但西方女人則早已於衣服一道上，達到簡單和近於情理的地步了。我深信在遠期中，——近期中尚辦不到——男人必會以直立姿勢爲根據，而發展出一種合於情理的衣服，如女人所已經達到的一般。

一切累贅的衣帶必會被廢棄，而男人的衣服必將改爲很自然合式地懸掛於兩肩的製法。衣服的肩部必不再塞上許多棉花墊高起來，必將改爲比較現式更舒適像便袍一般的樣子。據我的眼光，那時男女服色的區域，必只在男人穿褲，而女人穿裙。至於上半身，則將以同樣舒適自在爲基本原則了。男人的頸項將和女人一般的自由，馬甲將被廢棄。男人的外褂也將如時下女人的外褂一般的穿法，並且也將像現在的女人一般以不穿外褂的時候爲多。

這個改革當然包括更改襯衫的製法，襯衫將不再是單爲穿在裡面之用。它的顏色必改爲較深的，而可以穿在外面。所用的材料將改爲從最薄的綢到最厚的呢絨，以合時令。並改良式樣，以求更爲美觀。外褂可穿可不穿，將以天氣的寒暖而不以虛文爲標準。因爲這一種服色將成爲不論到哪裡都可以穿著的衣服。爲了解除令人難受的腰帶和背帶起見，襯衫和褲子將連在一起，穿時只須像現在的女衣一般，從頭上套進去。腰部的寬緊可以看情形做得大些或小些，以適應身體的肥瘦。

就是現在式樣的男服，也未始不可以保持原式略加改良，而即能將腰帶或背帶廢除。它的整個原則是全部重量須懸掛到兩肩上去，並均勻分配開來，而不應該藉著約束之力緊繫於肚皮上面。男人的腰部束縛須加解放，人們須在能領略這個原則時，男人的衣服方有漸漸改變爲寬鬆的長袍的可能。

我們現在倘以廢除馬甲爲改革的第一步，只須將襯衫如兒童衣服一般用鈕扣扣在褲子上。等到襯衫漸漸變成外衣時，我們即可以改用較好的材料做襯衫，做成和褲子同料同色或相配的顏色。又如我們倘不便把馬甲馬上廢除，則我們可把馬甲和褲子連在一起，以保持其形式。馬甲的背部應該改爲兩條闊帶子。此外，馬甲即使不和褲子連在一起，腰帶或背帶也有棄置的方法。我們只須在馬甲的反面前後釘上六條帶子，前四後二，扣在褲子上，則就可以把褲子繫住了。因爲扣帶是在馬甲的裡面，而馬甲是遮在褲子的上面，所以形式上將和現在的束腰帶或用背帶並無兩樣。只要改革一旦實行，人們覺得現在的衣服式樣實在不合情理時，他們便會逐步改進，廢除馬甲，將上下衣褲做成彷彿現在的工人褲子，但較爲好看的式樣。

在適合時令的調節上，中國衣服也是顯而易見的最近情理。穿西裝不論寒暑表低到零度以下，或高到一百度以上，總是限於一身內衣褲，一件襯衫，一件外衣，連或不連馬甲。但中國衣服則可以加減隨心。據一個故事說：有一個中國婦人，看見她兒子打一個噴嚏，即替他加上一件袍子；打兩個噴嚏，再加一件；打第三個噴嚏，再加一件。這是西方做母親的人所辦不到的。她到兒子打第三個噴嚏時，恐怕就要手足無措，而只有去請教醫生之一法了。我不能不信中國民族所以能夠不被肺癆和肺炎所滅盡，全靠那一件棉袍的力量。

## 十　房屋和室內佈置

「房屋」這個名詞應該包括一切起居設備，或居屋的物質環境。因爲人人知道擇居之道，要點不在所見的內部什麼樣子，而在從這所屋子望出去的外景是什麼樣子。所著眼者實在在屋子的地位和四周的景物。我常看見上海的富翁，占著小小的一方地皮，中間有個一丈見方的小池，旁邊有一座螞蟻費三分鐘即能夠爬到頂上的假山，便自以為妙不可言，他不知道住在山腰茅屋中的窮人，竟可以拿山邊湖上的全部景物做為自己的私產呢。這兩者之間的優劣，簡直是無從比擬的。

山中往往有地位極佳的房子，人在其中能將全部風景收到眼底，不論他望到哪裡，如遮著山尖的白雲，飛過空中的鳥，山泉的琤琮，鳥喉的清越，種種景色，都等於自己所私有。這就是一個富翁，他的財產之多，遠勝於住在城市中的百萬富翁。城市中的人也未始不能看見偶爾在空中行過的雲，但他絕不會實地去看看，而且即使看到了，也因這雲沒有別的景物為襯托，尚有什麼好看的呢？這裡的背景是完全不適宜的。

所以中國人對於房屋和花園的見解，都以屋子本身不過是整個環境中的一個極小部分為中心觀點，如一粒寶石必須用金銀鑲嵌之後，方能襯出它的燦爛光輝。所以一切人為的痕跡愈少愈妙，筆直的牆垣，應有倒掛的樹藤間節的遮蔽著。一所整方的房屋只合於工廠之用，因為只有工廠才以效用為第一個要件。如若作為住宅，便是大煞風景。依照某作家的簡明說法，一所最合於中國理想的屋子應該如下：

門內有徑，徑欲曲；徑轉有屏，屏欲小；屏進有階，階欲平；階畔有花，花欲鮮；花外有牆，牆欲低；牆內有松，松欲古；松底有石，石欲怪；石面有亭，亭欲樸；亭後有竹，竹欲疏；竹盡有室，室欲幽；室旁有路，路欲分；路合有橋，橋欲危；橋邊有樹，樹欲高；樹陰有草，草欲青；草上有渠，渠欲細；渠引有泉，泉欲瀑；泉去有山，山欲深；山下有屋，屋欲方；屋角有圃，圃欲寬；圃中有鶴，鶴欲舞；鶴報有客，客不俗；客至有酒，酒欲不卻；酒行有醉，醉欲不歸。

房屋必須有獨立性方為住屋。李笠翁在他討論生活藝術的著作中，有好幾處提到居室問題。他在序文內曾暢論「自在」和「獨立性」兩點。我以為「自在」比「獨立性」更重要。因為一個人不論他有怎樣寬大華麗的房屋，裡邊總有一間他所最喜愛，實在常處的房間，而且必是一間小而樸素，不甚整齊，暖和的房間。所以李笠翁說：

人之不能無屋，猶體之不能無衣。衣貴夏涼冬燠，房舍亦然。堂高數仞，榱題數尺，壯則壯矣，然宜於夏而不宜於冬。登貴人之堂，令人不寒而慄：雖勢使之然，亦寥廓有以致之，我有重裘而彼難挾纊故也。及肩之牆，容膝之屋，儉則儉矣，然適於士而不適於賓。造寒士之廬，使人無憂而歎：雖氣感之乎，亦境地有以迫之，此耐蕭疏而彼憎岑寂故也。吾願顯者之居勿太高廣。夫房舍與人，欲其相稱。畫山水者有訣云：「丈山尺樹，寸馬豆人。」使一丈之山，綴以二尺三尺之樹，一寸之馬，跨以似米似粟之人，稱乎不稱乎？使顯者之軀，能如湯交之九尺十尺，則高數仞為宜；不則堂愈高而人愈覺其矮，地愈寬而體愈形其瘠。何如略小其堂而寬大其身之為得乎？……

常見通侯貴戚，擲盈千累萬之資以治園圃，必先諭大匠曰：亭則法某人之制，榭則遵誰氏之規，勿使稍異。而操運斤之權者，至大廈告成，必驕語居功，謂其立戶開窗，安廊置閣，事事皆仿名園，纖毫不謬。噫，陋矣！……

土木之事，最忌奢靡。匪特庶民之家，當崇儉樸；即王公大人亦當以此為尚。蓋居室之制，貴精不貴麗，貴新奇大雅，不貴纖巧爛漫。凡人止好富麗者，非好富麗。因其不能創異標新，舍富麗無所見長，只得以此塞責。譬如人有新衣二件，試令二人服之，一則雅素而新奇，一則輝煌而平易，觀者之目，注在平易乎，在新奇乎？錦繡綺羅，誰不知貴，亦誰不見之；縞衣素裳，其製略新，則為眾目所射，以其未嘗睹也。

李笠翁在他所著的書中，討論許多關於結構和佈置上的要點。所涉及的物事有房屋、窗戶、屏、燈、桌、椅、古玩、櫥、床、箱、櫃等等。他極富創作思想，對每一件東西都有新穎的議論。他所創作的器具中，有許多種至今爲人所樂用。最著名的是他在世時即已有人仿製出售的芥子園信箋和窗戶板壁的製法。

他那部討論生活藝術的書雖不很爲人所知道，但初學畫家所奉爲圭臬的《芥子園畫譜》，則極爲著名。此外則《李笠翁十種曲》也很著名。因爲他是一個戲劇作家、音樂家、享樂家、服裝設計家、美容專家、兼業餘發明家，真所謂多才多藝。

他對於床的式樣有極新穎的見解。據他說，每次遷入一所新屋時，所注意的第一件事情就是那張床。中國式的床大概都有高架可以掛帳子，其本身差不多等於一間小室。裡面並裝置著帳桿床几和屜斗，以便安放書本茶壺鞋襪等等零碎物事。李氏以爲床上並宜置幾盆花草，他的方法是將一隻特製的，闊約一尺，高僅二三寸的輕几，從帳頂懸下來。據他的意見，這隻花几應該用彩綢包裹，並摺成縐紋以像行雲。這個几上便可以安放應時的盆花，或焚龍涎香的爐，或佛手木瓜，以取其香。據他的意見：

若是則身非身也，蝶也，飛宿眠食，盡在人間：人非人也，仙也，行起坐臥，無非樂境。予嘗於夢酣睡足，將覺未覺之時，忽嗅臘梅之香，咽喉齒頰，盡帶幽芬。似從臟腑中出，不覺身輕欲舉，謂此身必不復在人世間矣。既醒，語妻孥曰：「我輩何人遽有此樂，得無折盡平世之福乎？」妻孥曰：「久賦常貧，未必不由於此！此實事，非欺人語也。」

李氏的發明中，在我看來，當以窗戶的做法為最傑出。他曾發明「扇面窗」（湖上遊艇所用）和「梅花窗」。中國人的習俗，扇面上都有書畫，並有人癖嗜收集這種舊扇面，訂成冊頁。扇面窗之製即係取意於此。所以李氏的見解以為遊艇如安上扇面式的窗子，則艇中人從船窗觀望兩岸的景物，和兩岸的路人由船窗窺望艇中人的動作，便都像在觀看扇面畫了。因為窗子之為物，其要點即在能任人從其中看得見外面的景物，正如我們所謂眼睛乃是靈魂的窗戶。所以據李氏說起來，窗子的製法應以能在最有利的地位，望見最優美的景物為主。因而可以假借室外的風景，以補充室內自然成分的缺乏。他說：

坐於船中，兩岸之湖光山色，寺觀浮屠，雲煙竹樹，以及往來之樵人牧豎，醉翁遊女，連人帶馬，盡入「便面」之中，作我天然圖畫。且又時時變幻，不為一定之形，非特舟行之際，搖一櫓，變一像，撐一篙，換一景；即繫纜時，風搖水動，亦刻刻異形。是一日之內，現出百千萬幅佳山佳水。……

予又嘗作觀山虛牖，名「尺幅窗」，又名「無心畫」。姑妄言之：浮白軒中，後有小山一座，高不踰丈，寬止及尋；而其中則有舟崖碧水，茂林修竹，鳴禽響瀑，茅屋板橋，凡山居所有之物，無一不備。蓋因善塑者肖予一像，神氣宛然，又因予號笠翁，顧名思義，而為把釣之形。予思既執綸竿，必當坐之磯上，有石不可無水，有水不可無山，有山有水，不可無笠翁息釣歸休之地，遂形此窟以居之。是此山原為像設，初無意於為窗也。後見其物小而蘊大，有須彌芥子之義，盡日坐觀，不忍闔牖。霍然曰：是山也，而可以作畫；是畫也，而可以為窗；不過損予一日杖頭錢，為裝潢之具耳。遂命童子裁紙數幅，以為畫之頭尾及左右鑲邊。頭尾貼於窗之上下，鑲邊貼於兩旁，儼然堂畫一幅，而但虛其中，非虛其中，欲以屋後之山代之也。坐而觀之，則窗非窗也，畫也，山非屋後之山，即畫上之山也。不覺狂笑失聲，妻孥盡至，又復笑予所笑。而「無心畫」「尺幅窗」之制從此始矣。

李氏對桌椅廚櫃也別有心裁。這裡我只能提及一件他所發明冬天所用的暖椅。凡是沒有相當取暖設備的室中，這是一件很實用的器具。其製法是一張長椅，下面連著一個火櫃。椅子的兩旁各有一個高如矮桌的活動木架，可以隨意旋轉到椅子的正面，擱上一塊板，當做桌子。火櫃裡有屜斗，以便置放炭盆。在這副桌椅上可以讀書寫字，坐臥隨心。

據李氏說，這暖椅每天只費炭四塊，早晨加兩塊，下午再加兩塊，即可使坐者整天和暖舒服。他又說，這椅子只須穿上兩根木杠子，便成一乘轎子，可供出門的代步。冷天坐著時，兩足既不致受凍，而且可以隨意在轎中吃喝。這椅子到了夏天，也可以改爲涼椅。其法是將一隻水缸安在椅背後，注滿冷水，以取其涼意。

西方人已發明各種可以旋轉、折疊、高矮大小可以調節的多功能床椅和剃頭椅。但是他們從沒有想到過創作可以拼拆的桌几和古玩架。這件東西在中國早已發明，並且製作極爲精巧。可以拼拆的桌几名叫「燕几」，其製法的原則類於西方兒童所玩的積木，將一方方木塊拼搭成種種的物形。一副六件的「燕几」，可以拼出正方長方或丁字形等等的式樣，多至四十餘種。

還有一種名爲蝶几。其中每一張几的形式不是方的，而是三角形或稜形的。所以拼合起來，又可以拼成另外的許多式樣。燕几大都供飲宴或抹牌之用，有時當中並留出一些空閒，以置放燭台。蝶几則既供飲宴抹牌之用，也可當做花盆架子。因爲花盆架子本以式樣不一爲宜。這種蝶几每副共有十三件，可以拼成方形、長方形、菱形等等，中間或留或不留空地。拼搭的方法並不一定，全看主婦的巧思去變化。

東西方主婦對於室內佈置，大都喜歡時常變更式樣。因此這類可以供她們欲望的需要。這種几桌所拼成的式樣都是極爲摩登式的，因爲摩登器具都注意於輪廓簡單化。而中國器具則本來就是如此的。

拼搭的藝術，似乎就在輪廓的簡單化中求得各種不同的式樣。我曾見過一隻古式的花盆架，它的腳不是筆直而是半當中彎曲的。即以方桌和圓桌而言，做的時候即可分做成半圓形的兩張，或分做成三角形的兩隻。如此則拼起來時是一隻圓桌或方桌，可供飲宴或抹牌之用。不用時，即可拆開來放在牆邊，當做書架或花盆架了。兩張三角形的蝶几，倚牆並排擺在一處，看過去便好似從牆中凸出來的兩座尖山。抹牌時所用的桌子，其大小都可以隨人數的多寡而定。茶點飲宴時所用的桌子，可以隨意拼成丁字形、馬蹄形，或S形。如在較小的房間中，大家坐在這種式樣的桌子上吃飯，豈不更爲有趣嗎？

中國江蘇省常熟地方現在有一種照這種可以拼拆原則而製造的書箱。可以分拆的書架在西方也很普通，但常熟式的特點則在不用時可以依著大小的次序一個一個的套進去，而只成如衣箱大小一般的一個箱子。這書箱疊好時，很像一具極新式的書廚，但分開來時則可以拼成許多個大小不一的書廚，其最小的長止尺餘，可以置放在几上或枕邊。拼疊的式樣因此可以隨時變更，以免多看了令人討厭。

中國人對室內佈置好像集中於兩個觀念：即簡單和空闊。凡是佈置很講究的房間，其中傢具必不甚多，木料必是柚木，而打磨得必極光亮，輪廓必極簡單，而大都必是圓角。柚木器具必須用手工打磨，其精工與否，判別價值的高下。室中一面靠牆處大概安一張半桌，上面放一隻膽瓶。牆角邊大概安著幾個花盆架或古玩架，高矮不一，或安幾張老樹根所雕成的小矮凳。另一面牆邊大概安一個書櫥或古玩櫥，式樣必極曲折玲瓏，極爲摩登。牆上大概掛一二幅字畫，字必雄勁，畫取遠淡空靈，而室中也須如畫一般的空靈。中國的房屋中最特出之點是用石板所鋪成的院子，其效用和西班牙式房屋的走廊相同，是和平幽靜和安寧的象徵。

# 第十章　享受大自然

## 一　樂園已經喪失了嗎？

在這個行星上的萬物之中，植物類根本談不上對大自然有取什麼態度的可能。所有的動物類也差不多全數沒有取什麼態度的可能。但其中竟有這麼一個人類，竟會自有意識，並能意識到四周的環境，因而能夠對它取一種態度，實在是一樁極奇怪的事情。

人因為有智慧，便開始對宇宙產生疑問，開始探索它的秘密，追求它的意義。他們對宇宙，同時有一種科學的和道德的態度。科學界人士注意尋求地球裡外的化學合質，其四周空氣的厚薄，輻射於上層空氣的宇宙光線的多少和性質，山和石的組成，以及一般的支配，生命的定律。

這種科學的興趣和道德的態度固然也有一種聯繫，但在它的本身，則不過是單純的求知欲和探索欲罷了。在另一方面，道德的態度便有許多差異。某些人想和大自然融協和諧，某些人想征服或統治和利用大自然，而某些人則是高傲的賤視大自然。這個對自己星球之高傲的賤視態度，乃是文明的一種奇特產物，尤其是某種宗教的奇特產物。這種態度起源於「已喪失的樂園」那個虛構的故事。所奇者是：這個故事不過是太古時代一種宗教傳說的產物，而現在竟普遍被人信以為真。

對於這個「已喪失的樂園」故事是否真實？從來沒有人發過疑問。總而言之，這個伊甸園是何等的美麗，而現在這個物質宇宙又是何等的醜惡。其實呢，自從夏娃亞當犯了罪之後，花樹難道已不開花了嗎？上帝難道因了一人犯罪，已詛咒蘋果而禁止了它的結果嗎？或祂已決定將這花的顏色改為較灰黯而不像以前的鮮豔嗎？百靈鳥、夜鶯和鸚鳥難道已停止了牠們的鳴叫嗎？山頂難道已經沒有了積雪，湖中已經沒有了倒影嗎？難道今日已經沒有了日落時的紅霞，沒有了虹霓，沒有了籠罩鄉村的煙霧，沒有了瀑布流泉和樹蔭嗎？所以「樂園」已經「喪失」，我們現在是住在一個醜惡的宇宙中這神話，究竟是哪一個捏造的呢？我們真是上帝的忘恩負義的不肖兒女。

關於這個不肖的孩子，我們可以設一個寓言如下：從前有一個人，姓名姑且慢慢發表，他跑到上帝那裡訴說，這個星球於他還不夠好，要上帝給他一個珠玉為門的天堂。上帝先指著天空中的月亮，問他說，這不是一個很好的玩具嗎？他搖搖頭說，他連看都不要看。上帝又指著遠遠的青山，問他說，這不是很美麗的景物嗎？他回說，太平淡無奇。上帝又將蘭花和三色花指給他看，叫他伸手摸摸花瓣是如何的軟滑，並問他說，這顏色的配合豈不悅目嗎？他爽直回說，不。

上帝是無窮忍耐的，於是就帶他到水族動物池裡，指著各種各色的熱帶魚給他看，問他是不是覺得有趣。上帝又帶他到一個樹蔭之下，用法力吹起一陣微風，問他是否覺得是一種享受？他回說，並不覺得。上帝又帶他到一處山邊的湖畔，指著水中的微波，松林中的風過聲，山石的幽靜和湖光的反映給他看，但他依然回說，這些物事並不能提起他的興緻。

至此，上帝以爲這個他所手創的生物必是一個性情不很和善，而喜看較爲刺激性事物的人，所以就帶他到落磯山的頂上，到美國西部的大峽谷，讓他看那些掛滿鐘乳，生滿石筍的山洞，那些噴泉沙岡，那些沙漠中的仙人掌，到喜馬拉雅山看雪景，到揚子江看三峽，到黃山看花石岡峰，到尼加拉瓜看瀑布，再問他說，我豈不是已盡其可能將這個星球變爲可以悅耳目、充肚腹的美麗世界嗎？但是那個人依然向上帝吵著要一個珠玉爲門的天堂，說這個星球在他還覺得是不夠好。

「你這個不知好歹，忘恩的畜生，」上帝斥他說：「如此的星球，你還覺得不夠好嗎？很好，我將要送你到地獄裡去，讓你看不到行雲和花樹，聽不到流泉，將你幽囚到命終之日。」於是上帝即送他去住在一家城市中的公寓裡邊。這個人的名字就是基督徒。

這個人的欲望顯然很難滿足。上帝是否能夠另造一個使他滿足的天堂？實在是一個疑問。但是即使造了出來，以他這種大富豪式的心性，恐怕到了這個珠玉爲門的天堂之後，不到兩個星期，又會感到厭煩，而上帝也將感到束手無策，無法滿足這個不肖的孩子的欲望了。

現在我們大概都須承認現代的天文學，由於不斷的探索整個可以看得到的宇宙的結果，已使我們不能不承認這地球本身就是一個天堂。如若不然，則我們所夢想的天堂勢必須占著空隙；既須占著空隙，則勢必在穹蒼裡的星中，否則必在群星之間的空虛中。這天堂既然是在帶著月亮或沒有月亮的星球中，則我就想像不出這天堂怎樣會比我們的地球更好。

這天堂的月亮或許不止一個而有許多個，如粉紅色的、紫色的、碧色的、綠色的、橙黃色的、水藍色的、土耳其玉色的，此外或許還有更多的虹霓，但我頗疑惑看見一個月亮尚會討厭的人，看見這許多月亮時，將更易於討厭。難得看見雪景或虹霓尚會討厭，則常常看見更美麗的虹霓時將更易於討厭了。這天堂之中，或許將有六個季節而不是四個，將同樣有春夏和日夜的交替，但我看不出這裡邊將有什麼分別。如若一個人對地球上的春夏季節不感興趣，則他怎會對天堂中的春夏季節感到興趣呢？

我說這番話或許是極愚笨的，也許是極聰明的，但我總不能贊同佛教徒和基督徒以出世超凡思想所假設的虛無縹緲完全屬於精神的天堂。以我個人而言，我寧願住在這個地球，而不願住在別個星球上。絕對沒有一個人能說這個地球上生活是單調乏味的。倘若一個人對於許多的氣候和天空顏色的變化，隨著月令而循環變換的許多鮮花依然不知滿足，則這人還不如趕緊自殺，而不必更徒然地去追尋一個或許只能使上帝滿足而不能使人類滿足的可能天堂了。

照著眼前可見的事實而言，大自然的景物聲音氣味和滋味，實在是和我們的看聽聞吃器官具有一種神秘的和諧。這宇宙的景物聲音和氣味和我們的感受器官的和諧是如此的完美這件事，使伏爾泰所譏笑的宇宙目的論得到一個絕好的論據。但我們不必一定都做宇宙目的論者。上帝或許會請我們去赴祂的筵席，也許不請。中國人的態度是不問我們是被邀請與否，我們總去赴席。菜餚既是這樣的豐盛，而我們適又饑餓了，不吃也是呆子。儘管讓哲學家去進行他們的形而上的探討，讓他們去研究我們是否在被邀請之列，但聰明的人士必會在菜餚未冷之前，動手去吃。饑餓和好的常識常是並行的。

我們的地球實在是一個絕好的星球。第一，這上面有日夜和早暮的彼此交替，熱的白天接上一個風涼的夜裡，人事甚忙的上午之前，必先來一個清爽的早晨。還有什麼能比這些更好呢？第二，這上面有本身都極完備的夏冬季節的交替，中間並加插溫和的春秋兩季，以逐漸引進大寒和極熱。還有什麼能比這些更好呢？第三，上面有靜而壯觀的樹，夏天給我們樹蔭，而冬天則並不遮蔽掉暖人的太陽。還有什麼比這個更好呢？第四，上面有各種不同的花果，按著月令循環交替。還有什麼比這個更好呢？第五，上面有清朗的日子，和雲霧滿天的日子彼此交替。還有什麼比這個更好呢？第六，上面有春雨、夏雷、秋風、冬雪。還有什麼比這些更好呢？第七，上面有孔雀、鸚鵡、金絲雀等鳥，或有著美麗的顏色，或有著清脆的鳴聲。還有什麼比這些更好呢？第八，上面有動物園，裡邊有猢猻、虎、熊、駱駝、象、犀牛、鱷魚、海獅、牛、馬、狗、貓、狐狸、松鼠、山撥鼠，種類之多爲人類意想所不能及。還有什麼比這些更好呢？第九，上面有虹魚、劍魚、電鱔、鯨魚、柳條魚、文蛤、鮑魚、龍蝦、淡水蝦、甲魚，種類之多也是人類意想不到的。還有什麼比這些更好呢？第十，上面有偉大的紅木樹、噴火的火山、偉大的山洞、雄奇的山峰、起伏的山丘、幽靜的湖沼、曲折的江河、有蔭的堤岸。還有什麼比這些更好呢？這張菜單，其花色簡直是無窮盡的，可以合任何人的胃口。所以最聰明的法子就是：逕自去享用這席菜餚，而不必憎嫌生活的單調。

## 二　論宏大

大自然本身永遠是一個療養院。它即使不能治癒別的病患，但至少能治癒人類的自大狂症。人類應被安置於「適當的尺寸」中，並須永遠被安置在用大自然做背景的地位上，這就是中國畫家在所畫的山水中總將人物畫得極渺小的理由。在中國的「雪後觀山」畫幅中，那個觀望山中雪景的人是被畫成小到粗看竟尋不到的尺寸，必須要仔細尋找，方能覓到。這個人蹲身在一棵大松樹下，而在這十五吋高的畫面中，他身體的高度不過一吋而已。而且全身不過聊聊數筆。又有一幅宋畫，上邊畫著四個高人遊於山野之間，舉頭觀看頭頂上如傘蓋般的大樹。一個人能偶爾覺得自己是十分渺小時，於他很有益處。有一次我在牯嶺避暑，躺在山頂上，遠望百里外的南京城中有兩個渺小如螞蟻一般的人，正在那裡拚命地爭奪一個報效國家的機會。但從遠處望過去時，其情狀便覺得是很滑稽的。所以許多中國人都以爲遊山玩水有一種化積效驗，能使人清心淨慮，掃除不少的妄想。

人類往往易於忘卻他實在是何等的渺小無能。一個人看見一座百層大廈時，往往便會自負。治療這種自負症的對症方法就是：將這所摩天大廈在想像中搬置到一座渺小的土丘上去，而習成一種分辨何者是偉大，何者不是偉大的更真見解。我們之所以重海洋，是在它的廣浩無邊，重山嶺是在它的高大綿延。黃山有許多高峰都是成千尺的整塊花岡石從地面生成，連綿不絕的長達半哩多路。這就是使中國畫家的心靈受到感動的地方。它的幽靜，它的不平伏的宏大，和它那顯然的永在，都可說是使中國人愛好畫石的理由。一個人沒有到過黃山，絕不會相信世上有這麼樣的大石。十七世紀中有一個黃山畫派，即因愛好這種奇石而得名。

在另一方面，常和大自然的偉大爲伍，當真可以使人的心境漸漸也成爲偉大。我們自有一種把天然景色當做活動影片看的法子，而得到不亞於看活動影戲的滿足；自有一種把天邊的烏雲當做劇台後面的佈景看，而得到不亞於看佈景的滿足；自有一種把山野叢林當做私有的花園看，而得到不亞於遊私有的花園的滿足；自有一種把奔騰澎湃的巨浪聲音當做音樂聽，而得到不亞於聽音樂的滿足；自有一種把山風當做冷氣設備，而得到不亞於冷氣設備的滿足。我們隨著天地之大而並大，如中國第一個浪漫派才子阮籍所謂「大丈夫」的「以天地為廬」。

我生平所遇到的一幅最好的景物是某晚在印度洋面上所見。這景物的場面長有百哩，高有三哩。大自然在上面表現了半小時的佳劇，有巨龍、雄獅等接連的在天邊行過。——獅子昂首而搖，獅毛四面飄拂；巨龍婉轉翻身，奮鱗舞爪，——有穿著灰白色軍服的兵士，帶著金色肩章的軍官，排著隊來往不絕，倏而合隊，倏而退去。在這軍隊彼此追逐爭戰時，場面上的燈光忽而變換，白衣服的兵士忽而變為黃衣服，灰色衣服忽而變為紫衣服。至於背後的佈景，則一忽兒已變為耀眼的金黃色。再過一刻，這大自然劇台的管理技師漸漸將燈光低暗下去，紫衣服的兵士吞沒了黃衣服的而漸漸變為深紫和灰色。在燈光完全熄滅之前的五分鐘，又顯現出一幅令人咋舌的慘怖黑暗景象。我看這齣生平所僅見的偉大的戲劇，並沒有花費分文。

這星球上面還有幽靜的山，都是近乎治療式的幽靜。如幽靜的峰、幽靜的石、幽靜的樹，一切都是幽靜而偉大的。凡是環抱形的山都是一所療養院，人居其中即好似依偎在母親的懷裡。我雖不信基督教科學，但我確信偉大年久的樹木和山居，實具有精神上的治療功效。並不是治療一塊斷骨或一方受著傳染病的皮膚的場所，而是治療一切俗念和靈魂病患的場所，如：竊盜狂、自負狂、只知有己不知有人狂、奴役他人狂、討債狂、統治狂、戰爭狂、詩狂、惡意仇恨狂、好於人前顯耀狂，一般的頭腦不清，和種種的不道德脾氣。

## 三　兩個中國女子

享受大自然，是一種藝術，視人的性情個性而異其趣。並且也如別種藝術一般，極難於描寫其中的技巧。其中一切都需出於自動，都需出於藝術天性的自動。所以在某一時候怎樣去享受一樹一石或一景，並無規則可定。因爲沒有景致是相同的。凡是懂這個道理的人，不必有人教他，即會知道怎樣去享受大自然。

海芙洛・埃利斯（Havelock Ellis）和王德威爾得（Van der Velde）所說，夫婦在閨房靜好之中，什麼事可做，什麼事不可做，什麼是有趣的，什麼事是沒趣的，絕不是可以用章程來規定的事情。這句話，實在是不朽之論。在享受大自然中也同樣是如此的。最好的探討方法大概還是：從具有這種藝術天性的人們的生活中去研究愛好大自然。

夢見一年以前所看到的一個景致，忽然想到一個地方去的願望，這些都是突然而來的事情。凡有藝術天性的人，不論走到哪裡，都會顯出這個天性。凡真能享受大自然的作家，都會丟開了他已定的綱要，而去自由地描寫一個美麗的雪景或一個春天的晚景。新聞家和政治家的自傳文中，大都充滿著過去經驗的回憶。但是文學家的自傳文中，則應多談一個快樂的夜裡，或一次和幾個朋友到一個山谷裡去遊玩的回憶。在這一點上，我覺得羅德霞・吉卜林（Rudyard Kipling）和切斯特頓（G. K. Chesterton）的自傳文都是令人失望的。他們何以竟會將一生中的經歷輕重倒置，真令人不解。他們所提到的，無非是人，人，人，而絲毫沒有提到花鳥山丘和溪流。

中國文人的回憶文字和他們的信札中，在這一點上便不同了。信札中最重要的事情每是告訴他的朋友一個晚上在湖上的經過，或在自傳文中記錄他生平所認爲快樂的一天，和這天的經過。中國作家至少有很多個都喜愛記錄夫婦閨房中樂趣的回憶。其中冒辟疆所著的《影梅庵憶語》、沈三白的《浮生六記》，和蔣坦的《秋燈瑣憶》，更是極好的例子。冒沈二書是在夫人去世後所著，蔣書則是在老年夫人尙在的時候所著。我這裡當先行引用《秋燈瑣憶》中的幾句話。書中主人翁是作者的夫人秋芙。然後再引幾段《浮生六記》中的話。這書中主人翁是作者的夫人芸。這兩個女子雖不是極有學問的人或大詩家，但她們都有適當的性情。這並無關係，我們不必著眼於寫出可傳諸萬世的好詩，而只需學會怎樣用詩句去記錄一件有意義的事件、一次個人的心境，或用詩句來協助我們享受大自然。

## 甲　秋芙

秋芙每謂余云：「人生百年，夢寐居半，愁病居半，襁褓垂老之日又居半。所僅存者十一二年。況我輩蒲柳之質，猶未必百年者乎。」

秋月正佳，秋芙命雛鬟負琴，放舟兩湖荷芰之間。時余自西溪歸，及門，秋芙先出，因買瓜皮跡之。相遇於蘇堤第二橋下，秋芙方鼓琴作《漢宮秋怨曲》，余爲披襟而聽。斯時四山沉煙，星月在水，琤瑽雜鳴，不知天風聲環珮聲也。琴聲未終，船唇已移近漪園南岸矣。因叩白雲庵門，庵尼故相識也。坐次，採池中新蓮，製羹以進，色香清冽，足沁腸腑，其視世味腥羶何止薰蕕之別。回船至段家橋，登岸，施竹簟於地，坐話良久。聞城中塵囂聲，如蠅營營，殊聒人耳。其時星斗漸稀，湖氣橫白。聽城頭更鼓，已沉沉第四通矣，遂攜琴刺船而去。

秋芙所種芭蕉，已葉大成蔭，蔭蔽簾幙；秋來風雨滴瀝，枕上聞之，心與俱碎。一日，余戲題斷句葉上云：

是誰多事種芭蕉？
早也瀟瀟，
晚也瀟瀟！

明日見葉上續書數行云：

是君心緒太無聊！
種了芭蕉，
又怨芭蕉！

字畫柔媚，此秋芙戲筆也。然余於此，悟入正復不淺。

夜來聞風雨聲，枕簟漸有涼意。秋芙方卸晚妝，余坐案旁，製百花圖記未半，聞黃葉數聲，吹墮窗下，秋芙顧鏡吟曰：

昨日勝今日；
今年老去年。

余憮然云：「生年不滿百，安能爲他人拭涕？」輒爲擲筆。夜深，秋芙思飲，瓦銚溫暾，已無餘火，欲呼小鬟，皆蒙頭戶間，爲趾離召去久矣。余分案上燈置茶灶間，溫蓮子湯一甌飲之。秋芙病肺十年，深秋咳嗽，必高枕始得熟睡。今年體力較強，擁髻相對，常至夜分，殆眠餐調攝之功歟。

余爲秋芙製梅花畫衣，香雪滿身，望之如綠萼仙人，翩然塵世。每當春暮，翠袖憑欄，鬢邊蝴蝶，獨栩栩然不知東風之既去也。

去年燕來較遲，簾外桃花，已零落殆半，夜深巢泥忽傾，墮雛於地。秋芙懼爲猧兒所攫，急收取之，且爲釘竹片於梁，以承其巢。今年燕子復來，故巢猶在，繞屋呢喃。殆猶憶去年護雛人耶？

秋芙好棋，而不甚精。每夕必強余手談，或至達旦。余戲舉〈竹坨詞〉云：「簑錢鬥草已都輸，何持底今宵償我？」秋芙故飾詞云：「君以我不能勝耶？請以所佩玉虎爲賭。」下數十子，棋局漸輸，秋芙縱膝上㹀兒，攪亂棋勢。余笑云：「子以玉奴①自況歟？」秋芙嘿然，而銀燭熒熒，已照見桃花上頰矣。自此更不復棋。

跑虎泉上有木樨數株，偃伏石上。花時黃雪滿階，如遊天香國中，足怡鼻觀。余負花癖，與秋芙常煮茗其下。秋芙拗花簪鬢，額上髮爲樹枝梢亂，余爲蘸泉水掠之。臨去折花數枝，插車背上，攜入城闉，欲人知新秋消息也。

## 乙　芸

在《浮生六記》中，一個不出名的畫家描寫他夫婦的閨房中瑣事的回憶。他倆都是富於藝術性的人，知道怎樣盡量地及時行樂。文字極其自然，毫無虛飾。我頗覺得芸是中國文學中所記的女子中最爲可愛的一個。他倆的一生很悽慘，但也很放蕩，是心靈中所流露出來的真放蕩。他倆以享受大自然爲怡情悅性中必不可少的事件。以下三節描寫他倆怎樣度那快樂的牛郎織女相會節、中元節，以及怎樣在蘇州過夏。

是年七夕，芸設香燭瓜果，同拜天孫於我取軒中。余鐫「願生生世世為夫婦」圖章二方，余執朱文，芸執白文，以為往來書信之用。是夜月色頗佳，俯視河中，波光如練。輕羅小扇，並坐水窗，仰見飛雲過天，變態萬狀。芸曰：「宇宙之大，同此一月，不知今日世間亦有如我兩人之情與否？」余曰：「納涼玩月，到處有之，若品論雲霞，或求之幽閨繡闥，慧心默證者固亦不少。若夫婦同觀，所品論者恐不在此雲霞耳。」未幾燭盡月沉，撤果歸臥。

七月望，俗謂之鬼節，芸備小酌，擬邀月暢飲。夜忽陰雲如晦，芸愀然曰：「妾能與君白頭偕老，月輪當出。」余亦索然，但見隔岸螢光明滅，萬點梳織於柳隄蓼渚間。余與芸聯句以遣悶懷，而兩韻之後，逾聯逾縱，想入非夷，隨口亂道。芸已漱涎涕淚，笑倒余懷，不能成聲矣。覺其鬢邊茉莉，濃香撲鼻，因拍其背，以他詞解之曰：「想古人以茉莉形色如珠，故供助妝壓鬢，不知此花必沾油頭粉面之氣，其香更可愛，所供佛手，當退三舍矣。」芸乃止笑曰：「佛手乃香中君子，只在有意無意間，茉莉乃香中小人，故須借人之勢，其香也是脅肩諂笑。」余曰：「卿何遠君子而近小人？」芸曰：「我笑君子，愛小人耳。」

正話間，漏已三滴，漸見風掃雲開，一輪湧出，乃大喜，倚窗對酌。酒未三杯，忽聞橋下哄然一聲，如有人墮。就窗細矚，波明如鏡，不見一物，唯聞河灘有隻鴨急奔聲。余知滄浪亭畔有溺鬼，恐芸膽怯，未敢即言。芸曰：「噫！此聲也胡為乎來哉？」不禁毛骨皆悚。急閉窗攜酒歸房，一燈如豆，羅帳低垂，弓影杯蛇，驚神未定。剔燈入帳，芸已寒熱大作，余亦繼之，困頓兩旬；真所謂樂極災生，亦是白頭不終之兆。

這書中可算是充滿著美麗風雅，流露著對大自然的愛好。以下這段在蘇州過夏的記錄可見一斑：

遷倉米巷。余顏其臥樓曰賓香閣，益以芸名而取如賓意也。院窄牆高，一無可取。後有廂樓通藏書處，開窗對陸氏廢園，但有荒涼之象，滄浪風景，時切芸懷。

有老嫗居金母橋之東，埂巷之北，繞屋皆菜圃，編籬為門。門外有池約畝許，花光樹影，錯雜籬邊。其地即元末張士誠王府廢基也。屋西數武，瓦礫堆成土山。登其巔可遠眺，地曠人稀，頗饒野趣。嫗偶言及，芸神往不置。……

越日至其地，屋僅二間，前後隔而為四，紙窗竹榻，頗有幽趣。老嫗知余意，欣然出其臥室為質，四壁糊以白紙，頓覺改觀。

鄰僅老夫婦二人，灌園為業，知余夫婦避暑於此，先來通慇懃，並釣池魚，摘園蔬為饋。償其價不受，芸作鞋報之，始謝而受。時方七月，綠樹陰濃，水面風來，蟬鳴聒耳。鄰老又為製魚竿，與芸垂釣於柳陰深處。日落時登土山，觀晚霞夕照，隨意聯吟，有「獸雲吞落日，弓月彈流星」之句。少焉，月印池中，蟲聲四起，設竹榻於籬下。老嫗報酒溫飯熟，遂就月光對酌，微醺而飯。浴罷則涼鞋蕉扇，或坐或臥，聽鄰老談因果報應事。三鼓歸臥，周體清涼，幾不知身居城市矣。籬邊倩鄰老購菊，遍植之。九月花開，又與芸居十日。吾母亦欣然來觀，持螯對菊，賞花竟日。芸喜曰：「他年當與君卜築於此，買遶屋菜園十畝，課僕嫗，植瓜蔬。君畫我繡，以為詩酒之需。布衣菜飯，可樂終身，不必作遠遊計也。」余深然之，今即得有境地，而知已淪亡，可勝浩歎！

# 四 論石與樹

現在的事情，真使我莫名其妙。房屋都是造成方形的，整齊成列。道路也是筆直的，並且沒樹木。我們已不再看見曲徑、老屋和花園中的井。城市中即使有兩處私人的花園，也不過是具體而微罷了。我們居然已做到將大自然推出我們的生活之外的地步。我們是住在沒有屋頂的房子，房屋的盡處即算是屋頂。只要合於實用，便算了事。因此營造匠人也因看得討厭，而馬虎完事。現在的房屋，簡直像一個沒有耐心的小孩用積木所搭成的房子；在沒有加上屋面，尚未完成時，即已覺得討厭而停工了。大自然的精神已經和現代的文明人脫離。我頗以爲人類甚至於已經企圖把樹木也文明化起來；我們只須看一看大道旁所植的樹，株數間隔，何等整齊，還要把它們消一下毒，並且用剪子修整，使它們顯出我們人類所認爲美麗的形式。

我們現在種花，每每種成圓形，或星形，或字母形。如若當中有一株的枝葉偶爾橫叉出齊整線之外，我們便視之如西點軍校操練當中有一個學兵步伐錯誤一般的可怕，而趕緊要用剪子去剪它下來。凡爾賽所植的樹，都是剪成圓錐形，一對一對地極勻稱地排列成圓形或長方形，如兵式操中的陣圖一般。這就是人類的光榮和權力，如同訓練兵丁一般去訓練樹木的能力。如若一對並植著的樹，高矮上略有參差，我們便覺得非剪齊不可，使它不至於擾亂我們的勻稱感覺，人類的光榮和權力。

所以當前的大問題就是：怎樣去要回大自然和將大自然依舊引進人類的生活裡邊？這是一個極難於措置的問題。人們都是住在遠離泥土的公寓中，即使他有著最好的藝術心性，也將何從去著力呢？即使他有另租一間批屋的經濟力，但這裡邊怎樣能夠種植出一片草場，或開一口井，或種植一片竹園呢？一切的一切都是極端的錯誤，都是無從挽回的錯誤。除了摩天大廈，和夜間成排透露燈光的窗戶之外，還有什麼可以使人欣賞的東西呢？一個人越多看這種摩天大廈和夜間成排透露燈光的窗戶，便會越自負人類文明的能力，而忘卻人類本是何等渺小的生物。所以我只能認這個問題爲無解決的可能，而擱在一旁。

所以，第一步我們須使每個人有很多的空地。不論什麼藉口，剝奪人類土地的文明總是不對的。假使將來產生一種文明，能使每個人都有一畝田地，他才有下手的機會。他就可以有著自己所有的樹，自己所有的石。他在選擇地段的時節，必去選原有大樹的地方。倘若果真沒有大樹，他必會趕緊去種植一些易於生長的樹，如：竹樹、柳樹之類。他不必再將鳥養在籠中，因爲百鳥都會自己飛來。他必會聽任青蛙留在近處，並且留些蠍子、蜘蛛。那時他的孩子才能在大自然中研究大自然，而不必從玻璃櫃中去研究它。孩子們至少有機會去觀察小雞怎樣從雞蛋中孵出來，而對於兩性問題不會再和那波斯頓高等家庭中的孩子一般的一竅不通了。他們也有機會可以看見蠍子和蜘蛛打架，他們身上將時常很舒服地污穢了。

中國人的愛石心性，我在上文已經提過，這就可以解釋爲什麼中國人在畫中都喜歡山水的理由。但這解釋還不過是基本的，尚不足以充分說明一般的愛石心理。基本的觀念是石是偉大的、堅固的，暗示一種永久性。它們是幽靜的、不能移動的，如大英雄一般的具著不屈不撓的精神。它們也是自立的，如隱士一般的脫離塵世。它們也是長壽的，中國人對於長壽的東西都是喜愛的。最重要的是：從藝術觀點看起來，它們就是魁偉雄奇，崢嶸古雅的模範。此外還有所謂「危」的感想，三百尺高的壁立巉巖總是奇景，即因它暗示著一個「危」字。

但應該討論的地方還不止於此。一個人絕不能天天跑到山裡去看石，所以必須把石頭搬到家中。凡是花園裡邊的疊石和假山，佈置總以「危」爲尙，以期摹仿天然山峰的崢嶸。這是西方人到中國遊歷時所不能領會了解的。但這不能怪西方人，因爲大多數的假山都是粗製濫造、俗不可耐，不能使人從中領略到真正的魁偉雄奇。用幾塊石頭所疊成的假山，大都用水泥膠黏，而水泥的痕跡往往顯露在外。真正合於藝術的假山，應該是像畫中之山石一般。假山和畫中山石所留於人心的藝術意味，無疑地是相類而聯繫的，例如：宋朝的名畫家米芾曾寫了一部關於觀石的畫。另一宋朝作家曾寫了一部石譜，書中詳細描寫幾百種各處所產合於築假山之用的石頭。這些都顯示假山當宋代名畫家時代，已經有了高度的發展。

和這種山峰巨石的領略平行的，人類又發展了一種對園石的不同領略，專注於顏色紋理皺面和結構，有時並注意於擊時所發出的聲音。石越小，越是注意於結構和紋色。有許多人對於集藏各種石硯和石章的癖好，更增長了這一方面的發展。這兩種癖好是許多中國文士所當做日常功課的。於是紋理細膩，顏色透明鮮豔，成爲最重要之點，再後，又有人癖好玉石所雕的鼻煙壺，情形也是如此。一顆上好的石章，或一隻上好的鼻煙壺，往往可以值到六七百塊錢。

要充分領略石頭在室內和園內的用處，我們須先研究一下中國畫法。因中國畫法是專在抽象的筆勢和結構上用功夫。好的石塊，一方面固然應該近乎雄奇不俗，但其結構更爲重要。所謂結構並不是要它具著勻稱的直線形、圓形或三角形，而應是天然的拙皺。老子在他所著的《道德經》中，常稱讚不雕之璞。我們千萬不可粉飾天然，因爲最好的藝術結晶品也和好的詩文一般須像流水行雲的自然，如中國評論家所謂不露斧鑿之痕。

這一點可以適用於藝術的任何一方面。我們所領略的是不規則當中的美麗，結構玲瓏活潑當中的美麗。富家書房中常愛設用老樹根所雕成的凳子，即是出於這種領略的觀念。因此中國花園中的假山大都是用未經斧鑿的石塊所疊成，有時是用丈餘高的英石峰，有時是用河裡或山洞裡的石塊，都是玲瓏剔透，極盡拙皺之態的。

有一位作家主張：如若石中的窟窿是圓形的，則應另外拿些小石子黏堆上去，以減少其整圓的輪廓。上海和蘇州附近花園中的假山大都是用從太湖底裡掘起的石塊疊成的，石上都有水波的紋理。有時取到的石塊如若還不夠嵌空玲瓏，則用斧鑿修琢之後，依舊沉入水中，待過一二年後，再取出來應用，以便水波將斧鑿之痕洗刷淨盡。

對於樹木的領略是較爲易解的，並且當然是很普遍的。房屋的四周如若沒有樹木，便覺得光禿禿的如男女不穿衣服一般。樹木和房屋之間的分別，只在房屋是造成的，而樹木則是生長的。凡是天然生長出來的東西總比人力造成的更爲好看。爲了實用上便利的理由，我們不能不將牆造成直的，將每層房屋造成平的。但在樓板這件事上，一所房屋中同層各房間的地板，其實並沒有必須在同一水平線上的理由。不過我們已不可避免的偏向直線和方形，而這種直線和方形非用樹木來調劑，便不美觀。此外在顏色設計上，我們不敢將房屋漆成綠色，但大自然則敢將樹木漆成綠色。

藝術上的智慧在於隱匿藝術。我們都是太好自顯本領，在這一點上我不能不佩服清代的阮元。他於巡撫浙江的任上，在杭州西湖中造了一個小嶼，即後人所稱的阮公嶼。這嶼上並沒有什麼建築，連亭子碑柱等都沒有。他在這件創作上，完全抹去了個人。

現在這阮公嶼依然峙立在西湖的水中，是約有百碼方圓的一方平地，高出水面不過尺餘，地上所有的不過是青蔥飄拂的柳樹。你如在一個煙霧迷離的日子去遠望這嶼，你便能看到它好似從水中冉冉上升。楊柳的影子映在水中，衝破了湖面的單調，更增添了風韻。所以這阮公嶼是和大自然完全和諧的。它不像那美國留學生回國後所造的燈塔式的紀念塔般，令人看了刺眼。這紀念塔是我每見一次便眼痛一次的。我曾公開許願，如若有一天我做了強盜頭而占據杭州，我的第一件行動，便是用大炮將這個紀念塔轟去。

在數千百種的樹木中，中國名士和詩人覺得當中有幾種的結構和輪廓，由於從書法家的觀點上具著種種特別的美處，所以尤其是宜於藝術家的欣賞。這就是說，雖然凡是樹木都是好看的，但其中某某幾種則更是具著特別的姿勢或風韻。所以他們特把這幾種樹木另提出來，而將它們聯繫於各種的指定情感；例如：橄欖樹的崢嶸不如松樹，楊柳雖柔媚但並不雄奇。有少數幾種樹木是常見於畫幅和詩歌中的，其中最傑出的，如松樹的雄偉，梅樹的清奇，竹樹的纖細令人生家屋之感，和楊柳的柔媚令人如對婀娜的美女。

松樹的欣賞，或許可算是最惹人注意，和最具著詩的意義。它比別的樹更能表徵行為高尚的概念。因為樹木當中也有高尚和不高尚之別，也有雄奇和平淡之別，所以中國藝術家常稱美松樹的雄偉，如馬太．阿諾德（Matthew Arnold）稱美古希臘詩人荷馬的偉大一般。

在樹木之中，想向楊柳去求雄偉，其徒然無效正如在詩人之中想向斯溫伯恩（Swinburne）去求雄奇。美麗的種類種種不一：如柔和之美、優雅之美、雄偉之美、莊嚴之美、古怪之美、粗拙之美、力量之美，和古色古香之美。松樹就因爲具著這種古色古香的性質，所以使它在樹木中得到特別的位置。正如隱居的高士，寬袍大袖，扶著竹杖在山徑中行走，而被人認爲是人類的最高理想一般。李笠翁因此曾說，坐在一個滿植楊柳桃花的園中，而近旁沒有松樹，就等於坐在兒童女子之間，而旁邊沒有一個可以就教的老者一般。

中國人也爲了這個理由，於愛松之中，尤愛松之老者，越老越好。因爲它們是更其雄偉。和松樹並立的是柏樹，也是以雄奇見稱。它的樹枝都是彎曲虯纏而向下的。向上的樹枝象徵少年和靈感，而向下的樹枝則象徵俯視年輕人的老者的傴僂姿勢。

我曾說過，松的可愛處是在藝術上意義更深長，因爲它代表幽靜雄偉和出世，正和隱士的態度相類。這個可愛處常和玩石與在松下徘徊的老人聯繫在一起，如在中國畫中所見的一般。當一個人立在松樹下向上望時，心中會生出它是何等蒼老，在寧靜的獨立中何等快樂的感想。老子說，大塊無言，蒼老的松樹也無言，它只是靜靜地沉著地立在那裡俯視世界，好似覺得已經閱歷過多少的人事滄桑，它像有智慧的老人一般無所不懂，不過從不說話，這就是它神秘偉大的地方。

梅樹的可愛處在於枝幹的奇致，和花的芬芳。詩人於欣賞樹木時，常以松、竹、梅爲寒冬三傑，而稱之爲歲寒三友。因爲竹和松是長青樹，而梅則在冬末春初時開花，所以梅樹特別象徵品質的高潔。一種寒冷高爽中的純潔。它是香味是一種冷香，天氣越冷，它越有精神。它也和蘭花一般表徵幽靜中的風韻。宋代的隱居詩人林和靖曾以妻梅子鶴自傲。他的遺蹟現在依舊在西湖的孤山，他的墓旁還有一座鶴塚，每年詩人和名士去憑弔者很多。梅樹的姿態和芬芳的可愛處，中國有一句古詩描寫得最好。那句詩是：

暗香浮動影橫斜。

後來的詩人都認爲這七個字已寫盡了梅花的美處，更不能有所增減。

人的愛竹，愛的是幹葉的纖弱，因此植於家中更多享受。它的美處是一種微笑般的美處，所給我們的樂處是一種溫和的樂趣。竹樹以瘦細稀疏爲妙，因此種竹兩三株。和一片竹林同樣的可愛，不論在園中或畫上。因爲竹的可愛處在纖瘦，所以畫在畫上時只須兩三枝，即已足夠，正如畫梅花的只須畫一枝。纖瘦的竹枝最宜配以怪石，所以畫竹時，旁邊總畫上幾塊皺瘦玲瓏的石頭。

楊柳極易於生長，河邊岸上也可以種植。這樹象徵女性的絕色美麗。張潮即因此認楊柳爲世上四種最感人的物事之一，而說：「柳令人感。」中國美人的細腰，中國的舞女穿著長袖的寬袍，於舞時都模擬著柳枝在風中迴旋往復的姿勢。因爲柳樹極易生長，中國有許多地方數里之中遍地是柳，當陣風吹過之時，便能激起所謂「柳浪」。此外黃鶯和蟬都最喜歡棲於柳樹，圖畫中畫到楊柳時，每每都畫上幾隻黃鶯和蟬以爲點綴。所以西湖十景中，有一處的名稱即是「柳浪鬥鶯」。

此外當然還有許多種令人可愛的樹木，如梧桐樹因樹皮潔淨，可以用小刀刻劃詩詞，而被人所愛。也有人喜愛盤繞在樹根或山石上的巨籐，它們的迴環盤繞，和大樹的直幹適成一種對比。有時這種巨籐很像一條龍形，於是即稱它爲臥龍。橫斜彎曲的老樹枝幹，也因了這個理由爲人所愛。蘇州太湖邊的木瀆地方有四棵老柏，其名爲「清」、「奇」、「古」、「怪」。「清柏」的樹幹很直，上面的枝葉四面鋪張開來如同傘形。「奇柏」橫臥地上，樹幹有三個彎曲如Z形。「古柏」樹幹光皮禿頂，伸著半枯的樹枝如同人的手指一樣。「怪柏」自根而上，樹幹扭絞如同螺旋一般。

最重要的是人人愛樹木，不單是愛樹木本身，而也連帶愛著其他的天然物事如：石、雲、鳥、蟲，和人。張潮曾說：「藝花可以邀蝶，壘石可以邀雲，栽松可以邀風，……種蕉可以邀雨，植柳可以邀蟬。」人於愛樹之中連帶愛著樹上的鳥聲；愛石之中連帶愛著石旁的蟋蟀聲。因爲鳥必在樹上，蟋蟀必在石旁方肯鳴叫。中國人喜愛善鳴的蛙、蟋蟀和蟬，更勝於愛貓、狗或別種家畜。動物之中，只有鶴的品格配得上松樹和梅花。因爲鶴也是隱逸的象徵。一個高人看見一隻鶴，或甚至一隻鷺，白而潔淨，傲然獨立於池中時，他便會期望自己也化成一隻鶴。

鄭板橋在寫給他弟弟的信中，有一段論到不應該將鳥兒關在籠中一節，最能表現出人類怎樣去和大自然和融而得到快樂（因為動物都是快樂的）的思想：

> 所云不得籠中養鳥，而余又未嘗不愛鳥；但養之有道耳。欲養鳥，莫如多種樹，使遶屋數百株，扶疏茂密，為鳥國鳥家。將旦時，睡夢初醒，尚展轉在被，聽一片啁啾，如雲門咸池之奏。及披衣而起，洗面漱口啜茗，見其揚翬振彩，倏往倏來，目不暇給，固非一籠一羽之樂而已。大率平生樂處，欲以天地為囿，江溪為池，各適其天，斯為大快，比之盆魚籠鳥，其巨細仁忍何如也！

# 五　論花和插花

現在的人對於花和插花的愛好這件事，似乎都出之於不經意。其實呢，要享受花草也和享受樹木一般，須先下一番選擇功夫，分別品格的高低，而配以天然的季節和景物。

就拿香味這一端講起來，香味很烈的如茉莉，較文靜的如紫丁香，最文靜細緻的如蘭花。中國人認爲花的香味越文靜的，品格越高。再拿顏色來講，深淺也種種不一。有許多濃豔如少婦，有許多淡雅如閨中的處女，有許多似乎是專供大眾欣賞的，而另有些則幽香自怡，不媚凡俗。有許多以鮮豔見長，有許多則以淡雅顯高。最重要是：凡是花木都和開花時的季節和景物有連帶的特性；例如：我們提到玫瑰時，便自然想到風日清和的春天；提到荷花時便想到風涼夏早的池邊；提到桂花時，便想到秋高氣爽的中秋月圓時節；提到菊花時，便想到深秋對菊持螯吃蟹時的景物；提到梅花時，便想到冬日的瑞雪；又聯想到水仙花，便會使我們想到新年的快樂景色。每一種花似乎都和開花時的環境完全融洽和諧，使人極易於記憶什麼花代表什麼季節的景物，如同冬青樹的代表聖誕節一般。

蘭花、菊花和蓮花也如松竹一般，爲了它們具著某種特別的品質，而爲人重視，在中國的文學中視之爲高人的象徵。其中蘭花更因爲具著一種特殊的美麗，而爲人所敬愛。中國詩人於花中最愛梅花，這一點上文中已經有所說明，稱之爲「花魁」，因爲梅花開於新年，正是一年之首，占著百花之先。

但是各人的意見當然也有不同的，所以有許多人則尊牡丹爲「花王」，尤其是在唐代。另一方面說起來，牡丹以穠豔見長，所以象徵富貴，而梅花則以清瘦見長，所以象徵隱逸清苦。因此，前者是物質的，而後者則是精神的。中國有一位文人極推崇牡丹，原因是當唐朝武則天臨朝的時代，她一時忽發狂興，詔諭苑中百花必須在冬月的某天一齊開放，百花都不敢不按時開放，當中唯有牡丹獨違聖旨，比規定的時刻遲了數小時方始開花。因此觸了武則天的怒，而下詔將苑中幾百盆牡丹一起從京都（西安）貶到洛陽去。從此牡丹便失去了恩寵，但其種未絕，以後盛於洛陽。我以爲中國人不很重視玫瑰花的理由，大概是因爲玫瑰和牡丹同其穠豔，而不及牡丹的富麗堂皇，所以被抑在下的。據中國舊書的說法，牡丹共有九十種，各有一個詩意的特別名稱。

蘭花和牡丹的品格截然不同，是幽雅的象徵。因爲蘭花是常生於幽谷的。文人稱它具有「孤芳獨賞」的美德，它從不取媚於人，也不願移居城市之中，而即使移植了，灌溉看顧也須特別當心，否則便立刻枯死。所以中國書中常稱深閨的美女和隱居山僻不求名利的高人爲「空谷幽蘭」。

蘭花的香味是如此的文靜，它不求取悅於人，但能領略的人就知道它的香味是何等高潔啊！這使它成爲不求鬥於世的高人和真正友誼的象徵。有一本古書上說：「久居芝蘭之室，則不聞其香，」就因爲這人的鼻已充滿了花香了。依李笠翁的說法，蘭花不宜於遍置各處，而只宜限於一室，方能於進出之時欣賞其幽香。美國蘭花形式較大，顏色較爲富麗，但似乎沒有這種文靜的香味。我的家鄉福建是中國有名的「建蘭」之產地。建蘭的花瓣較小，長只一寸，顏色淡綠，種在紫沙盆中，異常好看。最著名的一種名叫「鄭孟良」，顏色和水差不多，浸在水中時，竟可花水不分。牡丹都以產地爲名，而蘭花則都以從前種它的高人爲名，如美國花草之以種者的名字爲名一般，例如李司馬、黃八哥之類。

無疑的，蘭花的難於種植，和它的香味的異常文靜，使它得到高貴的身價。各種花木中以蘭花最爲嬌嫩，稍不經心，便會枯死。所以愛藝蘭者都是親手灌溉整理，不肯假手於僕役。我曾看見過愛護蘭花者之專心護視不亞於人之愛護其父母。奇異花卉也如稀有的金石古玩一般，在占有上很易引起同好者的妒忌。例如向人索取枝芽而被拒絕者，每會變成極端的仇恨。中國某種筆記中，曾載某人向他的朋友索取一種奇花的枝芽，未能如願，即下手偷竊，因此被控獲罪。對於這種情形，沈復在他所著的《浮生六記》中有一段極好的描寫，他說：

花以蘭為最，取其幽香韻致也。而辦品之稍堪入譜者不可多得。蘭坡臨終時，贈余荷瓣素心春蘭一盆，皆肩平心闊，莖細瓣淨，可以入譜者。余珍如拱璧。值余遊幕於外，芸能親為灌溉，花葉頗茂。不二年，一旦忽萎死。起根視之，皆白如玉；且蘭芽勃然，初不可解，以為無福消受，浩歎而已。事後始悉有人欲分不允，故用滾湯灌殺也。從此誓不植蘭。

正如梅花是詩人林和靖的愛物，蓮花是儒家周蓮溪的愛物一般，菊花是詩人陶淵明的愛物。菊花開於深秋，所以也具冷香冷色之譽。菊花之冷色和牡丹的濃豔，極容易分辨。菊花的種類甚多，據我所知，宋代名士范成大是錫以各種美名的始創者。種類的繁多，似乎是菊花的特色。其花形和顏色的種類多到不勝數計。白和黃色的是花的正宗，紫和紅色的爲花的變體，所以品格即較次。白色和黃色的菊花有銀盎、銀鈴、金鈴、玉盆、玉鈴、玉繡球等等美稱。也有用古代美人的名字如楊貴妃和西施之類的。花的形式有時如時髦女人的鬈髮，有時如少女頭上一綹一綹的長髮。花的香味也各有不同，以含有麝香味或龍腦香味者爲最上。

湖蓮自成一種，且據我看來，是花中之最美者。消夏而沒有蓮花，實不能稱爲美滿。如若屋旁沒有種荷的池子，則可以將它種在大缸中，不過這種方法缺少了一片連綿，花葉交映，露滴花開，芳香百里的佳景。（美國的水蓮和中國的荷花不同）宋代名士周蓮溪著文解釋他愛蓮的理由，並說蓮花是出於污泥而不染，所以可比之爲賢人。這完全是儒家的口氣。再從實用方面講起來，這花從頂到根，沒有一樣是廢物。蓮根即藕，是絕佳的水果；荷葉可用以包紮食物；花可供人賞玩；子即蓮子，尤其是食物中的仙品，可以新鮮時生吃，或曬乾後煮了吃。

海棠花的式樣和蘋果花很有些相像，也是詩人所愛的花中之一。這花雖盛產於杜甫的故鄉四川，但他的詩中恰一字不曾提過。這件事很奇怪，猜測之說很多，其中以杜甫的母親名海棠，故以他避諱的一說最爲近情。我以爲蘭花之外，香味最佳者是桂花和水仙花。這水仙花盛產於我的故鄉漳州，從前曾大批的販運至美國。但後來因美國國務院說這種過於芬芳的花或有滋生微菌的可能，因而突然禁止進口。水仙的莖和根部都很潔淨如翠玉，況且種在盆中只用水和石子而不用泥，極爲清潔，在這種情形之下，何以能滋生微菌？所以這種禁令，實令人莫測高深。躑躅花雖極美麗，但人都稱之爲淒涼的花。因爲據說從前有一個人走遍天下去找尋他被後母所逐的哥哥，但終究未能尋到，死後化爲杜鵑終日泣血，而這躑躅花就是從杜鵑的血淚中所生出來的。

折花插瓶一事，其鄭重也和品第花的本身差不多。這種藝術遠在十一世紀中即已有很普遍的發展。十九世紀的《浮生六記》的作者在「閒情記趣」一記中，曾論到插花的藝術說，插花適當，可以使之美如圖畫：

唯每年籬東菊綻，秋興成癖，喜摘插瓶，不愛盆玩。非盆玩不足觀，以家無園圃，不能自植；貨於市者，俱叢雜無致，故不取耳。其插花朵，數宜單，不宜雙。每瓶取一種，不取二色。瓶口取闊大，不取窄小，闊大者舒展。不拘自五七花至三四十花，必於瓶口中一叢怒起，以不散漫，不擠軋，不靠瓶口為妙；所謂「起把宜緊」也。或亭亭玉立，或飛舞橫斜。花取參差，間以花蕊，以免飛鈸耍盤之病。葉取不亂，梗取不強。用針宜藏，針長寧斷之，毋令針針露梗；所謂「瓶口宜清」也。視桌之大小，一桌三瓶至七瓶而止，多則眉目不分，即同市井之菊屏矣。几之高低，自三四吋至二尺五六吋而止，必須參差高下，互相照應，以氣勢聯絡為止。若中高兩低，後高前低，成排對列，又犯俗所為「錦灰堆」矣。或密或疏，或進或出，全在會心者得畫意乃可。若盆碗盤洗，用漂青、松香、榆皮、麵和油，先熬以稻灰，收成膠，以銅片按釘向上，將膏火化，黏銅片於盤盆碗洗中。俟冷，將花用鐵絲紮把，插於釘上，宜偏斜取勢，不可居中，更宜枝疏葉清，不可擁擠；然後加水，用碗沙小許掩銅片，使觀者疑叢花生於碗底，方妙。若以木本花果插瓶，剪裁之法（不能色色自覓，倩人攀折者每不合意），必先執在手中，橫斜以觀其勢，反側以取其態，相定之後，剪去雜枝，以疏瘦古怪為佳。再思其梗如何入瓶，或折或曲，斜入瓶口，方免背葉側花之患，若一枝到手，先拘定其梗之直者插瓶中，勢必枝亂梗強，花側葉背，既難取態，更無韻致矣。折梗打曲之法，鋸其梗之半而嵌以磚石，則直者曲矣。如患梗倒，敲一二釘以苙之。即楓葉竹枝，亂草荊棘，均堪入選，或綠竹一竿，配以枸杞數粒；幾莖細草，伴以荊棘兩枝；苟位置得宜，另有世外之趣。

## 六　袁中郎的瓶花

關於折花插瓶一事，十六世紀中的作家袁中郎在他著作中討論得最爲透切。他所著的《瓶史》極爲日本人所愛好，因此日本有所謂袁派插花家。他在這書的小引中說：「夫山水花木者，名之所不在，奔競之所不至也，天下之人，棲止於囂崖利藪，目眯塵沙，心疲計算，欲有之而有所不暇，故幽人韻士得以乘間而踞爲一日之有。」他又說明瓶花之樂不得「狃以爲常」，它不過是居於城市者的「暫時快心事」，而不可「忘山水之大樂」。

他在《瓶史》中提及書房中插花爲飾時所應該留意之處，並說，胡亂插供，不如無花。最後則論及各種插花的銅瓶和磁瓶。他說花瓶可以分兩類：凡富貴之家有漢代大銅瓶和大廳堂者，應供高大的花草；尋常的韻士則應用小瓶，供小枝。但在選擇上須下功夫。花中唯牡丹和蓮花，則必須用大瓶插供。

對於插花一事，他說：

插花不可太繁，亦不可太瘦，多不過二種三種。高低疏密，如畫苑佈置方妙。置瓶忌兩對，忌一律，忌成行列，忌以繩束縛；夫花之所謂整齊者，正以參差不論，意態天然。如子瞻之文，隨意斷續；青蓮之詩，不拘對偶，此直整齊也。若夫枝葉相當，紅白相配，此省曹墀下樹，墓門華表也，惡得為整齊哉？

室中天然几一，籐床一。几宜闊厚，宜細滑，凡本地邊欄漆桌描金螺鈿床，乃彩花瓶架之類，皆置不用。

又對於浴花和澆花一事，他所說的話極能道出花的性情和精神：

夫花有喜怒寤寐，曉夕浴花者，得其候，乃為膏雨。澹雲薄日，夕陽佳月，花之曉也。狂號連雨，烈燄濃寒，花之夕也。脣檀烘目，媚體藏風，花之喜也。暈酣神斂，煙色迷離，花之愁也。欹枝困檻，如不勝風，花之夢也。嫣然流盼，光華溢目，花之醒也。曉則空亭大廈，昏則曲房奧室，愁則屏氣危坐，喜則讙呼調笑，夢則垂簾下帷，醒則分膏理澤，所以悅其性情，時其起居也。浴曉者上也，浴寐者次也，浴喜者下也。若夫浴夕浴愁，直花刑耳，又何取焉。

浴之法，用泉甘而清者，細微澆注，如微雨解醒，清露潤甲，不可以手觸花，及指尖折剔，亦不可付之庸奴猥婢。浴梅宜隱士，浴海棠宜韻客，浴牡丹芍藥宜靚妝少女，浴榴宜豔色婢，浴木樨宜清慧兒，浴蓮宜嬌媚妾，浴菊宜好古而奇者，浴臘梅宜清瘦僧。然寒花性不耐浴，當以輕綃護之。

據袁氏的說法，凡插瓶的花，某種須和著插，如婢之配主。因爲中國自古以來，大人家的主婦必有一個終身服侍的侍婢，所以就產生了美麗的主婦如有豔婢在旁爲配，便更出色的觀念。主婢都宜嬌美，但何者是屬於主婦式的美，何者是屬於婢侍式的美，則連我自己亦說不出。主婢如若不相稱配，其觸目難看等於披屋和正屋的不相稱。將這個觀念引用到花上，袁氏以爲在瓶花的配侍上，梅花宜以山茶爲婢，海棠宜以蘋婆丁香爲婢，牡丹宜以玫瑰木香爲婢，芍藥宜以鶯粟蜀葵爲婢，石榴宜以紫薇大紅千葉木槿爲婢，蓮花宜以玉簪爲婢，木樨宜以芙蓉爲婢，菊花宜以秋海棠爲婢，臘梅宜以水仙爲婢。婢也各自具著她自己的姿態，種類不同，正和她們的主婦一般。她們的名稱雖是婢，但當中並沒有輕視的意思。她們都被比做歷史上有名的侍婢，如：水仙神骨清絕，是織女的梁玉清；山茶玫瑰明豔，是石氏的翔風和羊家的淨琬；山礬潔而逸，是魚玄璣的綠翹；丁香瘦、玉簪寒、秋海棠嬌然有酸態，是鄭康成的侍兒。（鄭氏為漢大儒，曾註經書。）

他以爲一個人不論對於什麼藝術，即小如下棋，也須癖好成癡，方能夠有所成就。對於花的愛好也是如此：

> 余觀世上語言無味面目可憎之人，皆無癖之人耳。若真有所癖，將沉湎酣溺，性命死生以之，何暇及錢奴宦賈之事。古之負花癖者，聞人譚一異花，雖深谷峻嶺，不憚蹶躄而從之。至於濃寒盛暑，皮膚皴鱗，汗垢為泥，皆所不知。一花將萼，則移枕攜襆，睡臥其下，以觀花之由微至盛至落至萎地而後去。或千株萬本以窮其變，或單枝數房以樹其趣，或臭葉而知花之大小，或見根而辨色之紅白，是之謂真愛花，是之謂真好事也。

又對於賞花一事他說：

茗賞者上也，譚賞者次也，酒賞者下也，若夫內酒越茶及一切庸穢凡俗之語，此花神之深惡痛斥者，寧閉口枯坐，勿遭花惱可也，夫賞花有地有時，不得其時而漫然命客，皆為唐突。寒花宜初雪，宜雪霽，宜新月，宜暖房，宜晴日，宜輕塞，宜華堂暑月，宜雨後，宜快風，宜桂木蔭，宜竹下，宜水閣。涼花宜爽月，宜夕陽，宜空階，宜苔徑，宜古藤巉石邊。若不論風日，不擇佳地，神氣散緩，了不相屬，此與妓舍酒館中花何異哉？

最後他列舉十四種花快意，和廿三種花折辱如下：

**花快意**

明窗　淨几　古鼎　宋硯　松濤　溪聲　主人好事能詩　門僧解烹茶　薊州人送酒　座客工畫　花卉盛開　快心友臨門　手抄藝花書　夜深爐鳴　妻妾校花故實

**花折辱**

主人頻拜客　俗子闌入　蟠枝　庸僧談禪　窗下狗鬥蓮子　衙衕歌童弋陽腔　醜女折戴　論陞遷　強作憐愛　應酬詩債未了　盛開家人催算賬　拾韻府押字　破書狼籍　福建牙人　吳中贋畫　鼠矢　蝸涎　僮僕偃蹇　令初行酒盡　與酒館為鄰　案上有黃金白雪中原紫氣等詩

## 七　張潮的警句

我們已知道享受大自然不單是限於藝術和圖畫。顯現於我們之前的大自然是整個的，它包括一切聲音、顏色、式樣、精神和氣氛。人則以了解生活的藝術家的資格去選擇大自然的精神，而使它和自己精神融合起來。這是一切中國詩文作家所共持的態度。不過其中以十七世紀中葉的詩人張潮在他所著《幽夢影》一書中說得最透徹。這書是一種文人的格言，中國古代類似的著作很多，但都不如這書而已。這種格言都是取材於舊諺，正如安徒生的故事之取材於英國古代的童話，和舒伯特的歌曲之取材民間俚曲。這部書極爲中國文人所愛讀，有許多人曾於讀後加上自己的評註，莊諧都有。但我爲了篇幅關係，只能譯引其中論及享受大自然的一部分。此外，我因他對於人生問題的部分所說的話是如此的澈切警惕，所以也譯引了一些在後面：

### 論何者爲宜

花不可以無蝶，山不可以無泉，石不可以無苔，水不可以無藻，喬木不可以無藤蘿，人不可以無癖。

賞花宜對佳人，醉月宜對韻人，映雪宜對高人。

藝花可以邀蝶，壘石可以邀雲，栽松可以邀風，貯水可以邀萍，築台可以邀月，種蕉可以邀雨，植柳可以邀蟬。

樓上看山，城頭看雪，燈前看月，舟中看霞，月下看美人，另是一番情境。

梅邊之石宜古，松下之石宜拙，竹旁之石宜瘦，盆內之石宜巧。

有青山方有綠水，水唯借色於山；有美酒便有佳詩，詩亦乞靈於酒。

鏡不幸而遇嫫母，硯不幸而遇俗子，劍不幸而遇庸將，皆無可奈何之事。

## 論花與美人

花不可見其落，月不可見其沉，美人不可見其夭。

種花須見其開，待月須見其滿，著書須見其成，美人須見其暢適，方有實際；否則皆為虛設。

看曉妝宜於傅粉之後。

貌有醜而可觀者，有雖不醜而不足觀者；文有不通而可愛者，有雖通而極可厭者。此未易與淺人道也。

以愛花之心愛美人，則領略自饒別趣；以愛美人之心愛花，則護惜倍有深情。

美人之勝於花者，解語也；花之勝於美人者，生香也。二者不可得兼，捨生香而解語者也。

養花膽瓶，其式之高低大小，須與花相稱；而色之淺深濃淡，又須與花相反。

凡花色之嬌媚者，多不甚香，瓣之千層者，多不結實。甚矣全才之難也！兼之者，其唯蓮乎。

梅令人高，蘭令人幽，菊令人野，蓮令人淡，春海棠令人豔，牡丹令人豪，蕉與竹令人韻，秋海棠令人媚，松令人逸，桐令人清，柳令人感。

所謂美人者，以花為貌，以鳥為聲，以月為神，以柳為態，以玉為骨，以冰雪為膚，以秋水為姿，以詩詞為心，吾無間然矣。

天下無書則已，有則必當讀；無酒則已，有則必當飲；無名山則已，有則必當遊；無花則已，有則必當賞玩；無才子佳人則已，有則必當愛慕憐惜。

嫫顏陋質，不與鏡為仇者，亦以鏡為無知之死物耳；使鏡而有知，必遭撲破矣。

買得一本好花，猶且愛護而憐惜之；矧其為「解語花」乎！

若無詩酒，則山水為具文；若無佳麗，則花月皆虛設。才子而美姿容，佳人而工著作，斷不能永年者。匪獨為造物之所忌，蓋此種原不獨為一時之寶，乃古今萬世之寶，故不欲久留人世，以娶褻耳。

## 論山水

物之能感人者：在天莫如月，在樂莫如琴，在動物莫如鵑，在植物莫如柳。

為月憂雲，為書憂蠹，為花憂風雨，為才子佳人憂命薄，真是菩薩心腸。

昔人云：「若無花月美人，不願生此世界。」予益一語云：「若無翰墨棋酒，不必定作人身。」

山之光，水之聲，月之色，花之香，文人之韻致，美人之姿態，皆無可名狀，無可執著；真足以攝召魂夢，顛倒情思。

因雪想高士；因花想美人；因酒想俠客；因月想好友；因山水想得意詩文。

有地上之山水，有畫上之山水，有夢中之山水，有胸中之山水。地上者妙在丘壑深邃；畫上者妙在筆墨淋漓；夢中者妙在景象變幻；胸中者妙在位置自如。

遊歷之山水，不必過求其妙，若因之卜居，則不可不求其妙。

筍為蔬中尤物；荔枝為果中尤物；蟹為水族中尤物；酒為飲食中尤物；月為天文中尤物；西湖為山水中尤物；詞曲為文字中尤物。

遊玩山水，亦復有緣；茍機緣未至，則雖近在數十里之內，亦無暇到也。

鏡中之影，著色人物也，月下之影，寫意人物也；鏡中之影，鉤邊畫也，月下之影，沒骨畫也。月中山河之影，天文中地理也；水中星月之象，地理中天文也。

## 論春秋

春者，天之本懷；秋者，天之別調。

古人以冬為「三餘」，予謂當以夏為「三餘」：晨起者夜之餘；夜坐者晝之餘；午睡者應酹人事之餘。古人詩曰：「我愛夏日長，」洵不誣也。

律已宜帶秋氣，處世宜帶春氣。

詩文之體得秋氣為佳，詞曲之體得春氣為佳。

## 論聲

春聽鳥聲，夏聽蟬聲，秋聽蟲聲，冬聽雪聲；白晝聽棋聲，月下聽簫聲，山中聽松聲，水際聽款乃聲，方不虛此生耳。若惡少斥辱，悍妻詬誶，真不若耳聾也。

聞鴨聲如在白門；聞櫓聲如在三吳，聞灘聲如在浙江；聞羸馬項下鈴鐸聲，如在長安道上。

凡聲皆宜遠聽；唯琴聲則遠近皆宜。

松下聽琴，月下聽簫，澗邊聽瀑布，山中聽梵唄，覺耳中別有不同。

水之為聲有四：有瀑布聲，有流水聲，有灘聲，有溝澮聲。風之為聲有三：有松濤聲，有秋葉聲，有波浪聲。雨之為聲有二：有梧葉荷葉上聲，有承檐溜竹筩中聲。

## 論雨

雨之為物，能令日短，能令夜長。

春雨如恩詔；夏雨如赦書；秋雨如輓歌。

春雨宜讀書；夏雨宜弈棋；秋雨宜檢藏；冬雨宜飲酒。

吾欲致書雨師：春雨宜始於上元節後，至清明十日前之內，及穀雨節中；夏雨宜於每月上弦之前及下弦之後；秋雨宜於孟秋季秋之上下二旬；至若三冬，正可不必雨也。

## 論風月

新月恨其易沉，缺月恨其遲上。

月下聽禪，旨趣益遠；月下說劍，肝膽益真；月下論詩，風致益幽；月下對美人，情意益篤。

玩月之法：皎潔則宜仰觀，朦朧則宜俯視。

春風如酒；夏風如茗；秋風如煙；冬風如薑芥。

## 論閒與友

天下有一人知己，可以不恨。

能閒世人之所忙者，方能忙世人之所閒。

人莫樂於閒，非無所事事之謂也。閒則能讀書，閒則能遊名勝，閒則能交益友，閒則能飲酒，閒則能著書。天下之樂，孰大於是？

雲映日而成霞，泉掛巖而成瀑。所託者異，而名亦因之。此友道之所以可貴也。

上元須酌豪友；端午須酌麗友；七夕須酌韻友，中秋須酌淡友；重九須酌逸友。

對淵博友，如讀異書；對風雅友，如讀名人詩文；對謹飭友，如讀聖賢經傳；對滑稽友，如閱傳奇小說。

一介之士，必有密友。密友不必定是刎頸之交。大率雖千百里之遙，皆可相信，而不為浮言所動；聞有謗之者，即多方為之辯析而後已；事之宜行宜止者，代為籌畫決斷；或事當利害關頭，有所需而後濟者，即不必與聞，亦不慮其負我與否，竟為力承其事，此皆所謂密友也。

求知己於朋友易；求知己於妻妾難；求知己於君臣則尤難之難。

發前人未發之論，方是奇書；言妻子難言之情，乃為密友。

鄉居須得良朋始佳。若田夫樵子，僅能辨五穀而測晴雨，久且數未免生厭矣。而友之中又當以能詩為第一，能談次之，能畫次之，能歌又次之，解觴政者又次之。

## 論書與讀書

少年讀書，如隙中窺月；中年讀書，如庭中望月；老年讀書，如台上玩月。皆以閱歷之淺深，為所得之淺深耳。

能讀無字之書，方可發驚人妙句；能會難通之解，方可參最上禪機。

古今至文，皆血淚所成。

《水滸傳》是一部怒書，《西廂記》是一部悟書，《金瓶梅》是一部哀書。

文章是案頭之山水，山水是地上之文章。

讀書最樂，若讀史書，則喜少怒多，究之怒處亦樂處也。

讀經宜冬，其神專也；讀史宜夏，其時久也；讀諸子宜秋，其致別也；讀諸集宜春，其機暢也。

文人讀武事，大都紙上談兵；武將論文章，半屬道聽塗說。

善讀書者，無之而非書：山水亦書也，棋酒亦書也，花月亦書也。善遊山水者，無之而非山水：書史亦山水也，詩酒亦山水也，花月亦山水也。

昔人欲以十年讀書，十年遊山，十年檢藏。予謂檢藏盡可不必十年，只二三載足矣。若讀書與遊山，雖或相倍蓰，恐亦不足以償所願也。必也如黃九煙前輩之所云：「人生必三百歲」而後可乎？

古人云：「詩必窮而後工，」蓋窮則語多感慨，易於見長耳。若富貴中人，既不可憂貧歎賤，所談者不過風雲月露而已，詩安得佳？苟思所變，計唯有出遊一法。即以所見之山川風土，物產人情，或當瘡痍兵燹之餘，或值旱潦災祲之後，無一不可寓之詩中，藉他人之窮愁，以供我之詠歎，則詩亦不必待窮而後工也。

## 論一般生活

「情」之一字，所以維持世界；「才」之一字，所以粉飾乾坤。

寧為小人之所罵，毋為君子之所鄙；寧為盲主司之所擯棄，毋為諸名宿之所不知。

人須求可入詩，物須求可入畫。

景有言之極幽，而實蕭索者，煙雨也；境有言之極雅，而實難堪者，貧病也；聲有言之極韻，而實粗鄙者，賣花聲也。

躬耕吾所不能，學灌園而已矣；樵薪吾所不能，學薙草而已矣。

一恨書囊易蛀；二恨夏夜有蚊；三恨月台易漏；四恨菊葉多焦；五恨松多大蟻；六恨竹多落葉；七恨桂荷易謝；八恨薜蘿藏虺；九恨架花生刺；十恨河豚多毒。

窗內人於窗紙上作字，吾於窗外觀之，極佳。

當為花中之萱草，毋為鳥中之杜鵑。

值太平世，生湖山郡，官長廉靜，家道優裕，娶婦賢淑，生子聰慧，人生如此，可云全福。

胸藏丘壑，城市不異山林；興寄煙霞，閻浮有如蓬島。

清宵獨坐，邀月言愁；良夜孤眠，呼蛩語恨。

居城市中，當以畫幅當山水，以盆景當苑囿，以書籍當朋友。

延名師訓子弟，入名山習舉業，丐名士代捉刀，三者都無是處。

方外不必戒酒，但須戒俗；紅裙不必通文，但須得趣。

厭催租之敗意，亟宜早早完糧；喜老衲之談禪，難免常常布施。

萬事可忘，難忘者名心一段；千般易淡，未淡者美酒三杯。

酒可以當茶；茶不可以當酒；詩可以當文，文不可以當詩；曲可以當詞，詞不可以當曲；月可以當燈，燈不可以當月，筆可以當口，口不可以當筆，婢可以當奴，奴不可以當婢。

胸中小不平，可以酒消之；世間大不平，非劍不能消也。

忙人園亭，宜與住宅相連；閒人園亭，不妨與住宅相遠。

有山林隱逸之樂而不知享者：漁樵也，農圃也，緇黃也，有園亭姬妾之樂而不能享、不善享者：富商也，大僚也。

痛可忍，而癢不可忍；苦可耐，而酸不可耐。

閒人之硯，固欲其佳，而忙人之硯，尤不可不佳。娛情之妾，固欲其美；而廣嗣之妾，亦不可不美。

鶴令人逸；馬令人俊；蘭令人幽；松令人古。

予嘗欲建一無遮大會，一祭歷代才子，一祭歷代才人。俟遇有真正高僧，即當為之。

美味以大嚼盡之，奇境以粗遊了之，深情以淺語傳之，良辰以酒食度之，富貴以驕奢處之，俱失造化本懷。

**注釋：**

①玉奴指楊貴妃，她對唐明皇玩過這個花招。

# 第十一章　旅行的享受

## 一　論遊覽

旅行在從前是行業之一，但現在已變成一種實業。旅行在現代，確已比在一百年前便利了不少。政府和所設的旅行機關，已盡力下了一番功夫以提倡旅行；結果是現代的人大概都比前幾代的人多旅行了一些。不過旅行到了現代，似乎已是一種沒落的藝術。我們如要了解何以謂之旅行，我們必須先能辨別其實不能算是旅行的各種虛假旅行。

第一種虛假旅行，即旅行以求心胸的改進。這種心胸的改進，現在似乎已行之過度；我很疑惑一個人的心胸，是不是能夠這般容易地改進。無論如何，俱樂部和演講會對此的成績都未見得良好。但我們既然這樣專心於改進我們的心胸，則我們至少須在閒暇的日子，讓我們的心胸放一天假，休息一下子。這種對旅行的不正確的概念，產生了現代的導遊者的組織。這是我所認為無事忙者令人最難忍受的討厭東西。

當我們走過一個方場或銅像時，他們硬叫我們去聽他講述生於一九七二年四月廿三日，死於一八五二年十二月二日等。我曾看見過女修道士帶著一群學童去參觀一所公墓，當她們立在一塊墓碑的前面時，一個女修道士就拿出一本書來，講給學童聽，死者的生死月日，結婚的年月，他太太的姓名，和其他許多不知所云的事實。我敢斷定這種廢話，必已使學童完全喪失了這次旅行的興趣。成人在導遊的指引之下，也變成了這樣的學童，而有許多比較好學不倦的人，竟還會拿著鉛筆和日記簿速記下來。

中國人在遊覽名勝時，也受到同樣的麻煩；不過中國的導遊不是職業人員，而只是些水果小販、驢夫和農家的童子，性情略比職業導遊活潑，但所講的話則不像職業導遊那麼準確。某一天，我到蘇州去遊覽虎邱山，回來時，腦筋中竟充滿了互相矛盾的史實和年代；因爲據引導我的販橘童子告訴我，高懸在劍池四十尺之上的那座石橋，就是古美人西施的晨妝處（實則西施的梳妝台遠在十里之外）。其實這童子只不過想向我兜售一些橘子，但因此居然使我知道民間傳說怎樣漸漸遠離事實，而變爲荒誕不經。

第二種虛假的旅行，即爲了談話資料而旅行，以便事後可以誇說。我曾在杭州名泉和名茶的產地虎跑，看見過旅行者將自己持杯飲茶時的姿勢攝入照片。拿一張在虎跑品茶的照片給朋友看，當然是一件很風雅的事情，所怕的就是他將重視照片，而忘卻了茶味。這種事情很易使人的心胸受到束縛，尤其是自帶照相機的人，如我們在巴黎或倫敦的遊覽事中所見者。他們的時間和注意力已完全消耗於拍攝照片之中，以致反而無暇去細看各種景物了。這種照片固然可供他們在空閒的時候慢慢地閱看，但如此的照片，世界各處哪裡買不到，又何必巴巴地費了許多事特地自己跑去拍攝呢。這類歷史的名勝，漸漸成爲誇說資料，而不是遊覽資料。

一個人所到的地方越多，他所記憶者也越富，因而可以誇說的也越多。這種尋求學問的驅策，使人在旅行時不能不於一日中，求能看到最可能的多數的名勝地。他手裡拿著一張遊覽地點程序表，到過一處，即用鉛筆劃去一個名字。我疑心這類旅行家在假期中，也是講究效能的。

這種愚拙的旅行，當然產生了第三種的虛僞旅行家：即預定了遊覽程序的旅行家。他們在事先早已能算定將在奧京或羅京耽擱多少時候。他們都在起程之前，先預定下遊覽的程序，臨時如上課一般的切實遵時而行。他們正好似在家時一般，在旅行時也是受月份牌和時鐘的指揮的。

我主張真正的旅行動機，應完全和這些相反。第一，旅行的真正動機應爲旅行以求忘其身之所在，或較爲詩意的說法，旅行以求忘卻一切。凡是一個人，不論階級比他高者對他的感想怎樣，但在自己的家中，總是唯我獨尊的。同時他須受種種俗尚、規則、習慣和責任的束縛。一個銀行家總不能做到叫別人當他是一個尋常人看待，而忘卻自己是一個銀行家，因此在我看來，旅行的真正理由實是在於變換所處的社會，使他人拿他當一個尋常人看待。

介紹信於一個人做商業旅行時，是一件有用之物，但商業旅行在本質上並不能置於旅行之列的。一個人倘在旅行時帶著介紹信，他便難以期望恢復他的自由人類的本來面目，也難於期望顯出他於人造的地位之外的人類天然地位。我們應知道一個人到了一處陌生地方時，除了受朋友的招待，和介紹到同等階級的社會去週旋的舒適外，還有比這更好的，由一個童子領著到深山叢林裡去自由遊覽的享受。他有機會去享受在餐館裡做手勢點一道薰雞，或向一個東京警察做手勢問路的樂趣。得過這種旅行經驗的人，至少在回到家裡後，可以不必如平時的一味依賴他的車夫和貼身侍者了。

一個真正的旅行家必是一個流浪者，經歷著流浪者的快樂、誘惑，和探險意念。旅行必須流浪式，否則便不成其爲旅行。旅行的要點在於無責任、無定時、無來往信札、無嚅嚅好問的鄰人、無來客和無目的地。

一個好的旅行家絕不知道他往哪裡去，更好的甚至不知道從何處而來。他甚至忘卻了自己的姓名。屠隆曾在他所著的《冥寥子遊》中很透切地闡明這一點。——這遊記我譯引在下文裡邊。他在某處陌生的地方並無一個朋友，但恰如某女尼所說：「無所特善視者，盡善視普世人也。」沒有特別的朋友，就是人盡可友，他普愛世人，所以就處身於其中，領略他們的可愛處，和他們的習俗。這種好處是坐著遊覽汽車去看古蹟的旅行家所無從領略的。因爲他們只有在旅館裡邊，和從本國同來的遊伴談談天的機會。

最可笑的是有許多美國旅行家，他們到巴黎之後，必認定到同遊者都去吃的餐館中去吃飯，好似藉此可以見一見同船來的人，並可以吃到和在家時所吃一樣的烘餅。英國人到了上海之後必住到英國人所開設的旅館裡邊去，在早餐時照常吃著火腿煎蛋，和塗著橘皮醬的麵包，閒時在小飲室裡坐坐，遇到有人邀他坐一次人力車時，必很羞縮地拒絕。他們當然是極講究衛生的，但又何必到上海去呢？如此的旅行家，絕沒有和當地的人士在精神上融合的機會。因此也就喪失了一種旅行中最大的益處。

流浪精神使人能在旅行中和大自然更加接近。所以這一類旅行家每喜歡到闃無人跡的山中去，以便可以悠然享受和大自然融合之樂。所以這些旅行家在預備出行時，絕不會到百貨公司去費時選購一套紅色或藍色的游泳衣，買唇膏尚可容許，因爲旅行家大概都是崇奉唇騷者，喜歡色色自然，而一個女人如若沒有了好唇膏，便會不自然的。但這終究是爲了他們乃是到人所共赴的避暑地方或海濱去的緣故，而在這種地方是完全得不到和大自然發生更深的關係的益處的。往往有人到了一處名泉欣然自語說：「這可真是幽然獨處了。」但在旅館吃過晚飯在起居室內拿起一張報紙隨便看看時，即看見上面載著某甲夫人曾在星期一到過這地方。次日早晨他去「獨」步時，又遇到隔夜方到的某乙全家。星期四的晚上，他又很快樂地知道某丙夫婦也將要到這幽靜的山谷中來度夏。接著就是某甲夫人請某乙全家吃茶點，某乙請某丙夫婦打牌。你並能聽見某丙夫人喊著說：「奇啊，這不是好像依舊住在紐約嗎？」

我以爲除此以外，另有一種旅行，不爲看什麼事物，也不爲看什麼人的旅行，而所看的不過是松鼠、麝鼠、土撥鼠、雲和樹。我有一位美國女友曾告訴我，有一次，她怎樣被幾個中國朋友邀到杭州附近的某山去看「虛無一物」。

據說，那一天早晨霧氣很濃，當他們上山時，霧氣越加濃厚，甚至可以聽得見露珠滴在草上的聲音。這時除了濃霧之外，不見一物。她很失望。「但你必須上去，因爲頂上有奇景可見的呢。」她的中國朋友勸她說。於是她再跟著向上走去。不久，只看見遠處一塊被雲所包圍的怪石，別人都視作好景。「那裡是什麼？」她問。「這就是倒植蓮花。」她的朋友回答。她很爲懊惱，就想回身。「但是頂上還有更奇的景緻哩。」她的朋友又勸說。這時她的衣服已半潮，但她已放棄反抗，所以依舊跟著別人上去。最後，她們已達山頂，四圍只見一片雲霧，和天邊隱約可見的山峰。「但這裡實在沒有什麼可看啊！」她責問說。「對了，我們特為上來看虛無一物的。」她的中國朋友回答她說。

觀看景物和觀看虛無，有極大的區別。有許多特去觀看景物的，其實並沒有看到什麼景物，但有許多去觀看虛無的倒反而能看到許多事物。我每聽到一位作家到外國去「搜集新著作的資料」時，總在暗暗地好笑，難道他的本鄉本國中，其人情和風俗上已沒有了可供他採集的資料嗎？難道他的論文資料竟已窮盡嗎？紡織區難道是太缺乏浪漫性嗎？格恩賽島太沉寂，不足以為一部傑出小說的背景嗎？所以我們須回到「旅行在於看得見物事的能力之哲學問題」，這就可使到遠處去旅行和下午在田間閒步之間，失去它們的區別。

依金聖嘆之說，兩者是相同的。旅行者所必須的行具就是如他在著名的劇曲《西廂記》的評語中所說：「胸中的一副別才。眉下的一雙別眼。」其要點在於此人是否有易覺的心和能見之眼。倘若他沒有這兩種能力，即使跑到山裡去，也是白費時間和金錢。在另一方面，倘若他有這兩種能力，則不必到山裡去，即坐在家裡遠望，或步行田間去觀察一片行雲、一隻狗、一道竹籬或一棵孤樹，也同樣能享受到旅行之樂的。我現在引一段金氏所論真正旅行藝術的說辭如下：

吾讀世間遊記，而知世真無善遊人也。夫善遊之人也者，其於天下之一切海山方嶽，洞天福地，固不辭千里萬里，而必一至以盡探其奇也。然其胸中之一副別才，眉下之一雙別眼，則方且不必直至於海山方嶽，洞天福地，而後乃今始曰：「我且探其奇也。」夫昨之日而至一洞天，凡罄若干日之足力目力心力，而既畢其事矣；明之日，又將至一福地，又將罄若干日之足力目力心力，而於以從事。從旁之人不能心知其故，則不免曰：「連日之遊快哉！始畢一洞天，乃又造一福地。」殊不知先生且正不然。其離前之洞天，而未到後之福地，中間不多，雖所隔止於三二十里，又少而或止於八、七、六、五、四、三、二里；又少而或止於一里半里，此先生則於一里半里之中間，其胸中之所謂一副別才，眉下之一雙別眼，即何嘗不以待洞天福地之法而待之哉？

今夫以造化之大本領、大聰明、大氣力而忽然結撰而成一洞天、一福地，是真駭目驚心之事，不必人道也。然我每每諦視天地之間之隨分一鳥、一盆、一花、一草，乃至鳥之一毛、魚之一鱗、花之一瓣、草之一葉，則初未有不費彼造化者之大本領、大聰明、大氣力而後結撰而得成名者也。諺云：「獅子搏象用全力，搏兔亦全力。」彼造化者則直然矣。生洞天福地用全力，生隨分之一鳥、一魚、一盆、一花、一草，以至一毛、一鱗、一瓣、一葉，殆無不用盡全力。由是言之，然則世間之所謂駭目驚心之事，固不必定至於洞天福地而後有此，亦為信然也。

抑即所謂洞天福地也者，亦嘗計其云：如之何結撰也哉？莊生有言：「指馬之百體非馬，而馬係於前者，立其百體而謂之馬也。」比於大澤，百材皆度；觀乎大山，水石同壇。夫人誠知百材萬木，雜然同壇之為大澤大山，而其於遊也，斯庶幾矣。其層巒絕巘，則積石而成，是穹窿也，其飛流懸瀑，則積泉而成，是灌輸也。果石石而察之，殆初無異於一拳者也。試泉泉而尋之，殆初無異於細流者也。且不直此也，老氏之言曰：「三十輻共一轂，當其無，有車之用；埏直以為器，當其無，有器之用；鑿戶牖以為室，當其無，有室之用。」然則一一洞天福地中間，所有之迴看為峰，延看為嶺，仰看為壁，俯看為溪，以至正者坪，側者坡，跨者梁，夾者澗，雖其奇奇妙妙，至於不可方物，而吾有以知其奇之所以奇，妙之所以妙，則固必在於所謂當其無之處也矣。蓋當其無，則是無峰、無嶺、無壁、無溪、無坪坡梁澗之地也。然而當其無斯，則真吾胸中一副別才之所翱翔，眉下一雙別眼之所排蕩也。

夫吾胸中有其別才，眉下有其別眼，而皆必於當其無處，而後翱翔，而後排蕩，然則我真胡為必至於洞天福地？正如頃所云，離於前，未到於後之中間，三二十里，即少止於一里半里，此亦何地不有所謂當其無之處耶？一略約小橋、一槎枒獨樹、一水、一村、一籬、一犬，吾翱翔焉，若排蕩焉。此其於洞天福地之奇奇妙妙，誠未能知為在彼，而為在此也？

且人亦都不必胸中之真有別才，眉下之真有別眼也。必曰，先有別才而後翱翔，先有別眼而後排蕩，則是善遊之人，必至曠世而不得一遇也。如聖嘆意者，天下亦何別才別眼之與，有但肯翱翔焉，斯即別才矣；果能排蕩焉，期即別眼矣。米老之相石也曰：要秀、要皺、要透、要瘦。今此一里半里之一水、一村、一橋、一樹、一籬、一犬則皆極秀、極透、極皺、極瘦者也，我亦定不能如米老之相石故耳。誠親見其秀處、皺處、透處、瘦處乃在於此，斯雖欲不於是焉翱翔，不於是焉排蕩，亦豈可得哉？且彼洞天福地之為峰、為嶺、為壁、為溪、為坪坡梁澗，是亦豈能多有其奇奇妙妙者乎？亦都不過能秀、能皺、能透、能瘦焉耳。由斯以言，然則必至於洞天福地而後遊，此其不遊之處，蓋已多多矣。且必至於洞天福地而後遊，此其於洞天福地，亦終於不遊已也。何也？彼不能知一籬、一犬之奇妙者，必彼所見之洞天福地，皆適得其不奇不妙者也。

斲山云：「千載以來，獨有宣聖是第一善遊人。其次則數王羲之。」或有徵其說者，斲山云：「宣聖吾深感其食不厭精，膾不厭細之二言。王羲之吾見若干帖，所有字畫，皆非獻之所能窺也。」聖嘆曰：「先生此言，疑殺天下人去也。」又斲山每語聖嘆云：「王羲之若閒居家中，必就庭花逐枝逐朵，細數其鬚。門生執巾侍立其側，常至終日都無一語。」聖嘆問此故事出於何書？蹶山云：「吾知之。」蓋蹶山之奇特如此，惜乎天下之人，不遇蹶山一傾倒其風流也。」

## 二　冥寥子遊

### 甲　出遊之由

冥廖子為吏，困世法，與人吐匿情之談，行不典之禮。何謂「匿情之談」？主賓長揖，寒暄而外，不敢多設一語。平生無斯須之舊，一見握手，動稱肺腑，掉臂去之，轉盼胡越。面頌盛德，則夷也；不旋踵而背語，蹠也。燕坐之間，實辨有口，乃託簡重；身有穢行，謬為清言。懼衷言漏實，莊語觸忌，則一切置之，而別為浮遊不根之談，甚而假優伶之謳歌以亂之，即耳目口鼻，悉非我有，嗔喜笑罵，總屬不真。俗已如此，雖欲力矯之不能。何謂「不典之禮」？賓客酬應，無論尊貴，雖其平交，終日磬折俛首：何仇於天，而日與之遠，何親於地，而日與之近。貴人才一啟口，諾聲如雷，一舉手而我頭已搶地矣。彼此相詣，絕不欲見，而下馬投刺，徒終日僕僕。夫往來通情，非舉行故事也。先王制體，固如是乎？褒衣束帶，縛如檻猿，蝨噆膚，癢甚而不可捫。跬步閒行，輒恐踰官守，馬上以目注鼻，視不越尺寸，視越尺寸，人即從旁偵之。溺下至不可忍，而無故莫敢駐足。其大者「三尺」在前，清議在後。寒暑撼其外，得失煎其中，豈惟繩墨之失哉！雖有豪傑快士，通脫自喜，不涉此途則已，一涉此途，不得不俛而就其籠絡。冥寥子將縱心廣意而遊於漭瀁之鄉矣。

或曰：「吾聞之，道士處靜不枯，處動不喧，居塵出塵，無縛無解；俄而柳生其肘，鳥巢其頂，此亦冥靜沉寥之極也。供爨下之役，拾地上之殘，此亦卑瑣穢賤之極也，而至人皆冥之。子厭仕路之跼蹐，而樂奇遊之清曠，無乃心為境役乎？」

冥寥子曰：「得道之人，入水不濡，入火不焦，觸實若虛，蹈虛若實。靡入不適，靡境不冥，則其固然。余乃好道，非得道者也。得道者，把柄在我，虛空粉碎。投之囂喧穢賤，若濁水青蓮，淤而不染，故可無擇乎所之。余則安能。若柳之從風，風寧則寧，風搖則搖；若沙之在水，水清則清，水濁則濁。余嘗終日清靜，以晷刻失之，終歲清靜，以一日失之。欲聽其所之，而在境不亂，不可得也。使天子可以修道，而巢許何以箕潁？使國王可以修道，則釋迦何以雪山？使列侯可以修道，則子房何以謝病？使庶官可以修道，則通明何以掛冠？余將廣心縱意而遊於漭瀁之鄉矣。」

或曰：「願聞子遊。」冥寥子曰：

「夫遊者，所以開耳目，舒神氣，窮九州，覽八荒，采真訪道，庶幾至人。啖雲芝，逢石髓，御風騎氣，冷然而飄眇，不知其所之，然後歸而掩關面壁，了大事矣。余非得道者，宅神以內，養德以澹，遊氣以虛，敢不力諸，然而未也。宅神以內，忽而馳於外；養德以澹，忽而移於濃；遊氣以虛，忽而著於意。其中不寧，則稍假外鎮之；其心無以自得，則或取境娛之。故余之遊跡奇矣。」

## 乙　旅行之法

挾一煙霞之友與俱，各一瓢一衲，百錢自隨。不取盈，而取令百錢常滿，以備非常。兩人乞食，無問城郭村落，朱門百屋，仙觀僧廬。戒所乞，以飯不以酒，以蔬不以肉。其乞辭以孫不以哀。畀則去之，其不畀者亦去之，要以苟免饑而已。有疑物色者，晦而自免去；有見凌者，屈體忍之。有不得已，無所從乞，即以所攜百錢用其一二，遇便即補足焉，非甚不得已不用也。

行不擇所之，居不擇所止。其行甚緩，日或十里，或二十里，或三十、四十、五十里而止。不取多，多恐其罷也。行或遇山川之間，青泉白石，水禽山鳥，可愛玩，即不及往，選沙汀磐石之上，或坐而眺焉。邂逅樵人漁父，村氓野老，不通姓氏，不作寒暄，而約略談田野之趣。移晷迺去，別而不關情也。

大寒大暑，必投棲焉而不行，愳寒暑之氣侵人也。行必讓路，津必讓渡。江湖風濤，則止不渡，或半渡而風濤作，則凝神定氣，委命達生曰：「苟渡而溺，天也，即悲寧免乎？」如其不免，則遊止矣；幸而獲免，遊如初。遭惡少年於道，或誤觸之，少年行其無禮，則孫辭謝之。謝之而不免，則遊止矣；幸而獲免，遊如初。有疾病，則投所止而調焉，其同行者稍為求藥，而已則處之泰如。內視反聽，無怖死。如是則重病必輕，輕病立癒。如其大運行盡，則遊止矣；幸而獲免，遊如初。蹤跡所至，邏者疑焉，而以細人見禽，或以情脫，或以知免。如其不免，則遊止矣；幸而獲免，遊如初，行而託宿石菴茅舍，無論也，託宿而不及，即寺門嵓阿，窮簷之外，大樹之下，可以偃息。或山鬼伺之，虎狼窺之，奈何？山鬼無能為苦，虎狼無術以制之，不有命在天乎？以「四大」委之，而神氣了不為動。卒填其喙，數也，則遊止矣；幸而獲免，遊如初。」

## 丙　高山之頂

其遊以五嶽四瀆，洞天福地為主，而以散在九州之名山大川佐之，亦止及九州所轄，人跡所到而已。其在赤縣神州之外，若須彌崑崙，及海上之十州三島，身無羽翼，恐不能及也。所遇亦止江湖之士，山澤之臞而已。若扶桑青童，暘谷神王，桐柏、小有、王母、雲林諸真，身無仙骨，恐不能覯也。

其登五嶽也，躱立罡風之上，遊覽四海之外，萬峰如螺，萬水如帶，萬木如薺。星河摩於巾領，白雲出於懷袖，鶤鷁舉手可拾，日月掠雙鬢而過之。即嘯語亦不敢縱，非惟驚山靈，殆恐咫尺通乎帝座矣。上界晴灝，萬里無纖翳，下方雷雨晦冥而不知，惟聞霹靂聲細於兒啼。斯時也，目光眩瞀，魂氣躍躍出壙垠，即欲乘長風而去，何之乎？或西日欲匿，東月初吐，煙霞晃射，紫翠倏弈，峰巒遠近，乍濃乍淡。又或五夜聞鐘聲，大殿門不關，虎嘯有風，颯颯去，披衣起視，則兔魄斜墮，殘雪在半嶺，煙火溟濛，前山不甚了了。於斯時，清冷逼人，心意欲絕。又或嶽帝端居，群靈來朝，幢節參差，鈴管蕭蕭，殿角雲起，幕紱霞綃，恍惚可睹，似近而遙。快哉靈人之音，何彼冷風之斷之也？

五嶽而外，名山復不少矣，若四明、天台、金華、括蒼、金庭、天姥、武夷、匡廬、峨嵋、終南、中條、五台、太和、羅浮、會稽、茅山、九華、林屋諸洞天福地，稱仙靈之窟宅，神仙之奧區者，莫可殫數。芒屨竹杖，縱不能遍歷，隨其力之所能到而遨焉。飲神瀵之水，仙鼠之問名，啖胡麻之飯，餐柏上之露。或絕壁危峰，陡插天表，人不能到，則以索自絙而登。或石梁中斷，玉扉忽開，奮而闌入，無恐，谽谺岈嵺之洞，深黑而不見底，僅通一線，仰逗天光，以火自爇而入焉，無恐，以尋高流羽士，肉芝瑤草，及仙人之遺蛻處。

遊於大川，若洞庭、雲夢、瞿塘、巫峽、具區、彭蠡、揚子、錢塘，空闊浩森，魚龍神怪之所出沒。微風不動，空如鏡也；神龍不怒，抱珠臥也。水光接天，明月下照，龍女江妃，試輕綃，躡文屨，張羽蓋，吹洞簫而去，凌波徑渡，良久而滅，胡其冷爽也。惡風擊之，洪濤隱起，鴟夷賈怒，天吳助之。大地若磨焉，寓縣若簸焉，恍乎張龍公挾九子，擘青天而飛去，胡其險壯也！又秀媚靚妝，莫如虎林之西湖。楊柳隔岸，桃花臨水，則麗華貴賓之開曉鏡也。芰葉吐華，芙渠濯濯，朝光澄鮮，芳香襲人，則宜主合德之出浴也。天清日朗，風物明媚，朱閣朝臨，蘭橈夕泛，則楊家妃子之笑也。煙雨如黛，群山黯淡，奇絕變幻，亦大可喜，則吳王、西子之顰也。」

## 丁　回到塵世

冥寥子散步西冷六橋，已而深入天竺靈鷲，禮古先生罷而出，訪丁野鶴於煙霞石屋之間。入潮音落迦，則冥寥子之家山也，觀音大士道場在焉。採蓮花而觀大海，豈不勝哉！

意興既遠，汗漫而行，萬里足下，耳目偶愜其性，或旬日居之。

終朝趺坐，以煉三寶。道德五千言，其竅與妙乎？玉清金笥，其忘與覓乎？扶桑玉書，其不問鄰乎？陰符二篇，其機在目乎？太上指其觀心，古佛操其定慧。因禪定以求參同，則兀如非枯也。

仙靈之宮，真如之寺，金身妙相，焜燿如月。燭既明矣，香既清矣，羽人衲子，分蒲團而坐，啜茗進果，繙經閱藏。小倦，則相與調息。入定，久之而起，則月在藤蘿，蕭籟閒然，沙彌以頭觸地，童子據藥爐而瞑。於斯時，雖有塵心，何由而入也？

若在曠野，矮牆茆屋，酸風吹扉，淡日照林，牛羊歸乎長坂，饑烏噪於平田，老翁敝衣亂髮，而曝短桑之下，老媪以瓦盆貯水而進麥飯。當其情境悽絕，亦蕭瑟有致哉。若道人之遊，以此為厭薄，則不如無遊也。

若入通都大邑，人煙輻輳，車馬填委，冥寥子行歌而觀之：若集百貨，若屠沽者，若倚門而謳者，若列肆而卜者，若聚訟者，若戲魚龍角觝者，若樗蒲蹴踘者，冥寥子無不寓目焉。興到，入酒肆，沽濁醪，焚枯魚生菜，兩人對飲；微酲，長吟採芝之曲，徘佪四顧，意豁如也。驚詫市人，何物道者，披藍縷蕭然，而風韻乃爾乎？眾共疑之。蓋仙人云，須臾徑去不見。

高門大弟，王公貴人，置酒為高會，金釵盈座，玉盤進醴，堂上樂作，歌聲遏雲，老隸守門，拄杖在手。道人驀入乞食焉。雙眸炯碧，意度軒軒，而高唱曰：「諸君且勿喧，聽道人歌花上露。」

花上露，
何盈盈，
不畏冷風至，

但畏朝陽生。
江水既東注，
天河復西傾；
銅台化丘隴，
田父紛來畊。
三公不如一日醉，
萬金難買千秋名。
請君為歡調凰笙！

花上露，
醴於酒，
清曉光如珠，
如珠惜不久。
高墳鬱纍纍，
白楊起風吼；
狐狸走在前，
獮猴啼其後。
流香渠上紅粉殘，

祈年宮裡蒼苔厚。
請君為歡早回首！

歌罷，若有一客怒曰：「道者何為？吾輩飲方酣，而渠乃來敗人意。亟以胡餅遣之。」道人則受胡餅趨出。一客謂其從者曰：「急追還道者。」前一客曰：「飲方歡，恨渠來溷人。以胡餅逐之善矣，何故追還？」後一客曰：「僕察道者有異，欲令遇而熟視之。」前一客曰：「乞兒也！何異之？彼渠意所需，一殘羹冷炙而足。」又一客曰：「味初歌詞，小不類乞者。」

座上若有一紅綃歌姬離席曰：「以兒所見，此道者，天上謫神仙也。兒察其眉宇清淑，吐音俊亮。謬為乞兒狀，而舉止實微露其都雅。歌辭深秀乃金台宮中語，固非人間下里之音，況吐乞兒口哉！神仙好晦跡而遊人間，乞追之勿失。」

最後一客曰：「何關渠事，亦飲酒耳，試令追還道者，固無奇矣。」

紅綃者不服，曰：「兒固與諸公無緣。」

又若有一青綃者復離席曰：「諸公等以此為賭墅可乎？試令返道者：果有異，則言有異者勝；返之而無奇，則言無奇者勝。」諸公大鬨曰：「善。」令從者追之，則化為烏有先生矣。從者返命，前一客曰：「吾固知其不可測也。」紅綃者愀然曰：「是甫出門而即烏有耶，惜哉失一異人！」

冥寥子曳杖逍遙而出郭門。連經十數大城，皆不入。至一處，見峰巒背郭，樓閣玲瓏，琳宮梵宇，參差掩映，下臨清池。時方春日韶秀，鳥唱嘉樹，百卉敷榮，城中士女，新袨妝服。雕車韉鞍，競出行春。或蔭茂樹而飛觥，或就芳草而布席，或登朱樓，或擢青雀，或並轡而尋芳，或連袂而蹋歌。冥寥子樂之，為之踟躕良久。

俄而有一書生，膚清神爽，翩翩而來。長揖冥寥子曰：「道者亦出行春乎？僕有少酒在前溪小閣櫻桃之下，朋儕不乏，而欲邀道者助少趣，能從行否？」

冥寥子孑然便行，至其處，若見六七書生，皆少年俊雅。先一書生笑謂諸君曰：「吾輩在此行春，無雜客，適見此道者差不俗，今日之尊罍，欲與道者共之。諸君以為何如？」咸應曰：「善。」

於是以次就坐，道者坐末席。酒酣暢洽，談議橫生，臧否人物，揚扢風雅。有稱懷春之詩者，有詠禾黍之篇者，有談廊廟之籌策者，有及山林之遠韻者，辨博紛綸，各極其至，道人在座，飲啖而已。先書生雖在劇譚中，顧獨數目道人，曰：「道者安得獨無言？」道人曰：「公等清言妙理，聽之欣賞而不能盡解，又何能出一辭？」

少遲，諸君盡起行陌上，折花攀柳。時多妖麗，蘼蕪芍藥，往往目成。而道人獨行入山徑，良久而出。諸君曰：「道者獨行入山何為？」曰：「貧道適以雙柑斗酒，往聽黃鸝聲耳。」一書生曰：「道者安得作許語，差不俗。庸知非黃冠中之都水、賀監耶？」道人深自謙抑。

諸君復還就坐，一人曰：「今日之遊，不可無作。」一人應曰：「良是。」

有一人則先成一詩曰：

疏煙醉楊柳，

微雨沐桃花；
不畏清尊盡，
前溪是酒家。

廚冷分山翠，
樓空入水煙；
青陽君不醉，
風雨送殘年。

……道人曰：「諸公詩各佳甚。」一人曰：「道人能賞我輩之詩，必善此技，某等願聞。」

道人起立謙讓再三，諸君固請不輟，道人不得已，乃吟曰：

沿溪踏沙行，
水綠霞紅處；
仙犬忽驚人，
吠入桃花去。

諸君大驚起拜曰：「咄咄道者，作天仙之語，我輩固知非常人也。」於是競問道人姓名，但笑而不答。問者不已，道人曰：「諸公何用知道人名，雲水野人，邂逅一笑，即見呼以『雲水野人』可矣。」諸君既心異道人，於是力欲挽入城郭，道人笑曰：「貧道浪遊至此，四海為家，諸公謬愛，即追隨入城，無所不可。」

遂相攜入城，以次更宿諸君家；自是或登高堂，或入曲房，或文字之飲，或歌舞之場，道人無不往者。城中傳聞有一「雲水野人」，好事者爭相致之，道人悉赴。人與人之飲酒，即飲酒；與之談詩文，即談詩文；挈之出遊，即出遊；詢以姓名，則笑而不答。其談詩文，剖析今古，規合體裁，頗核；或稱先王，間及世務，兼善詼諧。人愈益喜之。

而尤習於養生家言。偶觀歌舞，近靡曼，或調之以察其意，道人欣然，似類有標韻者。至主人滅燭留髡，燕笑媟狎，即正容危坐，人莫能窺。夜嘗少臥，借主人一蒲團，結跏趺其上，倦則即其上假寐而已。人以此益異焉。

居月餘，一日忽告去。諸君苦留之，不可得。各出金錢布帛諸物相贈，作詩送行。臨別，諸公皆來會，惆悵握手，有泣下者。冥寥子至郭門，第僅足百錢，悉出諸公所贈諸物，散給貧者而去。諸公聞之益歎息，莫測所以。

### 戊　出遊的哲學

冥寥子行出一山路，深窅峭隘，喬木千章，藤蘿交蔭，仰視不見天日。人煙杳然，樵牧盡絕。但聞四旁鳥啼猿嘯，陰風蕭蕭而恐人。冥寥子與其友行許久，忽見一老翁，龐眉秀頰，目有綠筋，髮垂兩肩，抱膝而坐大石之上，冥寥子前揖之。老翁為起，注目良久，不交一言。冥寥子長跽進曰：「此深山無人處，安得有跫然者，翁殆得道異人也。弟子生平好道，中歲無聞，石火膏油，心切悲歎，願垂慈旨以開迷。」老翁佯為弗聞。固請之，乃稍教以虛靜無為之旨。無何別去，目送久之而滅。山深境絕處，安得無若而翁者耶。

又或隨其所到，有故人在焉——疇昔以詩文交者，以道德交者，以經濟交者，以心相知者，以氣相期者，思一見之，則不復匿姓名，徑造其家。故人見肅，見冥寥子衣冠稍異，怪問之。答曰：「余業謝人間事，通明季真吾師也。」曰：「婚嫁畢乎？」「未也。以俟其畢，如河之清何？子平去則不返，余猶將指家山，聊以適我性爾。」於是款之清齋，追往道故，數十年之前，俛仰一笑，俱屬夢境。友人乃低回慨歎，且羨冥寥子其無累之人耶。

「夫貴勢高張，榮華滲漉，人之所易溺也。白首班行，龍鍾盤跚，猶戀其物而不肯捨。一旦去之，攢眉向人。業問車馬而遲行，出國門而回首。既返田舍，不屑屑焉藝穜稑理麻豆，而日夜問長安之耗，而遺書當路故人焉。胸中數往數來，直至屬纊乃已。有大拜命下之日，即其屬纊之辰，有目瞑數時，而朝使使後至者，大可笑也。子何修而早自脫屣若此？」

冥寥子曰：「余閒中觀焉，殆有所傷而悟也。余觀於天：日月星漢，何冗而早夜西馳？今日之日，一去即失；雖有明日，非今日矣。今年之年，一去即失；雖有明年，非今年矣。天日自長，吾日自短，三萬六千朝而外，吾不得而有也；天年自多，吾年自少，百歲而外，吾不得而有也。又況其所謂「百」者，所謂「三萬六千」者，人生常不得滿。而其間風雨憂愁，塵勞奔走之日常多；良時嘉會，風月美好，胸懷寬閒，精神和暢，琴歌酒德，樂而婆娑者，知能幾何？

「日月之行，疾於彈丸。當其轂轆而欲墮西巖，雖有拔山扛鼎之力，不能挽之而東。雖有蘇張之口，不能說之而東。雖有樗里晏嬰之知，不能轉之而東。雖有觸虹蹈海之精誠，不能感之而東。古今譚此事以為長恨。

「余觀於地：高岸為谷，深谷為陵，江湖湯湯，日夜東下而不止。方平先生曰：「余自接待以來，已三見滄海為桑田矣。」

「余觀於萬物：生老病死，為陰陽所摩，如膏之在鼎，火下熬之，不斯須而乾盡；如燭在風中，搖搖然淚枯燼落，頃刻而滅；如斷梗之在大海，前浪推之，後浪疊之，泛泛去之而莫知所棲泊。又況七情見戕，聲色見伐，憂喜太極，思憂過勞，命無百年之固，而氣作千秋之期，身在膏火之中，而心營天地之外，及其血氣告衰，神明不守，安得不速壞乎？

「王侯將相，甲第如雲，擊鐘而食，動以千指。平旦開門，賓客擁入；日昃張宴，粉黛成行。道人過之，呵聲雷鳴，而不敢窺；後數十年又過之，則蔓草瓦礫，被以霜露，風淒日冷，不見片瓦，兒童放牛牧豕之場，乃疇昔燕樂鼓舞處也。方其鼎盛豪華，諧謔歡笑時，寧知遂有今日。大榮衰歇，何其一瞬也！豈止金谷銅台，披香太液，經百千年而後淪沒哉？暇日出郭登丘隴，鬱鬱纍纍，燕韓耶？晉魏耶？王侯耶？廝養耶？英雄耶？騃子耶？黃壤茫茫，是烏可知。吾想其生時耽榮好利，競氣爭名，規其所難圖，而獵其所無益；憂勞經營，疇不其然，一朝長寢，萬慮俱畢。

「余嘗宿於官舍，送往迎來，不知其更幾主宰也。余嘗閱乎朝籍，去故登新，不知其更幾名也。余嘗出關門，臨津渡，陟高岡，眺原埜，舟車駱驛，山川莽蒼，不知其送人幾許也。歎息沉吟，或繼以涕泗，則吾念灰矣。」

友人曰：「晏子有言：『古而無死，則爽鳩氏之樂也。』齊景公流涕悲傷，識者譏其不達。今吾子見光景之駛疾，知代謝之無常，而感慨係之，至於沉痛，得毋屈達人之識乎？」

冥寥子曰：「不然。代謝故傷，傷乃悟也。齊景公恨榮華之難久，而欲據而有之，以極生人之樂，我則感富貴之無常，而欲推而遠之，以了性命之期，趨不同也。」

曰：「子今者遂已得道乎？」

冥寥子曰：「余好道，非得道者也。」

曰：「子好道，而遊者何？」

冥寥子曰：「失遊豈道哉！余厭仕路跼蹐，人事煩囂，而聊以自放者也。欲了大事，須俟閉關。」

曰：「子一瓢一衲，行歌乞食，有以自娛乎？」

冥寥子曰：「余聞之師，蓋有少趣在澹。烹羊宰牛，水陸畢陳，其始亦甚甘也。及其厭飽膨脝，滋覺甚苦，不如青蘇白飯，氣清體平，習而安之，殊有餘味。妖姬孌童，盡態極妍，搊鼓吹笙，滿堂鼎沸，其始亦甚樂也。及其興盡意敗，轉生悲涼，不如焚香攤書，兀兀晏坐，氣韻蕭疏，久而益遠。某雖嘗濫進賢冠，家無負郭，橐無阿堵，止有圖書數卷，載之以西，波臣懼為某累，舉而捐之水濱。此身之外，既無長物，境寂而累遣，體逸而心閒，其趨詎不長哉。一衲一瓢，任其所之，居不擇處，與不擇物，來不問主，去不留名，在冷不嫌，入囂不溷。故我之遊，亦學道也。」

其人乃欣然而喜曰：「聆子之言，如服清涼散，不自知其煩熱之去體也。」

（接著有一場儒道釋三教之分及有無仙佛神鬼的討論。）

頃之，一少年來，戟手而罵冥寥子曰：「道人乞食，得食則去，饒舌何為？是妖人也。吾且聞之官。」攘臂欲毆冥寥子，冥寥子笑而不答。或勸之，乃解。

於是冥寥子行歌而去，夜宿逆旅，或有婦人，冶容豔態，而窺於門，須臾漸迫，微辭見調。冥寥子私念：此非妖也耶？端坐不應。婦人曰：「吾仙人也，愍子勤心好道，故來度子。且與子宿緣，幸無見疑。吾將與子共遊於蓬萊度索之間矣。」冥寥子又唸：昔閻成子學道荊山，試而不遇，卒為邪鬼所惑，失其左目，遂不得道而絕。真誥以為猶是成子用志不專，頗有邪心故也。夫鬼狐惑人傷身殞命，固也不可近：即聖賢見試不遇，亦非所以專精而凝神也。端坐如初。婦人瞥然不見。為鬼狐，為魔試，皆不可知矣。

冥寥子遊三年，足跡幾遍天下。目之所見，耳之所聞，身之所接，物態非常，情境靡一，無非錬心之助。雖浪跡亦不為無補哉。

於是歸而茸一茆四明山中，終身不出。

# 第十二章 文化的享受

## 一 知識上的鑑別力

教育和文化的目標，只在於發展智識上的鑑別力和良好的行為。一個理想的受過教育者，不一定要學富五車，而只須明於鑑別善惡；能夠辨別何者是可愛，何者是可憎的，即是在智識上能鑑別。最令人難受的，莫過於遇著一個胸中滿裝著歷史上的事實人物，並且對蘇俄或捷克的時事極為熟悉，但見解和態度則是完全錯誤的人。

我曾遇見過這一類的人，他們在談話時，無論什麼題目，總有一些材料要發表出來，但是他們的見地，則完全是可笑可憐的。他們的學問是廣博的，但毫無鑑別能力。博學不過是將許多學問或事實填塞進去，而鑑別力則是美術的判別問題，中國人於評論一個文人時，必拿他的學行和識見分開來講。對於歷史家尤其應該如此區別。一個滿腹學問的人，或許很易於寫成一部歷史；

但所說的話或竟是毫無主見與識別的。而在論人和論事時，或竟是只知依人門戶，並無卓識的。這種人就屬於我們所謂缺乏智識上的鑑別力。強記事實是一件極容易的事情？歷史上一個指定時代中的事實，我們極易強記，但分別輕重和是非，則是一件極難的事情，而有恃於一個人的見解力了。

所以一個真有學問的人，其實就是一個善於辨別是非者。這就是我們所謂鑑別力，而有了鑑別力，則雅韻即會隨之而生。但一個人如若想有鑑別力，他必須先有見事明敏的能力，獨立的判斷力，和不為一切社會的、政治的、文學的、藝術的或學院式的誘惑所威脅或眩惑。一個人在成人時代中，他的四周當然必有無數的誘惑，如：名利誘惑、愛國誘惑、政治誘惑、宗教誘惑，和惑人的詩人、惑人的藝術家、惑人的獨裁者與惑人的心理學家。當一個心理分析家告訴我們：幼年時代的臟腑效能的種種不同的運用，切實有關一個人日後生活中的志向、挑釁心和責任心，或便秘症引起暴燥的性情時，凡有識力者對之，只可付諸一笑。當一個人錯誤時，他簡直就是錯誤的，不必因震於他的大名，或震於他的高深學問，而對他有所畏懼。

因此識和膽是相聯的，中國人每以膽識並列。而據我們所知，膽力或獨力的判別力，實在是人類中一種稀有的美德。凡是後來有所成就的思想家和作家，他們大都在青年時即顯露出智力上的膽力。這種人絕不肯盲捧一個名震一時的詩人。他如真心欽佩一個詩人時，他必會說出他欽佩的理由。這就是依賴著他的內心判別而來的；這就是我們所謂文學上的鑑別力。他也絕不肯盲捧一個風行一時的畫派，這就是藝術上的鑑別力。他也絕不肯盲從一個流行的哲理，或一個時髦的學說，不論它們有著何等樣的大名做後盾。他除了內心信服之外，絕不肯昧昧然信服一個作家；

如若那個作家能使他信服，那個作家就是不錯的；但如若那作家不能使他信服，則那個作家是錯誤的，而他自己是對的；這就是智識上的鑑別力。這種智力上的膽力，和獨立的判斷力，無疑地必須一己的內心中先具著一種稚氣的、天真的自信心。但一己的內心所能依賴的，也只有這一點，所以當一個學生一旦放棄他個人判斷的權利時，他便頓然易於被一切人生的誘惑所動搖了。

孔子好像已經覺得學而不思比思而不學更不好，所以他說：「思而不學則罔，學而不思則殆。」他必因看見弟子之中這種學而不思的人太多了，所以他要提出這種警告。這個警告其實也是現代學校所極爲需要的。我們都知道現在一般的教育，和一般的學校制度，都偏於割捨了鑑別力以求學問。視強記事實即爲教育的本身目標，好像富於學問即會使人成爲一個高士。但是學校中爲什麼要貶視思想？爲什麼要歪曲學制，而將愉快的求學企圖變成了機械式的、嚴定尺寸的、劃一的和被動的強記事實？我們爲什麼要把智識置於思想之前？我們爲什麼願意稱呼一個僅是讀足了心理學、中古歷史、論理學和宗教學學分的大學畢業生爲學成之士？這種學分和文憑何以會取代了教育的真正目標的地位？何以會使學生們的心目中也認爲是如此的？

理由很簡單：我們所以用這個制度，因爲我們是在將民眾整批的教育，如在工廠裡邊一般。而一涉工廠的範圍，則一切都須依著呆板的機械式的制度去行事了。爲了保護學校的名譽和將產物標準化起見，所以學校要發給文憑，以爲證明。爲了須發文憑，便不能沒有次第；爲了須分次第，便不能沒有記分；爲了須記分，便不能沒有大小考試了。這全部的程序，成爲一個整個的合於邏輯的必然事件，而使人無從避免。

但機械式的大小考試，爲害之大，遠過於我們所能想見。因爲它立刻使人注重強記事實，而忽略了鑑別力的發展。我本人曾當過教師，很知道出歷史題目確比一般的泛常普通智識題目較爲容易，即批分數時，也較爲省力。而危險在於這種制度一經訂立之後，我們即易於忘卻我們已漸漸或將要脫離教育的真正理想目標，即我所說的智識上鑑別力的發展。所以孔子所說：「多見而識之，知之次也。」這句話，仍有牢記的價值。

世上實在無所謂必修科目，無必讀之書，甚至莎士比亞劇本也是如此。學校好似已採用一種愚笨的概念，以爲只須從歷史或地理中採集若干有限的資料，便足以供一個學者所必須。我曾受過相當的教育，但我至今弄不清楚西班牙首都叫什麼名字，並且有一個時期還以爲哈瓦那是一個鄰近古巴的海島呢。必修課程的規定，其危險在於它意涵一個人只要讀完這個課程，便已在事實上知曉了一個學者所應知曉的事情。所以一個畢業生離校之後，即不再企圖更事學問，或再讀一些書，因爲他是已經學完了一切應該知道的學問了。這也無怪其然，因爲這是一個合於邏輯的結果。

我們須放棄一個人的智識有法子可以考驗或測量的概念。莊子說得好：「我生也有涯，而知也無涯。」尋求學識，終不過是像去發現一個新大陸，或如阿納托爾·法郎士（Anatole France）所說：「一個心靈的探險行爲。」我們如用一種坦白的、好奇的、富於冒險性的心胸去維持這個探索精神，則這種尋求行爲便永遠是一種快樂，而不是痛苦了，我們應該捨棄那種規定的、劃一的、被動的強記事實方法，而將這種積極的滋長的個人快樂定爲理想目標。

文憑和學分如一旦廢除，或僅僅值其所實值，學問的尋求即能趨於積極。因爲那時做學生的至少要自問爲什麼而讀書了。這句問話，在目下是無需他來答覆的，因爲現在每個學生都知道他爲了要升入二年級，所以在一年級讀書；爲了要升入三年級，所以在二年級讀書。這種外加的意念，其實都應該丟棄，因爲尋求知識，完全是自己的事情，而和旁人不相干的。

現在的學生，有許多是爲了註冊員的關係而讀書，有許多是爲了他們的父母或教師或未來的太太的關係而讀書，以便取悅於耗費了許多金錢培植他們的父母，或以便取悅於看待他們很好很熱心的教師，或以便將來可以多賺些錢去養他們的家口。我以爲這類思想都是屬於不道德的。尋求智識完全是自己的事情，而和旁人無干。只有如此，教育方能成爲一種快樂，並趨於積極。

## 二　以藝術為遊戲和個性

藝術是創造，也是消遣。這兩個概念中，我以爲以藝術爲消遣，或以藝術爲人類精神的一種遊戲，是更爲重要的。我雖然最喜歡各式不朽的創作，不論它是圖畫、建築或文學，但我相信只有在許多一般的人民都歡喜以藝術爲消遣，而不一定希望有不朽的成就時，真正藝術精神方能成爲普遍而瀰漫於社會之中。

這正如學校中的學生，重在要他們多數能隨便玩玩網球或足球，而不必定求他們能產生少數幾個能加入全國錦標賽的運動員。兒童或成人，也重在能創作一些物事以爲消遣，而不必定求其能產生一個羅丹（Rodin，**十九世紀法國大雕刻家**）。我寧願學校教授兒童做些塑泥手工，寧願銀行總理和經濟專家能自製聖誕賀卡，無論這個思想是如何的可笑，而以為這樣實在較勝於少數幾個藝術家為了職業關係而從事這些工作。換句話說：我贊成一切的業餘主義。我喜歡業餘哲學家、業餘詩人、業餘攝影家、業餘魔術家、自造住屋的業餘建築家、業餘音樂家、業餘植物學家，和業餘航空家。

我覺得在晚間聽聽一個朋友隨便彈奏一二種樂器，樂趣不亞於去聽一次第一流的職業音樂會。一個人在自己的房裡看一個朋友隨便試演幾套魔術，樂趣更勝於到劇院去看一次台上所表演的職業魔術。父母看自己的子女表演業餘式的戲劇，所得的樂趣，更勝於到劇場去看一次莎士比亞戲劇。我們知道這些都是出於自動的，而真正的藝術精神只有在自動中方有的。這也就是我重視中國畫為高士的一種消遣，而不限是一個職業藝術家的作品的理由。只有在遊戲精神能夠維持時，藝術方不致於成為商業化。

遊戲的特性，在於遊戲都是出於無理由的，而且也絕不能有理由。遊戲本身就是理由。這個見地，有天演歷史為證明。美麗是一種生存競爭說所無從解釋的東西；世界上甚至有對生物具著毀滅性的美麗方式：例如鹿的過於發育的美角。達爾文發覺他的天然選擇說實在無從解釋植物和動物中的美麗分子，所以他不能不另定一個性的選擇為附加原則。我們如若不能承認藝術實只是一種體力和心力的氾濫，自由而不受羈絆，只為自己而存在，則我們即無從了解藝術和它的要素。

「為藝術而從事藝術」的口號，常受旁人的貶責，但我以為這不是一個可容政治家參加議論的問題，而不過是一個關於一切藝術創作的心理起源的無可爭論的事實。希特勒貶斥許多種現代藝術爲不道德，但我認爲那種替希特勒作畫真像，放到新藝術博物院去取媚這個炙手可熱的統治者的畫家，乃正是不道德之中最不道德的人。這不是藝術，而簡直是賣淫。商業式的藝術不過是妨礙藝術創作的精神，而政治式的藝術則竟毀滅了它。因爲藝術的靈魂是自由。現代獨裁者擬想產生一種政治式的藝術，實在是做一件絕不可能的企圖。他們似乎還沒有覺得藝術不能藉刺刀強迫而產生，正如我們不能用金錢向妓女買到真正的愛情。

我們如要了解藝術的要素，我們必須從藝術是力的氾濫的物體基礎去研究。這就是所謂藝術的或創作的衝動。藝術家每喜歡用「靈感」這個名詞，即表示藝術家本人也不知道這衝動是從哪裡來的。這其實不過是一種內心鼓動關係。如科學家去做一種發現真理時的衝動，或探險家去做一次發現一個新海島時的衝動；這裡邊並無理由可說。

我們在今日有了生物學智識的協助，漸能知道我們的思想生活的整個組織，是受著血液中「荷爾蒙」增減的支配，對各項器官和控制這種器官的神經系所起的作用的調節。動怒和怕懼，也不過某種液汁的分泌關係。天才本身，在我看來，也不過是腺分泌過量供給的結果。

中國某無名小說作家雖然並沒有「荷爾蒙」的智識，居然能臆測到一切活動的起源；以爲是由於我們體內的蟲的緣故。通姦是由於蟲在那裡咬大腸，因而鼓動一個人生洩欲。志願、挑釁心，和愛名位，也是由於某種蟲在那裡作怪，使一個人片刻不得安逸，直到他的志願達到了目的才能罷休。著作一本書，例如一本小說，也是由於某一種蟲在那裡鼓動和迫促那作者無理由地去創作。「荷爾蒙」和蟲這兩個名詞中，我寧取蟲，因爲它好像更爲生動。

蟲的供給過量，或只是常量，一個人便將被迫去做一些創作。因爲這時他是自己也做不了主的。當一個小孩的體力供給過量時，他便會將尋常的跨步改做跳躍。當一個人的體力供給過量時，他即將跨步改爲跳舞，不過是一種低效能的跨步；所謂低效能者，是從實用主義者耗費力量的見解而言，而並不從美術的見地而言。

跳舞者並不取徑直接走向目的地，而迂迴地兜著大圈子走過去。一個人在跳舞時絕不會顧到愛國的，所以命令一個人遵照著資本家或法西斯主義或普羅主義的預定方式跳舞，簡直就是毀滅遊戲的精神，以及使跳舞的神聖效能減低。如若一個共產主義者企圖去達到一種政治目的，或企圖去做一個忠實的同志，則他只可跨步而不當跳舞。共產主義者似乎已明瞭勞工的神聖，但沒有明瞭遊戲的神聖。難道人類在和一切別種動物比較之下，還嫌他們的工作不夠量，所以連一些些的空閒去從事遊戲和藝術的空閒，也須受那個怪物（**即國家的權力**）的干涉嗎？

這種對於藝術只爲遊戲的真性質的了解，或許可以有助於澄清藝術和道德的關係。所謂美者不過是合式而已。世上有合式的行爲，如同有合式的畫或橋一般。藝術的範圍並不僅限於圖畫音樂和跳舞，因爲無論什麼東西，都有合式的。賽跑中有運動員的合式；一個自幼至長，更自長至老的人，在每個時代中都有相配的行爲而具著行爲上的合式；一次佈置周密，指導有方，因而獲得最後勝利的總統競選活動，也自具著其進行上的合式；即小如一個人的笑和咳嗽，也有合式和不合式之別。如中國舊官僚習氣即屬於合式。凡屬人類的活動，都各有它的表現方式，所以要想將藝術的表現限制於音樂跳舞和圖畫這幾個小範圍內，是不可能的。

所以藝術有了這樣較廣泛的解釋之後，行爲上的合式和藝術上的優美個性便有了密切關係，並成爲同樣的重要。我們的身體動作上可以具有一種適常的美點，如一首音韻和諧的詩的節調上逾常的美點一般。一個人一有那種過量的力量供給，他便會在一切行動中顯出飄逸和瀟灑，並顧到合式。飄逸和瀟灑是從體力充足的感覺而產生，他感覺到能把一個行動做到超過僅僅看得過去的地位而做得非常的合式。在較爲抽象的範圍中，我們能在一切做得好的動作中看到這種美點。做一次優美動作或簡潔動作的衝動，本來就是一個美術的衝動；甚至如一件謀殺行爲，或一件陰謀行爲，只要在動作上做得簡潔，則看去也是美的。就是在人生的一切小節上，也有可能有飄逸瀟灑和勝任的姿勢。凡是我們所謂的禮貌，都屬於這一類。一次行得適宜恰當的問候，我們稱之爲優美愜人意的問候；反過來說，一次行得不好的問候，便謂之拙劣討人嫌的問候了。

中國人說話和一切人生動作上的禮貌的發展，在晉代的末葉（第三第四世紀）達到最高點。這就是「清談」最流行的時代。這時女子的服裝尤其講究，男子中則有許多個以美貌出名。這時並盛行留「美髯」和穿著寬大的長袍。這種長袍的裁製很特別，能使一個人縮手到衣裡去搔身體上任何部分的癢處。當時一切舉動都是出之以瀟灑的。拂帚，即拿幾綹馬鬃紮在一根柄上以供驅除蠅蚋之用的，成爲談天時一種重要的道具。

這種閒談在文學中至今尚稱之爲「帚談」。這帚的用處，是在隨談隨拂，以助談思。扇子也是談天時一種優美的道具，可以在談時忽開忽摺，或微微的搖動著，正如一個美國老婦在談天時，將她的眼鏡忽而除下忽而又戴上的神情一般，都是悅目的。在實用上講起來，拂帚和扇子與英國人的單面眼鏡差不多，但它們都是談天時的道具，如手杖之爲閒步時的道具。我所親見的各種西方禮貌中，最悅目的，當爲普魯士紳士在室內向女客並足行鞠躬禮時，和德國少女叉腿向人行禮時的姿勢。我覺得這兩種姿勢都美麗無比，可惜現在都已經被淘汰了。

中國人所行的禮貌，種類很多，一舉手一投足中的姿勢，都經過研究教導。從前滿洲人的「打扦」，姿勢是極爲悅目的；他走進房中時，把一隻手垂直在身體的前面，然後用優美的姿勢，把一隻膝屈一下子，如若房中的人不只一個，他可以在屈膝的當兒，將身體向四周旋轉一下，對在座的眾人打一個總扦。下棋的高手在落子時，姿勢也極好看；他用兩指拈起一粒棋子，用很優美的姿勢，輕輕地推上棋盤。富於禮貌的滿洲人，他們發怒時的姿勢也極美麗；他穿著裝有「馬蹄袖」的袍子，這馬蹄袖平時都是翻轉著裡子向外的，他在表示極不高興時，就將兩手一垂，將翻起的袖子往下一甩，走出房去，這就是所謂「拂袖而去」。

文雅的滿洲官員，說話時的音調極爲悅耳。有著美妙的節奏，和有高有低的音韻。他說話時很慢，一個字一個字的吐出來。說話中，並夾著許多詩文中的成語，以表示學問的淵博。做官人的笑和痰嗽，姿勢確實悅人耳目的；他們在痰嗽時，大都出之以三個章節；第一，第二是往裡一吸，打掃喉嚨，到第三節，方把痰從一聲咳嗽之中吐將出來。只要他的姿勢做得極美化，我倒並不以他把痰吐在地上爲嫌，因爲我從小即生長於這種微菌之中，而並沒有覺得受到什麼影響。他的笑，也是極富有音韻而美化的；起首時略帶一些矜持，輕笑兩聲，然後縱聲一笑。他如已有白鬍的話，那就更爲好看。

笑術更是中國優伶所必須苦練，爲演劇中重要動作之一。觀眾看見劇中人笑得美妙時，大都報以彩聲。笑術不是一件容易的事情，因爲笑的種類甚多：如快樂時的笑，看見別人中圈套時的笑，蔑視的笑。其中最難以摹擬的，則是一個人受到挫敗時的苦笑。中國的劇場觀眾，最注意伶人的各種小動作，稱之爲「台步」或「做工」。伶人的舉手、投足、扭頸、轉身、拂抽、掀鬍，都有一定的尺寸，須經過嚴格的訓練。所以中國人將各種戲文分為兩類：一類是唱工戲，另一類就是做工戲。所謂做工者，即指一切手足的動作和表情。中國伶人在表示不贊同的搖頭，表示疑忌的掀眉，和表示滿意的掀髯中，都有一定的姿勢。

現在我們可以討論德性和藝術的關係這個問題了。法西斯主義和共產主義國家將藝術和宣傳混為一談，而民主國家中的智識分子又竟毫不研究地默認它是固然的，因此每個明理的人，都實在有對這個問題明白了解的必要。法西斯派和共產主義派抹掉了個人，而改以國家或社會階級中較有勢力的主張為創作的主動力和創作的目標，這個出發點就是錯誤的。文學和藝術都是以個人情緒為基礎的，但法西斯派和共產主義派則只曉得注重團體或階級情緒，而不曉得個人情緒實在是必要的。個性一旦被逐於本境之外，我們便無從去合乎情理的討論藝術和德性的關係的問題。

藝術和德性，只是一件藝術作品的一個特有之點，乃在那個藝術家的個性表現時方發生關係。一個具有偉大個性的藝術家產生偉大藝術；一個具有卑瑣個性的藝術家產生卑瑣的藝術；一個多情的藝術家產生多情的藝術；一個逸樂的藝術家產生逸樂的藝術；一個溫柔的藝術家產生溫柔的藝術；一個細巧的藝術家產生細巧的藝術。這就是藝術和德性的關係的總括。所以德性並不是一件可以照著一個獨裁者的愛憎，或依照宣傳主任所定常加修改的道德條例，而從外面灌輸進去的東西。它只是藝術家的靈魂的自然表現，而必須發於內心。它不是屬於一個選擇問題，而是一件不可逃避的事實。心腸卑鄙的畫家，絕不能產生偉大的畫作，而心胸偉大的畫家，也絕不會產生卑鄙的畫作，就是有性命的出入時，他也是不屈和不肯苟從的。

中國人對於藝術的品，或稱人品、品格的見解是極有興趣的。其中也包含品第高下的意義，如我們次第畫家或詩人為第一品或第二品。又我們嘗試茶的滋味，每稱之為品茶。各種人在他們的各種動作中都表現了所謂的品，例如一個賭徒，如他在賭時的脾氣很壞，即謂之賭品不好；一個酒徒如在醉後的行為很壞，即謂之酒品不好。棋手也有棋品高下之別。中國一部最早的評詩著作，書名即為《詩品》。該書的內容即是品第詩人的高下。此外還有評畫的著作，書名即是《畫品》。

所以，因了這個品的思想，一般人都深信一個藝術家的優劣，完全繫於其人格的高低。這人格是屬於德性的，也是屬於藝術的。它意在注重人類了解心、高尚心、出世、不俗、不卑鄙、不瑣屑的觀念。在這種意義上，它是類似英文中所謂Manner（風格）或Style（派頭）。一個任性的或不肯墨守成規的藝術家必顯出他的任性或不肯墨守成規的風格。一個風雅的人必自然顯出他的風雅風格。一個偉大的藝術家絕不肯俯就成規。在這個意義上，個性或風格實即是藝術的靈魂。中國人都默信一個畫家除非他本身的道德和美術的個性是偉大的，他絕不能成為偉大的畫家。中國於評騭書畫時，最高的標準不在於作者的技巧是否純熟，而只在於作者是否有高尚的性格。技巧純熟的作品往往會是風格很低的。在英文中我們即謂之缺乏「個性」。

因此，這一來我們便達到了一切藝術的中心問題。中國大軍事家兼政治家曾國藩在他的家書中曾說過，書法的兩個重要原則為：形和神。並說當時的名書家法何紹基很贊同他的說法，和欽佩他的卓見。一切藝術既然都屬於有形之物，其中當然有一個機械的問題，即技巧問題，凡是藝術家都應精通的。不過因為藝術也是屬於精神的，所以在一切形式的創作中，最重要的因素即是個人的表現。

在藝術作品中，最富有意義的部分即是技巧以外的個性。在文字著作中唯一最重要的東西即是作者所特有的筆法和感情，如他所表顯於愛憎之中。這種個性或個人的表現常有被技巧所掩沒的危險，而一切初學者不論是書畫或演劇，最大的難關即在難以任由己意做去。其中的理由當然是因爲初學者每每被範型或技巧所束縛，而不敢逾越。

但不論哪一種形式，如缺乏這種個人的因素，便不能合式。凡是合式的物事或動作，必有一種飄逸的神態，所以悅目的就在於這個神態。不論它是一個錦標高爾夫球員甩動球棍的神態，或是一個人一帆風順功成名就時的神態，或是一個美式足球員抱著球在場中飛奔的神態。這裡邊必須有一種真性的流露，這個真性必不可被技巧所毀損，而必須在技巧之中自由而愉快地充沛著。一列火車循著弧線轉彎時，一隻快艇乘著滿帆飽風向前飛駛時，都有一種極悅目的神態。一隻燕子飛翔時，一隻鷹俯身撲取別的動物時，一隻賽場中的馬「很合式」衝近底線時，也都有著這種悅目的神態。

我們所定的資格是：一切藝術必須有它的個性，而所謂的個性，無非就是作品中所顯露的作者的性靈，中國人稱之爲心胸。一件作品如若缺少這個個性，便成了死的東西。這個缺點是不論怎樣高明的技巧都不能彌補的。如若缺乏個性，美麗的本身也將成爲平凡無奇了。有許多希望成爲好萊塢電影明星的女子都沒有能夠了解這一點，而只知拚命的摹仿瑪蓮．黛德麗或珍．哈露，因此使物色人才的導演覺得非常失望。

平庸的美貌女子很多，但鮮豔活潑的則千中難得其一。她們爲什麼不去摹仿瑪麗．特萊塞的身段和神情？一切的藝術都是相同的，以性靈的流露這一原則爲根據，不論是在電影的表現中，或是在書畫中，或是在文學著作中。其實從瑪麗・特萊塞和李翁納・巴里摩的表演中，即能意會出寫作中的秘訣。養成這個個性的可愛乃是一切藝術的重要基礎，因爲不論一位藝術家做一些什麼東西，他的性靈總是能在他的作品中顯露出來。

個性的培植是道德的，也是美學的，當中需要學問和雅韻。雅韻近乎風味，或許是一個藝術家生而已有的，但要能欣賞一件作品，則非有學問不可。這個情形在書畫之中極爲顯明。我們從一幅字中，即能看出作者是否曾見過魏拓。倘若他真的見過，這學問就使他的作品具著一種古氣。但除此之外，他也須將自己的個性加進去。至於個性的強弱則當然是高低不一的。如他是屬於一種細緻富於情感的心胸，他於作品的風格上必現出細緻和富於情感；如他是喜愛雄豪的，則他的風格也必是趨於雄豪的。因此，在書畫中，尤其是在書中，我們可以從而看到各式各樣種類不同的美點。

在這種完美的作品中，個性已和技巧溶合於一起，不能再加以分析。這美點可以是屬於古怪或任性之類，可以是屬於粗豪之類，可以是屬於雄壯之類，可以是屬於自由的性靈之類，可以是屬於大膽不循俗例之類，可以是屬於浪漫的風韻之類，可以是屬於拘泥之類，可以是屬於柔媚之類，可以是屬於莊嚴之類，可以是屬於簡單和笨拙之類，可以是屬於齊整之類，可以是屬於敏捷之類，有時甚至可以是屬於故意的醜怪之類。世上只有一種美點是不可能的，因爲它根本不存在，這就是忙勞生活的美點。

## 三　讀書的藝術

讀書是文明生活中人所共認的一種樂趣，極為無福享受此種樂趣的人所羡慕。我們如把一生愛讀書的人和一生不知讀書的人比較一下，便能了解這一點。凡是沒有讀書癖好的人，就時間和空間而言，簡直是等於幽囚在週遭的環境裡。他的一生完全落於日常例行公事的圈禁中。他只有和少數幾個朋友或熟人接觸談天的機會，他只能看見眼前的景物，他沒有逃出這所牢獄的法子。但在他拿起一本書時，他已立刻走進了另一個世界。如若所拿的又是一部好書，則他便已得到了一個和一位最善談者接觸的機會。

這位善談者引領他走進另外一個國界，或另外一個時代，或向他傾吐自己胸中的不平，或和他討論一個他從來不知道的生活問題。一本古書使讀者在心靈上和長眠已久的古人如相面對，當他讀下去時，他便會想像到這位古作家是怎樣的形態和怎樣的一種人，孟子和大史家司馬遷都表示這個意見。一個人在每天二十四小時中，能有兩小時的工夫撇開一切俗世煩擾，而走到另一個世界去遊覽一番，這種幸福自然是被無形牢獄所拘囚的人們所極羡慕的。這種環境的變更，在心理的效果上，其實等於出門旅行。

但讀書的益處還不只這一些。讀者常會被攜帶到一個思考和熟慮的世界裡邊去。即使是一篇描寫實事的文章，但躬親其事和從書中讀到事情的經過，其間也有很大的不同點。因爲這種實事一經描寫到書中之後便成爲一幅景物，而讀者便成爲一個脫身是非，真正的旁觀者了。所以真正有益的讀書，便是能引領我們進到這個沉思境界的讀書，而不是單單去知道一些事實經過的讀書。人們往往耗費許多時間去讀新聞紙，我以爲這不能算是讀書。因爲一般的新聞紙讀者，他們的目的不過是要從而得知一些毫無回味價值的事實經過罷了。

據我的意見，宋朝蘇東坡的好友——詩人黃山谷——所說的話實在是一個讀書目標的最佳公式。他說：「三日不讀書，便覺語言無味，面目可憎」。他的意思當然是人如讀書即會有風韻，富風味。這就是讀書的唯一目標。惟有抱著這個目標去讀書，方可稱爲知道讀書之術。一個人並不是爲了要使心智進步而讀書，因爲讀書之時如懷著這個念頭，則讀書的一切樂趣便完全喪失了。

犯了這一類毛病的人必在自己的心中說，我必須讀莎士比亞全集，我必須讀索福克里斯（Sophocles），我必須讀艾略特博士（Dr. Eliot）的全部著作，以便我可以成爲一個有學問的人。我認爲這個人永遠不會成爲有學問者。他必在某天的晚上出於勉強的去讀莎士比亞的《哈姆雷特》，放下書時，將好像是從一個噩夢中甦醒一般。其實，他除了可說一聲已經讀過這本書之外，並未得到什麼益處。凡是以出於勉強的態度去讀書的人，都是些不懂讀書藝術的人。這類抱著求知目標而讀書，其實等於一個參議員在發表意見之前的閱讀舊案和報告書。這是在搜尋公事上的資料，而不得謂之讀書。

因此，必須是意在爲培植面目的可愛和語言的有味而讀書，照著黃山谷的說法，方可算做真正的讀書。這個所謂「面目可愛」，顯然須做異於體美的解釋。黃山谷所謂「面目可憎」者，並不是相貌的醜惡。所以世有可憎的美面，也有可愛的醜面。我的本國朋友中，有一位頭尖如炸彈形一般，但這個人終是悅目的。西方的作家中，我從肖像中看來，相貌最可愛者當屬切斯特頓（G. K. Chesterton），他的髫鬚、眼鏡、叢眉、眉間的皺紋，團聚在一起是多麼的怪異可愛啊！這個形容使人覺得他的前腦中充滿著何等豐富的活潑思想，好像隨時從他的異常尖銳的雙目中爆發出來。這就是黃山谷所謂可愛的面目，不是由花粉胭脂所妝成的面目，而是由思想力所華飾的面目。至於怎樣可以「語言有味」，這全在他的書是怎樣的讀法。一個讀者如能從書中得到它的味道，他便會在談吐中顯露出來。他的談吐如有味，則他的著作中便也自然會富有滋味。

因此，我以為味道乃是讀書的關鍵，而這個味道因此也必然是各有所嗜的，如人對於食物一般。最合衛生的吃食方法終是擇其所嗜而吃，方能保證其必然消化。讀書也和吃食相同。在我是美味的，也許在別人是毒藥。一個教師絕不能強迫他的學生去讀他們所不愛好的讀物，而做父母的，也不能強迫子女吃他們不喜歡吃的東西。一個讀者如對於一種讀物並無胃口，則他所浪費在讀的時間完全是虛耗的，正如袁中郎所說：「若不愜意，就置之俟他人。」

所以世上並無一個人所必須讀的書，因為我們的智力興趣是如同樹木一般的生長，如同河水一般的流向前去的，只要有汁液，樹木必會生長；只要泉源不涸，河水必會長流；當流水碰到石壁時，它自會轉彎；當它流到一片可愛的低谷時，它必會暫時停留一下了；當它流到一個深的山池時，它必會覺得滿足，而就停在那裡；當它流過急湍時，它必會迅速前行。如此，它無需用力，也無需預定目標，自能必然有一天流到海中。世上並沒有人人必讀的書，但有必須在某一時間，必須在某一地點，必須在某種環境之中，必須在某一時代方可以讀的書。我頗以為讀書也和婚姻相同，是由姻緣或命運所決定。世上即使有人人必讀的書如《聖經》，但讀它必應有一定的時期。當一個人的思想和經驗尚沒有達到可讀一本名著的相當時期時，他即使勉強去讀，也必覺得其味甚劣。孔子說，五十讀《易》。他的意思就是說，四十五歲時還不能讀。一個人沒有到識力成熟的時候，絕不能領略《論語》中孔子話語中淡淡的滋味，和他的已成熟的智慧。

再者，一個人在不同的時候讀同一部書，可以得到不同的滋味。例如我們在和一位作家談過一次後，或看見過他的面目後，再去讀他的著作，必會覺到更多的領略。又如在和一位作家反目之後，再去讀他的著作，也會得到另一種的滋味。一個人在四十歲時讀《易經》所得的滋味，必和在五十歲人生閱歷更豐富時讀它所得的滋味不同。所以將一本書重讀一遍，也是有益的。並也可以從而得到新的樂趣。我在學校時教師命讀Westward Ho和Henry Esmond兩書，那時我已能領略Westward Ho的滋味，但對於Henry Esmond則覺得很是乏味，直到後來回想到的時候，方覺得它也是很有滋味的，不過當時未能為我所領略罷了。

所以讀書是一件涉及兩方面的事情：一在作者，一在讀者。作者固然對讀者做了不少的貢獻，但讀者也能藉著他自己的悟性和經驗，從書中悟出同量的收獲。宋代某大儒在提到《論語》時說，讀《論語》的人很多很多。有些人讀了之後，一無所得。有些人對其中某一二句略感興趣，但有些人則會在讀了之後，手舞足蹈起來。

我以為一個人能發現他所愛好的作家，實在是他的智力進展裡一件最重要的事。世上原有所謂性情相近這件事，所以一個人必須從古今中外的作家去找尋和自己性情相近的人。一個人惟有藉著這個方法，才能從讀書之中獲得益處。他必須不受拘束地去找尋自己的先生。

一個人所最喜愛的作家是誰？這句問話，沒有人能回答，即在本人也未必能答出來。這好似一見鍾情，一個讀者不能由旁人指點著去愛好這個或那個作家。但他一旦遇到他所愛好的作家時，他的天性必會立刻使他知道的。

這類忽然尋到所愛好的作家的例子甚多，世上常有古今異代相距千百年的學者，因思想和感情的相同，竟會在書頁上會面時完全融洽和諧，如面對著自己的肖像一般。在中國語文中，我們稱這種精神的融洽爲「靈魂的轉世」；例如蘇東坡乃是莊周或陶淵明轉世，袁中郎乃是蘇東坡轉世之類。

蘇東坡曾說，當他初次讀《莊子》時，他覺得他幼時的思想和見地正和這書中所論者完全相同。當袁中郎於某夜偶然抽到一本詩集，而發現一位同時代的不出名作家徐文長時，他會不知不覺地從床上跳起來，叫起他的朋友，兩人共讀共叫，甚至僮僕都被驚醒。喬治・艾略特（George Eliot）描摹他的第一次讀盧梭，稱之爲一次觸電。尼采初讀叔本華時也有同樣的感覺。但叔本華是一位乖戾的先生，而尼采則是一個暴燥的學生，無怪後來這學生就背叛他的先生了。

只有這種讀書法，這種自己去找尋所喜愛的作家，方是對讀者有益的。這猶如一個人和一個女子一見生情，一切必都美滿。他會覺得她的身材高矮正合度，相貌恰到好處，頭髮的顏色正深淺合度，說話的聲音恰高低合度，談吐和思想也都一切合度。這青年不必經教師的教導，而自會去愛她。讀書也是如此，他自會覺得某一個作家恰稱自己的愛好。他會覺得這作家的筆法、心胸、見地、思態都是合式的。於是他對這作家的著作即能字字領略，句句理會。並因爲兩人之間有一種精神上的融洽，所以一切都能融會貫通。他已中了那作家的魔術，他也願意中這魔術。不久之後，他的音容笑貌也會變得和那作家的音容笑貌一模一樣了。如此，他實已浸沉在深切愛好那作家之中，而能從這類書籍裡邊得到滋養他的靈魂的資料。

不過數年之後，這魔法會漸漸退去，他對這個愛人會漸漸覺得有些厭倦。於是他便會去找尋新的文字愛人，等到他有過三四個這類愛人，把他們的作品完全吞吸之後，他自己便也成為一位作家了。世上有許多讀者從來不會和作家相愛，這正如世上有許多男女雖到處調情，但始終不會和某一個人發生切近的關係。他們能讀一切的作品，但結果終是毫無所得。

如此的讀書藝術的概念，顯然把以讀書為一種責任或義務的概念壓了下去。在中國，我們常聽到勉人「苦讀」的話頭。從前有一個勤苦的讀書人在夜裡讀書時，每以錐刺股，使他不致睡去。還有一個讀書人在夜裡讀時，命一個女婢在旁邊以便在他睡去時警醒他。這種讀法太沒意思了。一個人在讀書的時候，正當那古代的聰明作家對他說話時而忽然睡去，他應當立刻上床去安睡。用錐刺股或用婢叫醒，無論做到什麼程度，絕不能使他得到什麼益處。這種人已完全喪失了讀書快樂的感覺。凡是有所成就的讀書人絕不懂什麼叫做「勤研」或「苦讀」，他們只知道愛好一本書，而不知其然的讀下去。

這個問題解決之後，讀書的時間和地點問題也同時得到了答案，即讀書用不著相當的地點和時間。一個人覺得想讀書時，隨時隨地可讀。一個人倘懂得讀書的享受，則不論在學校裡邊或學校外邊都可以讀，即在學校裡邊也不致妨礙他的興趣。曾國藩在家書中答覆他的弟弟想到京師讀書以求深造時說：

苟能發奮自立，則家塾可讀書；即曠野之地，熱鬧之場，亦可讀書；負薪牧豕皆可讀書。苟不能發奮自立，則家塾不宜讀書；即清淨之鄉，神仙之境，皆不能讀書。

有些人在將要讀書時常想起許多的藉口。剛要開始讀時，他會憎厭房裡太冷，或椅子太硬，或亮光太烈，而說不能讀，還有些作家每每憎厭蚊子太多或紙張太劣，或街上太鬧，而說無從寫作。宋代大儒歐陽修自承最佳的寫作時候乃是「三上」：即枕上、馬上和廁上。清代學者顧千里當夏天時，常「裸而讀經」，即以此得名。反之，一個人如若不願意讀書，則一年四季之中也自有不能讀書的理由：

春天不是讀書天，夏日炎炎正好眠，秋去冬來真迅速，一年容易又春天。

那麼究竟怎樣才算是真正的讀書藝術呢？簡單的答語就是：隨手拿過一本書，想讀時，便讀一下子。如想真正得到享受，讀書必須出於完全自動。一個人儘可以拿一本《離騷》或一本《奧瑪．開儼》（Omar Khayyam），一手挽著愛人，同到河邊去讀。如若那時天空中有美麗的雲霞，他儘可以放下手中的書，抬頭賞玩。也可以一面看，一面讀，中間吸一斗煙，或喝一杯茶，更可以增添他的樂趣。或如在冬天的雪夜，一個人坐在火爐的旁邊，爐上壺水輕沸，手邊放著煙袋煙斗，他儘可以搬過十餘本關於哲學、經濟、詩文、傳記的書籍堆在身旁的椅上，以閒適的態度，隨手拿過一本來翻閱。如覺得合意時，便可讀下去，否則便可換一本。

金聖嘆以爲在雪夜裡關緊了門讀一本禁書乃是人生至樂之一。陳眉公描寫讀書之時說，古人都稱書籍畫幅爲「柔篇」，所以最適宜的閱讀方式就是須出於寫意。這種心境使人養成隨事忍耐的性情。所以他又說，真正善於讀書的人，對於書中的錯字絕不計較，正如善於旅行的人對於上山時一段崎嶇不平的路徑，或如出門觀看雪景的人對於一座破橋，或如隱居鄉間的人對於鄉下的粗人，或如一心賞花的人對於味道不好的酒一般，都是不加計較的。

中國最偉大的女詩人李清照的自傳中，有一段極盡描寫讀書之樂之能事。她和她的丈夫在領到國子監的膏火銀時，常跑到廟集去，在舊書和古玩攤上翻閱殘書簡篇和金石銘文。遇到愛好的，即買下來。歸途之中，必再買些水果，於到家後一面切果，一面賞玩新買來的碑拓。或一面品茶，一面校對各版的異同。她在所著的《金石錄・後跋》中，有一段自述說：

> 余性偶強記，每飯罷，坐歸來堂，烹一茶指堆積書史言：某事在某書某卷，第幾頁，第幾行，以中否角勝負，為飲茶先後。中即舉杯大笑，至茶傾覆懷中，反不得飲而起，甘心老是鄉矣。故雖處憂患困窮。而志不屈——收書既成，於是几案羅列，枕籍會意，心謀目往神授，其樂在聲色狗馬之上。

這一段自述文，是她老年時丈夫已經故世後所寫的。這時正當金人進擾中原，華北遍地烽煙，她也無日不在流離逃難之中。

# 四　寫作的藝術

寫作的藝術，其範圍的廣泛，遠過於寫作的技巧。實在說起來，凡是期望成為作家的初學者，都應該叫他們先把寫作的技巧完全撇開，暫時不必顧及這些小節，專在心靈上用功夫，發展出一種真實的文學個性，去做他的寫作基礎。這個方法應該對他很有益處。基礎已經打好，真實的文學個性已經培養成功時，筆法自然而然會產生，一切技巧也自然而然的跟著純熟。只要他的立意精警，方法上略有不妥之處也是不妨的。這種小小的錯誤，自有那出版者的編校員會替他改正的。

反之，一個初學者如若忽略了文學個性的培植，則無論他怎樣去研究文法和文章，也是不能使他成為作家的。布豐（Buffon）說得好：「筆法即作者。」筆法並不是一個方式，也不是一個寫作方法中的制度或飾件，它其實不過是讀者對於作者的心胸特性，深刻的或淺泛的，有見識或無見識，和其他各種特質，如：智機、幽默、譏嘲、體會、柔婉、敏銳、了解力、仁慈的乖戾或乖戾的仁慈、冷酷、實際的常識和對於一切物事的一般態度所得的一種印象罷了。可知世上絕不能有教人學會「幽默技巧」的袖珍指南，或「乖戾的仁慈三小時速通法」，或「常識速成十五法」，或「感覺敏銳速成十一法」。

我們須越過寫作藝術的表面而更進一步。我們在做到這一步時，便會覺得寫作藝術這個問題其實包括整個文學思想、見地、情感和讀寫的問題。當我在中國做恢復性靈和提倡更活潑簡易的散文體的文學運動時，我不得不寫下許多篇文章，發表我對一般的文學的見地，尤其是對於寫作的見地。我可以試寫出一組關於文學的警語，而以「雪茄煙灰」爲題。下面即是一些煙灰：

## 甲　技巧和個性

作文法教師的論文學，實等於木匠談論美術。評論家專從寫作技巧上分析文章，這其實等於一個工程師用測量儀丈量泰山的高度和結構。

世上無所謂寫作的技巧。我心目中所認爲有價值的中國作家，也都是這般說法。

寫作技巧之於文學，正如教條之於教派。——都是屬於性情瑣屑者的顧及小節。

初學者往往被技巧之論所炫惑。——小說的技巧、劇本的技巧、音樂的技巧、演劇的技巧。他不知道寫作的技巧和作家的家世並沒有關係；演劇的技巧和名藝人的家世並沒有關係。他簡直不知道世上有所謂個性，這個性其實就是一切藝術上和文學上的成就的基礎。

## 乙　文學的欣賞

當一個人讀了許多本名著，而覺得其中某作家敘事靈活生動，某作家細膩有致，某作家文意暢達，某作家筆致楚楚動人，某作家味如醇酒佳釀時，他應坦白的承認愛好他們，欣賞他們，只要他的欣賞是出乎本心的。他於讀過這許多的作品後，他便有了一個相當的經驗基礎，而即能辨識何者是溫文者，何者是醇熟，何者是力量，何者是雄壯，何者是光彩，何者是辛辣，何者是細膩，何者是風韻。在他嘗過這許多種滋味之後，他不必藉指南的幫助，也能知道何者是優美的文學了。

一個念文學的學生第一件事情就是：先應學習怎樣辨別各種不同的滋味，其中最優美的是溫文和醇熟。但也是最難於學到的。溫文和平淡，其間相差極微。

一個寫作者，如若他的思想淺薄，缺乏創造性，則他大概將從簡單的文體入手，終至於奄無生氣。只有新鮮的魚可以清燉，如若已宿，便須加醬油、胡椒和芥末。——越多越好。

優美的作家正如楊貴妃的姐姐一般，可以不假脂粉，素面朝天。宮中其餘的美人便少不了這兩件東西。這就是英文作家中極少敢於用簡單文體的理由。

## 丙 文體和思想

作品的優劣，全看它的風韻和滋味如何，是否有風韻和滋味？所謂風韻並無規則可言。他發自一篇作品，正如煙氣發自煙斗，雲氣發自山頭，並不自知它的去向。最優美的文體就是如蘇東坡的文體一般的近於「行雲流水」。

文體是文字、思想和個性的混合物。有許多文體則是完全單靠著文字而成的。

清澈的思想用不明朗的文字表現者，事實上很少。不清澈的思想而表現極明白者倒很多。如此的文體，實可稱爲明白的不明朗。

用不明朗的文字表現清澈的思想，乃是終身不娶者的文體。因爲他永遠無需向他的妻子做任何的解釋，如：伊曼紐・康德（Immanuel Kant）之類。薩繆爾・勃特勒（Samuel Butler）有時也是這樣的古怪。

一個人的文體常被他的「文學愛人」所藻飾。他在思想上和表現方式上，每會漸漸的近似這位愛人。初學者只有藉這個方法，才能培植出他的文體。等到閱世較深之後，他自會從中發現自己，而創成他自己的文體。

一個人如若對某作家向來是憎惡的，則閱讀這作家的作品必不能得到絲毫的助益。我頗希望學校中的教師能記住這句話。

一個人的品性，一部分是天生的。他的文體也是如此的。還有一部分則完全是由於感染而來的。

一個人如沒有自己所喜愛的作家，即等於一個飄蕩的靈魂。他始終是一個不成胎的卵子，不結子的雄蕊。所喜愛的作家或文學愛人，就是他的靈魂的花粉。

世上有合於各色各種脾胃的作家，但一個人必須花些功夫，方能尋到他。

一本書猶如一個生活，或一個城市的畫像。有許多讀者只看到紐約或巴黎的畫像，而並沒有看見紐約或巴黎的本身。聰明的讀者則既讀書，也親閱生活的本身。宇宙即是一本大書，生活即是一所大學校。一個善讀者必拿那作家從裡面翻到外面，如叫化子將他的衣服翻轉面來捉蝨子一般。

有些作家能如叫化子的積滿了蝨子的衣服一般，不斷地和很有趣地挑撥他們的讀者。癢也是世間一件趣事。

初學者最好應從讀表示反對意見的作品入手。如此，則他絕不致誤為騙子所欺矇。他於讀過表示反對意見的作品後，他即已有了準備，而可以去讀表示正面意見的作品。富於評斷力的心胸即是如此發展出來的。

作家每都有他所愛用的字眼，每一個字都有它的生命史和個性。這生命史和個性是普通的字典所不載的，除非是一本如袖珍牛津字典一類的字典。

好的字典和袖珍牛津字典，都是頗堪一讀的。

世上有兩個文字礦：一是老礦，一是新礦。老礦在書中，新礦在普通人的語言中。次等的藝術家都從老礦去掘取材料，惟有高等的藝術家則會從新礦中去掘取材料。老礦的產物都已經過溶解，但新礦的產物則不然。

王中（紀元二十七年至一百年）將「專家」和「學者」加以區別，也將「著作家」和「思想家」加以區別。我以為當一個專家的學識寬博後，他即成為學者。一個著作家的智慧深切後，他即成為思想家。

學者在寫作中，大都借材於別的學者。他所引用的舊典成語越多，越像一位學者。一個思想家於寫作時，則都借材於自己肚中的概念。越是一個偉大的思想家，越會依賴他自己的肚腹。

一個學者是像一隻吐出所吃的食物以飼小鳥的老鷹；一個思想家則像一條蠶，他所吐的不是桑葉而是絲。

一個人的觀念在寫作之前，都有一個孕育時期，也像胚胎在母腹中必有一個懷孕時期一般。當一個人所喜愛的作家已在他的心靈中將火星燃著，開始發動了一個活的觀念流泉時，這就是所謂「懷孕」。當一個人在他的觀念還沒有經過懷孕的時期，即急於將它寫出付印時，這就是錯認肚腹瀉洩時的疼痛為懷孕足月時的陣痛。當一個人出賣他的良心，而做違心之論時，這就是墮胎，那胚胎落地即死。當一個作者覺得他的頭腦中有如電陣一般的攪擾，覺得非將他的觀念發洩出來不能安逸，乃將它們寫在紙上而覺如釋重負時，這就是文學的產生。因此一個作家對於他的文學作品，自會有一種如母親對於子女一般的慈愛感情，因此自己的作品必是較好的，猶如一個女子在為人之妻後，必是更可愛的。

作家的筆正如鞋匠的錐，越用越銳利，到後來竟可以尖如縫衣之針。但他的觀念範圍則必日漸廣博，猶如一個人的登山觀景，爬得越高，所望見者越遠。

當一個作家因為憎惡一個人，而擬握筆寫一篇極力攻擊他的文章，但一方面並沒有看到那個人的好處時，這個作家便是沒有寫作這篇攻擊文章的資格。

## 丁　自我發揮派

十六世紀末葉，袁氏三弟兄所創的「性靈學派」或稱「公安學派」（袁氏三弟兄為公安縣人），即是自我發揮的學派。「性」即個人的「性情」，「靈」即個人的「心靈」。寫作不過是發揮一己的性情，或表演一己的心靈。所謂「神通」，就是這心靈的流動，實際上確是由於血液內「荷爾蒙」的氾濫所致。

我們在讀一本古書，或閱一幅古畫時，我們其實不過是在觀看那作家的心靈的流動。有時這心力之流如若乾涸，或精神如若頹唐時，即是最高明的書畫家也會缺乏精神和活潑的。

這「神通」是在早晨，當一個人於好夢沉酣中自然醒覺時來到。此後，他喝過一杯早茶，閱讀一張新聞紙，而沒有看到什麼煩心的消息，慢慢地走到書室裡邊，坐在一張明窗前的寫字台邊，窗外風日晴和，在這種時候，他必能寫出優美的文章、優美的詩、優美的書札、必能作出優美的畫，並題優美的款字在它的上面。

這所謂「自我」或「個性」，乃是一束肢體肌肉、神經、理智、情感、學養、悟力、經驗偏見所組成。它一部分是天成的，而一部分是養成的；一部分是生而就有的，而一部分是培植出來的。一個人的性情是在出世之時，或甚至在出世之前即已成爲固定的。有些是天生硬心腸和卑鄙的；有些是天生坦白磊落，尙俠慷慨的；也有些是天生柔弱膽怯多愁多慮的。這些都是深隱於骨髓之中，因此即使是最良好的教師和最聰明的父母，也沒有法子可以變更一個人的個性。另有許多品質，則是出世之後，由教育和經驗而得到的。但因爲一個人的思想觀念和印象乃是在不同的生活時代，從種種不一的源泉和各種不同的影響潮流中所得到，因此他的觀念、偏見和見地有時會極端自相矛盾。一個人愛狗而惡貓，但也有人愛貓而惡狗。所以人類個性型式的研究，乃是一切科學中最爲複雜的科學。

自我發揮學派叫我們在寫作中只可表現我們自己的思想和感覺，出乎本意的愛好，出乎本意的憎惡，出乎本意的恐懼，和出乎本意的癖嗜。我們在表現這些時，不可隱惡而揚善，不可畏懼外界的嘲笑，也不可畏懼有背於古聖或時賢。

自我發揮派的作家對一篇文章專喜愛其中個性最流露的一節，專喜愛一節中個性最流露的一句，專喜愛一句中個性最流露的一個表現語詞。他在描寫或敘述一幅景物、一個情感或一件事實時，他只就自己所目擊的景物，自己所感覺的情感，自己所了解的事實，而加以描寫或敘述。凡符合這條定例者，都是真文學；不符合者，即不是真文學。

《紅樓夢》中的女子林黛玉，即是一個自我發揮派。她曾說：「若是果有了奇句，連平仄虛實不對，卻使得的。」

自我發揮派因為專喜愛發乎本心的感覺，所以自然蔑視文體上的藻飾，因此這派人士在寫作中專重天真和溫文。他們尊奉孟子「言以達志」的說法。

文學的美處，不過是達意罷了。

這一派的弊病，在於學者不慎即會流於平淡（袁中郎），或流於怪僻（金聖嘆），或過於離經（李卓吾）。因此後來的儒家都非常憎惡這個學派。但以事實而論，中國的思想和文學實全靠他們這班自出心裁的作家出力，方不至於完全滅絕。在以後的數十年中，他們必會得到其應有的地位的。

中國正統派文學的目標：明明是在於表現古聖的心胸，而不是表現作者自己的心胸，所以完全是死的。性靈派文學的目標：是在於表現作者自己的心胸，而不是古聖的心胸，所以是活的。

這派學者都有一種自尊心和獨立心，這使他們不致逾越本分，而以危言聳人的聽聞。如若孔孟的說話偶然和他們的見地相合，良心上可以贊同，他們不會矯情而持異說。但是，如若他們良心上不能贊同時，他們便不肯將孔孟隨便放過去。他們是不為金錢所動，不為威武所屈的。

發乎本心的文學，不過是對於宇宙和人生的一種好奇心。

凡是目力明確，不為外物所炫的人，都能時常保持這個好奇心。所以他不必歪曲事實以求景物能視若新奇。別人所以覺得這派學者的觀念和見地十分新奇，即因他們都是看慣了矯揉造作的景物的緣故。

凡是有弱點的作家，必會親近性靈派。這派中的作家都反對摹仿古人或今人，並反對一切文學技巧的定例，袁氏弟兄相信讓手和口自然做去，自能得合式的結果。李笠翁相信文章之要在於韻趣。袁子才相信做文章無所謂技巧。北宋作家黃山谷相信文章的章句都是偶然而得的，正如木中被蟲所蝕的洞一般。

## 戊　隨意的文體

用隨意文體的作家是以真誠的態度說話。他把他的弱點完全顯露出來，所以他是從無防人之心的。

作家和讀者之間的關係，不應像師生的關係，而應像廝熟朋友的關係。只有如此，方能漸漸生出熱情。

凡在寫作中不敢用「我」字的人，絕不能成為一個好作家。

我喜愛說謊者更勝於喜愛說實話者。我喜愛不謹慎的說謊者更勝於喜愛謹慎的說謊者。他的不謹慎，表示他的深愛讀者。

我深信一個不謹慎的蠢人，而不敢相信一個律師。

這不謹慎的蠢人是一個國家中最好的外交家，他能得到人民的信仰。

我心目中所認為最好的雜誌是一種半月刊，但不必真正出書，只須每兩星期一次，招集許多人，群聚在一間小室之中，讓他們去隨意談天，每次以兩小時為度，讀者即是旁聽的人。這就等於一次絕好的夜談。完畢之後，讀者即可去睡覺，則他在明天早晨起身去辦公時，不論他是一個銀行職員，或一個會計，或一個學校教師到校去張貼佈告，他必會覺得隔夜的滋味還留在齒頰之間。

各地方的菜館大小不一，有些是高廳大廈，金碧輝煌，可設盛宴；有些是專供小飲。我所最喜歡的是同著兩三個知己朋友到這種小館子裡去小飲，而極不願意赴要人或富翁的盛宴。我們在小館子裡邊又吃又喝，隨便談天，互相嘲謔，甚至杯翻酒潑，這種快樂是盛席上的座客所享不到的，也是夢想不到的。

世上有富人的花園和華廈，但也有不少的山中小築。這種小築中有些雖也佈置得很精緻高雅，但它的氛圍終和紅色大門，綠色窗戶，僕婢成群環侍的富人華廈截然不同。當人走進這種小築時，他聽不見忠狗的吠聲，也看不見管家和閽人的勢利嘴臉。離開的時候，在門口也不會看見一對「不潔的石獅子」。十七世紀有位中國作家對此情境有一段絕好的描寫：「這好似周、程、張、朱坐在伏羲殿內互相揖讓，忽然蘇東坡和東方朔赤足半裸地闖了進來，且拍著手互相取笑作樂。旁觀的人或許要愕然驚怪，但這些道貌岸然的紳士則不過會心地面面相覷而已。

## 己　什麼是美

所謂文學的美和一切物事的美，大都有賴於變換和動作，並且以生活為基礎。凡是活的東西都有變換和活動，而凡是有變換和活動的東西自然也有美。

當我們看到山巖深谷和溪流具著遠勝於運河的奇峭之美，而它們並不是經由建築家用計算方法所造成時，試問我們對於文學和寫作怎樣可以定出規例來？星辰是天之文，名山大河是地之文；風吹雲變，我們就從而得到一個錦緞的花紋圖案；霜降葉落，我們就得到了秋天之色；那些星辰在穹蒼中循著它們的軌道而運行時，何曾想到地球上會有人在那裡欣賞它們。然而我們終在無意之間發現了天狗星和牛郎。

地球的外殼在收縮伸張之際推起了高高的山，陷下了深深的海，其實地球又何曾出於有意地創造出那五座名嶽，為我們崇拜的目的？然而太華和崑崙終已矗立於地面，高下起伏，綿延千里，玉女和仙童立在危巖之上，顯然是供我們欣賞的。這些就是大藝術造化家自由隨意的揮灑。當天上的雲行過山頭，而遇到強勁的山風時，它何曾想到有意露出裙邊巾角以供我們的賞玩？然而它們自然會整理，有時如魚鱗，有時如錦緞，有時如賽跑的狗，如怒吼的獅子，如蹤跳的鳳凰，如踞躍的麒麟，都像是文學的傑作。

當秋天的樹木受到風霜雨露的摧殘，正致力於減低它們的呼吸，以保全它們的本力時，它們還會有這空閒去拍粉塗脂，以供古道行人的欣賞嗎？然而它們終是那麼的冷潔幽寂，遠勝於王維、米芾的畫圖。

所以凡是宇宙中活的東西都有著文學的美。枯藤的美勝於王羲之的字，懸崖的莊嚴勝於張夢龍的碑銘。所以我們知道「文」或文學的美是天成的。凡是盡其天性的，都有「文」或美的輪廓爲其外飾，所以「文」或輪廓形式的美是內生的，而不是外來的。馬的蹄是爲適於奔跑而造，老虎的爪是爲適於攫攫而造，鶴的腿是爲適於涉水塘而造，熊的掌則是爲適於在冰上爬行而造，這馬、虎、鶴、熊，自己又何曾想到牠們的形式的美呢？牠們所做的事情無非是爲生活而運用其效能，並取著最宜於牠行動的姿勢。但是從我們的觀點說起來，則我們看到馬蹄、虎爪、鶴腿、熊掌，都有一種驚人的美，或是雄壯有力的美，或是細巧有勁的美，或是骨格清奇的美，或是關節粗拙的美。此外則象爪如「隸書」，獅鬃如「飛白」，爭鬥時的蛇屈曲扭繞如「草書」，飛龍如「篆書」，牛腿如「八分」，鹿如小楷。牠們的美都生自姿勢和活動，牠們的體形都是牠們的身體效能的結果。這也就是寫作之美的秘訣。「式」之所需，不能強加阻抑；「式」所不需，便當立刻停止。因此一篇文學名作正如大自然本身的一個伸展，在無式之中成就佳式。美格和美點能自然而生，因爲所謂的「式」，乃是動作的美，而不是定形的美。凡是活動的東西都有一個「式」，所以也就有美、力和文，或形式和輪廓的美。

# 第十三章　與上帝的關係

## 一　宗教的恢復

世上有許多人自以爲認識上帝，知道上帝的愛憎。因此一個人在討論到這個題目時，不免被有些人認作褻瀆，也被另一些人認作先知。人類以各個分別的說起來，不過是地殼的千百萬分之一，而地殼又不過是宇宙的千百萬萬分之一，真是極其渺小的物事，然而竟敢說認識上帝。

然而沒有生活的哲學是完備的，沒有人類的精神生活的概念是充分的，除非我們把自己引進到和週遭世界的生活有滿意而融洽的關係裡邊去。人類已很夠重要，他是我們的研究中最重要的題旨。這就是人性主義的要素。然而人類是生活於一個宏大的宇宙中的，這宇宙也和人類一般的奇特。所以凡是忽視了週遭的大世界，忽視了它的起由和結果的人，都不能算作有著一個滿意的生命。

正統派宗教的缺點，在於歷史的進展中它和一些完全不涉宗教範圍的物事發生了不可分析的關係。——物理學、地質學、天文學、罪犯學、性的觀念和婦女觀念。它如若專自限於良心的範圍，則重新定向的工作便不必像目下這般的困難了。要毀滅「天堂」和「地獄」的觀念，較易於毀滅上帝觀念。

反之，科學把宇宙的神秘的一種更新更深的意義，和物質之爲動力的一種別稱的新概念，展開於現代基督徒的眼前。至於上帝本身，詹姆斯·金斯（James Jeans）曾說，宇宙實好似一個偉大的思想，而不似一具偉大的機器。數學計算的本身，證明宇宙中實在有所謂算術上不能加以計算的東西。宗教須望後退，它不應該像以前的涉及自然科學範圍中的許多物事，而應承認它們乃是不屬於宗教的物事。宗教也不應該讓神靈的閱歷去倚賴著完全不相干的說法，如：人類的歷史已有四千餘年，或一百萬年，或地球的形狀是扁的、圓的，或是像折疊桌子一般的，或是由印度的象或中國的龜所擎著的。

宗教應該限於道德的範圍，限於良心的範圍，它自有和花木魚星的研究一般的尊嚴。聖保羅是首先動手術割治猶太教的人。他把飲食（**吃有蹄的動物**）和宗教分拆開來，使宗教得益不淺。宗教不但從分拆飲食之中可以得到益處，並且也可以從分析地質學和解剖學之中得到益處。宗教不必再去做一個天文學和地質學的涉獵者和一個古代傳說的保存者。宗教盡可在生物教師講課時閉口不言，則宗教就可以不像向來那麼的愚蠢，而易於得到人類的崇敬了。

照現代所有的宗教而論，每個人將不得不把自己從所信仰的宗教中拯救出來，不論我們對於神學信條的意見如何。我們未嘗不能於跪在地上默默作禱，眼望著彩色玻璃的教禮和崇拜的氛圍下投身於上帝的門下。在這種意義上，崇拜成爲真正的美術經驗，真是出於本心的美術經驗，猶如我們看著太陽向山林的背後落下去一般。在這個人的心目中，宗教是良心的最後事實，因爲這個美術經驗是非常近於詩意的。

但他對於現代的教會必然會蔑視，因爲他崇拜的上帝，並不是一個花些小錢即能買得動的上帝。他不能在乘船向北行駛時，叫風向北吹；不能在向南行駛時，叫風向南吹，因爲著順風而感謝上帝，乃是絕對的無禮，也是自私。因爲這包含著上帝在這個特別人向北行駛時，便不顧及另有許多向南行駛的人了。

宗教應該是一種靈的交流，當中不能含有此造對彼造有所求的交換情事。他必不能夠了解教會的真義，他對於宗教所經過的轉變必覺得很奇怪。他如將宗教照目前的形式下定義，必會愕然無措。

宗教是它的現狀加了神秘的情感的加榮嗎？抑是某種已經成爲非常神秘，已經雕飾，已經遮掩的道德真理，庶使教士之流可以從而得到生活嗎？啓示對宗教的關係，是否也是如「秘方」對用廣告宣傳的「秘製藥品」之關係一般的嗎？它抑是一種利用不能見的、不可思議的事物在那裡變戲法，因爲不能見的不可思議的事物乃是最便於變戲法的事物嗎？信仰是否應該以智識爲基礎，還是信仰乃是開始的智識的終點嗎？它抑是像一個棒球，可以由愛梅．麥克弗森（Aimee Mcpherson）向觀眾打去——是一種喬（Joe）可以用接棒球的法子去接過來的事物嗎？它抑是亞利安種或挪特種血統的一種保持法，或不過是離婚和生育節度的一種反對法，並對任何社會改良都稱之爲「紅黨」和「共產黨」嗎？基督是否必須在托爾斯泰被希臘的正統教會除名之後，於大風雪中將他抱在懷中嗎？或是基督將要立在曼寧主教（Bishop Manning）的窗外，招呼那些坐在長椅中的富家孩子，一再做他的請求說：「讓這些孩子到我這裡」嗎？

所以宗教在我們的心中所留下的是：一種令人不舒服的——然而在我卻是異常滿意的——感覺，覺得宗教所在於我們的生命中的，將是一種對生活的美，生活的偉大，和生活的神秘的更簡單化的感覺。當中雖也有一種責任，但已撇去了神學所堆積於表面的自以為準確的東西。在這個型式中的宗教是簡單的，它於現代的人類已是夠好。中古時代的神靈神權統治思想已漸漸退化。至於個人的永生問題——即宗教用以打動人心的第二個大理由——現在有許多人都已是抱著要死便死，而並無不滿意處的態度了。

我們對永生的成見，當中略帶一些病理性質。人類的期望長生是可以諒解的，但如若沒有基督教從中推波助瀾，則它必不至於被人類重視到這般畸形的地步。它已不是一種微妙的回想，一種崇高的幻想，位於虛無和事實中間的詩意的境界中，而已成為一種十分一本正經的事實。尤其是在修道士的心目中，死亡的意識，或死後的生活，已成為生活中主要的關懷事件了。

在事實上，五十歲以上的人們，不論他是異教徒或基督徒，大都並不怕死。這就是他們為什麼不為死亡所威嚇，和並不把天堂和地獄十分放在心上的理由。我們常聽見他們很高興地討論自己身後的碑銘和墳墓的式樣，以及火葬的好處等等。我這話並不單說凡是自知必升天堂者是如此的，而且也是指著對死亡抱一種現實見解以為人死不過似燈燭的火焰熄滅一般者說的。目下識見高超的名人當中，有許多個都表示不相信所謂個人的長生，而並不在意——如韋爾斯（H. G. Wells）、愛因斯坦、亞瑟·基思爵士（Arthur Keith）等人——但我以為並不一定需識見十分高超的人們方能克服死亡的恐怖。

有許多人已將別種更有意義的永生代替了這種個人的永生——如種族的永生、功績和影響的永生。當我們去世之後，倘若我們所遺留的功績依舊繼續的有影響於我們自己的社會中的人生——不論這影響是怎樣的微小——而在其中活動，則便已夠了。我們可以將花朵摘下來，將花瓣丟在地上的，然而它的香味是依舊存留於空氣中的。這是一種更好的、更合理的、更爲公平的永生。在這種真實的意義上，我們可以說巴斯德（Louis Pasteur）、路德．伯班克（Luther Burbank）和愛迪生至今還在我們之中活著。他們的身體雖然已死，但這又有什麼關係？因爲所謂「身體」者，無非是許多化學的組成分子不斷有變化的組合狀態的一個抽象的綜合罷了。人們開始了悟自己的生命不過是像永流的大河中的一滴水，因此他對於這生命之流樂於做一些貢獻。倘若他能少懷一些自私心，則他自會覺得滿足了。

## 二　我為什麼是一個異教徒

宗教終是一樁屬於個人的事件，每個人都必須由他自己去探討出自己的宗教見解。只要他是出於誠意的，則不論他所探討得到的是什麼東西，上帝絕不會見怪他。每個人的宗教經驗都是對他本人有效的，因爲我已說過它是一種不容爭論的東西。但是，如若一個誠實的人將他對於宗教問題的心得用誠懇的態度講出來，則也必是有益於他人的。我在提到宗教時，每每避開它的普泛性，而專講個人的經驗，就是爲了這個緣故。

我是一個異教徒。這句話或許可以做爲是一種對基督教的叛逆，但叛逆這個名詞似乎略嫌過火，而還不能準確地描寫出一個人怎樣在他的心理的演變中，逐漸的背離基督教。他怎樣地很熱忱地極力想緊抱住基督教的許多信條，而這些信條仍會漸漸的溜了開去。因爲其中從來沒有什麼仇恨，所以也談不到什麼叛逆。

因爲我生長在一個牧師的家庭中，並且有一個時期也預備去做傳道工作，所以在意旨的交戰之中，我的天然感情實在是向著基督教方面，而並不是反對它。在這個情感和意識交戰當中，我漸漸的達到了一個肯定的否認贖罪說的地位。這個地位照簡單的說法，實在不能不稱之爲一個異教徒的地位。我始終覺得只有處在有關生命和宇宙的狀態的信仰時，我方是自然自在，而無所交戰於心。這個程度的演變極其自然，正如兒童的乳牙脫落，或已熟的蘋果從樹頭掉落一般。我對這種脫落當然是不加以干涉的。照道家的說法，這就是生活於道裡邊。照西方的說法，這不過是依據自己的見解，對自己和宇宙抱一種誠懇的態度罷了。我相信一個人除非是對自己抱著一種理智上的誠懇態度之外，他便不能自在和快樂。一個人若能自在，則便已登上天堂了。在我個人，做一個異教徒也無非是求自在罷了。

「是一個異教徒」這句話，其實和「是一個基督徒」在意義上有什麼高下之分？這不過是一句反面的話，因爲在一般的讀者心目中，「是一個異教徒」這話的意義，無非說他不是一個基督徒罷了。而且「是一個基督徒」也是一句很廣泛很含混的說話，而「不是一個基督徒」這句話也同樣是意義不很分明的。最不合理者，是將一個異教徒這名詞的意義定爲一個不信宗教或上帝的人。因爲根本上，我們對於「上帝」或「對於生命的宗教」的態度還沒有能夠定出確切的意義哩。偉大的異教徒大都對大自然抱著一種深切的誠敬態度，所以我們對異教徒這個名詞，只可取其通俗的意義，將它做爲不過是一個不到禮拜堂裡去的人，（除為了一次審美的衝動外，我確不大到禮拜堂裡去），是一個不屬於基督教群，而並不承認尋常的正統教義的人的解說。

在正的方面，中國的異教徒（只有這一種是為我所深知而敢於討論的）就是一個以任心委運的態度去度這塵世的生活的人。他稟著生命的久長，腳踏實地的，很快樂的生活著。時常對於這個生命覺到一種深愁，但仍很快樂地應付著。凡遇到人生的美點和優點時，必會很深切的領略著，而視良好行爲的本身即是一種報酬。不過我也承認他們對於因想升到天堂去，才做良好的行爲，反之，如若沒有天堂在那裡誘引，或沒有地獄在那裡威嚇，即不做良好行爲的「宗教的」人物，自有一些憐憫和鄙視的心思。倘若我這句話是對的，則此間有很多的異教徒，不過自己不覺得罷了。現在的開明基督徒和異教徒，其實是很相近的，不過在談到「上帝」時，雙方才顯出他們的歧異點。

我以爲我已經知道宗教的經驗的深度，因爲我知道一個人不必一定須像紐曼主教（Cardinal Newman）一般的大神學家，才能獲得這種經驗——否則基督教便失去了它的價值，或已經被人誤解了。在我眼前看來，一個基督徒和一個異教徒之間的靈的生活，其區別之點不過是崇信基督教者是生活於一個由上帝所統治和監視的世界中，他和這個上帝有著不斷的個人關係。所以他也可說是生活在一個由一位仁慈的父親所主持的世界中，他的行爲水準須諧合於他以一個上帝之子的地位所應達到的標準。這個行爲水準顯然是一個普通人所難以在一生中，或甚至在一個星期中，或甚至在一天之中毫無間斷地達到的。他的實際生活實是遊移於人類的生活水準，和真正的宗教生活水準之間的。

在另一方面，這異教徒住在這世界上是像一個孤兒一般，他不能期望天上有一個人在那裡照顧他，在他用祈禱方式樹立靈的關係時即會降福於他的安慰。這就顯然是一個較爲不快樂的世界；但也自有他的益處和尊嚴，因爲他也如其他的孤兒一般不得不學習自立，不得不自己照顧自己，並更易於成熟。我在轉變爲異教徒之中，始終使我害怕的，並不是什麼靈的信仰問題，而就是這個突然掉落到沒有上帝照顧我的世界裡邊去的感念，這個害怕直到最後的一刹方才消滅。因爲當時我也如一般從小即是基督徒的人，覺得如若一個個人的上帝其實並不存在，則這個宇宙的托底便好似脫落了。

然而，有時一個異教徒也會將這個更爲和暖的、更爲快樂的世界，同時看成一個更爲稚氣的、更像尚在生長中的世界；一個人如若能夠長久保持著這個幻想，確是一件好而有益的事情；他的觀念將和佛教徒對生命的觀念相近似；這個世界將因此好似更爲彩色華麗，不過同時也將因此成爲一個不十分實在的，所以價值較低的世界。

在我個人說起來，凡是不十分實在的和彩色過重的事物都是要不得的。一個人如要得到一種真理，必須付一筆代價；不論它的後果如何，我們終是需要真理的。這個境地在心理上，正和一個殺人者所處的境地相同：如若一個人犯了一次殺案，以下的最好辦法就是自首。我就是因了這個理由，所以鼓起勇氣轉變爲一個異教徒的。但一個人在承認一切之後，他自會沒有懼怕的。心裡安適就是一個人在承認一切之後所處的心境。（這裡我覺得我已受了佛教和道家思想的影響。）

我或者也可以將基督徒的和異教徒的境地用下列的說法加以區別：我個人的異教思想同時為了自傲心和自卑心棄絕了基督教，是為了情感上的自傲心和理智上的自卑心，但籠統的說起來，自卑的成分比自傲居多。我是為了情感上的自傲心，因為我深不願見除了我們是人類的理由，所以應該做和藹合禮的男女人之外，還有別的理由；在理論上，如若你是喜歡將思想分類的話，則這個當可歸入可做代表的人性主義思想。但大半我是為了自卑心，為了理智上的自卑心，因為當著現代的天文學的面前，我不能再相信一個尋常人類會被大創造者視為一個重要的分子，因為一個人類不過是地球上一個極其微渺的分子，地球也不過是太陽系中一個極其微渺的分子，而太陽系更不過是大宇宙中一個極其微渺的分子罷了。人們的大膽和他的傲然誇張，實是所以使我傾跌的東西。我們對於那個「超人」所做的工作，所知道者只不過是幾千萬分之一，所以我們怎能夠說，我們已經知道了他的性質？怎可以對他的能耐做假定之說呢？

人類個人的重要，無疑地是基督教的基本教義之一。但我們可試看在基督徒的日常生活中，這條教義已將他們引進到怎樣的可笑的誇張。

在我母喪後出殯的四天之前，忽然大雨傾盆，這雨如若長此下去（這在漳州，秋天是時常如此的），城內的街道都將被水所淹沒，而出殯也將因此被阻。我們都是特地從上海趕回去的，所以如若過於耽擱日子，於我們都是很不便的。我的一個親戚（她是一個極端的，但也並不是不常見的中國篤信基督者的榜樣）向我說，她向來信任上帝，上帝是必會代祂的子女設法的。她即刻做祈禱，而雨竟停止了，顯然是為了這樣便可以讓我們這個小小的基督徒家庭舉行我們的出殯禮。

但是這件事裡邊所含的意義是：倘若沒有我們這件事夾在當中，上帝便將聽任全漳州的萬千人民遭受大水之災，如以往所常遭到的一般；或也可說是：上帝不是爲了漳州萬千的人民，而只是爲了我家這少數幾個人要趁著晴天出殯，所以特地將雨停止，這個意義使我覺得實是一種最不可思議的自私自利。我不能相信上帝是會替如此自私的子女想什麼法子的。

還有一個基督教牧師寫了一篇自傳文，其中述說：在他的一生中，上帝許多次照顧他的故事，希望因此榮歸於上帝。其中有一件上帝照應他的事件是：當他籌集了六百元去購買到美國去的船票的那一天，上帝特地將匯兌率降低一些，以便這位重要人物在購買美金船票時，可以便宜一些。以六百元所能購買的美金而言，高低的相差至多不過一二十元，難道上帝單單爲了使他這個兒子可以得到一二十元的便宜，便竟肯使巴黎、倫敦和紐約的交易所經過一次金融風潮嗎？我們應記得這種榮歸於上帝的說法，在基督徒群中是並非罕見的。

人們的壽限大都不過七十歲，而他們竟會這般的厚顏自傲。人類以其集合體而言，也許已有一部很動人的歷史，但以各個而言，則在宇宙中正如蘇東坡所說，不過是滄海之一粟，或如朝生夜死的蜉蝣罷了。基督徒不肯謙卑。他們對於這股他們自己也是其中一分子的生命巨流（這股大流永遠而無窮無盡處流去，如一條大河之流向海中，永遠變遷，而也是永遠不變的）的集體的永存，從來不知道感覺滿足。瓦器將向窯工問說：「你爲什麼將我燒成這個模式，爲什麼將我燒成這般的脆法？」瓦器因爲易於破碎，所以感覺不滿足。人類有了這樣一具奇異的身體，這具幾乎近於神聖的身體，也仍感覺不滿足。他還要長生不老！他不肯讓上帝安寧。他每天還要做祈禱，他每天還要從這個「萬物之源」那裡討些個人的賞賜。他爲什麼不讓上帝得一些安寧呢？

從前有一個中國學者，他不信佛教，但他的母親則很相信。她極其虔誠，整天不停的唸「阿彌陀佛」以積功德。但在她每唸一次「阿彌陀佛」時，她的兒子即在旁邊喚一聲「媽媽」。她惱了。「這樣看起來，」她的兒子向她說：「菩薩如果也聽得見你這般的喚他時，他不也要發惱嗎？」

我的父母都是極虔誠的基督徒。每晚聽我父親領著頭做晚禱，便可以知道他的虔誠程度。我是一個對宗教感覺很敏銳的孩子。我以一個牧師兒子的地位，受到教會教育的便利，我從其長處獲得益處，但也從其短處獲得痛苦。對它的長處，我是始終感謝的，而對於它的短處，則將它轉變成我的力量。因爲依照中國哲學的說法，一個人的生命中是並沒有所謂好運或惡運的。

我是不許到中國戲院裡邊去看戲的，不許聽說書的，是完全和中國的民間神話和故事隔絕的。當我踏進教會學校之後，我父親所教我讀過的一些四書是完全荒廢了。這或許於我是一種益處——因爲這一來，使我在後來受過西方教育之後，能以一個西方小孩走到東方新奇世界裡的愉快心境再回去研究這些舊學。當我在學校讀書時代，我的完全拋棄毛筆而專用自來水筆，是於我最有益的事情，因爲這使我在心理上始終對於東方覺得它是一個完全新鮮的世界，直到我已有了做研究它的準備的時候。如若維蘇威火山不將龐貝城掩沒，則龐貝的古蹟必不能保存得這樣的完備，那地方石板街上所留的車轍必不能保存到今日。教會學校的教育就是我的維蘇威火山。

思想這件事總是危險的。而且，思想總是和魔鬼有聯絡的。當我在學校受教育的時代，也就是我最虔信宗教的時代，我心中對於基督教生活的美麗感覺，和一種對任何物事都想探求其理由的念頭已漸漸的發生衝突。但很奇怪的，當時我並不感覺到那種幾乎使托爾斯泰因而自殺的痛苦和失望。在每一個階段中，我仍覺得自己還是一個統一的基督徒，在信念上仍很融洽，不過比上一個階段開通一些，在盲從教條上次數略少一些。無論如何，我終究還隨時想到「山上的教訓」，聖詩中如「看那些田中的百合花啊！」這種句子太好了，使我相信它不會是假的。我就因了這些，因了意識到內心的基督教生活，所以使我生出了新的力量。

但教義則很可怕的從我的心頭漸漸地溜了出去。許多淺近的事情漸漸的使我覺得不自在。「肉體的復活」這一條，當基督未能在第一世紀中人所期望的第二次降臨裡邊實現，諸聖徒沒有從他們的墳墓裡邊肉身走出來時，即已證明是不成立的，但這一條現在依然存在於聖徒的信條中。這就是很淺近的事情中之一端。

後來，我又加入了神學班，以求深造。於是我又發現了教義中的另一條也有使我起疑的地方。那一條就是「處女生兒」，美國各神道學院的主任教授對於這一條都各抱著不同的見解。最使我動惱的是：中國信徒必須在受洗禮之前，將這一條囫圇承認，不許稍生疑問，而同一教會裡邊的神學家則不許公然認爲是一件疑問。這好似有些虛僞，而且也似乎是不公允的。

我讀到高級的神學，研究到「水門」究竟在哪裡那種細微問題時，我便覺得責任已經解除，因而對於神學便不肯認真，結果是我學科的成績漸漸低落。我的教師即以爲我的性情根本不合於做一個教會牧師，因此主教也以爲我不如從此脫離。他們不願在我的身上耗費徒然的教誨了。這在我現在看來，也好似一種不露相的好運。因爲我很疑惑如若我當時依舊讀下去，而終於穿上了一件牧師的長袍之後，我是否真能夠心口如一啊！這種對於神學家和一般的教徒所需信仰的信條的反抗意念，在我看來，實在差不多近於我所謂「背叛」了。

當這個時候，我已達到深信基督教的神學家實是基督教的大敵的地步。他們有著兩個我最不能了解的矛盾點：第一，他們將基督教的信仰的整個結構完全繫在一隻蘋果上。如若亞當沒有吃蘋果，世上即不會有原始的罪惡，如若世上並沒有原始的罪惡，世上便不需要什麼救贖。不論那隻蘋果在象徵上有怎樣的價值，但這一點終是極顯明的。基督本人從來沒有提起過原始的罪惡或救贖這件事情，所以它其實是並不符於基督的訓誨的。總而言之，我從研究文學之後，我也如現代的美國人一般，不能意識到我有著什麼罪惡，而且絕不相信我有罪惡。我所能意識到的就是：上帝只要能如我的母親愛我的一半，他便絕不會將我打到地獄裡邊去的。這是我內心意識裡邊的一次最後的行爲，不論爲了哪一種宗教，都不能不承認其爲事實。

還有一個問題，在我看是尤其不合理的。這就是：當亞當和夏娃在蜜月中吃了一隻蘋果時，上帝即異常大怒，罰他們的子孫世世代代的爲了這一件小小的罪過而受罪，但是，當同是這班子孫將上帝的獨子害死時，上帝即異常快活，將他們一起赦免。不論人們對這件事有怎樣巧妙的解釋和論據，我總認它是極不合理的。這也就是使我不自在的末了一件事情。

我在畢業之後，還依舊是一個很熱心的基督徒，曾自動的在北京的清華學校（非教會學校）裡邊組織了一個主日聖經班，這事並曾使當時的許多同事教員心裡很不高興。這聖經班的聖誕日集會使我最受痛苦，因爲我是在拿一件我自己所不相信的僞事在那裡告訴給中國的兒童聽。自從我將一切都藉著理智破解之後，留在我心中的就只剩了愛心和恐懼兩件事：一種渴望能依賴一個全智的上帝，庶使我可以覺得快樂的愛心，如若沒有了這個一再撫慰的愛心，我便不能如此快樂和安寧——和墮落到孤兒世界中去的恐懼心。最後我居然獲救了。我和一位同事辯論說：「如若沒有上帝的話，人民便不肯行善，而世界必將顛倒了。」

「不然。」我的孔教同事回說：「因爲我們都是懂道理的人類，所以我們應該能夠過一種合於道理的人類生活。」

這個令人崇尚人類生活尊嚴的說法，割斷了我和基督教的最後一線關係，從此之後，我便成為一個異教徒了。

現在我已完全明白了。異教的信仰是一種更為簡單的信仰。它沒有什麼假定之說，也無需做什麼假定之說。它專就生活的事實而立論，所以使良好的生活更為人所崇尚。它在不責善之中，使人自然知道行善。它並不藉著種種假定的說法，如：罪惡、得救、十字架、存款於天上，人類因了上天第三者的關係，所以彼此之間有一種彼此應盡的義務等，——都是一些曲折難解，難於直接證明的事情——去勸誘人們做一件善事。如若一個人承認行善的本身即是一件好事，他即會自然而然將宗教的引人行善的餌誘視做贅物，並將視之為足以掩罩道德真理的彩色的東西。

人類之間的互愛應該就是一件終結的和絕對的事實。我們應該不必藉著上天第三者的關係而即彼此相愛。基督教，在我看來，好似已使道德成為一件非常困難，非常複雜的事情，而罪惡倒反而是一件極易動人、極自然和極可悅的東西。在另一方面，異教主義倒好似能夠將宗教從神學裡邊拯救出來，而恢復了它的信仰的簡單性和感覺的尊嚴。

其實，我頗已看出有許多神學的謬說怎樣從第一、第二、第三世紀中漸漸的產生，將「山上訓誨」的簡單真理歪曲成一種嚴厲、不合人情、自以為是的結構，以供一個祭司階級自私的利用。

從「啓示」這個名詞即能看出其中的隱情。這啓示就是一種授予一個先知的特別秘密或神聖的計劃，由這先知以師生授受的方式世代傳襲下去；這啓示也是各種宗教中從回教和摩門教到活佛的喇嘛教和愛迪夫人的基督教科學所都具有的，以便他們可以各自握著當做一種得救的特有的註冊專利品。凡是祭司階級都是依賴這個啓示爲他們的日常食糧而獲得生活的。

「山上訓誨」這個簡單真理必須修飾起來，上帝所重視的百合花必須將它鍍上金字。於是我們就有了「第一個亞當」，「第二個亞當」，如此的類推下去。聖保羅的邏輯在基督教的早年時代似乎是很能動人聽聞，令人很難於責難的，但在現在較爲乖滑較富於意識的人的心目中，則便似十分勉強，缺乏力量了；而崇尚啓示的弱點，即在這種亞洲式的推論邏輯和現代對真理的較爲乖滑的領悟之間，顯露於現代人的眼前了。所以，只有藉著回到異教主義和不承認啓示，一個人方能回到原始式的（**在我看來是較為滿意的**）基督教。

所以說，一個異教徒爲不信宗教的人是錯誤的：其實他所不信的不過是不信各式各樣的啓示罷了。一個異教徒是必然信仰上帝的，不過他因恐旁人誤會，所以不肯說出來。中國的異教徒都是信仰上帝的，文學中所用以表示這個上帝的名詞，其最常見者就是「造物者」。唯一的不同點就在：中國的異教徒很誠實地聽任這位「造物者」隱處在一個神秘的彩暈中，不過對他表示著一種尊畏和虔敬，而即以爲足夠了。對於這個宇宙的美麗，對於萬物的巧妙，對於星辰的神秘，對於上天的奇偉，和對於人類靈魂的尊嚴，他都是能領會的。他接受死亡，他接受痛苦，視之不過爲生命中所不可免的東西，視之如曠野的陣風，如山間的明月，而從無怨言。他以爲「委心任運」乃是最虔敬的態度和宗教信仰，而稱之爲「生於道」。如若「造物者」要他在七十歲死亡，他便坦然在那時去世。他又相信「天理循環」，所以世界絕不會永遠沒有公道。此外，他便無所求了。

# 第十四章　思想的藝術

## 一　合於人情的思想之必要

思想是一種藝術，而不是一種科學。中國和西方的學問之間，最大的對比就是：西方太多專門知識，而太少近於人情的知識；至於中國則富於對生活問題的關切，而歉於專門的科學。我們眼見在西方科學思想侵入了近於人情的知識的區域，其中的特點就是：十分專門化，和無處不引用科學的與半科學的名詞。這裡，我所謂「科學」的思想，是指它在一般的意義上而言，而尚不是真正的科學思想，因爲真正的科學思想是不能從常識和幻想分析開來的。在一般的意義上，這種科學思想是嚴格的、合於邏輯的、客觀的、十分專門化的，並在方式和幻想的景物中是「原子式」的。這東西兩種型式的學問，其對比終還是歸結於邏輯和常識的衝突。邏輯如若剝去了常識，它便成爲不近人情；而常識如若剝去了邏輯，它便不能夠深入大自然的神秘境界。

當一個人檢視中國的文學和哲學界時，他將得到一些什麼東西呢？他會察覺那裡邊沒有科學，沒有極端的理論，沒有假說，而且並沒真正的性質十分不同的哲學。例如中國詩人白居易，他不過藉儒道以正行為，藉佛教以淨心胸，並藉歷史、畫、山、河、酒、音樂和歌曲以慰精神罷了。他生活在世界中，但也是出世的。

所以，中國即成為一個人人不很致力於思想，而人人只知盡力去生活的區域。在這裡，哲學本身不過是一件很簡單而是屬於常識的事情，可以很容易地用一二句詩詞包括一切。這區域裡面沒有什麼哲學系；廣泛的說起來，沒有邏輯，沒有形而上學，沒有學院式的胡說；沒有學院式專重假定主義，較少智力的和實際的瘋狂主義，較少抽象和冗長的字句。機械式的唯理主義在這裡是永遠不可能的，而且對於邏輯的必須概念都抱著一種憎惡的態度。這裡的事業生活中沒有律師，而哲學生活中也沒有邏輯家。這裡只有著一種對生活的親切感覺，而沒有什麼設計精密的哲學系，這裡沒有一個康德或一個黑格爾，而只有文章家，警語作家，佛家禪語和道家譬喻的擬議者。

中國的文學，以其全面而言，我們粗看似乎只見大量的短詩和短文，在不愛好的人們看起來，似乎是多得可厭，但其中實有種種的類別，和種種的美點，正如一幅野外景色一般。這裡面有文章家和尺牘家，他們只需用五六百個字，便能將生活的感覺表示於一篇短文或短札中，其篇幅比美國低級學校兒童所做的論說更短。在這種隨手寫作的書札、日記、筆記和文章中，我們所看到的大概是對一次人生遭遇的評論，對鄰村中一個女子自盡的記載，或對一次春遊、一次雪宴、一次月夜盪槳、一次晚間在寺院裡躲雨的記載，再加上一些這種時節各人談話的記錄。這裡有許多散文家同時即是詩人，有許多詩人同時即是散文家，所有的著作每篇至多不過五七百字，有時單用一句詩文即能表出整個的生活哲學。這裡有許多譬喻、警語和家信的作家，他們寫作時都是乘興之所到，隨手寫去，並不講究什麼嚴格的系統。這使系派難於產生。理智階級常被合於情理的精神所壓伏，尤其是被作家的藝術的感覺性所壓伏，而無從活動。事實上，理智階級在這裡是最爲人所不信任的。

我無需指出邏輯本能乃是人類心智的一種最有力的利器，因而科學的成就成爲可能。我也知道西方的人類進步至今，還是在根本上由常識和批判精神所統制著，這常識和批判精神是比邏輯精神更爲偉大的東西，我以爲實在是代表著西方思想的最高形式。我也無需明說西方的批判精神比在中國更爲發展。在指出邏輯思想的弱點中，我不過是指著某一種特別的缺點而說的，即如他們的政治中也有著這一種的弱點，如：德國人和日本人的機械式政治，即屬於此類。邏輯自有它的動人之處，我認爲偵探小說的發展就是邏輯心智的一種最令人感興趣的產品，這種文字在中國完全沒有發展過。但是過度耽於邏輯思想也自有其不利之處。

西方學問傑出的特質就是專門化和分割知識，將它們歸入各式各類的門類。邏輯思想和專門化的過於發展，再加上好用專門的名詞，造成了現代文明的一個奇特事實，即哲學已和它的背景分隔得如此遙遠，已遠落在政治學和經濟學的後面，以致一般的人們都會走過它的旁邊而竟覺著好似沒有這樣一件東西。在一個平常人的心目中，甚至在某些有教養的人的心目中，都覺得哲學實在是一種最好不必加以過問的學科。

這顯然是現代文化中的一種奇特的反常現象，因爲哲學本應是最貼近人們的胸懷和事業的物事，但現在倒反而遠在千里之外了。希臘和羅馬的古典型的文化便不是如此的，中國的文化也不是如此的。也許是現代人對於生活問題——實是哲學中的正當題旨——不感覺興趣，或也許是我們已經走離哲學的原始概念太遙遠了。我們的知識範圍已經推廣到如此的廣大，由各類專家所熱心守衛的知識門類已經如此的眾多，以致哲學這一門，其實雖應是人們所宜最先研究的學問，倒反而被打入沒有人願意做專門研究的場地裡邊去了。

美國某大學的佈告可以做爲現代教育狀況的一個典型，這佈告說：「心理學科現在已經開放，凡是經濟學科的學生，願意者都可以加入。」所以經濟學科的教授已將自己一科裡學生的友愛和幸福託付給心理學科的教授，同時爲了答謝好意起見，他又容許心理系的學生踏進經濟學科的圍場，以表示友誼。同時，知識之王的哲學則如戰國時的君王一般，不但已不能從他的學科附庸各國收取貢禮，而且覺得他的權力和國土日漸減縮，只剩較少的食糧，不足的人民效忠於他了。

因爲現在我們已達到一個只有著知識門類而並沒有著知識本身的人類文化梯階；只是專門化，但沒有完成其整體；只有專門家，而沒有人類知識的哲學家。這種知識的過分專門化，實和中國皇宮中御膳房的過分專門化並沒有什麼分別。當某一個朝代傾覆的時節，有一位貴官居然得到了一個從御膳房裡逃出來的宮女。他得意極了，特地在某天邀請了許多朋友來嚐嚐這位御廚高手所做的菜餚。當設宴的日期快到時，他即吩咐這宮女去預備一桌最豐盛的御用式酒席。這宮女回說，她不會做這樣的一席菜。

「那麼，你在宮中時，做些什麼呢？」主人問。

「噢！我是專做席面上所用的糕餅的。」她回答。

「很好，那麼你就替我做些上好的糕餅罷。」

宮女的答語使他幾乎跳起來，因為她回說：「不，我不會做糕餅，我是專切糕餅餡子裡邊所用的蔥的。」

現在的人類智識和學院式學問的場地裡邊，情形就和這個相彷彿。我們有著一位略曉一些生命和人類性質的生物學家；有著一位略曉一些同一題目的另一部分的精神病學家；有著一位通曉人類早年歷史的地質學家；有著一位知悉野蠻人種的心性的人類學家；有著一位如若偶然是個心胸開通者的話，可教給我們一些人類過去歷史所反映出來的人類知識和人類愚行的歷史學家；有著一個有時也能幫助我們認識我們的行為，但仍是偏於多告訴我們一種學院式的呆話，如：魯易斯·卡羅爾乃是一個憂鬱主義者，或從他的用雞為試驗的實驗室裡走出來，而宣佈說，巨響對於一隻雞的影響，是使牠們的心跳躍的心理學家。

有些以教授為業的心理學家，在我看來，當他們錯誤時，他們是使人昏迷的，而在不錯誤時則更令人昏迷。但在專門化的程序中，同時並沒有應該並進的完成整個的切要程序，即將這類知識的多方面綜合成一個整體，以達到它們所擬達到的最高目的——生命的知識——的程序。現在我們或許已經做了將知識完成整個的預備，例如耶魯大學校中的人類關係學會，和哈佛大學立校三百年紀念會中的演講詞，都可以做這一點的證明。不過，除非西方的科學家能用一種較簡單的、較不邏輯的思想方法去從事於這件工作，則完成整體這件事簡直沒有成功的日子。人類知識不單是將專門知識一件一件的加上去而成的，並且也不能單從統計式的平均數的研究中去獲得它；這只能藉著洞察而獲得成就，只能藉著更普遍的常識、更多的智能，和更清楚的但是更銳敏的直覺方能獲得成就。

邏輯的思想和合理的思想之間，或也可稱爲學院式的思想和詩意的思想之間，有著一種很明顯的區別。學院式的思想，我們所有的已很多了，但是詩意的思想則現代中尙還稀見。亞里斯多德和柏拉圖其實是很摩登的；他們所以如此，不但因爲希臘人很近似現代人，而且因爲他們實在是——嚴格的說法——現代思想的祖先。

亞里斯多德雖也有他的人性主義見解和中庸之道的學說，但他確是現代教科書作家的祖師，他實在是首創將知識分割成許多門類者，——從物理學和植物學直到倫理學和政治學。他顯然也就是首創爲普通人所不能了解的不相干的學院式胡說者，而後來的現代美國社會學家和心理學家則更助紂爲虐，又比他更爲厲害。柏拉圖雖有著真正的人類洞察力，但在某種意義上，他實在應負如新柏拉圖主義學派所崇尙的對於概念和抽象觀念崇拜的責任，這個傳統的思想不但沒有被加些更多的洞察力以爲調和，倒反而被現代專講概念和主義的作者所熟習，而將它視做好似實有一個獨立的存在性一般。

最近的現代化心理學實是剝削了我們的「理智」、「意志」和「情感」部門，並幫助殺害那個和中古時代的神學家在一起時尙還是一個整體的「靈魂」。我們已殺害了「靈魂」，而另造出許許多多社會的和政治的口號（「革命」、「反革命」、「布爾喬亞」、「帝國主義資本家」、「逃避主義」）以爲替代，聽任它們來統治我們的思想；並又造出相類的物事，如：「階級」、「命運」和「國家」，很邏輯地聽任這個國家變成一個巨魔而吞吃了個人。

很明顯的，現在所需要的似乎是一種需經過改造的思想方式，一種更富有詩意的思想，方能更穩定地觀察生命，和觀察它的整體。正如已過世的詹姆斯·哈維·魯賓遜所警告我們的談話：「有些謹慎的觀察家很坦白地表示他們的真誠意見說，除非將思想提升到比目下更高的平面之上，文明必然將要受到某種絕大的阻礙。」魯賓遜教授很智慧地指出：「良心的驅使和洞察力似乎是在彼此猜忌，但其實則它們很可以成為朋友的。」現代的經濟學家和心理學家似乎有著太多的良心驅使，缺乏洞察力。對世事施用邏輯的危險這一點是不應該過分重視的。但因科學思想的力量和尊嚴在現代是如此巨大，以致雖有人曾做種種的警告，然而這一類的學院式思想依舊不斷的侵入哲學的領域，深信人類的心智可以如一組溝渠一般的加以研究，和人類的思想浪潮可以如無線電浪一般加以測量的。它的後果是逐漸地在那裡擾亂我們的思想，同時於實用的政治學上有著極惡劣的影響。

## 二　回歸常識

中國人都憎惡「邏輯的必要」那個名詞，因為在中國人的心目中，世事之中無所謂邏輯的必要。中國人對於邏輯的不信任，起點於不信任字眼，再進而懼怕界說，最後則對一切系說、一切假說表示天性的憎恨。因為使哲學派成為可能者，都是字眼、界說和系說的罪惡。哲學的腐化起於對字眼的偏見。中國作家龔定庵說，聖人不說話，有能為的人才說話，愚人才會做辯論——其實龔氏本人就是一個最好做辯論的人，但他仍說這句話。

因為這就是哲學的悲慘經過：即哲學家不幸都是好說話的人，而不是肯守緘默的人。所有的哲學家都喜歡聽他自己的語聲。即如老子，他雖是第一個指點給我們知道「大塊」是無言的，但他自己則在出函谷關去隱居深山，樂享餘年之前，仍免不了聽從人勸，遺留下傳諸後世的五千言。尤其足以代表這類天才哲學言談家的就是孔子，他遊遍「七十二國」以說諸國之君；又如蘇格拉底，他在雅典的街上走來走去，遇到走路的人即叫住他，問他幾句話，以便他自己可以發表聰明的意見給自己聽。所以「聖人不多言」這句話乃是相對的說法。

不過聖人和才子之間仍有一種區別，因為聖人的談到生活，都是以親身的閱歷為中心；才子則只知道研究解釋聖人的說話，而笨人則更是只知道將才子的說話咬文嚼字地辯論。在希臘的修辭學家當中，我們看見這種專以咬文嚼字為尚的純粹談論家。哲學本是一種對智慧的愛好，已變成了對字句的愛好，等到修辭學的風尚漸漸滋長，哲學便和生活越離越遠了。等到後來，哲學家竟專顧多用字眼，多用長的句子；短短的警語多變成了長句，句子變成了論據，論據變成了專書，專書變成了長篇大論，長篇大論變成了語言學的研究；他們需要更多的字眼以定他們所用的字眼的界說，並將他們歸類，他們需要更多的派別以區別和隔離已經設立的派別；這個程序接連不斷的進行著，直到對於生活的直接的切己的感覺或知悉完全喪失，致使外行竟敢於詰問「你在那裡說些什麼？」同時，在後來的思想歷史中，少數幾個對生活本身感覺到直接撞擊的獨立思想家——如歌德、薩繆爾、強生、愛默生、威廉．詹姆斯——都拒絕在談論家的胡言亂語中發言，並始終極固執地反對歸類的精神。因爲他們是聰明的，他們替我們維持著哲學的真意義，就是生活的智慧。在許多情形中，他們都拋棄了論據，回向警語。當一個人在喪失了說出警語的能力時，他方去寫長篇；當他不能在長篇中明白表示出他的意見時，他方去利用論證；而他在論證之中依舊不能明白發表他的意思時，他方去著作一本專書。

人的愛好字句，是他走向愚昧之途的第一步，他的愛好界說乃是第二步。他越從事於分析，他越需要界說，他越加定界說，他越是趨向一個不可能的邏輯的完美境界，因爲企求邏輯的完美就是愚昧的跡象。因爲字句是我們思想的材料，所以定其界說的企圖乃是完全可嘉的，於是蘇格拉底即在歐洲創始了一個定界說狂。其危險在於我們意識到曾由我們定其界說的字眼時，我們便不能不將用以定界說的字眼也定出它們的界說來，因此，其結果：除了用以定生活的界說的字眼以外，我們又有了專用以定別的字眼的界說的字眼，而定字眼的界說這樁事便成了我們的哲學家的主要成見了。

忙碌的字眼和空閒的字眼之間顯然有一種分別，前者在我們的日常工作生活中盡它們的責任，而後者則只存在於哲學家的研究團體中，此外蘇格拉底和法蘭西斯·培根的界說，和現代大教授的界說之間也是有著一種分別的。莎士比亞對生活有著最切己的感覺，但他也居然能從容地過去，而並沒有做什麼定界說的企圖，或也可說是因爲他沒有做定界說這件事，所以他所用的字眼都有著一種別個作家所缺少的「實體」，而他的文字中也充滿著一種現代文字所缺少的人類悲劇意味和堂皇的氣概。我們無從將他的文字限制到某一個動作效能的範圍之內去，正如我們的無從將他的文字限制到一個對婦女的特別觀念裡邊去。因爲它們都在有了定界說的性質時，方使我們的思想成爲僵硬，因而剝奪了生活本身的發光的、幻想的色彩特質。

但如若字眼爲了必須的理由分割了我們的在表示程序中的思想，那對於系統的愛好更能損害我們對於生活的深切的知悉。系統不過是一種對真理的從旁斜視，因此，這系統越加有著邏輯的發展，則那種心智上的斜視也成爲越加可怕。人類只想看見偶然所能看到的真理的片面，並將它發展和提升到一個完善的邏輯系統的地位的欲望，即是我們的哲學爲什麼會和生活勢必越離越遠的理由。

凡是談到真理的人，都反而損害了它；凡是企圖證明它的人，都反而傷殘歪曲了它；凡是替它加上一個標識和定出一個思想派別的人，都反而殺害了它；而凡是自稱爲信仰它的人，都埋葬了它。所以一個真理，等到被豎立成爲一個系統時，它已死了三次，並被埋葬了三次。他們在真理出喪時所唱的輓歌就是：「我是完全對的，而你則是完全錯誤的。」他們所埋葬的是那一種真理在根本上無關重要的，不過根本上他們總是已經埋葬了它。因此真理便如此地在防護它的人的手中受到了虐待，而一切哲學的黨派，不論古今，都只是專心致力於證明一點，即「我是完全對的，而你是完全錯誤的。」

德國的哲學家們寫了一本挺厚的書，想要證明某一種有限制的真理，但結果反而將那真理變了一個胡說，這班人大概可算是最壞的冒犯者了，不過這種思想的疾病在西方的思想界中差不多是隨處有的，而只在深淺中有些分別罷了，而在他們越趨於抽象時，這個病症也越深。

這種不近人情的邏輯，其結果是造成了一種不近人情的真理。今天我們所有的哲學是一種遠離人生的哲學，它差不多已經自認沒有教導我們人生的意義和生活的智慧的意旨，這種哲學實在早已喪失了我們所認爲是哲學的精英對人生的切己感覺和對生活的知悉。威廉．詹姆斯即稱這種對人生的切己感覺爲「經驗的要素」。等到日子長久之後，威廉．詹姆斯的哲學和邏輯所加於現代西方思想方式的蹂躪必會一天厲害一天。

但我們如想把西方哲學變成近於人情，則我們必須先將西方邏輯變成爲近於人情。我們需回到一種對現實和生活，尤其是對於人性，急於接觸的思想方式，而不單是求得不錯，合於邏輯和沒有不符之處便算完事。我們對於笛卡兒著名的發現：「我思，故我在。」這句名言所表現的思想疾病，應該拿華德．惠特曼所說那句較爲近於人性和較爲有意義的話：「目前這樣，我就夠了。」去替代它。生活或生存無需跪在地上懇求邏輯證明它確有或存在。

威廉．詹姆斯終其身在那裡企圖證明中國式的思想方式，並替它辯護，不過自己沒有覺得罷了。當中不過有著下列的一個分別：他如果真是一個中國人，他必不會用這許多字眼去做他的論證，而只將用那麼三五百個字寫一篇短文，或在他的日記中短短的寫上幾句話便算完事了。他將要對著字眼膽怯，恐怕越多用字眼，便越加會引起誤會。

但威廉．詹姆斯在他對生活的深切感覺，對人類閱歷的透徹，對機械式的理智主義的反抗，對於思想心切想保持它的流動狀態，並對那些自以爲已經發現了一個萬分重要的、絕對的、無所不包的真理，而將它納入一個自以爲滿足的系統中的人們的不耐煩當中，他簡直就是一個中國人。他的堅持在藝術家的意識上，屬於知覺的現實比屬於概念的現實更爲重要這一點上，也像一個中國人。

其實所謂哲學家者，就是一個時常將他的感覺力集中於最高的焦點去觀察生活的變動，隨時預備碰到更新的和更奇怪的矛盾事情，前後不符的事情，和一切不合於常例的事情。在他的拒絕一個系統之中，他所拒絕的並非因它不對，而只因它是一個系統，在這個舉動中，他實在破壞了西方的哲學派。照他的說法，對於宇宙的一元概念和多元概念之間的分別，實是哲學中一個最重要的分別。他使哲學有放棄空中樓閣而回到生活本身的可能。

孔子說：「道不遠人；人之爲道而遠人，不可以爲道。」他還有一句聰明的話，這句話很像詹姆斯的口氣，他說：「人能弘道，非道弘人。」不，世界並不是一個三段論法或一個論據，而是一個生物；宇宙不作聲說話，只是生活著；它並不做什麼辯論，只是進行著。某英國天才作家說：「理智不過是神秘物事中的一個節目；而在最高傲的意識力的統治的背面，理智和驚奇是漲紅了臉相對著。不可避免的事情變成了平凡，而疑惑和希望則成了姊妹。宇宙是粗野的，如鷹的翅膀一般帶著一些競技的意味，這還算是一件可喜的事。大自然就是一個神奇之跡，同一的物事不再重回，而即使回來也必是已經不同的。」在我看來，西方的邏輯家所需要的只是一些自謙心；如有人能夠將他們的腦袋腫大症醫好，則他們就能得救了。

## 三　近情合理

和邏輯相對的有常識，或更好一些的說法：還有近情合理的精神。我以爲近情合理精神實是人類文化最高的、最合理的理想，而近情合理的人實在就是最高形式的有教養的人。世人沒有一個人是完美無缺的；他只能力爭上游去做一個近乎情理的生物。我正期待著世界上將有一個世人在個人的事件上，並在國家的事件上，都會得著這個近情合理精神之鼓舞的時期。近情合理的國家將生活於和平之中，近情合理的夫妻能生活於快樂之中。在我替我的女兒挑選丈夫時，我將只有一個標準：他是否是一個近情合理的人？我們當然不能期望世上有終身不相罵的夫妻；我們只能期望他們都是近情合理的男女，只近情合理的相罵，並近情合理的言歸於好。我們只有在世界的人類都是近情合理的人時，才能得到和平和快樂。這近情合理的時代，如果有來臨的一天，則就是和平時代的來臨。在這時代中，近情合理的精神必會占最大的勢力。

近情合理精神是中國所能貢獻給西方最好的物事。我並沒有說中國那些向人民預徵五十年錢糧的軍閥是近情合理的；我的意思只是說，近情合理的精神乃是中國文明的精華和她的最好的方面。我這個發現曾偶然由兩位久居中國的美國人所證實。其中的一位居住中國已經三十年，他說，中國的一切社會生活乃是以「講理」爲基礎的。在中國人的爭論之間，他們最後的一句有力的論據必是：「這豈是合於情理的嗎？」而最嚴重的、最平常的斥責之詞就是：這人是「不講理」的。一個人如若在爭論之中自承不近情理，則他已是輸了。

我曾在《吾土與吾民》一書中說過：「在一個西方人，一個說法只須合於健全的邏輯的，他便認爲已很充足。但在一個中國人，則一個說法雖然在邏輯上已是很對時，他也還不肯認爲充足，而同時還必須求其近於人情。「近情」在實際上比合於邏輯更爲人所重視。Reasonableness這個字，中文譯做「情理」，其中包括著「人情」和「天理」兩個元素。「情」代表著可以活動的人性原素，而「理」則代表著宇宙之萬古不移的定律。」一個有教養的人就是一個洞悉人心和天理的人。儒家藉著和人心及大自然的天然程式的和諧的生活，自認可以由此成爲聖人者也不過是如孔子一般的一個近情的人，而人所以崇拜他，也無非因爲他有著坦白的常識和自然的人性罷了。

人性化的思想其實就是近情合理的思想。專講邏輯的人是永遠自以爲是的，所以他是不近人情，也是不對的；至於近情合理的人則自己常疑惑自己是錯的，所以他永遠是對的。近情合理的人和專尚邏輯的人，他們的不同處可以在他們信札後面的附言中看出來。我最愛讀我的朋友所給我的信後的附言，尤其是那種和信的正文互相矛盾的附言。這種附言裡邊包括著一切近情合理的事後聰明，一切疑惑不決之點，以及急智和常識。一個溫和的思想家就是一個在用長篇大論的論據企圖證明一個說法之後，忽然回到了直覺的地位，由於一陣忽然而發的常識，立刻取消他以前所做的論證而自認錯誤的人。這就是我所謂人性化的思想。

我們只需拿各人所寫的信來看看，專尚邏輯的人必是在信的本文中罄其所欲言，而近情合理的人，即有著人類精神的人，則必是在附言中說他的話。譬如一個人的女兒請求她的父親許她進大學讀書，她的父親或許在回信之中列出許多極合於邏輯的理由，第一怎樣，第二怎樣，第三怎樣，例如：已有三個哥哥在大學讀書；負擔已經很重；她的母親正在家中患病，需要她在旁服侍等等。他在信末署名之後，又加寫了一行附言：「不必多說了，一準在秋季開學時入校吧。我總替你想法子。」

或如一個丈夫寫信給他的太太，發表離婚的決心，並列出許多似乎毫無駁詰餘地的理由，如：第一，太太對他不忠實；第二，他每次回家從來吃不到熱飯等等。所列的理由很充足極平允，倘若委託給律師辦理，則事理上將更爲嚴正，口氣將更爲有理由。但是他在寫完這信時，他的心中忽然有所感觸，便又提起筆來在後面加了一行：「算了吧，可愛的蘇斐，我真是一個壞坯子。我將帶一束鮮花回家了。」

上述的兩封信裡邊，其論據都是極爲合理的，不過當時說這些話的是一個心在邏輯的人，而在附言中，則已變了一個有著真正人類精神的人在那裡說話——一個近人情的父親和一個近人情的丈夫。因爲如此就是人類心智的責任，人類有心智，並不是叫它去做愚笨的邏輯的辯論，而應是在互相衝突的衝動、感覺和欲望的永遠變遷的海洋中，企圖保持一種合於理智的平衡。這就是人事中的真理，也就是我們所企圖達到的地步。無從答覆的論據常可由憐憫之情答覆它，充足的理由常可由愛情打破它。在人事之中，不合邏輯的行爲常是最能動人的。法律的本身就承認它未必能處處絕對的平允，所以它也時常不能不遷就人情，所以一國的元首都另有著一種特赦權，如林肯所用以赦免那個「母親的兒子」一樣。

近情合理精神使我們的思想人性化，並且使我們不堅信自己總是對的。它的影響是在於刨去我們行爲的稜角，並使它調和起來。和近情合理精神相反的，就是思想和行爲中，我們的個人生活中，國家生活中，婚姻、宗教與政治中的一切方式的狂熱和武斷。

我以爲，在中國，狂熱和武斷是較少的。中國的暴眾雖也易於鼓動（例如庚子年的拳匪），但近情的精神確在某種程度中使我們的皇帝專制，我們的宗教，和所謂「欺壓女性」受到人性化。近情精神在這些當中當然都是有限制的，不過它確是存在著的。這精神使我們的皇帝，我們的上帝，和我們的丈夫都成了單純的人類。

中國的皇帝並不是像日本天皇那麼半神道的，而中國的史家並已演繹出一個皇帝受命於天，但他如失德，便將喪失天命的假說。他如失德，我們可以殺他的頭，在歷代的興衰中，被人砍去腦袋的皇帝已不知道有多少個，這就破除了我們的皇帝乃是神聖的或半神聖的念頭。我們的聖人也沒有被人尊奉為神道，而不過始終認他們為聰明的教師，我們的神道也不是完善的模範，而不過是像我們的官府一般唯利是圖，很是腐敗，可以用甘言和賄賂打動的。凡是出乎情理之外的事情，我們一概稱之為「不近人情」，太過於矯情的人就是大奸，因為他在心理上是反常的。

在政治的區域內，某些歐洲國家人們心中的邏輯和他們的行事實在異常的不近人情。我以為法西斯主義和共產主義的本身，還不如炮製它的狂熱精神和人們所用以推動這種假說達到邏輯的荒謬地步的方式那麼可怕。它的結果就是顛倒了價值，混併了政治學和人類學，混併了藝術和宣傳，混併了愛國心和科學，混併了政府和宗教，最厲害的更是傾覆了國家的權利和個人的權利之間的正常關係。只有那種瘋狂型的心智會將國家化成一個神道，並將它變成一種崇拜的目的，以侵吞個人的思想權利、個人的感情和個人的快樂。

共產主義和法西斯主義是同一種心智的產物。正如亞爾培．包斐萊所說：「無論哪一種心智，極端的右傾絕不會像極端的左傾那麼厲害。」這兩種制度和主義的特點同是：第一，盲目信仰強權和勢力，這是我所認為西方心智的一種最愚笨最淺薄的表現；第二，深信邏輯的必要，因為法西斯主義和共產主義都是以馬克斯的言語為基礎，而馬克斯的言語則是以黑格爾的邏輯為基礎的。我真希望有人能了悟，二十世紀後半期中的人類實在是在那裡替他們的上一代在擔負幾百年前所犯的罪名啊！

在某種意義上，我們可以說現代的歐洲並不由近情的精神所統治著，也不是由具有理智的精神所統治著，而實在是由瘋狂的精神所統治的。

看看歐洲的現象，能使人發生一種不寧的感覺，這種不寧，並不是由於看見國家的目標、國界和殖民地要求的衝突而發生，因爲這些都是理智的精神所能夠應付的，而實在是由於看見歐洲各統治者那種心境而發生的。這就是等於跨上一輛街車，駛到一處陌生的地方，而忽然對司機發生了不信任的心思。這不信任並不是由於疑心司機不認識路，因而疑心他不能將自己載到目的地，而是由於聽見司機在那裡胡言亂語，前言不對後語，因而疑心他未必是清醒的人。如若司機還有著一枝手槍，而乘客並沒有離開汽車的方法，則他的不寧當然將更爲增加了。

我敢信這幅人心的諷刺畫並不就是人心的本身，而不過是一時常，不過是暫時的瘋狂的一個階段，將來自會像瘟疫一般自己消滅的。我敢證言，人心是終屬有能力的，敢信人類的不免一死的心智雖是有限制的，但其智力實仍是遠勝於歐洲魯莽的司機，而到了最後，我們終能和平地生活，因爲到了那時節，我們都已學會怎樣的做近情合理的思想了。

【附錄】

# 書中人名一覽

本表並不涵括書中出現的全部人名。這裏列出來的，只是書內人物當中在歷史上較重要的幾位。表中除了姓名、字、號之外，也注明每個人的時代。有（＊）號者爲書中較常使用的稱謂。排列時，以姓名筆劃爲序。

| 姓名 | 字 | 別號 | 年代 |
|---|---|---|---|
| 孔丘 | 仲尼 | 孔夫子＊ | 西元前五五一—四七九年（春秋） |
| 孔伋 | 子思＊ | | 西元前四九二—四三一年（春秋） |
| 王充＊ | 仲任 | | 西元二七—一〇七年之後（東漢） |
| 王安石＊ | 介甫 | 荊公、半山 | 西元一〇二一—一〇八六年（北宋） |
| 王羲之＊ | 逸少 | 右軍（官銜） | 西元三二一—三七九年（晉） |
| 司馬遷＊ | 子長 | 太史公 | 西元前一四五—西元前八五年之後（西漢） |
| 白居易＊ | 樂天 | 香山 | 西元七七二—八四六（唐） |
| 米芾＊ | 元章 | 米顛（綽號） | 西元一〇五一—一一〇七年（北宋） |

| | | | |
|---|---|---|---|
| 李白* | 太白 | 青蓮 | 西元七〇一—七六二年（唐） |
| 李耳 | 聃 | 老子*、老聃 | 西元前五七一？—？年（春秋） |
| 李清照* | | 易安居士* | 西元一〇八一—一一四一年之後（宋） |
| 李漁 | | 笠翁* | 西元一六一一—一六七九年（清） |
| 李贄 | 卓吾* | 溫陵居士、百泉居士、龍湖叟 | 約西元一五六七年（明） |
| 杜甫* | 子美 | 工部（官銜）、杜陵布衣、少陵野老 | 西元七一二—七七〇年（唐） |
| 沈復 | 三白* | | 西元一七六三—一八〇八年之後（清） |
| 阮籍* | 嗣宗 | 步兵（步兵校尉爲軍銜） | 西元二一〇—二六三年（三國魏） |
| 孟軻 | 子輿 | 孟子* | 西元前三七二—二八九年（戰國） |
| 林逋 | 君復 | 和靖先生*（謚號） | 西元九六七—一〇二八年（北宋） |
| 金喟 | 人瑞 | 聖嘆*（法號） | 西元一六六一年前後（明末） |
| 冒襄 | 辟疆* | 巢民 | 西元一六一一—一六九三年（明） |
| 柳宗元* | 子厚 | 柳州（最後的任官地） | 西元七七三—八一九年（唐） |
| 徐渭 | 文長* | 青藤山人 | 西元一五二一—一五九三年（明） |
| 袁宏道 | 中郎* | 石公 | 約西元一六〇〇年（明） |
| 袁枚 | 子才* | 隨園先生、簡齋 | 西元一七一六—一七九七年（清） |
| 屠隆* | 緯真、長卿 | 赤水* | 約西元一五九二年（明） |

| | | | |
|---|---|---|---|
| 張岱＊ | 宗子、石公 | 陶庵、蝶庵居士 | 約西元一六〇〇年（明） |
| 張潮＊ | 山來 | 心齋 | 約西元一六七六年（清） |
| 莊周 | 子休 | 莊子＊、漆園 | 約西元前二七五年（戰國） |
| 陳芸＊ | 淑珍 | | 西元一七六三—一八〇三年（清） |
| 陳繼儒＊ | 仲醇 | 眉公＊ | 西元一五五八—一六三九年（明） |
| 陶潛 | 淵明＊ | 亮節、靖節先生（謚號） | 西元三七二—四二七年（晉） |
| 黃庭堅 | 魯直 | 山谷道人＊ | 西元一〇四五—一一〇五年（北宋） |
| 蔣坦＊ | 藹卿 | | 十九世紀前半葉（清） |
| 鄭玄 | 康成＊ | | 西元一二七—二〇〇年（東漢） |
| 鄭燮 | 克柔 | 板橋＊ | 西元一六九三—一七六五年（清） |
| 謝靈運＊ | | 康樂公 | 西元三八五—四三三?年（南北朝） |
| 顏元＊ | 渾然、易直 | 習齋 | 西元一六三五—一七〇四年（明末清初） |
| 顏回＊ | 子淵 | 亦稱「顏淵」 | 西元前五二一—四九〇年（春秋） |
| 關鍈 | 秋芙＊（蔣坦表妹） | | 十九世紀前半葉（清） |
| 蘇軾 | 子瞻 | 東坡居士＊ | 西元一〇三六—一一〇一年（北宋） |

林語堂作品精選：3

# 生活的藝術【經典新版】

作者：林語堂
發行人：陳曉林
出版所：風雲時代出版股份有限公司
地址：10576台北市民生東路五段178號7樓之3
電話：(02) 2756-0949
傳真：(02) 2765-3799
執行主編：劉宇青
美術設計：吳宗潔
業務總監：張瑋鳳

初版五刷：2024年1月
ISBN：978-986-352-508-0

風雲書網：http://www.eastbooks.com.tw
官方部落格：http://eastbooks.pixnet.net/blog
Facebook：http://www.facebook.com/h7560949
E-mail：h7560949@ms15.hinet.net
劃撥帳號：12043291
戶名：風雲時代出版股份有限公司

風雲發行所：33373桃園市龜山區公西村2鄰復興街304巷96號
電話：(03) 318-1378
傳真：(03) 318-1378
法律顧問：永然法律事務所 李永然律師
北辰著作權事務所 蕭雄淋律師

行政院新聞局局版台業字第3595號 營利事業統一編號22759935


定價：340元


國家圖書館出版品預行編目資料

林語堂作品精選：3 生活的藝術 經典新版 / 林語堂著.
-- 初版. -- 臺北市：風雲時代, 2017.09 面； 公分

ISBN 978-986-352-508-0（平裝）
1.人生哲學

191.9 106013403